普通高等院校土木专业"十二五"规划精品教材

城市轨道交通工程
Urban Rail Transit Engineering
（第三版）

丛书审定委员会
王思敬　彭少民　石永久　白国良
李　杰　姜忻良　吴瑞麟　张智慧

本书主编 顾保南　叶霞飞

本书主审 郑其昌

本书编写委员会
顾保南　叶霞飞　郑其昌　姚燕明
刘丽波　高伟君　张明锐

华中科技大学出版社
中国·武汉

内 容 提 要

本书以城市轨道交通系统为对象,在阐述城市轨道交通各主要专业的基本概念、原理和方法的同时,力求突出各专业子系统之间的相互联系。本书概述了城市轨道交通系统的类型及国内外发展概况,重点阐述了线网规划、线路设计、车站布局设计、结构工程设计的基本原理和方法,介绍了车辆、机电设备系统(包括供电、通信信号、环控、给排水、防灾报警等)与工程设计密切相关的内容,还对城市轨道交通系统的资源共享问题进行了探讨。

本书可作为大专院校土木工程学科和交通运输工程学科的本科生教材,也可作为相关专业人员的参考用书。

图书在版编目(CIP)数据

城市轨道交通工程/顾保南,叶霞飞主编. —3 版. —武汉:华中科技大学出版社, 2014.7
　(普通高等院校土木专业"十二五"规划精品教材)
　ISBN 978-7-5680-0285-1

Ⅰ.①城… Ⅱ.①顾… ②叶… Ⅲ.①城市铁路-轨道交通-交通工程-高等学校-教材　Ⅳ.①U239.5

中国版本图书馆 CIP 数据核字(2014)第 171052 号

| 城市轨道交通工程(第三版) | 顾保南　叶霞飞　主编 |

责任编辑:简晓思
封面设计:张　璐
责任校对:祝　菲
责任监印:张贵君

出版发行:华中科技大学出版社(中国·武汉)　　电话:(027)81321913
　　　　　武汉市东湖新技术开发区华工科技园　　邮编:430223
录　　排:武汉楚海文化传播有限公司
印　　刷:武汉华工鑫宏印务有限公司
开　　本:850mm×1065mm　1/16
印　　张:21
字　　数:440 千字
版　　次:2019 年 3 月第 3 版第 4 次印刷
定　　价:59.80 元

本书若有印装质量问题,请向出版社营销中心调换
全国免费服务热线:400-6679-118　竭诚为您服务
版权所有　侵权必究

第三版前言

《城市轨道交通工程》自2007年出版以来,得到了不少读者的关注,有些读者还指出了文中的不妥之处,编者对此衷心地表示感谢。在此版中编者针对已发现的问题做了全面修改。

近五年来,城市轨道交通发展迅速,营业里程年均增长268 km。目前我国规划建设城市轨道交通的城市已超过40个,在全球提倡节能环保的发展趋势下,未来还会有更多的城市加入此行列。《城市轨道交通工程》(第三版)更新了我国城市轨道交通线网营业里程、规划线网长度等信息。

城市轨道交通项目建设的工作内容多而复杂,不少工程技术与管理人员对项目审批流程颇感困惑,《城市轨道交通工程》(第三版)补充了这类项目的基本建设程序,读者可以从中了解城市轨道交通项目由规划、可行性研究、设计到实施所经历的各项审批环节。

《城市轨道交通工程》(第三版)补充了一些算例,目的是为了让学生更好地理解基本概念和掌握基本方法。此外,各章后面列出了一些思考题,供学生们复习时参考。

受时间限制,《城市轨道交通工程》(第三版)仍存在许多不足之处,恳请读者批评指正。

编　者
2014年6月于同济大学

前　言

随着我国社会经济的发展和城市化进程的推进,我国大城市交通需求持续快速增长,越来越多的城市深受交通阻塞和交通公害的影响,许多城市正在或将要发展城市轨道交通,以谋求从根本上解决城市交通问题。"十一五"期间,国务院最先批准的 15 个城市正在建设轨道交通网络,现已批准的近期(2015 年前)建设规划就有 62 条线,计 1733 km,总投资额超过 6000 亿元,还有许多城市正在积极规划和申报,可见其发展速度相当之快。

城市轨道交通是城市建设史上最大的公益性基础设施,对城市布局发展及市民生活将产生深远的影响,其建设是一个涉及面广、专业性和综合性都很强的系统工程。由于我国城市轨道交通事业发展很快,具有此类专业知识结构的人才相对较少,部分从事城市轨道交通建设的技术与管理人员还是从铁路、道路等其他专业转过来的,他们迫切需要系统地了解城市轨道交通系统,尤其是与总体设计相关的知识。本书主要是为土木工程、交通工程等相关专业选修"城市轨道交通工程"课程的本科生编写的,也可供从事城市轨道交通规划设计和管理的工程技术人员参考。

本书由同济大学顾保南、叶霞飞教授共同主编,上海市隧道工程轨道交通设计研究院姚燕明高级工程师、上海工程技术大学高伟君老师、同济大学刘丽波老师和张明锐老师参与了部分章节的编写工作。编写过程中主要选择了与城市轨道交通总体设计关系密切的专业内容。全书共分 8 章。第 1 章,第 2 章的 2.1、2.3、2.4 节,第 4 章及第 7 章的 7.2 节由顾保南编写;第 2 章的 2.2 节,第 3 章的 3.1、3.2、3.3、3.4 节,第 6 章及第 8 章由叶霞飞编写;第 5 章及第 7 章的 7.7 节由姚燕明和高伟君编写;第 7 章的 7.1 节由张明锐、顾保南编写;第 3 章的 3.5 节,第 7 章的 7.3、7.4、7.5、7.6 节由刘丽波、郑其昌编写。全书由同济大学郑其昌教授主审。

本书参考了国内外有关城市轨道交通规划与设计的著作和论文,并在书末列出了参考文献目录,在此,谨向相关文献的作者表示衷心的感谢。在编写过程中,孙章教授、郑其昌教授、翁梦熊教授为本书提供了不少宝贵资料及建议;同济大学城市轨道与铁道工程系研究生卫超、王治、方礼君、明瑞利、冯黎、钱泽林、吴放、司耀旺等帮助录入资料和绘制部分图表,并协助进行文字校核等工作,在此一并表示衷心的感谢。

希望本书能对读者有所裨益,并恳请读者批评指正。

编　者
2007 年 3 月于同济大学

普通高等院校土木专业"十二五"规划精品教材

总　序

教育可理解为教书与育人。所谓教书,不外乎是教给学生科学知识、技术方法和运作技能等,教学生以安身之本。所谓育人,则要教给学生做人的道理,提升学生的人文素质和科学精神,教学生以立命之本。我们教育工作者应该从中华民族振兴的历史使命出发,来从事教书与育人工作。作为教育本源之一的教材,必然要承载教书和育人的双重责任,体现两者的高度结合。

中国经济建设高速持续发展,国家对各类建筑人才需求日增,对高校土建类高素质人才培养提出了新的要求,从而对土建类教材建设也提出了新的要求。这套教材正是为了适应当今时代对高层次建设人才培养的需求而编写的。

一部好的教材应该把人文素质和科学精神的培养放在重要位置。教材不仅要从内容上体现人文素质教育和科学精神教育,而且还要从科学严谨性、法规权威性、工程技术创新性来启发和促进学生科学世界观的形成。简而言之,这套教材有以下几个特点。

一方面,从指导思想来讲,这套教材注意到"六个面向",即面向社会需求、面向建筑实践、面向人才市场、面向教学改革、面向学生现状、面向新兴技术。

二方面,教材编写体系有所创新。结合具有土建类学科特色的教学理论、教学方法和教学模式,这套教材进行了许多新的教学方式的探索,如引入案例式教学、研讨式教学等。

三方面,这套教材适应现在教学改革发展的要求,提倡"宽口径、少学时"的人才培养模式。在教学体系、编写内容和课时数量等方面做了相应考虑,而且教学起点也可随着学生水平做相应调整。同时,在这套教材编写中,特别重视人才的能力培养和基本技能培养,注重适应土建专业特别强调实践性的要求。

我们希望这套教材能有助于培养适应社会发展需要的、素质全面的新型工程建设人才。我们也相信这套教材能达到这个目标,从形式到内容都成为精品,为教师和学生,以及专业人士所喜爱。

中国工程院院士　王思敬

2006 年 6 月于北京

目 录

第1章 概述 (1)
  1.1 城市轨道交通的定义及系统制式 (1)
    1.1.1 城市轨道交通的定义及分类 (1)
    1.1.2 城市轨道交通的系统制式 (5)
  1.2 国内外城市轨道交通发展概况 (7)
    1.2.1 国外城市轨道交通发展状况 (7)
    1.2.2 我国城市轨道交通现状及发展趋势 (15)
  1.3 城市轨道交通基本建设程序 (18)
  1.4 本课程的主要内容 (19)

第2章 线网规划 (21)
  2.1 规划内容与步骤 (21)
    2.1.1 规划内容 (21)
    2.1.2 规划步骤 (25)
  2.2 客流需求预测 (26)
    2.2.1 预测内容及影响因素 (26)
    2.2.2 基本思路 (29)
    2.2.3 基本方法 (30)
  2.3 线网规模估算 (40)
    2.3.1 负荷强度法 (40)
    2.3.2 线网密度法 (41)
  2.4 线网方案设计 (42)
    2.4.1 影响线网方案设计的因素 (42)
    2.4.2 线网方案设计的过程 (45)
    2.4.3 线网的基本形态结构特征分析 (46)
  2.5 线网方案评价 (57)
    2.5.1 线网评价的目的 (57)
    2.5.2 线网评价的指标 (58)
    2.5.3 评价方法 (60)

第3章 线路设计 (63)
  3.1 线路设计的阶段与特点 (63)

3.2 线路走向及车站分布 …………………………………………………… (64)
   3.2.1 线路走向选择 ………………………………………………… (64)
   3.2.2 车站分布 ……………………………………………………… (71)
3.3 线路平纵横断面设计 …………………………………………………… (77)
   3.3.1 平面设计 ……………………………………………………… (77)
   3.3.2 纵断面设计 …………………………………………………… (90)
   3.3.3 横断面设计 …………………………………………………… (97)
3.4 车辆段布局设计 ………………………………………………………… (100)
   3.4.1 车辆段的功能与设施 ………………………………………… (100)
   3.4.2 车辆段规模估算 ……………………………………………… (102)
   3.4.3 基本图式 ……………………………………………………… (107)
3.5 轨道结构 ………………………………………………………………… (115)
   3.5.1 轨道结构组成与功能 ………………………………………… (115)
   3.5.2 轨道结构设计原则 …………………………………………… (119)
   3.5.3 轨道结构类型选择 …………………………………………… (122)
   3.5.4 轨道结构设计步骤 …………………………………………… (133)

第4章 车站布局设计 (134)

4.1 中间站布局设计 ………………………………………………………… (135)
   4.1.1 车站构成 ……………………………………………………… (135)
   4.1.2 平面布局设计 ………………………………………………… (135)
   4.1.3 跨线设施及垂直交通 ………………………………………… (142)
   4.1.4 横断面形式 …………………………………………………… (145)
   4.1.5 规模估算 ……………………………………………………… (147)
4.2 换乘站布局设计 ………………………………………………………… (148)
   4.2.1 同站台换乘 …………………………………………………… (148)
   4.2.2 结点换乘 ……………………………………………………… (153)
   4.2.3 站厅换乘 ……………………………………………………… (155)
   4.2.4 通道换乘 ……………………………………………………… (156)
   4.2.5 其他 …………………………………………………………… (159)
4.3 轨道交通系统与其他交通方式的衔接 ………………………………… (160)
   4.3.1 与常规公交的衔接 …………………………………………… (160)
   4.3.2 与私人交通方式的衔接 ……………………………………… (162)
   4.3.3 与城市对外交通站点的衔接 ………………………………… (163)

第5章 结构工程 (167)

5.1 地下车站结构 …………………………………………………………… (167)
   5.1.1 地下车站的结构形式 ………………………………………… (167)
   5.1.2 车站结构设计 ………………………………………………… (180)
5.2 区间隧道结构 …………………………………………………………… (186)
   5.2.1 区间隧道结构形式 …………………………………………… (186)
   5.2.2 区间隧道设计 ………………………………………………… (194)

5.3 高架车站结构 (197)
5.3.1 高架车站结构形式 (197)
5.3.2 高架车站结构设计 (199)
5.4 高架区间结构 (201)
5.4.1 高架区间结构形式 (201)
5.4.2 高架区间结构设计 (207)

第6章 车辆 (212)
6.1 车辆构成及类型 (212)
6.1.1 车辆构成 (212)
6.1.2 车辆的主要技术参数 (214)
6.1.3 车辆类型及主要技术规格 (215)
6.2 车辆选型 (226)
6.3 转向架 (227)
6.3.1 转向架的基本结构 (227)
6.3.2 轮对轴箱装置 (228)
6.3.3 弹簧减振装置 (229)
6.3.4 转向架构架 (230)
6.3.5 中央牵引连接装置 (230)
6.3.6 牵引传动装置 (232)
6.3.7 制动装置 (232)
6.4 车钩牵引缓冲联结装置 (235)
6.5 车辆的电力传动与控制 (237)
6.5.1 传动方式 (237)
6.5.2 传动控制技术 (238)

第7章 机电设备 (240)
7.1 供电系统 (240)
7.1.1 电力牵引的电流制 (240)
7.1.2 供电系统的构成与主要设备 (243)
7.1.3 供电系统的方案设计 (247)
7.1.4 变电所的负荷能力和间距 (250)
7.2 列车运行控制系统 (255)
7.2.1 通信系统 (256)
7.2.2 信号系统 (260)
7.2.3 控制中心 (270)
7.3 环控系统 (272)
7.3.1 环控系统的主要功能 (272)
7.3.2 环控系统的组成 (273)
7.3.3 环控系统的制式 (274)
7.3.4 环控系统工况 (279)
7.4 给排水系统 (281)

7.4.1 生产、生活给水系统 …… (281)
7.4.2 消防给水系统 …… (282)
7.4.3 排水系统 …… (283)
7.5 防灾报警系统 …… (285)
7.5.1 FAS 系统的组成及主要功能 …… (285)
7.5.2 FAS 系统的配置 …… (287)
7.5.3 FAS 控制装置的要求 …… (288)
7.6 机电设备监控系统 …… (289)
7.6.1 BAS 的组成 …… (289)
7.6.2 BAS 的主要功能 …… (289)
7.6.3 FAS 与 BAS 监控对象及接口关系 …… (290)
7.7 自动售检票系统 …… (291)
7.7.1 票制及票务管理 …… (291)
7.7.2 AFC 系统构架 …… (291)
7.7.3 系统运行模式 …… (296)

第8章 资源共享 …… (298)

8.1 资源共享的原则和类别 …… (298)
8.1.1 资源共享的原则 …… (298)
8.1.2 人力资源共享 …… (299)
8.1.3 土地资源共享 …… (299)
8.1.4 运营设备与设施资源共享 …… (299)
8.1.5 检修设施与设备资源共享及检修社会化 …… (300)
8.1.6 施工机具的资源共享 …… (301)
8.1.7 换乘站机电设备的资源共享 …… (302)
8.2 车辆资源共享 …… (302)
8.2.1 基本形式 …… (302)
8.2.2 实施要求 …… (304)
8.2.3 车辆资源共享管理模式 …… (308)
8.2.4 上海轨道交通网络车辆资源共享的基本设想 …… (308)
8.3 车辆段资源共享 …… (310)
8.3.1 基本内容 …… (310)
8.3.2 实施条件与要求 …… (313)
8.3.3 管理模式 …… (314)
8.4 供电系统资源共享 …… (315)
8.4.1 基本内容 …… (316)
8.4.2 实施要求 …… (317)
8.4.3 管理模式 …… (317)

参考文献 …… (319)

第1章 概 述

1.1 城市轨道交通的定义及系统制式

1.1.1 城市轨道交通的定义及分类

城市区域利用车辆在固定导轨上运行、主要为客运服务的交通系统称为城市轨道交通。

截至2013年底,世界上已有48个国家、150多个城市拥有城市轨道交通系统,形成了很多种类。世界各国根据线路敷设方式、运营范围、路权、车辆特征、系统运能等,提出了不同的分类,并赋予了各种名称。

1) 按线路敷设方式分类

按线路敷设方式划分,城市轨道交通可分为以下三类。

① 地下线:轨道位于地下(或水下)隧道内的那部分称为地下线,线路构筑物形态为单线或双线隧道。由于最早的城市轨道交通位于地下(underground),所以称为地下铁道(the underground),简称地铁;法国称为metro,含有大容量交通的意思。巴黎经营地铁的公司取名为Metro。

② 地面线:轨道位于地面的那部分称为地面线,线路构筑物形态为路堤或路堑。

③ 高架线:轨道位于高架桥上的那部分称为高架线,线路构筑物形态为高架桥。

2) 按运营范围分类

按线路在城市区域中的运营范围划分,城市轨道交通可分为以下三类。

① (城)市区轨道交通(urban rail transit):服务范围以中心城区为主的城市轨道交通系统。城市市区的地铁、轻轨都是属于此类。

② (城)市域轨道交通:服务范围覆盖城市市域的轨道交通系统。这类交通系统在各国的名称不同,例如法国的RER(Regional Express Railway)、德国的S-Bahn(Schnell Bahn)、美国的区域快速轨道交通(Regional Rapid Rail Transit)、日本的私铁私营铁路等。

③ 地区铁路交通(regional railway):服务范围覆盖城市市域及其邻近地区的轨道交通系统。由于涉及两个或多个行政区,这类系统一般是由国有或私有铁路公司建设和管理,主要为大城市周围的通勤客流服务。日本、德国、美国等大部分发达国家在19世纪末就开始利用国家铁路为城市周围地区的客运服务,主要是大城市周

围地区放射方向的客流,行程时间一般在 2 h 以内。有些地区铁路交通的服务范围主要是在大城市市郊,人们习惯称之为市郊铁路(suburban railway),例如"东日本"铁路公司(JR East)在东京周围开行的短程列车,德国联邦铁路公司(DB)在柏林周围开行的 RB、RE 列车;有些则主要是为大城市周围卫星城与中心城的通勤客流服务,人们习惯称之为通勤铁路(commuter railway),例如英国铁路公司在伦敦周围开行的短程列车,美国纽约的长岛通勤列车,日本的私铁(经过两个及以上行政区);还有些是连接城市群的铁路交通。

3) 按路权分类

路权是指轨道交通系统运行线路与其他交通的隔离程度。轨道交通路权可分为 A、B、C 三种基本类型。

A 类为全封闭系统,与其他交通方式完全隔离,不受平交道和人车的干扰,一般用于 1.6 万人次/小时以上的轨道交通系统。

B 类为半封闭系统,沿行车方向采取设置路缘石、隔离栅、高差等措施与其他交通实体隔离,但在部分交叉路口仍与横向的人车平交混行,受交叉口信号系统控制,一般用于 1.6 万人次/小时以下的轨道交通系统。

C 类为开放式系统,不实行实体分隔,轨道交通与地面交通混合行驶,在交叉口按信号规定驶停,也可享受一定的优先权,有轨电车即属于此类。

4) 按车辆特征分类

根据车辆的几何尺寸、驱动方式、车轮材料的不同,形成了轨道交通的不同名称。

在车辆几何尺寸上,各国标准有较大差别。目前我国轨道交通车辆的宽度规格有 3 m(A 型车)、2.8 m(B 型车)、2.6 m(C 型车)3 种。而日本大阪常规地铁(metro)车型的宽度为 2.89 m,小型地铁(mini-metro)的宽度为 2.45 m(线性电机系统)、自动导轨系统 AGT(Automated Guideway Transit)车辆宽度为 2.4 m。

根据不同的驱动方式,轨道交通车辆可分为电传动车、线性电机车、独轨车、自动导轨车、磁(悬)浮车(见图 1-1~图 1-9)。

图 1-1 德国低地板现代有轨电车(电传动车)

图 1-2 日本私铁通勤列车(电传动车)

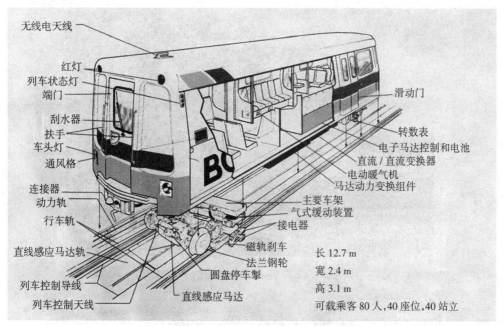

图 1-3　线性电机车车厢构造

图 1-4　日本多摩市的跨座式独轨车

图 1-5　日本千叶市的悬挂式独轨交通

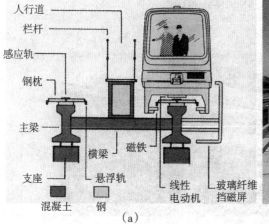

(a)

(b)

图 1-6　英国伯明翰 Maglev 线轨道结构

图1-7 日本广岛 ASTRAM 线的 AGT 车辆

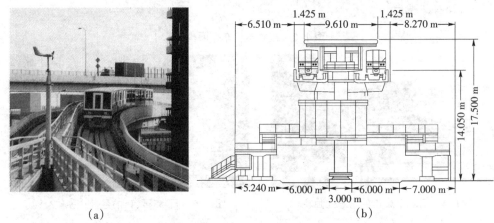

(a)   (b)

图1-8 日本神户的港岛 AGT 线

图1-9 日本常导磁悬浮 HSST-100 磁悬浮列车

5）按系统运能分类

系统运能也称系统容量，即为线路一定时间内的单向输送能力，通常用单向小时输送能力表示。在设计轨道交通线路时，系统容量应不小于预测的线路远期高峰小时单向最大断面流量。

根据我国现行的《城市快速轨道交通工程项目建设标准》，城市轨道交通按系统容量可分为Ⅰ、Ⅱ、Ⅲ级，分别对应大于或等于5、3~5、1~3万人次/小时的单方向小时断面客流输送能力，也分别称为高运能、大运能、中运能的轨道交通。

对应于不同运能级别的轨道交通系统，线路、车辆及编组、路权、信号等设备都要与之匹配。

对高运量（高运能）线路，一般采用基本宽度为3 m的A型车，列车编组通常为6~12节，全封闭线路，具有支持高密度行车（30对/小时）的信号系统。通常这类线路的列车最高速度可达80 km/h以上。

对大运能线路，一般采用基本宽度为2.8 m的B型车，虽然也多采用全封闭的线路及具有支持高密度行车（30对/小时）的信号系统，但列车编组相对较小，一般不超过6节，轨道结构、信号、环控等系统的设计容量明显减小，车辆最高速度、平均站间距也较小。

对中运能线路，车辆宽度就更小，目前我国的C型车基本宽度为2.6 m。

1.1.2 城市轨道交通的系统制式

轨道交通系统可以从运能、轨道敷设位置、路权、车辆速度及驱动方式等多个方面进行比较严密的、细致的划分，但不熟悉城市轨道交通专业的决策者与乘客对这些划分方式是不易理解的。此外，由于传播的历史性影响，有些名称在不同的国家形成了不同的含义。例如，欧洲有些城市所指的"轻轨"与我国所说的"轻轨"含义不同，它们所指的是现代有轨电车。为了便于专业人员及非专业人员相互交流，有必要归纳几种典型的城市轨道交通系统类型作为系统制式或模式。系统制式的名称，需要兼顾本国的习惯称呼，并简明地、综合地反映城市轨道交通系统的本质及主要特征。

从目前国内外城市轨道交通的发展状况看，城市轨道交通的系统制式主要有地铁、轻轨、独轨、自动导轨、城市铁路、磁（悬）浮交通等。各种制式的主要特征如下：

① 地铁。地铁是大运量的、快速的、全封闭的、线路全部或大部分位于市区的城市轨道交通系统。大运量和快速是地铁的本质特征，车体较宽（2.8~3.0 m），速度较快（80 km/h及以上），无平交道口，列车信号与控制系统先进，发车密度可达30对/小时。

② 轻轨。它是对传统的有轨电车系统利用现代科技进行改造后各类有轨电车系统的总称，由国际公共交通联合会（UITP）于1978年3月在比利时布鲁塞尔召开的会议上正式统一命名，英文为Light Rail Transit（LRT）。与地铁相比，轻轨系统在"大"与"快"方面，至少有一方面有所降低，使得其运量比地铁小，一般为1~3万人次/小

时。例如,因车辆宽度较小(一般车体宽度在 2.6 m 及以下)而降低了系统容量;因车辆最高运行速度较低(如 70 km/h)、站间距缩短(如 500~800 m)、线路存在部分平交道口等而降低了线路的通行能力。

③ 独轨。车辆在一条轨道上运行的轨道交通系统,也称单轨。轨道可以是钢梁、钢筋混凝土梁等形式。车辆可以悬挂在轨道上,这类独轨系统称为悬挂式独轨;车辆也可以骑跨在轨道上,这类独轨系统称为跨座式独轨。独轨系统多为高架结构,占地少(单支柱 1~1.5 m 宽,轨道梁一般为 0.85 m 宽),对城市的景观及采光等影响小,噪声和振动较低,转弯及爬坡能力强(最小曲线半径可达 50~100 m,最大坡度可达 6%),运能为 0.5~2 万人次/小时。跨座式独轨系统一般采用橡胶车轮与混凝土轨道梁,由于其滚动摩擦阻力比钢轮钢轨大,所以该系统能耗较高(比钢轮钢轨约大 40%);橡胶轮与轨道间的摩擦会形成橡胶粉尘,对环境有轻度污染;列车运行在区间发生事故时,面积狭小的轨道梁难以安设救援设施,疏散和救援工作都比较困难。该系统适宜于在市区较窄的街道上建造高架线路,目前一般多用于运动会、体育场、机场和大型展览会等场所与市区的短途联系。

④ 自动导轨。一般是指带小型轻量橡胶轮的车辆沿导轨行驶在专用混凝土轨道上的客运系统。典型的 AGT 系统由计算机进行全自动控制,因此可以实现无人驾驶的高密度列车运营。AGT 的导向方式有侧面导向、中央导向、中央沟导向等。其车辆采用的车轮是特制的橡胶轮,轨道可用特制的混凝土做成,也可用钢板焊接而成,轨道结构较复杂。AGT 系统的输送能力比独轨系统小,但其建设费用较低,噪声也较小,通常用于连接新开发区与附近的铁路车站或交通枢纽。

⑤ 城市铁路。在城市区域内承担城市交通功能、线路大多位于地上的铁路系统。与地下铁道相比,城市铁路的主要特征是全部或绝大部分位于地面以上,这样可以使其建设成本及运营成本比地铁小得多。与城市间铁路相比,其站间距较短。城市铁路的站间距一般为 1 km(市区)、3~5 km(郊区),比城市间铁路 10 km 以上的站间距小得多,从而可以适应城市的客流需求。与轻轨相比,城市铁路列车车体较宽(一般与城市间铁路列车同宽),轴重及最高速度也较大。区域快速铁路(服务于城市市区及郊区)、市郊铁路(仅服务于城市郊区)、通勤铁路(主要服务于中心城与卫星城之间上下班的通勤交通)都是其特殊的时空表现形式。

⑥ 磁(悬)浮交通。磁浮车辆的推进原理与线性电机相同,都是采用线性电机驱动车辆前进,只是线性电机车没有离开轨道,而磁浮车辆距轨道有一定的间隙,实现了无接触运行。用于城市交通的磁浮系统为中低速,速度一般在 100 km/h 左右,如伯明翰 Maglev 系统、日本的 HSST-100。中低速磁浮列车的特点如下:一是"短定子、长转子",即定子安装在车辆上,转子铺设在轨道上;二是需要对车辆供电,如国防科技大学研制的磁浮系统采用第三、四轨供电方式,供电制式为直流 750 V;三是磁浮系统的导向稳定依靠自稳来实现。磁浮系统的最大优点是低噪声(因非接触支撑)、行驶阻力小、转弯及爬坡能力强;其缺点是列车发生故障之后救援相对困难。

1.2 国内外城市轨道交通发展概况

1.2.1 国外城市轨道交通发展状况

1.2.1.1 大容量轨道交通的起源与发展

1) 地铁的起源与发展

1863年1月10日,世界上第一条地铁线路在伦敦通车运营。伦敦地铁的产生有其内在的发展条件与需求。

首先是铁路运输技术日趋成熟,铁路客运需求增长迅速。1804年英国人特雷维西克试制了第一台行驶于轨道上的蒸汽机车,1825年世界上第一条铁路在英国开通运营。铁路发展和工业革命引起伦敦等大城市建立了许多工厂,大量的人口涌入城市。1821年至1851年,伦敦人口由120万猛增到270万,人口的增长刺激了城市交通需求的增长。同时,铁路网的迅速扩展促进了城市间交通需求的发展。至1850年,英国铁路网里程达到9799 km,各大城市间的干线铁路基本形成,铁路年客运周转量达到17亿人次,巨大的城市间客流迫切需要提高市内交通的集疏运能力。

其次是伦敦市区交通拥挤状况日益严重。在19世纪上半叶,伦敦的城市交通主要依靠马车,众多的地面铁路线与马车混行在一起,杂乱而低效;伦敦的人口膨胀,富裕的居民搬往郊区形成的高峰时段的通勤交通需求、市区缺乏直接通往郊区的便捷道路等因素,使得伦敦的城市交通供需矛盾日益突出。

在此历史背景下,伦敦市交通委员会向公众征集伦敦中心区(半径6 km)交通问题的解决方案。征集到的典型方案有:将铁路线引入市中心,在中心区修建"中央火车站",在中心区修建环形铁路线,在市中心区建设高架的城市铁路,等等。一位名叫查尔斯·皮尔森(Charles Pearson)的律师在19世纪30年代就有了修建伦敦地下铁道的设想,经过系统论证后他于1843年向伦敦市议会正式提出,但因涉及大规模的拆迁而被议会否定。1852年,伦敦城市铁路车站公司(City Terminus Company)成立,公司再次向议会提出修建地铁的建议,但因缺乏财政支持而再遭否定。1853年,Bayswater、Paddington及Holborn桥梁铁路公司提出了一份新的地下铁道线路方案,其建设成本不到城市铁路车站公司所提方案预算的一半(30万英镑),这次的方案获得了议会的批准。

在修建这条世界上谁也没见过的地铁之前,伦敦各大报刊对它的未来进行过各种各样负面的猜测:地道会不会塌下来,旅客会不会被火车喷出的浓烟熏死,等等。

1863年1月10日,在伦敦第一条地铁开放的首日,乘客发送量就达到了4万人次。由于当时电力机车尚未发明,使用蒸汽机车作为牵引,再加上排风不畅,乘客常常感到烟熏气闷,有的人甚至昏倒在地铁里。尽管如此,伦敦市民甚至皇亲显贵们都争相乘坐这种地下列车,因为在拥挤不堪的伦敦地面街道上乘坐公共马车,其条件和速度都不如地铁。这条地铁第一年运送乘客950万人次,平均每天2.6万人次。从此,地铁成为伦敦历史上第一个多数市民可以负担和使用的公共交通工具。

地铁在其他城市的推广和使用归功于电力机车的发明与应用。1879年,德国工程师沃纳·冯·西门子（Werner Von Siemens）在柏林博览会上展示了实用电力机车。1881年,世界上第一条实用的电气化铁路在柏林市郊（Lichterfelde）投入运营。其后,北美城市也建造了几条试验线,于1888年成功地试验出技术先进的电力机车。此后,电力机车迅速推广应用。

1896年,布达佩斯修建了欧洲最早的电气化地铁,解决了地铁通道的空气污染问题。从此,巴黎(1900)、柏林(1902)、纽约(1904)、东京(1927)等发达城市纷纷建设地铁。20世纪初的25年是世界地铁建设史上的第一次高潮,至第二次世界大战前的1935年,欧美有近20个城市建设了地铁,总里程约1400 km。

第二次世界大战以后的20余年中,各国又有一批城市建设地铁,包括加拿大的多伦多、蒙特利尔,意大利的罗马、米兰,美国的费城、旧金山,俄罗斯的圣彼得堡、基辅,日本的名古屋、横滨,韩国的首尔等,约30座城市相继建成了地铁。20世纪70年代能源危机之后,迎来了世界第二次地铁建设高潮。一方面,日本、韩国等一些新兴的发达国家的大城市开始快速发展地铁网络;另一方面,欧美等发达国家也从20世纪70年代能源危机中"醒悟"过来,重新提倡发展公共交通,大力扩展地铁网络。截至2005年底,世界上有108个城市拥有近7000 km的地铁线网里程,世界各城市地铁线网里程如表1-1所示。

表1-1 世界各城市地铁线网里程(2005年)

城 市	首段开通时间	线网长/km	线路数	车站数	城 市	首段开通时间	线网长/km	线路数	车站数
伦敦	1863.1	408	12	275	布宜诺斯艾利斯	1913.12	41.6	5	69
伊斯坦布尔	1875	0.573	1	2	马德里	1919.1	226.7	12	190
洛桑	1877	1.5	1	5	巴塞罗那	1924.12	86.6	5	123
芝加哥	1892	358.2	7	144	东京	1927.12	292.2	12	274
格拉斯哥	1896.12	10.4	1	15	大阪	1933.5	115.6	7	111
布达佩斯	1897	32.3	3	40	莫斯科	1935.5	275.6	12	170
波士顿	1897.9	98.1	4	66	斯德哥尔摩	1950.1	106.1	3	100
巴黎	1900.7	212.1	14	297	多伦多	1954.3	68.3	4	71
柏林	1902.8	152.7	9	170	克利夫兰	1955	52.2	3	51
纽约	1904.1	371	27	468	圣彼得堡	1955.11	98.6	4	58
雅典	1904.9	25.6	1	24	罗马	1955.2	36.5	2	49
费城	1907.3	38.7	2	53	名古屋	1957.11	89.1	6	97
纽沃克	1908.2	22.2	4	13	海法	1959	1.7	1	6
汉堡	1912.3	100.7	3	89	里斯本	1959.12	38	4	48

续表

城 市	首段开通时间	线网长/km	线路数	车站数	城 市	首段开通时间	线网长/km	线路数	车站数
基辅	1960.11	54.5	3	42	天津	1980.8	7.4	1	10
米兰	1964.11	70.3	3	85	埃里温	1981.3	12.1	2	10
蒙特利尔	1966.1	65	4	65	京都	1981.5	28.8	2	29
第比利斯	1966.2	27.1	2	22	福冈	1982	29.8	3	36
奥斯陆	1966.5	118.7	5	96	巴尔的摩	1983.11	26.3	1	14
巴库	1967.11	29.9	2	20	赫尔辛基	1983	21.1	1	16
法兰克福	1968	85.3	7	84	加拉加斯	1983	55.7	4	39
鹿特丹	1968.2	75.9	2	47	迈阿密	1984	36		22
北京	1969.1	114	4	68	加尔各答	1984.1	16.5	1	17
墨西哥城	1969.9	201.7	11	175	明斯克	1984.6	23.7	2	20
慕尼黑	1971.1	85	8	91	累西腓	1985	25.2	2	18
札幌	1971.12	48	3	49	下诺夫哥罗德	1985.11	15.5	2	13
横滨	1972.12	40.4	2	32	新西伯利亚	1985.12	13.2	2	11
纽伦堡	1972.3	29.8	2	39	阿雷格里港	1985.3	33.8	1	17
旧金山	1972.9	152.9	5	43	釜山	1985.7	70.6	2	73
平壤	1973.9	22.5	2	17	贝洛奥里藏特	1987	30	1	19
布拉格	1974.5	53.7	3	53	新加坡	1987.11	119	3	67
首尔	1974.8	286.9	8	263	撒马拉	1987.12	9.1	1	8
圣保罗	1974.9	57.6	4	55	仙台	1987.7	14.8	1	17
哈尔科夫	1975.8	33	3	26	开罗	1987.9	65	2	55
圣地亚哥	1975.9	45.8	3	58	瓦伦西亚	1988.1	134.5	4	109
华盛顿	1976.3	165.7	5	83	热那亚	1990.6	6.5	1	6
维也纳	1976.5	61	5	86	叶卡捷琳堡	1991.3	8.5	1	7
布鲁塞尔	1976.9	49.2	3	68	洛杉矶	1993	28	1	16
阿姆斯特丹	1977	65	4	52	那波利	1993.3	29.3	2	25
马赛	1977	20	2	24	上海	1993.4	94	4	67
塔什干	1977	36.2	3	29	广岛	1994.8	18.4	1	21
神户	1977.3	30.6	2	26	比尔巴鄂	1995.11	34.2	2	32
里昂	1978.5	29.1	4	42	第聂伯罗彼得罗夫斯克	1995.12	7.1	1	6
里约热内卢	1979	35	2	31					
香港	1979.1	87.7	6	50	华沙	1995.4	15.7	1	15
布加勒斯特	1979.11	63	4	48	安卡拉	1996.8	23.1	2	22
亚特兰大	1979.6	62.9	3	36	大邱	1997.11	25.9	1	30
纽卡斯尔	1980.8	74	2	58	台北	1997.3	65.5	6	62

续表

城 市	首段开通时间	线网长/km	线路数	车站数	城 市	首段开通时间	线网长/km	线路数	车站数
广州	1997.6	36.8	2	32	琦玉	2001.3	14.6	1	8
索菲亚	1998.1	10	1	8	巴西利亚	2002	32	2	20
吉隆坡	1998.9	29	1	24	哥本哈根	2002.1	16.8	2	17
马尼拉	1999	30.6	2		德里	2002.12	22.1	2	21
仁川	1999.1	21.9	1	22	布尔萨	2002.8	17	1	17
卡塔尼亚	1999.6	13.3	1	6	圣胡安	2004	17.2	1	16
雅典	2000.1	26.1	2	24	深圳	2004.12	22	2	19
德黑兰	2000.2	37.1	2	31	光州	2004.4	12.1	1	14
伊兹密尔	2000.8	11.5	1	10	曼谷	2004.7	20	1	18
伊斯坦布尔	2001	8	1	6					

注:资料来自日本地铁协会,Metros of the World(2005)。

2) 其他大容量城市交通的起源与发展

地铁之所以比普通铁路及常规公交系统具备更强的城市交通客运能力,关键在于其采用了全封闭线路、保障高密度行车的通信信号、容量大且集散快速的车辆及高站台等。而要达到这些要求并不一定要把线路修建在地下。实际上,各国根据自己的特点还通过其他途径来实现轨道交通系统的快速和大容量的目标。这些途径的实质与上述方式是相同的,只是在各国的称呼、经营管理方式有所不同。

伦敦在建设地铁之前,就有了建设高架铁道的实践。1860—1866 年,伦敦建成 4 条横跨泰晤士河的高架铁路,但这些铁路主要是为城市间铁路客运服务的。

1870 年,纽约建成了世界上第一条用作城市客运的高架铁路(位于曼哈顿的 Greenwich Street & 9th Avenue)。在伦敦第一条地铁通车后,纽约曾制定了庞大的地铁建设计划,但鉴于当时的施工技术水平及对地铁内蒸汽机车空气污染的担心,刚刚开工的地铁建设就搁置起来了。然而,纽约的交通设施发展并没有止步,取而代之的是大规模建设高架铁道。1867—1902 年间,纽约建成了 302 km 的高架轨道交通网。自 1892 年起,芝加哥也大力修建高架铁道,至 1902 年达到 174 km。当时美国第一批建设轨道交通的城市偏爱他们所作出的采用低投资修建高架轨道交通的决策,然而由于噪声污染及有碍景观,高架轨道交通结构对城市商业区的环境影响很大。因此,当电力机车广泛应用以后,传统形式的高架轨道交通在 20 世纪 20 年代初期基本停止了发展。拆除高架线路也变成了美国城市在地价高涨情况下的一项重要政策。

德国是系统地运用城市铁路(Stadt Bahn,简称 S-Bhan)来解决城市交通问题做得最好的国家。在柏林、汉堡、慕尼黑等几乎所有的德国大城市,现在都有完善的 S-Bahn 网络,总里程超过 1900 km。这些城市铁路几乎发挥了与地铁一样的效能,但又没有对城市环境产生让人不可接受的影响。这与德国系统地、科学地规划和设计城市铁路网络是密切相关的。通过对线路敷设方式、车站及其附近的建筑物的合理布置,大大减小了地面以上线路的噪声、景观等不利影响,而以低造价、低运营成本获得了大容量的、快速的城市交通方式。德国的 S-Bahn 系统归德国联邦铁路公司(DB)管理,从运营效果看,S-Bahn 是联邦铁路网中运营效率最高的线路。以 2003 年为例,在联邦铁路网 35 804 km 的线路中,S-Bahn 线路长约 1900 km,仅占联邦铁路网的 5.3%,但其客运量却占 56%。这足以说明,铁路在短途交通尤其是大城市周围区域是大有作为的。

日本的私铁大部分都是地面以上的城市铁路。日本的私铁运营里程超过 3000 km,私铁公司是日本经营效益较好的企业。私铁线路建设初期有很多平交道口,后来根据客流需求的增长情况,分期加以立交化改造;车站分布结合线路附近的居民点分布或住宅开发规划设置,站间距短则不到 1 km,长可至 5 km 甚至更长。东京受有关法规限制,私铁不能深入山手线以内的中心区,而大阪等城市则可以到达城市任何区域。

巴黎的 RER 则是采用把城市铁路与地铁结合起来的模式。RER 线在经过市中心区时接近于地铁,在郊区时则接近于城市铁路。巴黎有 4 条 RER 线,共计 366 km,其中 2 条线共 115 km 归巴黎公交总公司(RATP)经营,另 2 条线共 251 km 归法国国铁(SNCF)经营。

此外,在世界各地的许多大城市中,利用全国铁路网或地区铁路网开行大城市附近的短途列车,离城市中心的出行时间为 1.5~2 h。这些列车在通勤交通、城市群内的城市间交通中发挥了很重要的作用。

1.2.1.2 中容量轨道交通的起源与发展

中容量轨道交通包括地面有轨电车、现代有轨电车、独轨车、线性电机车等轨道交通系统。

中容量轨道交通的发展起源于地面有轨电车,而地面有轨电车又可追溯到公共马车的应用。

19 世纪上半叶,马车是城市交通的主要方式。1829 年,巴黎引入较大的由马驱动的公共马车,1831 年纽约也引入这种车辆。尽管人们对这类马车的需求迅速增长,但它行驶缓慢、颠簸、不舒适,恶化城市卫生状况,还容易造成街道的交通拥堵。不久,人们想到把马车放在钢轨上行驶,以提高速度及平稳性,并利用由多匹马组成的马队来提高牵引力,增大车辆规模,降低运输成本及票价。世界上第一条马拉的街面轨道车于 1832 年在美国纽约的第四大街开始运营,但由于轨道安装难度高而未能得到推广应用。直到 1855 年,轨道安装成本下降,这种有轨马车才开始大规模地替代公共马车,同时也解决了与街道上无轨车辆的相互干扰问题。此后,有轨马车线在美国及欧洲迅速扩展,至 1890 年总里程达到 9900 km。

虽然有轨马车比公共马车有了很大的改进，但随着城市人口及车辆的增加，在较大城市中平交道口出现的交通阻塞现象仍然非常严重。1860年，在纽约的曼哈顿(Manhattan)，从拜特瑞(Battery)到中央公园(Central Park)8 km的行程竟然走了一个多小时。因此，人们考虑采用机车代替马车来牵引，以提高车辆的运营速度。

电力机车的发明和应用，使得人们很快生产出可应用于城市街道的有轨电车。1881年，德国柏林工业博览会上展示了一列三辆电车编组的小型有轨电车，它只能乘坐6人，在400 m长的轨道上进行了演示。这次演示给世人提供了重要的启示。1888年，世界上第一个商业运营的有轨电车线在美国弗吉尼亚州的首府里士满市(Richmond)开通。至1890年末，有轨电车迅速替代了有轨马车及缆索铁道。此后，有轨电车发展很快，至20世纪20年代，美国的有轨电车线路总长达到25 000 km；到了20世纪30年代，欧洲、日本、印度和中国的有轨电车都有了很大的发展。

旧式有轨电车行驶在道路中间，与其他车辆混合运行，又受交叉口红绿灯的控制，运行速度很慢，正点率低，而且噪声大，加、减速性能差。到20世纪三四十年代，随着汽车工业的迅速发展，西方国家的私人小汽车数量急剧增长，大量的汽车涌上街头，城市道路面积严重不足，西欧城市的有轨电车纷纷被拆除。美国的有轨电车系统在20世纪60年代基本上被拆除了。然而，有轨电车也有其优点，它可以在路面直接换乘，可以小单位频繁发车，节约能源，而且无污染，造价特别低廉，所以东欧及亚洲一些城市至今仍在使用。

20世纪60年代和70年代是地铁建设高潮发展时期，由于地铁造价昂贵，建设进度受财政和其他因素制约，西方大城市在建设地铁的同时，又重新把注意力转移到地面轨道上来。人们利用现代高科技开发了新一代噪声低、速度快，走行部转弯灵活，乘客上、下方便，甚至照顾到老人和残疾人上、下的低地板新型有轨电车。在线路结构上，采用了降噪技术措施。在速度要求较高的线路上，采用专用车道；于繁忙道路交叉处进入半地下或高架交叉，互不影响。对速度要求不高的线路可与道路平行，与汽车混合运行。美国于20世纪70年代初率先在亚特兰大、巴尔的摩及迈阿密建设轻轨交通系统，随后，底特律、洛杉矶、檀香山和休斯敦等10个城市都开始建设轻轨交通，从而掀起了美国第二次城市轨道交通建设的浪潮。

随着机电工业及电子技术的迅速发展，20世纪60年代以来，各种新型的轻轨交通系统相继被发明，并很快加以改进，完成了实用化研究，在日本、美国、加拿大、德国等国家的城市内和机场区域被广泛采用，如表1-2所示。

20世纪80年代和90年代，环保问题、能源结构问题突出，在经济可持续发展战略方针指导下，全世界又掀起了新一轮的轻轨交通系统的建设高潮。

据不完全统计，截至2005年底，国外有50个城市拥有轻轨交通线路，总长约2010 km，世界各城市轻轨线网里程(2005年)如表1-3所示。

表 1-2　世界中容量轨道交通发展的主要历程

年份	主 要 历 程
1901	德国人 Eugen Langen 研制出电力驱动的悬挂式独轨车（至今还在 Wuppertal 运营）
1956	跨座式独轨车在联邦德国科隆市发明
1959	跨座式独轨车首次在美国加州的迪斯尼乐园运营
1960	在法国奥尔良发明了一种新型的悬挂式独轨车
1961	独轨车在意大利世界博览会上运营
1962	跨座式独轨车在美国西雅图市中心至世界博览会场（1.59 km）运营
1963	日立独轨车在日本读卖游乐场运营
1963	美国西屋电气公司展示第一台自动导轨交通系统(Sky Bus)
1964	沙菲基式轻轨车在日本名古屋东山公园运营
1964	在瑞士洛桑举办的交通博览会上，哈伯加的小型铁路运营
1966	火箭式轻轨车在日本向丘游园开始运营
1966	东芝式跨座独轨车在横滨的德里木陆地至大船之间运营
1967	在加拿大蒙特利尔博览会上哈伯加的小型铁路运营
1970	沙菲基式轻轨车在日本大船至江岛之间运营
1970	跨座式独轨车在大阪万国博览会上运营
1974	美国德州达拉斯机场的 AIRTRANS 线通车
1977	日本千叶市的悬吊式独轨车运营
1980	日本大阪市的跨座式环形独轨车运营
1981	日本北九州市的跨座式独轨车运营
1983	日本制定"新交通系统标准化基本规格"
1983	巴黎北方里尔都市区轻型自动化捷运系统 VAL(Vehicule Automatque Leger)通车
1984	英国伯明翰磁浮自动导轨系统 Maglev(Magnetic Levitation)通车
1985	美国迈阿密的市区中量客运系统(Metromover)通车，这是美国第一个将 AGT 系统运用于市中心区的实例
1986	线性电机轻轨车 ALRT(Sky Train)在加拿大温哥华市通车（21.4 km）
1987	线性电机轻轨车在美国底特律市区运营（4.7 km）
2005	常导磁吸式磁浮系统（HSST）在日本名古屋市名东区藤丘至丰田市八草町通车运营（9.9 km，100 km/h）

表1-3 世界各城市轻轨线网里程(2005年)

城 市	首段开通时间	线网长/km	线 路 数	车 站 数
斯图加特	1966	123	16	137
科隆	1968	196	15	221
曼海姆	1969.5	59.2	8	111
安特卫普	1975.3	116.2	1	11
汉诺威	1975	179.4	12	190
埃森	1977.5	29	3	35
埃德蒙顿	1978.4	13.7	1	10
慕尔海姆	1979.11	10.9	1	17
杜塞尔多夫	1981.1	60.9	7	100
圣迭戈	1982	82	3	54
多特蒙德	1983	73.6	7	86
里尔	1983.4	45	2	60
伏尔加格勒	1984.11	13.5	1	18
马尼拉	1984.9	15	1	23
布法罗	1985	10	1	14
匹茨堡	1985.5	75.6	3	24
温哥华	1986.1	49.4	2	31
萨克拉门托	1986	60.2	2	64
迈阿密	1986	7	1	21
墨西哥城	1986	26	1	18
克里沃伊罗格	1986.12	17.7	2	11
波特兰	1987	69.8	3	60
波鸿	1989.9	14.9	1	21
伊斯坦布尔	1989.9	20	1	18
蒙特雷	1991.4	25	2	25
波恩	1991	47.1	6	81
比勒费尔德	1991.4	35	4	62
杜伊斯堡	1992.7	17.1	1	19
圣路易斯	1993.7	38	1	28
图卢兹	1993.6	12.3	1	18
鲁昂	1994.12	15.1	2	31
吉隆坡	1996.12	72	3	60
新加坡	1999.11	28.8	3	43
伊兹密尔	2000.8	11.5	1	10
雷恩	2002.3	8.6	1	15
波尔图	2002.12	70	4	66
布尔萨	2002.8	17	1	17
明尼阿波利斯—圣保罗	2004.6	17.2	1	17
休斯敦	2004	12	1	16
明尼阿波利斯—圣保罗	2005	17.2	1	17
拉斯维加斯	2005	6.4	1	7

注:资料来自日本地铁协会,Metros of the World(2005)。

1.2.2 我国城市轨道交通现状及发展趋势

1) 我国城市轨道交通现状

1906年2月16日,中国第一条有轨电车(单轨白牌)在天津正式通车;1908年,上海第一条有轨电车建成通车;1909年大连建成了有轨电车;随后,北京、天津、沈阳、哈尔滨、长春等城市大量修建有轨电车线路。这些有轨电车线路在当时的城市公共交通中发挥了骨干作用。

从20世纪50年代初开始,世界各国大城市都纷纷拆除了有轨电车线路,这阵风也波及中国。到50年代末,我国各大城市的有轨电车线基本拆完,仅剩下大连、长春个别线路没有拆掉,并一直保留至今,且继续承担着公共客运服务。

北京是我国开通城市快速轨道交通运营的第一座城市。1969年10月1日,北京1号线(复兴门—苹果园)内部通车运营(凭参观券乘车,1971年1月15日开始对社会乘客售票),揭开了我国地铁发展的历史序幕。20世纪,我国开通城市快速轨道交通运营的城市有天津(1984年)、上海(1993年)、广州(1997年)、香港(1979年)、台北(1996年)。

进入21世纪,我国城市轨道交通快速发展,先后有大连(2002年),长春(2003年),深圳、武汉(2004年),重庆、南京(2005年),高雄(2008年),成都、沈阳、佛山(2010年),西安(2011年),苏州、昆明、杭州(2012年),哈尔滨、郑州(2013年)开通了城市轨道交通运营。截至2013年底,我国有22个城市开通了城市快速轨道交通运营,营业线路共有93条,营业里程达2671.6 km,其中内地城市19个,营业线路74条,营业里程2326.0 km,参见表1-4。

表1-4 2013年中国城市快速轨道交通网络营业里程统计(截至2013年12月31日)

城市	运营线路名称	线路数/条	营业里程/km	车站数/个	第一条线开通运营时间
北京	1~2号线、4~6号线、8~10号线、13~15号线、八通线、机场快线、大兴线、昌平线、亦庄线、房山线	17	460.2	276	1969.10.01 内部运营、1971.01.15 对大众运营
天津	1~3号线、9号线	4	135.6	86	1984.12
上海	1~13号线、16号线	14	528.9	329	1993.05.28 南段观光试运营、1995.04.10 对大众运营
广州	1~6号线、8号线、APM线、(广佛线)	8.5	245.4	153	1997.06.28 内部运营、1999.06.28 对大众运营
长春	3号线、4号线	2	48.3	48	2002.10.30
大连	3号线	1	63.4	18	2002.11.08
武汉	1号线、2号线、4号线	3	72.8	62	2004.09.28

续表

城市	运营线路名称	线路数/系	营业里程/km	车站数/个	第一条线开通运营时间
深圳	1~5号线	5	176.3	131	2004.12.28
重庆	1号线、2号线、3号线、6号线	4	166.6	93	2004.12.28
南京	1号线、2号线	2	81.4	57	2005.09.03
成都	1号线、2号线	2	49.7	43	2010.09.27
沈阳	1号线、2号线	2	55	44	2010.10.08
佛山	(广佛线)	0.5	14.8	11	2010.11.03
西安	1号线、2号线	2	45.9	36	2011.09.16
苏州	1号线、2号线	2	51.3	46	2012.04.28
昆明	1号线、2号线	2	40.1	14	2012.06.28
杭州	1号线、2号线	1	46.6	31	2012.11.24
哈尔滨	1号线	1	17.5	17	2013.09.26
郑州	1号线	1	26.2	20	2013.12.28
内地合计:19个城市、74条线路			2326.0	1516	
香港	观塘线、荃湾线、港岛线、东涌线、将军澳线、迪士尼线、马鞍山线、机场快线、东铁线、西铁线	10	182	103	1979.10.01
台北	文湖线、淡水线、中和新芦线、小南门线、新店线、小碧潭支线、板南线	7	120.9	109	1996.03.28
高雄	红线、橘线	2	42.7	38	2008.03.09
港台合计:3个城市,19条线路			345.6	250	
中国合计:22个城市,93条线路			2671.6	1766	

注:表中数据不含现代有轨电车、市郊铁路等城市轨道交通线路的营业里程。

2）我国城市轨道交通发展趋势

近20年是我国内地城镇化、机动化的快速发展期。2000年,我国内地城镇化率为36.2%,50万人以上的大城市93个,其中100万人以上的大城市40个；至2012年,我国内地城镇化率达到53.3%,全国50万人以上的大城市有211个,其中100万人以上的大城市有102个。我国大城市数量及人口增长的趋势还将持续10年以上。同时,快速增长的小汽车使用量,导致大城市交通拥堵、大气环境容量超负荷以及燃油供需矛盾突出等社会问题。这些因素促使具有大容量、快速、节能减排的城市轨道交通在我国大有用武之地,许多大城市都在大力规划建设城市轨道交通系统。国务院第一批批准了15个城市建设城市轨道交通,这些城市至2015年前后将建成62条线路,总运营里程1733 km,总投资约6235亿元；第二批批准了宁波、郑州、厦门、东莞、昆明、长沙等6个城市,2020年前的新建线路里程约355 km,总投资约1234亿元；第三批批准了青岛、福州、南宁、南昌、乌鲁木齐、石家庄等城市。此外,还有更多的城市已经开展了城市轨道交通线网规划研究,为申报创造条件。我国部分城市轨道交通规划线网长度统计(2013年)如表1-5所示。我国有100多个百万以上人口的城市均有建设城市轨道交通的需求,可以推断,随着社会经济的持续发展及城市化进程的推进,我国大城市建设轨道交通的需求会迅速增长,城市轨道交通事业将会有良好的发展前景。

表1-5 我国部分城市轨道交通规划线网长度统计(2013年)

序号	城市	规划年度/年	线路数/条	线网长度/km
1	北京	2050	28	1101
2	天津	2030	25	1380
3	上海	2030	21	1050
4	广州	2040	21	905
5	武汉	2049	22	981
6	成都	2050	23	938
7	重庆	2050	17	820
8	青岛	2050	19	815
9	南京	2050	22	785
10	深圳	2030	20	720
11	郑州	2050	17	640
12	昆明	2050	9	602
13	西安	2050	15	587
14	长沙	2050	12	456
15	沈阳	2030	11	400
16	杭州	2050	10	376
17	太原	2050	10	360
18	哈尔滨	2037	10	340
19	济南	2030	9	330
20	贵阳	2030	9	330
21	福州	2050	10	324
22	合肥	2050	12	323
23	长春	2050	7	257
24	南宁	2050	6	252
25	石家庄	2050	6	245
26	南昌	2050	6	212
27	乌鲁木齐	2050	7	212
28	兰州	2050	6	202
29	西宁	2050	6	168
30	呼和浩特	2050	5	144
31	海口	2030	4	134

续表

序号	城市	规划年度/年	线路数/条	线网长度/km
32	宁波	2030	6	428
33	苏州	2050	9	380
34	台州	2050	6	318
35	惠州	2050	7	272
36	大连	2030	7	263
37	常州	2050	6	264
38	温州	2050	5	264
39	佛山	2030	8	264
40	金华	2030	4	258
41	厦门	2030	6	247
42	珠海	2050	9	234
43	唐山	2030	9	230
44	扬州	2030	7	210
45	东莞	2020	4	205
46	徐州	2050	7	202
47	包头	2050	6	182
48	南通	2050	4	180
49	无锡	2050	17	158
50	中山	2050	6	153
51	鞍山	2050	3	140
52	淮安	2050	5	126
53	洛阳	2050	4	103
54	镇江	2030	4	102
55	邯郸	2030	2	76

1.3 城市轨道交通基本建设程序

①线网规划阶段:编制《城市轨道交通线网规划》,完成后报市政府审批。

②近期建设规划阶段:根据市政府已经批准的《城市轨道交通线网规划》,组织编制《城市轨道交通近期建设规划》,完成后上报发改委;发改委将委托中国国际工程咨询公司(以下简称中咨公司)组织专家对《城市轨道交通近期建设规划》进行评估;中咨公司根据专家评估意见撰写评估报告上报国家发改委;国家发改委根据该评估报告提出是否同意审批的意见,并上报国务院审批。

③工程可行性研究阶段:根据国务院批复的《城市轨道交通近期建设规划》,组织编制某个工程项目的《城市轨道交通工程项目可行性研究报告》,完成后上报省发

改委;省发改委组织专家对《城市轨道交通工程项目可行性研究报告》进行评估,并根据专家评估意见撰写评估报告;省发改委根据该评估报告决定是否同意审批该项目开工建设。

④工程设计阶段:根据省发改委批复的《城市轨道交通工程项目可行性研究报告》,组织城市轨道交通工程初步设计,完成后由业主组织专家审查批准后,开始组织城市轨道交通工程施工图设计。

⑤工程实施阶段:在初步设计文件审查批准后,组织工程招标投标,并依据批准的建设规模、技术标准、建设工期和投资,按照施工图和施工组织设计文件组织建设。

⑥竣工验收阶段:城市轨道交通工程建设项目按批准的设计文件全部竣工或分期、分段完成后,按规定组织竣工验收,办理资产移交,至此基本建设阶段结束。

1.4 本课程的主要内容

城市轨道交通工程是一项投资规模大、技术性强、专业众多且关联度紧密的系统工程。从专业来看,它涉及城市规划、交通规划、线路工程、结构工程、建筑工程、给排水与环境控制、机械工程、车辆工程、电气工程、通信信号、运营管理等20多个专业。如此众多专业的工程技术人员最终完成的工程产品的功能是共同的,就是便捷地输送城市客流。如果各类专业人员相互之间没有沟通与衔接,最后组合形成的轨道交通产品就不能正常地发挥其"方便""快捷"的作用,从而可能造成低效使用甚至巨大的浪费。

各专业人员如何才能与相关专业的人员很好地沟通与协调,这就要求各专业人员了解相关专业领域的基本知识,掌握专业人员之间的"共同"语言。本课程的目的就是为专业人员较全面地提供城市轨道交通系统的基础知识。

城市轨道交通系统有很多类型,各国在应用过程中形成了很多名称,有些看似相同的名称却有着不同的含义。例如,轻轨(Light Rail)在欧洲主要指现代有轨电车,而在我国是指中容量的轨道交通系统;相同功能的轨道交通系统在各国的名称也会有差异,如德国的S-Bahn(城市铁路)与日本的私铁、法国的RER是基本相同的。如果名称的概念混淆,就会在交流中产生误解,因此,需要对城市轨道交通的概念加以阐述。

本书第1章首先对城市轨道交通从各个方面进行分类,介绍了各种轨道交通系统的产生和发展过程,对常用的轨道交通系统制式的名称、概念、功能进行了界定;其次介绍了国外轨道交通的发展历史与过程,起开阔视野的作用;最后介绍了我国城市轨道交通的发展现状及规划情况,由此可以看出我国城市轨道交通事业的广阔前景。后续各章从各个侧面介绍城市轨道交通工程的专业知识。

第2章为线网规划。从全"网"角度谋划一个城市的轨道交通的发展,包括客流预测、方案设计与评价等内容,这对整个城市的交通功能与效率有决定性的影响。

第3章为线路设计。从某条"线"的角度考虑城市轨道交通工程的设计,包括走向选择、车站分布、站段布置、轨道结构设计等内容,这对一条线的整体功能与费用有重要的影响。

第4章为车站布局设计。从某个"点"的角度考虑城市轨道交通工程的布局规划与设计,包括中间站设计、换乘站布局设计、综合交通衔接。这部分是各专业交叉与衔接界面最多的部分。

第5章为结构工程。从区间、车站两个方面分别介绍城市轨道交通工程的地下、地面、高架结构的设计特点。

第6章为车辆。介绍车辆的构成、车辆选型等基本知识,重点阐述车辆与线路设计的关系。

第7章为机电设备。城市轨道交通有许多类型的设备,本章介绍一些与上述各部分有较大关联的设备内容,包括供电、通信信号、通风与空调、给排水与消防、防灾报警、售检票系统。

第8章为资源共享。城市轨道交通系统投资量大,占用的土地、空间、电力设施等资源多,对其合理优化会产生很大的社会经济效益。本章介绍城市轨道交通工程资源共享的理念及基本方法。

【思考题】

1.1 什么是城市轨道交通?其基本特征是什么?
1.2 世界上第一条地铁何时营运?在哪个城市?
1.3 列举世界各国关于地铁、轻轨的名称,比较其内涵。
1.4 我国地铁、轻轨的划分依据是什么?轻轨与地铁相比,在系统设备、设施及交通功能方面有哪些主要差异?
1.5 常用的城市轨道交通系统制式有哪些?
1.6 目前我国内地城市轨道交通营业里程有多少?营业里程较大的5个城市各有多少条线路和运营里程有多少?

第2章 线网规划

2.1 规划内容与步骤

2.1.1 规划内容

城市轨道交通线网规划一般是指城市远期的轨道交通线网规划,即从长远角度全面、系统地研究城市市区或市域的轨道交通线网发展规划。

线网规划年限一般与城市发展总体规划规定的年限相一致,但不应少于30年。对于发展潜力很大的城市,则采用更长的远景期。

线网规划的主要内容有以下几个方面。

1) 必要性研究

根据某城市的远期总体发展规划,论证城市是否需要发展城市轨道交通系统。由于一些城市总体规划的规划期不足30年,因此,在进行城市轨道交通线网规划研究之前需要进行城市发展战略研究及城市综合交通战略研究,以此作为城市轨道交通线网规划分析论证的基础。

城市轨道交通系统不仅需要很大的初期建设投资,而且需要很大的运营维护成本;如果没有足够的客流需求,轨道交通系统的正常运营可能面临巨额的亏损。当然,论证城市轨道交通的必要性是以其社会效益为依据的。目前,欧美国家的城市轨道交通系统多数是需要运营补贴的,但是它们在城市发展及城市综合交通系统中产生了远高于所获运营补贴金额的社会效益,这样的轨道交通系统是必要的。

2) 线网规模研究

城市轨道交通线网规模是指线网的总长度及其线路的数目。不同的线网规模对线网结构、线路走向及其作用、功能等方面有很大影响。

为了使城市的线网规划具有稳定性、科学性和前瞻性,决策者和建设者必须充分考虑远期甚至远景的城市交通可持续发展要求。如充分考虑我国城镇化发展对城市人口规模与分布的影响,充分考虑小汽车发展后的城市交通道路网的容量、尾气排放限制的影响,充分考虑在远景城市规模下节约使用交通用地和能源的综合交通客运结构。

3) 线网结构研究

城市轨道交通线网结构是指线网的形态结构,主要是指中心城区线网的形态结构,如网格式、放射式、环形放射式等。不同的线网结构对线网工程造价、客运效率和城市形态发展等有很大影响。

4）线路规划

线路规划包括线路走向、车站分布、线路敷设方式等。

城市轨道交通线路技术标准较高，车站规模较大，在城市中调整位置比较困难。因此，轨道交通线网规划阶段需要进行较细致的线路规划。

线路走向的选择一般应结合城市道路网和客流流向情况，沿城市主干道和主客流方向布设线路，其线路要尽量经过大的客流集散点，如商业中心、文化娱乐中心、对内对外交通枢纽和大的居民住宅区等。在确定线路起始点位置时，要预留向城市周围重要城镇延伸的可能性，以适应远景城市发展的需要。尤其对一个发展潜力较大的城市，一定要将线网设计成"开放式"的，而不是"封闭式"的，即线网中的线路端点要根据城市规划需要设计成可向外伸展，而不是往里收缩的形式。

车站分布的工作内容是确定线路中车站的间距及具体位置。车站分布一般和线路走向的选定工作同时进行。因为车站位置不当或技术条件不合适常会引起线路的改变，所以在规划线网时，两者要紧密结合，相辅相成才能选出好的线位与站位。

敷设方式是指线路位于地面、地上（高架）还是地下（隧道）。它不仅影响线路工程造价，而且会给线路可实施性、实施后的运营维护成本及城市环境等带来很大影响。高架线土建工程造价一般是地下线的 1/3~1/2，由于不需要通风、照明（白天）、排水提升设备等，可节省大量的能耗和运营维修管理费用。但高架线可能会产生噪声、景观等方面的不利影响，在规划设计中应进行认真处理。只要处理得当，高架线能给城市增添动景并增加许多新景点，并对景观起到画龙点睛的作用；对环境产生的振动噪声污染，也不会超出国家规定的环境保护标准。随着城市中高密度建筑群的增多，在线网规划阶段需要更加注重线路敷设方式规划。否则，规划线路就难以实施，而一条线路的调整则可能影响整个线网的合理性及运营效率。

5）联络线规划

在城市轨道交通线网中，一些高密度运营的线路多数是独立运行的，与其他线路不互通列车。为了便于线网形成有机的整体，在编制线网规划时，一定要认真规划好联络线的分布位置，以便线网各条线路建成后，能机动灵活地调运线网中各线的车辆，否则将给线网的完整性造成无法弥补的弊病。

所谓联络线主要是指两条正线间的连接线，其主要用途有以下几种。

① 运送厂修（大修）车辆。一条线的车辆大修任务一般不会太多，为了节省工程投资和运营成本，并充分发挥工厂设备的作用，一个城市往往只设置一处修理厂，修理厂一般都设在第一条修建线路的车辆段内。其他各线需要厂修的车辆，可通过联络线运进工厂（车间）修理，所以，各线联络线的分布，要有利于便捷地向厂修段运送修理车辆。

② 走行运用车辆。由于城市用地原因，当根据《地铁设计规范》（GB 50157—2003）的有关规定，经过论证认为可在两条或两条以上线路只设一个车辆段时，每天

由车辆段向各线收发列车,除需通过车辆段出入线外,往往还需经过联络线进出各线。

③ 运送新车辆。多线组成的线网,往往不可能每条线的车辆段都能设置铁路专用线与地面铁路连接。当某线车辆段因离地面铁路较远,或因修建工程难、耗资大,或因技术原因不能与地面铁路接轨时,线路上所需的新车辆要通过其他有铁路专用线的车辆段,经两正线间的联络线运进来。当然,在条件允许的情况下,经技术经济分析比较确定合理时,也可通过公路运进新车辆。

④ 同一期工程跨线修建时,两线间需设置联络线,近期做正线使用。如北京地铁第一期工程苹果园至北京站线路,其中苹果园至复兴门是线网中 1 号线的西段,复兴门至北京站是 2 号线环线的南环。一期工程修建时,在南礼士路至长椿街站间设一双线联络线做正线运行,直至环线建成贯通,两线各自独立运营以后,才停止作正线使用。

⑤ 特殊用途的联络线。如根据战备等要求设置的联络线。

6) 车辆段与其他基地规划

车辆是城市轨道交通系统运送乘客的交通工具。为了安全、快捷、舒适地运载乘客,满足城市交通的需求,车辆在整个系统中占有很重要的位置。为保证车辆能在线路上正常运行,要经常对它进行维修保养。

车辆段是车辆的维修保养基地,也是车辆停放、运用、检查、整备和修理的管理单位。若运行线路较长(超过 20 km 时),为了有利于运营和分担车辆段的检修工作,可在线路的另一端设停车场,负责部分车辆的停放、运用、检查和整备工作。当技术经济合理时,也可以两条或两条以上线路共设一个车辆段。

城市轨道交通除车辆保养基地外,尚有综合维修中心、材料总库和职工技术培训中心等基地,有条件时应尽量将它们与车辆段规划在一起。

7) 线网建设顺序

线网结构、线路走向和车站分布确定后,要根据城市客运交通需求、城市新建与改建计划、工程实施难易程度及工程投资情况等因素确定线路建设的顺序。对近期修建的线路,有条件时还可进行工程投资匡算和经济分析工作,以供决策部门制定建设规划时参考。

与城市道路网规划比较,城市轨道交通线网规划的研究内容虽有相同之处,如线网规模、线网结构和线网建设顺序等,但更多的是不同之处。这不仅表现在需要增加线路规划、联络线规划和车辆段规划等内容,而且体现在轨道交通线网规划的专业性、网络关联性和线网的稳定性等方面。具体体现在以下几个方面。

① 技术标准高,线路走向及场站位置选择较困难。城市轨道交通系统具有较大的运能,其对线路、车站的技术要求较高。例如,最小平面曲线半径一般在 250 m 以上,在城市区域转向就会产生许多动拆迁工程;最大坡度一般在 3% 以下,线路出入地面会有较长的过渡段,对横向道路交通有一定的影响;普通中间站的长度一般在 100 m 以上,且多为高站台,其位置选择已经不易,而对于一些多线立体交汇的换乘站、占地

规模大的停车场和车辆段等场站的选址就更加困难。

② 城市轨道交通系统涉及的专业多，且部分专业与乘客的关系密切，考虑不周将会直接影响使用效果。例如，车站上不仅要设乘降车需要的站台，而且还需设置大型供电设备、运营控制管理设备等；换乘站的出入口、换乘通道及车站周围的接驳交通设施的规划设计将直接影响到乘客换乘的便捷性；如果规划线路很长，则应考虑提供开行大站车的可能，需要在部分车站规划越行线及道岔咽喉区；不同线路之间需要考虑在合适的地点设置联络线，等等。如果此类内容在线网规划阶段没有深入考虑，则在线路建成后改建十分困难；即使勉强改建，其功能会受到一定程度的影响，工程费用也可能显著增加。

③ 城市轨道交通系统的类型众多，各类系统的运能级别与技术要求相差很大。例如，根据现行的《城市快速轨道交通工程项目建设标准》，采用 A 型车的线路运能可达 5~7 万人次/小时，相应的平面最小曲线半径为 300~350 m，而 C 型车的线路运能只有 1~3 万人次/小时，相应的平面最小曲线半径为 50~100 m。又如，独轨车、磁浮车轨道、线路结构等与轮轨系统差异很大，它们的线路规划原则与轮轨系统也有所不同。

④ 对城市发展的影响更为深远。城市轨道交通车站聚集的人流量比常规公交车站要大得多，尤其在多线交叉的换乘枢纽处更是如此。例如，上海的人民广场枢纽站有 3 条轨道交通线交汇，轨道交通换乘量就有 30 多万人次/天，而这里全部公交线路的集散量只有 10 万人次/天；在东京的新宿、东京铁路客站等轨道交通换乘枢纽站，每天的客流集散量超过了 100 万人次。由于轨道交通客流比较集中，因而对商业、土地、住宅等方面的增值有持久的、巨大的影响。从东京、纽约等大城市的发展状况看，轨道交通车站及枢纽附近一般都是高楼林立、商业繁华，土地价格很高。

⑤ 城市中心区对线网规模、线网结构的规划稳定性要求很高。城市道路网的规划可以每隔 10~20 年分期规划，各期路网规划实施后道路衔接比较容易，而城市轨道交通项目由于体量大、线路标准高、多为地下或高架工程等原因，改建或扩建十分困难。如果初期规划考虑不周，则可能导致换乘不便、部分区段过于拥挤、线网运营效率低等问题。因此，城市轨道交通建设客观上需要充分论证城市轨道交通线网的规模与结构。但迄今为止，这是一个没有得到妥善解决的问题，因为这涉及城市总体规划（未来人口与岗位的规模与分布）、城市综合交通结构（城市公共交通客运系统在城市交通客运系统中的分担比例、城市轨道交通系统在城市公共交通客运系统中的分担比例）等长远的、战略性的问题，而我国的城市总体规划时限一般不超过 20 年。

⑥ 一个具有可操作性的城市轨道交通线网规划，与城市轨道交通近期（首期项目建成后第一个 10 年）建设规划及一系列专项规划是相互关联的。这些专项规划包括换乘枢纽规划、车辆段及停车场规划、供电系统规划、控制中心规划等。例如，停车场的位置将决定线路的起、终点位置，换乘站的位置及布局形式会影响相关线路的走向，线路的实施序列会影响到相关线路的连接方向，等等。而道路网的建设序列很少

会影响到道路网规划。

正因为城市轨道交通项目的建设具有网络关联性,所以国家发改委在审批城市轨道交通项目之前,首先要审核"城市轨道交通近期建设规划",而该规划又依赖于科学合理的"城市轨道交通线网规划",因此,城市轨道交通线网规划是城市轨道交通项目建设的基础和前提。我国既有的城市轨道交通建设实践也多次证明,不考虑线网的轨道交通线路建设必然会引起大量废弃工程并造成功能下降。

2.1.2 规划步骤

城市轨道交通线网规划的过程如同其他系统工程问题的解决方法一样,也要经历弄清系统存在的问题,明确规划目标;制定解决所存在问题及实现所提出目标的规划备选方案;评价各个备选方案,提出推荐方案;实施和修订规划等阶段。

城市轨道交通线网规划涉及城市轨道交通需求分析和预测、城市轨道交通线网规模分析和估算、城市轨道交通线网方案设计和分析、城市轨道交通线网方案评价和选择等过程,包括以下工作步骤。

① 收集和调查历年社会经济(GDP、人均收入)、土地利用(居住人口及岗位分布、流动人口)、路段交通量、OD流量及流向资料,为现状诊断及客流预测提供基础数据。

② 通过对交通线网各路段的交通量(观测交通量或理论分配交通量)、拥挤度(或饱和度)、车速、行程时间等进行指标分析,对现状交通线网进行诊断分析,发现城市交通现状及目前发展趋势下可能存在的问题。只有深刻认识到城市交通的关键问题所在,才能制定出合理且具针对性的规划目标和提出切实可行的规划方案。

③ 分析未来城市的人口(包括常住人口、流动人口)总量、出行特征(频率、距离、方式)、交通结构等方面的情况,对轨道交通客运需求进行预测。预测结果是方案设计和评价的基础。

④ 城市发展战略研究。由于城市总体规划时限不超过20年,不能适应城市轨道交通线网规划时限(30~50年)的要求,因而需要对远景的城市发展战略目标进行分析论证。其分析论证的重点内容是:远景的城市人口、工作岗位的数量及分布,城市发展形态与结构布局,中心区及市区范围的人口密度及岗位密度。

⑤ 城市综合交通战略研究。从城市交通总能耗、总用地量、总出行时间等角度论证不同时期的城市轨道交通客运份额合理水平,确定不同时期的城市轨道交通客运目标值。

⑥ 在现状诊断和需求预测的基础上,结合城市综合交通战略、城市轨道交通建设资金供给等方面,确定未来(可以分为若干规划期)的轨道交通线网发展规模。

⑦ 根据轨道交通线网规模,结合客流流向和重要集散点编制线网规划方案。由于轨道交通枢纽点需要具备一定的用地规模、施工条件及公交配合条件,因而线网编制时往往先考虑重要换乘枢纽的点位。不同的规划方案可能对未来城市发展产生

不同的影响,进而影响到城市客流流向和流量。因此,方案设计与客流预测是相互作用的,在具体预测过程中需要不断重复上述过程。

⑧ 针对各线网方案,利用预测的客流分布结果进行客流测试,得到各条规划线路各断面和各站点的客流量、换乘量以及周转量等指标,为方案评价提供基础数据。

⑨ 建立评价指标体系,对各方案进行定性、定量的分析和比较。

⑩ 选择较优方案,并结合线路最大断面流量等因素确定轨道交通的系统模式。

值得注意的是,上述各步骤都是相互作用的,都可能反复循环。例如,在规划方案评价时和在深入分析既有方案时,可能会发现新的更具竞争力的方案;又如新情况的出现、新政策的出台必然会影响需求预测结果的变化,这种反复并不罕见。一个好的规划方案是在不断反复的过程中逐步完善的,这种反复循环的过程使得规划方案更加切合实际。

必须认识到规划的严肃性,规划方案一旦实施就不能轻易调整。调整规划是要付出代价的,代价大小与所调整线路的结构性程度有关,越是结构性的线路,其调整所付出的代价越大。因此,在规划过程中要尽可能预计到未来的一些结构性、战略性的变化,从而使所形成的规划线网在结构上不发生大的变化,尽量减少未来规划调整所带来的损失。

2.2 客流需求预测

客流需求预测是城市轨道交通投资决策的基础,也是衡量建设项目经济效益的关键性指标。具体来说,城市轨道交通客流需求预测结果将为以下几个方面的决策提供重要依据。

① 城市轨道交通建设的必要性和迫切性。

② 城市轨道交通制式和车辆选型。

③ 城市轨道交通系统设计能力、列车编组、行车密度和行车交路的确定。

④ 车站基本规模、站台长度和宽度、车站楼梯和出入口宽度的确定。

⑤ 机电设备系统的选定及其容量和用电负荷的确定。

⑥ 售检票系统制式和规模的选定。

⑦ 票价政策。

⑧ 运营成本的核算和经济效益评价。

客流需求预测的目标是预测城市轨道交通系统建成通车后可能吸引的客流规模和时空分布。

2.2.1 预测内容及影响因素

1) 预测内容

在城市轨道交通线网规划、建设规划、工程可行性研究等不同阶段,对客流预测结果的广度、深度要求有所不同。例如,规划阶段偏重于线网客流总量,精度要求较低;设计阶段偏重于线路断面及车站客流总量,精度要求较高。

一般来说,客流预测成果应包括以下五项内容。

① 全线客流(包括全日客流量和各小时段的客流量及比例)。全日客流量是表现和评价运营效益的直观指标,同时也是进一步评价线路负荷强度的重要指标;各小时段的客流量及比例,是为全日行车组织计划提供依据的。在保证运输能力和服务水平的前提下,应合理安排行车间隔,提高列车满载率及运营效益。

② 车站客流(包括全日和早、晚高峰小时的上下车客流量,站间断面客流量以及相应的超高峰系数)。全线早、晚高峰小时时段的站间最大单向断面客流量,是决定轨道交通建设必要性和确定系统运量规模的基本依据,由此选定轨道交通制式、车型、车辆编组长度、行车密度及车站站台长度;全线早、晚高峰小时的站间断面客流量,是全线运行交路设计的基本依据,由此确定列车交路长度、折返列车数量、折返车站位置及配线形式,并计算运用车辆配置数量;各车站早、晚高峰小时的上下客流量及相应的超高峰系数,是各车站规模设计的基本依据,由此计算站台宽度、楼(扶)梯宽度、售检票机数量、车站出入口宽度等,其中晚高峰小时客流量对地下车站的空调、通风量计算具有控制性作用;此外,必要时应对车站客流作进一步分析,预测到达本站的客流所采用的各种交通方式的分类和比例,为本车站附近如何考虑停车场用地的规模提供依据。

③ 分段客流(站间 OD 表、平均运距及各级运距的乘客量)。它是进行分段客流统计、制订票制和票价、财务评价与社会经济效益分析的基本依据。

④ 换乘客流(各换乘站分向换乘客流量)。它是换乘方案设计和换乘通道(或楼梯)宽度计算的基本依据。

⑤ 出入口分向客流。根据每一座车站确定的出入口分布位置,对每个出入口作分向客流预测,并作波动性分析,为每个出入口宽度计算提供依据。

2) 预测年限

预测年限也就是设计年限和规划年限,它随两者的变化而变化。在新线设计时,它应和设计年限相一致;在规划线网时,则应和规划年限相一致。

设计年限一般分为近期与远期两个阶段,时间均从工程建成通车之年起算。根据国内外的经验,设计年限一般近期为 10~15 年,远期为 20~30 年比较合适。我国《地下铁道设计规范》(GB 50157—2003)规定,设计年限近期宜为交付运营后第 10 年,远期不宜少于交付运营后 25 年。

3) 主要影响因素

① 城市性质及地位:城市性质及地位,在战略上决定着城市的人口、用地发展规模及潜力,也决定着对其外部区域的影响力。

② 城市人口、土地利用规模及分布形态:城市人口密度、房屋建筑密度、工作岗位及商业区的集中程度对轨道交通客流的产生及流向有着重要影响。因此,需要分

析现状及规划的城市人口分布及大型客流集散点分布,包括重要的工业区、商业网点、文化中心、旅游点、住宅区等。

③ 市内公共交通枢纽及对外交通枢纽:城市内部公共交通枢纽、火车站、码头、航空港等都是客流集散的重要场所,其现在及规划位置对城市轨道交通客流的分布也将具有重要的影响。

4) 客流预测的难度

经过对近年来我国各城市轨道交通线路的客流预测结果与实际运营客流统计值进行比较,发现两者结果相差较大。其主要原因大致可归纳为以下几点。

① 预测年限较长,积累资料不足,预测技术尚须改进和完善。城市轨道交通项目,从工程立项开始至建成通车,一般需要 5 年;然后再预测通车后 25 年的远期客流规模,总共要预测 30 年的客流。时间跨度大就难以掌握城市发展中的政策、经济和人们活动的规律,不确定因素太多。同时,由于这项技术尚在不断发展研究之中,积累资料不足,数学模型和预测技术尚未定型,还需不断改进和完善。在对预测数据的把握以及评价标准上,都有很大的难度。

② 城市发展过程中的规划背景难以稳定。客流预测必须以城市发展规划为依据。城市范围和结构形态、用地分布性质、人口分布数量、居民和流动人口的出行量等,均为预测的基础数据,这些数据都来自城市总体规划。而城市规划一般只做 10 ~ 20 年的近期和远期建设规划;虽然也做远景规划,却是长远性和宏观性的规划。经验表明,城市发展过程是难以控制的,规划不等于实施,往往是规划超前于实施;但也有规划落后于实施的情况。这些现象主要取决于国民经济发展水平和政府财政支持能力。因此,城市规划总是要不断地进行调整修改,属于动态规划。由此可见,客流预测依靠城市发展过程中难以稳定的规划为工作背景,必将造成预测结果与将来的实际有一定差异,这种差异是难以估计的。

③ 票价的竞争性和敏感性对客流量的影响。乘客的消费观念和对票价的承受能力是难以控制的活动因素。尤其在市场经济条件下,城市交通中各种交通方式的存在,必定会与轨道交通形成竞争局面。乘客需要对时间与票价进行权衡和选择,当前的关键还是在于票价。那么就看将票价定位在乘距为多长、薪水属于哪个阶层的客流对象,这与运营的经营政策密切相关。但是,在预测客流时,可以从需求进行预测,却很难对票价进行正确定位,也很难对客流量的竞争性和敏感性进行数量级的准确分析,这需要长年在运营中不断积累和探索。国内外运营经验证明,票价对客流具有较大的敏感性,同时也说明票价对客流具有可调节性和可控性,这一点值得人们重视。

④ 线网规划不完整,线路总体规模不明。城市轨道交通线网规划工作在最近几年才有一个比较全面的认识。虽然线网规划总是随城市总体规划而动态变化,但有时候也会发生局部调整。一般来说,由于城市中心区建设的形态和规模是比较稳定的,对于城市远景发展规模也是相对稳定的,因此为城市轨道交通线网规划提供了

基本条件。事实上,有些城市对于线网规划还缺乏深层的研究,线网规划内容还不完整,对城市结构形态发展认识不足,造成各条线路建设的起终点和走向有很大的随意性,缺少严肃性。单条线路和整体线网关系模糊,往往会造成线网规划不稳定。线网总体规模不明确,可造成各条线路之间关系变化不定,尤其对已建线路的客流影响很大,可使原预测的客流量值在量级上发生"质"的变化。这种情况已在国内发生多例,应引起重视。

综上所述,由于客流预测是一门新生的预测学,而且它对城市规划有极大的依赖性,对乘客的思维和行为只能规划导向而不可强制,对客流量只能从满足合理需求的角度预测。因此,客流预测成果很难做到准确性,只能做到在预定的城市规划条件下,具有相对的可信性,因而存在较大的风险。在实际工作中,对预测结果应采取十分谨慎的态度,并加强定性和定量的综合分析论证,以提高客流预测结果的可信度。

2.2.2 基本思路

城市轨道交通客流预测是近年发展起来的一门学科。在20世纪60年代我国地铁建设之初,虽对地铁客流预测有所研究,但方法简单,尚属于启蒙阶段。当时以"战备为主、兼顾交通"为建设原则,对地铁客流预测的重要地位缺乏系统认识。自80年代开始,国家实行了改革开放政策,地铁建设原则也转变为"交通为主、兼顾战备",在技术上与国外有了充分交流,从国外引进了客流预测方法及数学模型,并且随着电子计算机技术发展,轨道交通客流预测成为一项专门的技术学科。

目前我国城市轨道交通客流预测实践主要以四阶段交通需求预测模型为主,本书限于篇幅仅介绍这种方法。所谓四阶段预测,就是将预测过程分为四个阶段:出行生成预测、出行分布预测、方式划分预测、客流分配预测。客流预测工作主要有以下5个基本步骤。

① 收集资料。主要包括土地利用规划资料及交通供给资料等。交通发展与土地利用之间有紧密的相互作用和联系,客流预测必须考虑到规划期限内有关的土地利用规划。土地利用资料主要是指交通区的人口数和不同用地类型的工作岗位数,它们是产生城市客流交通的根源。一般将城市研究区域划分为若干交通分区,交通供应资料包括各预测年度城市轨道交通线网、地面公交网及道路网。

② 出行生成预测。它是指对每一个小区产生的和吸引的出行数量的预测,亦即预测发生在每一个小区的出行端数量。换言之,出行生成预测是预测研究对象地区内每一个小区的全部进出交通流,但并不预测这些交通流从何处来到何处去。

③ 出行分布预测。它是指从起点小区到终点小区(OD)的交通量的预测,得到各预测年度全市全方式分目的出行分布矩阵表。

④ 方式划分预测。它是指对每组起终点间各种可能的交通方式(如地铁、公共汽车、自行车等)所承担的比例的预测,即决定出行者采用何种交通方式出行,从全方式出行分布中的轨道交通客流分布分离出来。

⑤ 客流分配预测。将轨道交通方式的预测结果分配到所选择的城市轨道交通线网规划方案对应的综合交通线网上,从而得到城市轨道交通线网各条线路上的客流量。

四阶段交通需求预测系统的 4 个子模型形成一个序列,前一个子模型的输出结果为后一个子模型的输入数据,最后的子模型提供从起点到终点以及采用某种交通工具行走某条路线的交通流的预测结果。这个预测模型简明易懂,使用方便。

城市轨道交通需求四阶段预测过程示意如图 2-1 所示,它相应于一个连续的决策过程(见图 2-2)。图 2-2 表现了人们决定进行一次出行(生成),决定去何处(分布),决定利用什么交通方式(方式划分)和决定选用哪条线路(分配)的一个过程。其预测过程如图 2-3 所示。

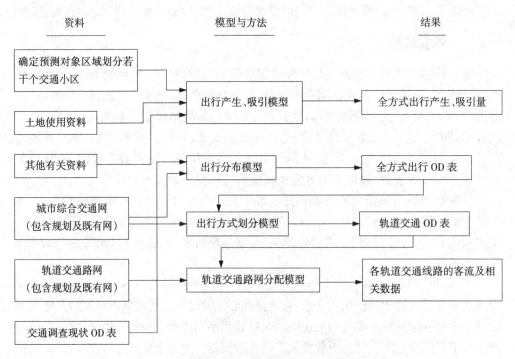

图 2-1 城市轨道交通需求四阶段预测过程示意

2.2.3 基本方法

1) 出行生成预测

出行生成预测是需求预测中最基本的作业,即为四阶段预测法中的第一阶段。它的任务是预测每一个交通小区的出行产生量和吸引量,一般以每天或某一高峰时段的交通量为基础。从某区域产生,或被某区域吸引的交通量的多少,直接反映了该区域的规模及其社会经济活动的状况。一般影响出行产生量的因素可分为两类:一类为住户的人口特性,另一类为住户的收入水平和小汽车拥有量。而影响出行吸引

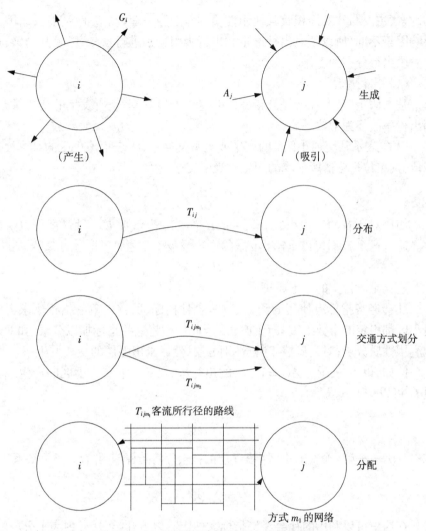

图 2-2 交通需求预测的顺序建模步骤

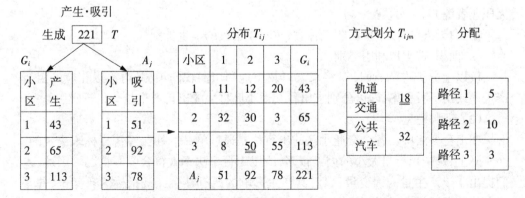

图 2-3 基于四阶段方法的客流需求预测过程示意

的因素,主要与建筑面积及其使用性质(商业、服务业、制造业等)有关。因为两者的影响因素不同,所以须对出行产生和出行吸引分别进行预测,以求其精确,也利于下一阶段出行分布的工作。

(1) 出行率法

基本假定:某个社会经济指标(如面积、人口等)单位所发生的交通量是一定的,即出行率始终为常数。

以 G_i 表示某交通小区 i 的产生或吸引交通量,Q_i 表示该小区的某个社会经济指标值,则单位指标值所形成的产生或吸引交通量为

$$U_i = \frac{G_i}{Q_i} \tag{2.2.1}$$

如果对所有的交通小区 $i=1 \sim n$,U_i 都是一个常数 U,则 U 即可以认为是出行率。通过这个 U 即可以求出小区 i 的产生或吸引交通量,即

$$G_i = U \cdot Q_i \tag{2.2.2}$$

这就是出行率的基本原理。

社会经济指标有使用面积、人口等多种指标,通常由单一指标来求得对所有交通小区都稳定的常数 U 是很困难的。因此往往将这些指标加以分层,如对面积按土地利用性质分层,对人口按年龄、性别分层,然后求出各层的交通发生率。

例如,以 U_j 表示 j 层($j=1 \sim k$)的出行率,则第 i 个交通小区的产生或吸引交通量 G_i 可以按下式求得,即

$$G_i = \sum_{j=1}^{k} U_j \cdot Q_{ij} \tag{2.2.3}$$

式中 Q_{ij} ——第 i 个交通小区中第 j 层的社会经济指标值,并存在下列关系式,即

$$Q_i = \sum_{j=1}^{k} Q_{ij} \tag{2.2.4}$$

在这里可以利用的社会经济指标大体上有以下几类,括号内表示分层的方法。

① 人口(按年龄、性别;按职业类别(除正规职业外,还应包括主妇、学生、儿童、无职业者等))。

② 白天人口(按企事业职工种类,按不同学校的学生类别)。

③ 面积(按土地利用类别)。

按以上分类方法,通过对将来人口及土地利用面积的预测,再乘以相应的出行产生率或出行吸引率,即可分别求出各交通小区将来的出行产生量与出行吸引量。

(2) 回归模型

在出行率法中,各个交通小区的出行量是通过单一的社会经济指标来决定的。而实际上,影响出行量大小的因素很多,所以出行率法不太符合实际情况。因此,人们提出了以产生量为因变量,以对其产生影响的所有社会经济指标为自变量,并基于现状数据资料进行回归分析的方法。据此而得到的模型称为回归模型。

这里,取 k 个社会经济指标为自变量,设 i 小区内第 j 个社会经济指标的值为 $Q_{ij}(j=1\sim k)$(如交通小区内总人口、商业用地面积等),则 i 小区的出行产生量 G_i 与 Q_{ij} 间的关系可以表示成下列模型,即

$$G_i=f(Q_{i1},Q_{i2},\cdots,Q_{ij},\cdots,Q_{ik}) \tag{2.2.5}$$

当该模型取为线性模型时,则有

$$G_i=b_0+\sum_{j=1}^{k}b_j\cdot Q_{ij} \tag{2.2.6}$$

式中 b_0——回归常数;

$b_j(j=1\sim k)$——偏回归系数。

将所有交通小区的现状出行量 $G_i(i=1\sim n)$ 及相应的社会经济指标值 $Q_{ij}(i=1\sim n,j=1\sim k)$ 分别代入上述模型,得到 n 个线性方程式,并利用最小二乘法即可求出相应的回归常数与偏回归系数。具体计算方法参照有关数学手册。将所求的回归系数代入式(2.2.6),即可得到出行产生的回归预测模型。应该注意,如上述 G_i 代表的是各小区的现状出行产生交通量,则所得到的模型是出行产生模型;如 G_i 代表的是各小区的现状出行吸引量,则对应的模型是出行吸引模型。

在标定出一个新的回归模型时,还需对其系数(特别是正、负号)的合理性做出判断。例如,在自变量总人口之前的系数出现正号是合理的,这说明人口越多,出行量应该越大;反之,若在总人口变量前出现负号,则明显不合理,因为这表达的是人口越多,相应的出行产生量越小。如果出现这种不合理的现象,则应重新选择其他经济指标作为变量,重新标定模型。

以上介绍的出行产生量及吸引量的预测方法,无论是哪种方法都是以个人出行调查的结果为基础的。即都是以个人出行调查时点的产生、吸引交通量为基础,预先求得交通量与社会经济指标间的关系,然后预测出未来规划年度相应的社会经济指标值,最后预测得到规划年度的交通量,但其间是以其函数关系不变为前提的。然而现实生活中,由于生活条件的改善,城市规划、土地利用规划等可能产生调整,或由于实施了新的交通项目,地区交通状态产生变化,因而作为确定出行产生、吸引交通量基础的地区性质也会产生变化。对于这些问题,应根据不同情况对预测值进行适当调整。

通过该阶段的预测,将得到类似于表 2-1 所示的预测结果。

2) 分布交通量预测

居民出行分布预测是利用各交通小区产生量 G_i 和 A_j 吸引量(i、j 是交通小区序号)求各交通小区与交通小区之间的分布(OD)量,即 O—D 矩阵(见表 2-2)。所以出行分布模型是一种空间相互作用模型。本节将介绍两种分布交通量预测的主要方法:增长系数法和重力模型法。

表 2-1 未来出行产生、吸引交通量

O	D			
	1	2	3	产生 G_i
1				43
2				65
3				113
吸引 A_j	51	92	78	221

(1) 增长系数法

增长系数假定将来的交通小区与交通小区之间的出行分布模式与现状的分布模式基本一致,其分布量按其系数增加。增长系数法主要包含平均增长系数法、底特律法(Detroit method)及福来特法(Fratar method)三大类。但其预测的基本原理及步骤可以统一表达如下。

① 以 t_{ij}、$G_i^{(0)}$、$A_j^{(0)}$ 分别表示现状 OD 表中 $i \sim j$ 之间的交通量、i 小区产生量及 j 小区吸引量。

② 假定已求得规划年度 i 小区的出行产生量和 j 小区的出行吸引量分别为 G_i、A_j。

表 2-2　OD 表

起	终	
	$1, 2, \cdots, j, \cdots, n$	G_i（发生量）
1		
2		
i	$i \sim j$ 间的分布量 t_{ij}	
n		
计	A_j（吸引量）	T（合计）

③ 各小区的产生量、吸引量的增长系数 F_{gi}、F_{aj} 可由下式求得,即

$$\left. \begin{array}{l} F_{gi}^{(0)} = \dfrac{G_i}{G_i^{(0)}} \\ F_{aj}^{(0)} = \dfrac{A_j}{A_j^{(0)}} \end{array} \right\} \tag{2.2.7}$$

④ 分布交通量预测值的第一次近似 $t_{ij}^{(1)}$ 可以由下式求得,即

$$t_{ij}^{(1)} = t_{ij} \times f(F_{gi}^{(0)}, F_{aj}^{(0)}) \tag{2.2.8}$$

式中　$f(F_{gi}^{(0)}, F_{aj}^{(0)})$——以 $F_{gi}^{(0)}$、$F_{aj}^{(0)}$ 为自变量的函数。

⑤ 第一次近似 OD 表的产生量 $G_i^{(1)}$、吸引量 $A_j^{(1)}$ 按下式计算,即

$$\left. \begin{array}{l} G_i^{(1)} = \sum_j t_{ij}^{(1)} \\ A_j^{(1)} = \sum_i t_{ij}^{(1)} \end{array} \right\} \tag{2.2.9}$$

一般来说,$G_i^{(1)}$、$A_j^{(1)}$ 与 G_i、A_j 并不相等,所以将式(2.2.7)中的 $G_i^{(0)}$、$A_j^{(0)}$ 置换成 $G_i^{(1)}$、$A_j^{(1)}$,重新计算调整系数,利用下式得出第二次计算值 $t_{ij}^{(2)}$,即

$$t_{ij}^{(2)} = t_{ij}^{(1)} \times f(F_{gi}^{(1)}, F_{aj}^{(1)}) \tag{2.2.10}$$

⑥ 反复进行以上调整过程,当 $F_{gi}^{(k)} = \dfrac{G_i}{G_i^{(k)}}$、$F_{aj}^{(k)} = \dfrac{A_j}{A_j^{(k)}}$ 均非常接近于 1.0 时,该预测过程结束,其最后所得的 $t_{ij}^{(k)}$ 即为所求的分布交通量的预测值。

而上述的平均增长系数法、底特律法、福来特法的主要区别在于式(2.2.8)中的 $f(F_{gi}, F_{aj})$ 的函数形式不同。现分别介绍如下。

① 平均增长系数法。

$$f=\frac{1}{2}\left(\frac{G_i}{G_i^{(0)}}+\frac{A_j}{A_j^{(0)}}\right) \quad (2.2.11)$$

② 底特律法。

$$f=\frac{G_i}{G_i^{(0)}}(A_j/A_j^{(0)})/\left(\sum_j A_j\bigg/\sum_j A_j^{(0)}\right) \quad (2.2.12)$$

③ 福来特法。

$$f=\frac{G_i}{G_i^{(0)}}\cdot\frac{A_j}{A_j^{(0)}}\cdot\frac{L_i+L_j}{2} \quad (2.2.13)$$

其中，L 为交通小区的 L 系数，由下式求取

$$\begin{aligned}L_i&=G_i^{(0)}\bigg/\sum_j\left(t_{ij}^{(0)}\ A_j/A_j^{(0)}\right)\\ L_j&=A_j^{(0)}\bigg/\sum_i\left(t_{ij}^{(0)}\ G_i/G_i^{(0)}\right)\end{aligned} \quad (2.2.14)$$

平均增长系数法公式简明，但收敛较慢。随着计算机技术的发展，已逐渐被收敛速度较快的底特律法或福来特法所取代。

(2) 重力模型法

重力模型法就是将牛顿万有引力定律应用于交通量分布预测而得到的模型。其基本设想是：交通小区 i—j 之间的分布交通量，与小区 i 的产生交通量及小区 j 的吸引交通量成正比，而与两小区间的距离成反比。

现在以 G_i、A_j、R_{ij} 分别表示 i 小区的出行产生量、j 小区的出行吸引量以及小区 i—j 之间的距离，则小区 i—j 之间的分布交通量可以表示为

$$t_{ij}=k\cdot\frac{G_i^{\alpha}A_j^{\beta}}{R_{ij}^{\gamma}} \quad (2.2.15)$$

式中，k、α、β、γ 为系数，当 t_{ij}、G_i、A_j、R_{ij} 为已知时（例如通过现状 OD 表获得），则可以通过最小二乘法来确定。具体来说，对式(2.2.15)两边取对数可得如下线性方程组，即

$$\lg t_{ij}=\lg k+\alpha\lg G_i+\beta\lg A_j-\gamma\lg R_{ij} \quad (2.2.16)$$

这样，只要通过线性多元回归分析即可得到系数 k、α、β、γ。如果这些系数不随时间、场所而改变，则无论何时，只要一旦给定出行产生量、出行吸引量及两小区间的距离，即可利用式(2.2.15)求取相应的 OD 分布交通量。

但是，这样计算得到的 OD 交通量 t_{ij} 按产生量、吸引量合计得到的 $\sum_i t_{ij}$、$\sum_j t_{ij}$ 并不能保证与给定的 G_i、A_j 相一致。因此，刚才求得的 t_{ij} 可以认为是所求结果的第一次近似值，然后有必要通过增长系数法的收敛计算使之逐步取得一致。

该模型的结构可以看成由分子的 $G_i^{\alpha}A_j^{\beta}$ 和分母的 R_{ij} 两部分组成，前者表示产

生分布交通的力量。根据经验,α、β往往取 0.5~1.0 之间的值。在实际处理时,有时也部分地预先给定 α、β。如

① α=β;
② α=β=1.0;
③ α=β=0.5。

这样就使得求解非常容易,而分母项为分布交通阻抗项,γ 称为分布阻抗系数。通常将距离作为分布交通阻抗不一定是最优的。倒不如采用两交通小区之间的所需运行时间等指标,其更能反映实际情况。因此,作为分布阻抗,常常采用以下几种形式:

① 交通小区中心之间的直线距离;
② 交通小区之间的沿线距离;
③ 交通小区之间的所要时间(时间距离);
④ 交通小区之间的所要费用(如票价、燃料等);
⑤ 距离函数的设定。

其中,第②、③、④项与使用何种交通手段有关,所以有必要对公路、公共交通分别求出其数值,并取其平均值来代替该指标。另外,第⑤项的距离函数是将时间、费用等复杂因素加以合成,并将其换算成金钱或时间的函数。

3) 交通方式划分

交通方式划分就是要把各交通小区之间的分布交通量划分给各种交通方式,从而在各自的交通网上进行分配。客运交通一般分为两种方式,公共交通和个体交通。公共交通一般指公共电、汽车以及轨道交通等;个体交通,国外主要是小汽车,而国内目前自行车交通和步行交通在居民出行中占有相当大的比重。

(1) 分担率曲线法

根据个人出行调查的结果,以横轴表示影响交通方式分担率的某个主要因素(如距离)的特性值,以纵轴表示各交通方式的分担率,由此建立表示分担率变化的曲线(见图 2-4、图 2-5)。据此曲线,可以求得各交通方式的分担率。图 2-4 以出行距离为说明变量,制成了利用交通工具(二轮车除外)的其他交通方式的分担率曲线。这种以

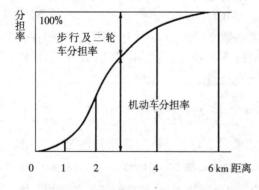
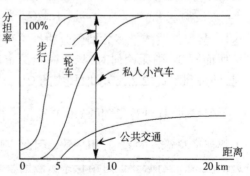

图 2-4 分担率曲线(二者择一方式)　　图 2-5 分担率曲线(多方式一次选择方式)

二者择一方式,通过曲线将两种方式的分担率分为上、下两部分的方式,非常简明易懂。图2-5则是通过几条曲线将纵向高度分为几段,以表示各种交通方式的分担率的方式。这两类表达分担率的方式,其分担率的合计均为100%,所以没有必要进行修正。

但是,分担率的变化曲线往往随交通目的或交通利用者的阶层的不同而不同。在这种情况下,往往需要在一个图中同时画出数根曲线,或针对不同交通目的或不同阶层的利用者分别画出数张分担率曲线图。另外,影响分担率的因素一般有多个,这时就需要先将其他影响因素分类,然后分类制作分担率曲线。因此,尽管该方法简单明了,但很难表现复杂的分担率的变化。

(2) 非集聚 Logit 模型

交通需求分析中以非集聚分析为基础建立起来的非集聚模型(Disaggregate Model),不仅仅是对个人行动的记述和表现,而且是建立在合理的选择标准基础上的。它的基本假定为:个人将在利用可能的、选择肢相互独立的集合中,选择其认为效用最大的选择肢。非集聚模型正是以此基本的行为假定为基础而构造选择模型的,所以也称为非集聚行为模型(Disaggregate Behavioural Model)或个人选择模型(Individual Choice Model)。

非集聚 Logit 模型的基本公式为

$$P_i = \frac{\exp(V_i)}{\sum_{j \in J} \exp(V_j)} \tag{2.2.17}$$

式中 P_i——交通方式 i 的分担率;

J——利用可能的选择肢集合;

V_i——交通方式 i 的效用,其相应的表达式为

$$V_i = \beta_1 Z_{i1} + \beta_2 Z_{i2} + \cdots + \beta_k Z_{ik} + \cdots + \beta_K Z_{iK} \tag{2.2.18}$$

式中 β_k($k=1,2,\cdots,K$)——参数,表示变量 Z_{ik} 对效用产生影响的重要度;

Z_i——交通方式 i 的特性变量(如乘车时间、出行费用等)或乘客个人的社会经济属性(如有无私家车等)。

上述模型中所包含的参数 β_k($k=1,2,\cdots,K$),需要采用极大似然估计法(Maximum Likelihood Estimation)来确定,这是一种通过使极大似然函数(Likelihood Function)达到最大来求取参数 β 的方法。具体的模型标定方法详见参考文献[1]。

(3) 损失最小模型

在损失最小模型中,假定乘客按损失量最小为目标来选择交通方式。作为损失量的主要因素可以考虑为票价和旅行时间,用下式来表示,即

$$S = C + dT \tag{2.2.19}$$

式中 S——损失量(元);

C——票价(元);

T——旅行时间(分钟);

d——时间价值(元/分钟)。

现在假定存在 3 种交通方式,分别为 1、2、3,则各种交通方式给旅客带来的损失量分别表示如下,即

$$S_1 = C_1 + d\,T_1$$
$$S_2 = C_2 + d\,T_2$$
$$S_3 = C_3 + d\,T_3$$

其中,d 的值因人而异,其分布形态一般被假定为对数正态分布。当得到 d 的分布形态后,便可从图 2-6 的关系中,求得各种交通方式的分担率。

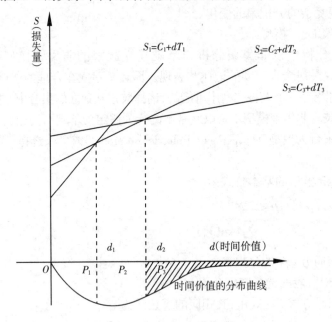

图 2-6 损失量模型

下面以地铁与公共汽车的方式划分为例,介绍利用该方法求解其分担率的过程。

步骤一:在所有 OD 间,设定地铁及公共汽车线路方案,且各自都选择旅行时间最小的线路方案。

步骤二:决定各 OD 间地铁及公共汽车票价。

步骤三:决定各 OD 间地铁及公共汽车的旅行时间。地铁按列车时刻表查取,公共汽车按道路规格,确定标准走行速度,然后根据 OD 间距离确定旅行时间。

步骤四:计算地铁、公共汽车的损失量(S_1、S_2)。

步骤五:求得地铁与公共汽车损失量相等的点的 d 值(见图 2-6 中的 d_1)。

步骤六:假定 d 的分布为对数正态分布,则从图 2-6 即可求取地铁与公共汽车的分担率。图 2-6 中有三根 S—d 直线,而本例题用到两根直线,即 S_1—d 和 S_2—d 直线。

步骤七:将各小区间的分布交通量乘以相应的分担率,即可得到各小区之间各种交通方式的分担交通量。

4）交通量分配

轨道交通量分配就是要把交通方式划分阶段所得到的各小区之间的轨道交通量分配到将来的轨道交通线网上去，以求取线网中各轨道交通线路所应承担的交通量，从而为确定轨道交通设施规模等服务。轨道交通量分配的传统方法主要有以下两类。

（1）最短路径法

将 OD 间的轨道交通量全部分配到相应的最短路径（路线）上去的方法。

（2）多路径概率分配法

在 OD 间同时选定多条路径（路线），按各条路径的特性值（如时间、所需费用等）的大小比例将各 OD 间的轨道交通量分配到各条路径（路线）上去。

从过去的轨道交通规划案例来看，用得最多的是最短路径法。这主要是因为以下两方面的原因：一方面，由于多路径概率分配法必须在大胆的假定条件下建立模型，所以在出行现状的表现力方面还存在很大的问题，因而应用较少；另一方面，由于轨道交通容量大，线网比较单纯，路径选择自由度小，且旅行所需时间基本上不受拥挤程度的影响，因而最短路径法比较符合实际；同时最短路径法的基本思想简单易懂，加上长期以来缺乏比较有效的其他方法，从而在国内外轨道交通规划中得到了广泛的应用。因此，本节重点介绍最短路径法的基本思路。

一般轨道交通线网通过交点和路线区间来表现。在这里交点称为节点，路线区间以线代表，称为链。最短路径法是通过将各条链的权值赋予各条链，并对各条路径进行合计并比较其权值，从而决定最短路径的一种方法。链的权值泛指链的长度，但作为实用指标，它既可以是实际距离，也可以是所需费用、所需时间，或由它们复合而成的指标。

在交通规划中，现在常用的最短路径法是由莫尔（R.F.Moore）于 1975 年首先提出并在后来得到改进的一种被称为 Dijkstra 法的方法。该方法的基本思想可以通过图解法（被称为标记法）来说明。这里通过下面的例题来说明该方法的求解过程。

【例 2.1】 例题的线网如图 2-7 所示。图中各条链上（ ）内所表示的是链的权值。该方法可以同时求出从一个节点到其他所有节点的最短路径，其中第一个节点称为根。试寻求以节点 A 为根的最短路径。

解： 作为前期准备工作，如图 2-8 所示，在各节点处准备一个用于标记的栏〔, 〕，栏内前一项用于标记与当前节点相连的前一节点的标号，而后一项用于标记从当前节点到根之间的累计距离。〔—, 〕中的负号表示无前节点，（—, ）的负号表示无直接链。现利用图 2-7、图 2-8 详细说明其求解过程。

步骤一：能与节点 A 相连的可能节点为 B、C，距离为（2）、（1）。取二者较小的链，并在节点 C 的标记栏内记入 A,1。

步骤二：与节点 A、C 相连的可能

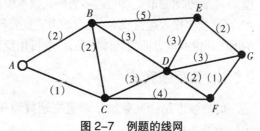

图 2-7 例题的线网

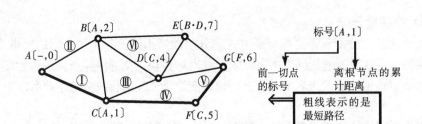

图 2-8 寻求最短路径的过程

节点为 B、D、F,相应的离根节点的距离(经由 A 时,经由 C 时)=(2,3),(-,4),(-,5)。最短链为经由节点 A 的节点 B,所以在节点 B 的标记栏内记入 A,2。

步骤三:与标记完成的三个节点相连的可能节点为 D、E、F。这些节点分别经由节点 A、B、C,离根节点的距离为

$$(A,B,C)=(-,5,4),(-,7,-),(-,-,5)$$

取最短的链,在节点 D,的标记栏内记入 $C,4$。

步骤四:按同样的方法,接上图中 Ⅳ 的链,在节点 F 标记栏内记入 C,5。

步骤五:按同样的方法,在节点 G 标记栏记入 F,6。

步骤六:按同样的方法在节点 E 标记栏内记入 B·D,7。这里的 B·D 表示 E 的前一节点无论是 B 还是 D,都具有相同的距离。

通过以上的作业过程,所有节点都被标记,并与根节点联系。根据这些标记,从各节点反推回去即可得到最短路径。例如,G—A 的最短路径是 G—F—C—A,其距离为 6。有了 G—A 的最短路径,则 G 所在的交通小区与 A 所在的交通小区之间的铁道交通量将全部被分配到 G—F—C—A 路径上。

假如 G—F 之间的轨道交通量为 100,则 G—F、F—C、C—A 三条链上的铁道交通量就都被分配得到 100 的交通量。

以上介绍了四阶段交通需求预测的基本思路与方法,在实际预测工作中,可以利用国内外广泛采用的"START"和"TRIPS"交通模型。

2.3 线网规模估算

城市轨道交通线网规模对线网建设效益及城市交通状况有根本性的影响。线网规模太小,远期的城市交通问题不能得到根本解决;线网规模太大,不仅多花费线网建设成本,而且会多投入运营成本。一个城市究竟要规划多少轨道交通线路才比较经济合理,目前国内还没有这方面的具体标准,一般可用负荷强度法和线网密度法估算其长度。

2.3.1 负荷强度法

负荷强度是指某条城市轨道交通线路每日单位长度(双线公里)的平均客流量,单位为万人次/(km·d)。

负荷强度法是利用远期的城市公共交通客流总量除以线网平均负荷强度来计算线网规模的,即

$$L=\frac{\alpha \cdot \beta \cdot Q}{q} \qquad (2.3.1)$$

式中　L——规划区域内规划线网总长(km);

　　　Q——规划区域内规划期的公共交通预测总出行量(万人次);

　　　α——规划区域内规划期的城市轨道交通在公共交通客运总量中的分担比例;

　　　β——规划区域内规划期的城市轨道交通线网平均换乘系数(乘次/人次);

　　　q——规划区域内线路平均负荷强度[万乘次/(km·d)]。

该方法计算简单,但没有考虑到出行距离的因素,适合饼状的中心城区域,不适合组团式的城区。计算结果的合理性取决于参数 Q、α、β、q 取值的合理性。

① Q 的预测值与远期的城市人口总量、城市公共交通发展政策等有密切的关系。

② α 的取值与城市规模、城市综合交通发展战略有关,我国城市一般取 0.3~0.6,城市越大,该值越大。实际上,2000 年东京都区部实际值达到了 0.88。北京、上海等特大城市,该值应超过 0.6。α 的合理取值需要结合具体的城市发展规划,并综合考虑我国城镇化发展对城市人口规模与分布的影响、小汽车发展后的城市交通道路网的容量及尾气排放限制的影响、节约交通用地和能源消耗等方面的论证。

③ β 的取值与网络结构、线路条数有关。平行线路的条线越多,换乘系数越大。通常取 1.3~1.6。

④ q 值可参考发达城市的轨道交通线网运营数据加以确定。莫斯科与东京的平均负荷强度较高,约 3.3 万乘次/(km·d),而巴黎市区约为 1.6 万乘次/(km·d)。我国一般参照莫斯科及东京的标准,取值为 3.0~4.0 万乘次/(km·d)。

下面举例说明该方法的应用过程。

【例 2.2】 已知:某城市饼状规划区域内的规划常住人口 815 万人,流动人口 250 万人,规划期末常住人口、流动人口的平均出行次数分别为 2.57、3.50 人次/(人·d),步行出行量为 20%,各种交通方式的平均换乘系数为 1.57 乘次/人次,公共交通出行量占全方式出行量的比例为 60%,城市轨道交通出行量占公共交通出行量的比例为 60%,城市轨道交通的平均换乘系数为 1.5 乘次/人次,平均运载强度取 3.2 万乘次/(km·d),试求规划区域内规划期内线网的规模。

解:① 远景总出行量为:815×2.57+250×3.5=2970.0(万人次/日)

② 公共交通出行量为:2970×60%=1782.0(万人次/日)

③ 城市轨道交通出行量为:1782.0×60%=1069.2(万人次/日)

④ 城市轨道交通客运量为:1069.2×1.5%=1603.8(万人次/日)

⑤ 线网规模为:1603.8÷3.2=501.2(km)

2.3.2　线网密度法

城市轨道交通的线网密度是指产生内单位指标的城市轨道交通线网长度,这里

的单位指标可以是面积、人口或其他主要社会经济指标。一般采用面积或人口作为指标,相应的线网密度分别称为面积线网密度、人口线网密度。

① 利用面积线网密度估算线网规模。其公式为

$$L = A \cdot \delta_1 \tag{2.3.2}$$

式中　L ——规划区域内规划线网总长(km);

　　　A ——规划区域面积(km^2);

　　　δ_1 ——面积线网密度(km/km^2)。

② 利用人口线网密度估算线网规模。其公式为

$$L = P \cdot \delta_2 \tag{2.3.3}$$

式中　L ——规划区域内规划线网总长(km);

　　　P ——规划区域内规划人口(万人);

　　　δ_2 ——人口线网密度(km/万人)。

线网密度法的关键在于对线网密度进行合理取值。获得合理线网密度的一个途径是类比分析,即针对研究对象城市,选择国际上城市交通发展得较好的同类城市做类比,对其城市轨道交通线网密度进行分析。例如,研究上海市的轨道交通线网,可以选择东京作为类比城市。为了提高估算精度,可以分区域进行分析。例如,上海市中心区与东京山手线内区域比较,上海中心城区与东京都区部比较,等等。在类比分析中,既要注意相同的部分,又要注意相异的主要因素,并利用它们对估算结果进行调整。

上述两种方法的计算结果只能作为参考,确切的线网规模应该经过远期及远景的城市综合交通客运结构研究才能得出。远期或远景的城市规划人口、城市公共交通、私人交通工具、交通土地和能耗等因素,对城市综合交通客运结构的发展进程有很大影响,而这些因素本身的发展趋势有很多不确定性,这就成为城市轨道交通线网规模研究中的难题。我国较早进行城市轨道交通线网研究的城市,如上海,其轨道交通线网规模曾调整过多次,1958 年规划线网为 103 km,1986 年调整为 176 km,1996 年调整为 562 km,2006 年调整为 900 km。线网规模的大幅度调整会引起线网结构及线路走向的调整,在城市轨道交通网开始建设之后,将会导致工程投资浪费(废弃工程所致)、换乘设施功能欠佳等后果。科学地、合理地、前瞻性地确定城市轨道交通线网规模,应在我国各大城市的轨道交通线网规划中予以高度重视。

2.4　线网方案设计

2.4.1　影响线网方案设计的因素

城市轨道交通设施一般会使用百年以上,它对城市发展的形态、规模、产业布局、居民出行乃至生活方式都会产生深远的影响。

在设计城市轨道交通线网时，首先要考虑沿主要客流走廊布设线网。便捷地运送客流是城市轨道交通建设的直接且主要的目的，这就要求客流预测时正确地分析已形成的客流走廊现状及未来可能形成的客流走廊的客流增长趋势。

其次，确保轨道交通能够建成和正常运营。线路位置必须满足城市地形、地质、历史文物等自然条件及人文地理条件的要求。

最后，应充分考虑轨道交通系统中车流与人流的特点，尽可能减少旅客出行时间，节省运营成本，提高运输效率。下面就这三方面的问题作进一步的说明。

1）与客流有关的主要因素

① 城市性质及地位。城市规划中确定的城市性质与地位，在战略上决定城市的人口、用地发展规模及潜力，以及决定对其外部区域的影响力。

② 城市人口、土地利用的规模及分布形态。城市（市区及市域）的居住人口规模及密度、工作岗位规模及密度、各种客流集散点的分布及集中程度等因素，对客流的产生及流向有着重要的影响。因此，要分析现状及规划的城市人口分布和大型客流集散点分布，包括重要的工业区、商业网点、文化中心、旅游点、住宅区等。

③ 市内公共交通枢纽及对外交通枢纽。城市内部公交枢纽、铁路车站、码头、航空港等均是客流集散的重要场所，其现在及规划位置对城市客流的分布也有重要的影响。

2）与轨道交通建设相关的制约因素

① 城市自然地理条件。城市的地质、地形等自然条件会限制城市轨道交通线路的走向及位置。

② 城市人文地理条件。国家级的自然风景区及文物保护点（包括地面及地下）、具有重要意义的建筑物等是必须保护的对象，城市既有的地面建筑物、地下建筑物、地下管线、地下桩基等对轨道交通选线也有一定影响。

③ 城市经济实力。城市轨道交通建设需要花费巨大的投资，日后运营还可能面临巨额补贴问题，城市的经济实力会影响城市轨道交通线网规划的规模，尤其是近期实施计划的规模。

④ 轨道交通的敷设方式。城市轨道交通线路位于地下隧道内、高架桥或地面上，线路走向所考虑的因素是不同的；即使是在地下隧道内，是浅埋还是深埋，所考虑的因素也有所不同。

a. 地下隧道全部位于地下，对通风、照明、消防等设施的要求较高。地下隧道设施造价昂贵、长久耐用，将来很难进行改建。

b. 地面线路及高架线路，对通风、照明等设施的要求不高，但需要防治噪声、考虑线路建筑形态与周围建筑环境的协调等问题。对于地面及高架线路，虽然其改建比地下隧道容易，但如不预先保留有关用地，当线路两侧逐渐建成高密度的、难以拆迁的建筑群后，改建也是很困难的。

c. 当区间隧道为浅埋（埋设深度在 12 m 以内）时，一般采用明挖法施工。这时，区间隧道一般采用双线隧道，要求线间距采用最小值，如果车站采用岛式站台，则在靠近车站的地段需要将线间距加宽,形成一个喇叭状。当区间隧道为深埋(埋设深度在 12 m 以上)时,区间隧道通常是两条独立修建的单线隧道,且两隧道间要保持一定间距;当车站采用侧式车站时,此间距会大于站上线间距,因此要在车站两端修建渡线室,用来把车站处的最小线间距加宽到区间线间距。

因此,在线网规划阶段需要对各条线路的各个区段、各个车站、停车场及车辆段进行敷设方式规划。

3) 与运营有关的影响因素

① 线网结构。同样的线路长度采用不同的结构组成,对线网中各线路负荷的空间分布、运输效率以及线网的后续发展等都有重要影响。

② 线路的起终点及换乘站的选址。线路的起终点决定线路的长度,影响线路的运营组织及效率,还在一定程度上决定车辆段及停车场的位置。同时,它们又是特殊的车站,其周围的土地利用强度将大大提高。尤其是多线换乘站,由于其未来客流集散量较大,需要相当大的客流集散空间,这就要求有足够的建设用地。例如,东京的新宿站曾是低密度城市区,自 20 世纪初有两条铁路线交汇此处之后,越来越多的城市轨道交通线汇集于此,人流也越来越多,新宿也逐渐发展成东京重要的副中心。现在这里有 7 条城市轨道交通线经过,每天的集散人流超过 100 万人次,车站出入口数量有五十多个。在城市中心区,能否得到足够的用地是换乘站选址的一个主要制约因素。如果换乘站的集散空间太小,将会导致人满为患的现象。这些人流不仅不能带来商业价值,而且会危及交通安全,恶化城市环境。

③ 影响城市轨道交通线网设计的因素众多,线网设计与论证时一般须注意如下要点。

a. 城市中心区线网规模设计应适应城市远期或远景的发展要求。由于城市中心区建筑密度高,轨道交通线路多采用地下隧道,如果对线网规模估计不足,那么远期加密线网时将会出现换乘不方便的情况,线路的建设成本也会增加。当轨道交通线网规划期限超出城市总体规划期限时,为了使得城市轨道交通线网规划具有前瞻性和稳定性,应该对规划期的城市发展规模、城市发展形态、城市公共交通发展战略进行科学合理的论证。

b. 在论证城市中心区的线网结构时,除了进行客流分析及建设效果分析之外,还要结合系统制式、线路敷设方式、列车交路、换乘客流规模等因素论证线路与车站的可实施性。由于城市轨道交通线路的最小平面曲线半径及纵断面坡度标准较高,当一条线路的区间或车站因不能实施而调整走向时,这可能会引起线路大范围的调整,进而影响到整个中心区线网的主要轴线走向、换乘站及区域站位置的设置等。对换乘站的论证,还要考虑到线路的实施序列、换乘客流规模、车站用地与空间规模;对越行站或折返站的论证,需要考虑实施序列方案、布局规划方案及分期实施方案。

c. 城市市区的轨道交通线路应尽量在现有的主要客流走廊附近布设,并尽可能经过大型客流集散点,如城市中心、副中心、商业中心、文化和体育中心、市内公交枢纽、对外客运枢纽(主要有火车站、轮船码头、长途汽车站、机场等)、主要工业区、大型住宅区等,以便于乘客直达目的地。

　　d.城市外围区及郊区的线路走向应与城市规划的发展轴线紧密结合,充分利用土地与交通之间相互作用的影响,使轨道交通规划成为城市规划的有力支撑。

　　e.线路尽量沿放射状的城市道路干线走向,一方面便于吸引沿线的客流量,另一方面因为无论线路是位于地上还是地下,沿干线道路走向的线路的拆迁工程量都较小,便于施工,减少工程量。对于道路网为方格网的城市,如果客流主流向为放射方向,在施工条件许可时,则可以穿越街区寻求短直的放射性线路走向。这样,既可缩短线路长度,又可节省出行时间。

　　f.选择线路走向以不破坏国家级的自然风景区及文物保护点(包括地面及地下)为前提,对具有重要意义的建筑物、溶洞、暗河等地质不良区域应尽量避让。

　　g.线路的起终点尽可能放在城市外围区或郊区,以节省起终点站的建设成本;对于两条不同方向的半径线,可设法将它们连接起来,形成直径线或U形线。

　　h.如何减少线网总的换乘次数是线网结构优化的重要内容。在城市区内,应使大部分乘客每次出行的轨道交通换乘次数不超过一次。

　　I.第一条城市轨道交通线尽可能有一条与铁路系统的联络线,后续建设的各条线路与先期建成的线网应有一条联络线,以保证该线的列车可以通过已建的线网导入。

2.4.2　线网方案设计的过程

　　城市轨道交通线网方案设计的影响因素众多,又与其他交通方式一起承担城市交通的任务。由于认识上的局限性,仅靠定性分析或一次性的定量分析都难以获得合适的线网方案。所以,必须切实有效地把定性分析与定量分析有机地结合起来,进行多次的反复循环,逐渐深化规划者的认识程度,最后得出较理想的方案。线网方案设计的基本步骤可归纳如下。

　　① 在远景城市发展战略、城市公共交通发展战略基础上,借鉴国内外城市轨道交通线网规划经验,拟定线网规模。

　　② 建立城市综合交通现状交通线网。该线网的线路包含主要的道路及现有的轨道交通线路,为简化计算分析工作,可以不包括那些次要的道路,因为它们对轨道交通客流分析的影响很小。线网的节点也不一定包含所有道路交叉点,而主要是客流集散点及主要道路的交叉点。

　　③ 综合交通现状交通线网客流特征分析。将现状客流分布及预测客流分布加载到现状交通线网上,以了解线网的主要客流走廊分布及大小,为轨道交通线网方案设计提供信息。

　　④ 轨道交通线网方案设计。综合考虑城市主要客流分布、一定规模下的线网形态特征及其功能特点、城市地理、地形、地质、环境等因素,拟定若干轨道交通线网方案。由于轨道交通客运能力大,对城市发展影响深远,因此方案拟订往往要在城市交

通战略分析的基础上进行。

⑤ 线网方案客流分析。对各方案进行定量分析和定性分析。定量分析涉及客流量、拥挤度、财务指标等,定性分析则涉及一些难以定量的社会经济指标。

⑥ 线网方案评价、比较和筛选。建立线网评价指标体系,对各线网方案进行比较和筛选。

⑦ 线网方案更新及优化。良好的线网设计方案并不是一次性可完成的,而是通过"方案设计—分析评价—比较筛选"这一过程的反复循环之后才能获得。在上述分析、评价与比选过程中,规划者不只是为了筛选出较优的方案,更重要的是从分析和比较过程中发现更多的信息,更深刻地认识城市交通的现状及其发展变化规律,进一步提出那些被认为有比较价值的线网设计方案。对所形成的新线网方案,连同本次评价筛选出来的较优方案一起,进入下一次分析评价与比选过程。如此循环往复,不断筛选出或获得更有价值的方案。这是一个动态过程,也是逐步趋优的过程。由此可见,方案设计与方案分析评价是紧密相连并且是相互交替进行的。在分析评价过程中,应把定量分析与定性分析有机地结合起来,规划者在方案设计及分析评价方面的经验会有助于这个过程的深化,同时,规划者、有关专业的专家及决策者之间的相互交流也是很有益的。整个过程的流程如图2-9所示。

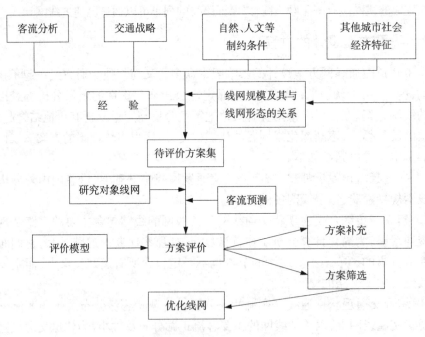

图2-9 轨道交通线网方案设计流程示意图

2.4.3 线网的基本形态结构特征分析

线网方案设计是在一定的线网规模条件下确定线网的形态及各条线路的走向

的。形成一个较有价值的轨道交通线网方案,除了要深入了解对象城市的具体情况外,还要掌握一定的线网编制方法和编制技巧。

目前,线网编制的基本方法主要有两种。一种是通过客流分析找出主要的客流走廊,沿客流走廊布线,再结合集散点分布、换乘点及车辆段(停车场)布设的可能性等方面加以调整。另一种方法则是先确定主要换乘枢纽,然后结合主要客流走廊布设线路。前者是先有线后有点,后者是先有点后有线。实际的线网编制工作比较复杂,通常是这两种基本方法混合使用。

线网编制技巧依赖于对线网基本结构形态特性的认识经验。不同的线网形态对线网运营效率及城市发展有不同的影响,因此,在线网设计之前,应该了解一些典型线网形态的特点。

1. 线路间的基本关系分析

线路是线网的基本组成要素,分析两条线路之间的关系,可以从局部了解线网的特征。

1) 两类不同的线网

按线路的布置方式划分,线网可分为分离式线网及联合式线网两种基本类型。

(1) 分离式线网

各条线路在不同标高的平面上相交:在交叉处采用分离的立体交叉,线网中各条线路独立运营,不同线路上的列车不能互通,乘客必须通过交叉点处的换乘站中转才能到达位于其他线路上的目的地车站,如图 2-10(a)所示。

(2) 联合式线网

各条线路在同一平面内交叉:在交叉处用道岔连接,因而各条线路之间可以互通列车,在整个线网上可以像城间铁路那样实行联运,乘客可以直接到达位于另一条线路上的目的地车站,如图 2-10(b)所示。

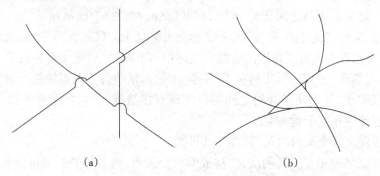

图 2-10　城市轨道交通线网类型
(a)分离式线网;(b)联合式线网

分离式线网相比联合式线网有明显的优点,因为在分离式线网上列车能更安全地进行高密度快速运行;其缺点是路线系统不能发展,换乘次数及换乘距离均会增加。联合式线网的最大好处就是可实行列车共线运营,类似于常规公交线路的路线系统运营,从而可减少或方便旅客换乘。这类系统的运用有一个条件:共线区段起终点站为设有道岔的接轨站,且共线区段的通行能力要满足要求。世界上多数大城市的轨道交通线路是按分离式线网修建的,也有少数城市是按联合式线网修建的,如纽约和柏林。还有部分城市如马德里,将这两者组合起来,试图兼备上述两种线网的优点,即在主要线路方向上是相互分离的,而其他线路之间是相互联系的。一般来说,对特大城市（如500万人以上）宜以分离式线网为主,而对于一般大城市（100~300万人）宜以联合式线网为主。

我国现已建地铁的城市,如北京、上海、广州等,基本上都是按分离式线网规划建设的。因此,下面主要针对分离式线网的形态关系进行分析。

2) 两条线路之间的基本关系

从两条线路所构成的形态来看,按其交叉点的多少分为三类,即线路之间无交叉（Ⅰ类）、线路之间交叉一次（Ⅱ类）、线路之间交叉两次及两次以上（Ⅲ类）。

(1) 线路之间无交叉（Ⅰ类）

城市轨道交通线网中,两条线路之间不交叉的情形大致有以下三种。

① 两条线路平行或近似平行布置,如纽约曼哈顿地区的地铁。

② 两条线路虽不平行但相距较远,如在一些特大城市中由于城市建成区面积较大,两条主要的交通走廊走向大致相同但相距较远。

③ 由于河流等地理因素使得两条线路之间无法或尚未连通,如图2-11所示的澳大利亚昆斯兰州首府布里斯班线网。

在这些情况下,两条线路之间无法实现直接换乘,而是通过与这两条线路都交叉的线路进行两次或两次以上的换乘来实现,或是通过其他出行方式来实现,因而这两线之间的客流转线很不方便。

(2) 线路之间交叉一次（Ⅱ类）

城市轨道交通线路之间交叉一次,即两线之间存在一个换乘站。线路交叉的形态呈十字形、X形、T形及Y形四种。十字形交叉常见于方格式线网中,如北京地铁线网;X形交叉出现于含有三角形的放射式线网中;T形或Y形交叉则多见于一些树状线网,如布里斯班、布宜诺斯艾利斯、阿拉斯加、阿姆斯特丹等城市轨道交通线网。线路之间交叉一次,使得两条线路之间可以实现直接换乘,但当换乘客流很大时容易引起换乘客流的相互干扰和混乱。

(3) 线路之间交叉两次及两次以上（Ⅲ类）

两条线路之间相互交叉两次,便构成两个交叉点,两者间的距离可以较近,也可以较远。

在交叉点相距较近的情况下,交点间的线路多为平行或近似平行式的布置,这可以为两线各个方向之间的换乘创造最方便的条件。例如,香港的荃湾线与港岛线在中环和金锣有两个连续的换乘站,荃湾线与观塘线在太子、旺角和油麻地有三个连续的换乘站。在一些客流量很大的城市的交通走廊上还会出现更多换乘站连续布

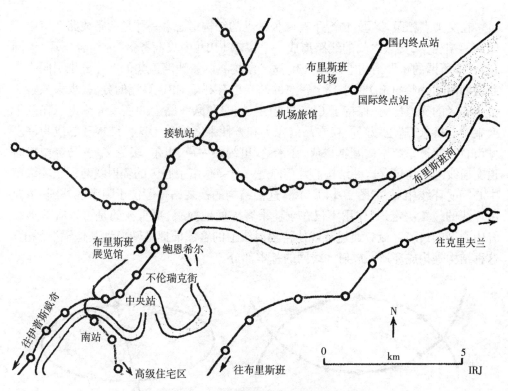

图 2-11　布里斯班城市轨道交通线网

置的情况,如伦敦地铁的 Piccadilly 线与 District 线在 Hammersmith 至 South Kensington 之间设置了五个连续的换乘站,这样做的好处是可以提供很大的换乘能力,平衡各换乘站的换乘客流,避免出现某站客流过于饱和的状况,如图 2-12 所示。

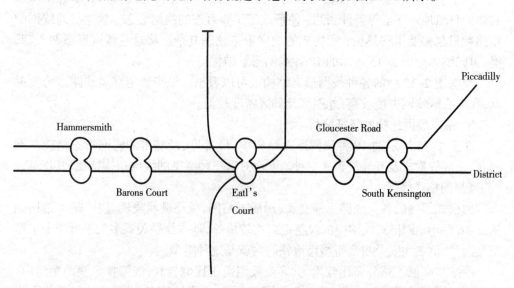

图 2-12　伦敦地铁 Hammersmith 至 South Kensington 五个连续布置的换乘站

在交叉点相距较远的情况下有两种常见的结构形态。一种是两条线路在市中心区的两端相交,交点之间的线路形成一个穿越CBD(中央商务区)的组合小环,形同鱼状,即所谓的鱼形结构(见图2-13)。这种结构将两条线路汇集的客流分别引向市中心区的两端,围绕CBD的小环上密布的站点也有利于CBD客流的分散,大大减轻了市中心区的交通压力,保持了CBD的稳定;同时两条线路上的换乘客流得以在两个换乘站上换乘,这也减轻了换乘站的压力和方便乘客换乘。这种结构现已成为许多城市轨道交通系统中的基本构成,在米兰、里约热内卢、里尔、多伦多、罗马等城市轨道交通线网中均包含这种结构。另一种是一条穿越市中心区的辐射线与一条环绕市中心区的环线相交,如图2-14所示。这种结构的换乘站一般位于闹市区外围,主要由环线的位置决定,其作用不仅在于让乘客方便地换乘,更重要的是可以有效地减轻中心区的过境客流,通过环线使得辐射线上的客流便捷地转换到其他辐射线上。这种结构是构成环形—放射式线网的基本部分。

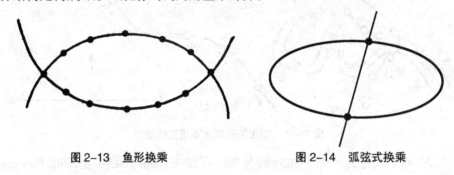

图2-13 鱼形换乘　　　　图2-14 弧弦式换乘

2. 线网形态结构类型

一个城市的轨道交通线路一般为三条以上,这些线路相互组合,并受各个城市具体的自然地理环境等条件制约,便形成了千姿百态的线网形态。轨道交通线网的线路数目越多及里程越长,所构成的线网形态就越复杂。将这些线网形态抽象、归类,可归纳为如图2-15所示的18种线网形态结构。

观察图2-15中的各种线网形态结构,可以看出,城市轨道交通线路多为放射状,在中心区线网密度较高,外围区及郊区密度较低。

3. 基本线网结构的特征分析

在图2-15所示的18种线网形态结构中,最常见、最基本的线网形态结构是网格式、无环放射式及有环放射式三种。下面对这三种类型的线网结构特征加以分析。

1) 网格式线网

网格式线网的各条线路纵横交叉,形成方格网,呈格栅状或棋盘状,基本结构如图2-16所示。网格式线网中的线路走向比较单一,基本线路关系多为平行与十字形交叉两种,例如大阪及墨西哥城市地铁线网就是这种类型。

网络式线网线路分布比较均匀,客流吸引范围比例较高;线路按纵横两个走向,多为相互平行或垂直的线路,乘客容易辨识方向;换乘站较多,纵横线路间的换乘方

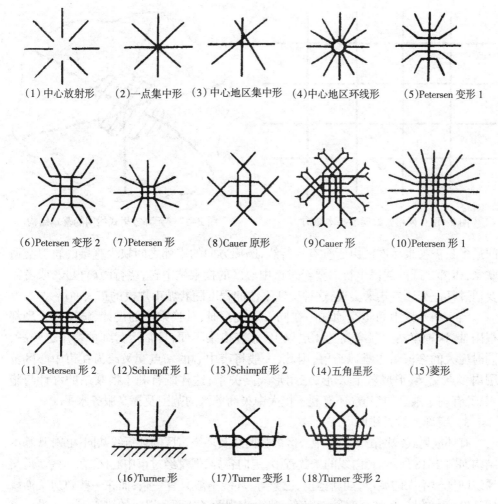

(1) 中心放射形　(2) 一点集中形　(3) 中心地区集中形　(4) 中心地区环线形　(5) Petersen 变形 1

(6) Petersen 变形 2　(7) Petersen 形　(8) Cauer 原形　(9) Cauer 形　(10) Petersen 形 1

(11) Petersen 形 2　(12) Schimpff 形 1　(13) Schimpff 形 2　(14) 五角星形　(15) 菱形

(16) Turner 形　(17) Turner 变形 1　(18) Turner 变形 2

图 2-15　轨道交通线网形态结构类型

便,线网连通性好。此类线网的缺点:一是线路走向比较单一,对角线方向的出行绕行距离较大,市中心区与郊区之间的出行常需换乘,有些地方可能要换乘多次;二是平行线路间的换乘比较麻烦,一般要换乘 2 次或 2 次以上,当线网密度较小、平行线之间间距较大时,平行线间的换乘很费时间。

2) 无环放射式线网

无环放射式线网是由若干穿过市中心的直径线或从市中心发出的放射线构成的,其基本结构如图 2-17 所示。

这种类型的线网可使全市各区域至中心点的绕行距离最短,因此位于线网中心区域的可达性最好,市中心与市郊之间的联系非常方便,有利于市中心客流的疏散、市郊居民到市中心的工作、购物和娱乐出行,以及保持市中心的活力。由于各条线路之间都相互交叉,因此任意两条线路之间均可实现直接换乘,线网中任意两车站之

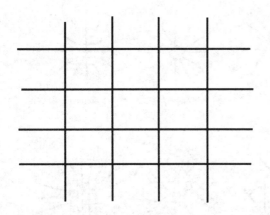

图 2-16 网格式线网的基本结构　　　　图 2-17 无环放射式线网的基本结构

间最多只需换乘 1 次。由于没有环行线,圆周方向的市郊之间缺少直接的轨道交通联系,市郊之间的居民出行需要经过市中心区的换乘站中转,绕行距离很长,或者需要通过其他交通方式来实现,这种交通不便的程度随着城市规模的扩大而增大。

当 3 条及以上轨道交通线路在同一点交汇时,其换乘站的设计、施工及管理都很困难,这种车站一般会高达 4 层以上,旅客换乘不便,日常运营维护费用也较高,同时庞大的客流量也难以疏解,因此,一般将市中心的一点交叉改为在市中心区范围内多点交叉,形成若干 X 形、三角形线路关系,这样既有利于换乘站的设计与施工,又有利于乘客的集散,还有利于扩大中央商务区的范围及提高服务水平。

3) 有环放射式线网

有环放射式线网由穿越市中心区的径向线及环绕市区的环行线共同构成,其基本结构如图 2-18 所示。径向线的条数较多,走向各异,但都经过市中心区。在一些轨道交通线网规模不大的城市,如新德里、巴黎等,环线一般只有一条;而在一些轨道交通线网规模较大的城市,如莫斯科、东京等,则会出现两条或两条以上的轨道交通环线。

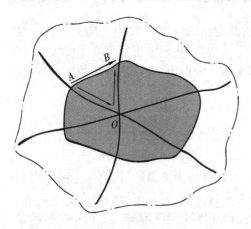

图 2-18 有环放射式线网的基本结构

有环放射式线网结构是在无环放射式线网结构的基础上加上环线形成的,是对无环放射式线网的改进,因而既具有无环放射式线网的优点,又克服了其中交通联系不便的缺点。例如,图 2-18 中 A、B 间的出行,有环放射式线网可以利用环线便捷地出行,而无环放射式线网则要通过两条径向线绕行。因此,这种线网对城市居民的使用最为便利。当城市的郊区发展成市区后,这种形式的线网便于线网有效地扩展。莫斯科、巴黎等许多城市的轨道交通线网都采用了有环放射式线网(见表 2-3)。与

表 2-3 采用放射式的城市轨道交通线网结构

城 市	开通年份	线路总长/km	线路条数	结 构
马德里	1935	112.6	10	有环放射式
巴黎	1900	303	18	有环放射式
伦敦	1863	410	14	有环放射式
东京	1927	230.3	12	有环放射式
柏林	1902	134	9	有环放射式
莫斯科	1935	239	9	有环放射式
芝加哥	1892	173	6	无环放射式
慕尼黑	1971	67.6	6	无环放射式
布宜诺斯艾利斯	1913	36.5	5	无环放射式
名古屋	1957	66.5	5	无环放射式
华盛顿	1976	130	5	无环放射式

无环放射式线网一样,这种线网在市中心区交汇成一点是不利的。

通过对现代大城市的车流和人流的分析可以看出,城市放射方向(相对于市中心)的交通量最大。因此,图 2-19 是大城市比较理想的轨道交通线网结构图式。该图式进一步改进了图 2-18 中市中心区放射线过于集中的缺点,将多线一点交叉变为多点两两交叉,这对节省工程与运营成本、提高枢纽使用及商业利用效果均有利。

将巴黎、伦敦、东京、纽约、莫斯科的城市轨道交通线网结构进行比较,莫斯科地铁线网的图式是最有效的,如图 2-20 所示。

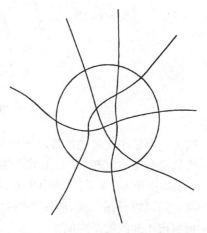

图 2-19 城市轨道交通线网最佳基本结构示意图

4. 线网结构对城市结构的影响

城市轨道交通设施是城市建设中投资最大的基础设施之一。由于交通与城市发展之间的相互作用关系,城市轨道交通设施建成后将对城市发展产生重大而深远的影响。下面就上述三种典型的线网结构说明其对城市结构的影响。

1) 网格式线网对城市结构的影响

由于网格式结构的线网是由纵向和横向的平行线交织而成的,所以它能够在两个主要方向上形成很大的客流输送能力,从而引导城市沿着这两个方向均匀地向市郊发展。在同样的线网规模下,网格式线网所覆盖的区域范围要比无环放射式及有环放射式的小。

在线网的覆盖范围内,网格式线网分布比较均匀,各地块上的可达性差异不大,

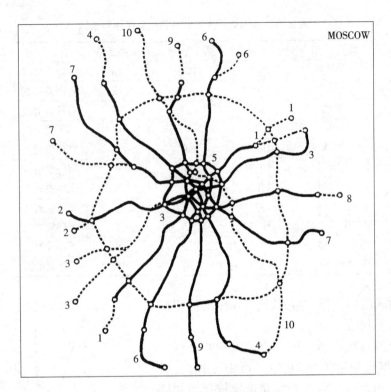

图 2-20 莫斯科地铁线网示意图

这种差异较小的可达性难以造成城市土地利用密度的较大差异,因而它所引导的城市居民分布也比较均匀,由此产生的城市结构趋于均匀分布,不容易形成明显的市中心。由于不存在明显的市中心,城市的居民可以分布得均匀而松散一些,居民的生活空间可以开阔一些,居住环境会好一些,交通压力相对较小,但另一方面它也会导致城市用地的效率降低。

这种线网结构适合于人口分布比较均匀、没有明显的市中心或不希望形成强大的市中心的城市。这在当前世界上已建有轨道交通线网的城市中是不多见的。

2) 无环放射式线网对城市结构的影响

放射式线网的线路走向比较多,且它们都指向或穿过市中心区。这种结构使得市中心与市郊间的联系变得非常方便,大大地提高了市中心的可达性。因此,市民能够方便并乐意到市中心进行办公、购物、娱乐等活动。不仅如此,市中心区良好的城市公共设施、就业条件及交通可达性强烈地吸引市民,尤其是中等收入的市民在此处定居,促使市中心区的人口密度增加,从而形成大量的客流。客流需求的增加又进一步要求市中心改善包括交通条件在内的城市设施的功能,而改善的城市设施功能又将增加这里的客流需求。如此相互激励,最终将促进市中心区在平面和立面上同时发展,即一方面市中心区密度不断增加,向地面以上或地面以下的立体空间发展,使得市中心区的容积率不断提高;另一方面城区不断扩大,市中心区向 CBD 周围渗透蔓延。

从市中心伸向市郊的放射线不仅能够有效地将市郊的居民出行引向市中心,而且还能够促成轨道交通沿线居住密度的提高,形成城市居民的带状分布,这也是由轨道交通速度快、运量大的特点所决定的。由于这类放射线最初一般都是沿着重要的交通走廊布置的,其线路两侧的居民本来就不少,轨道交通线路经由这些地方后,交通可达性的大大提高强烈地吸引了出行不便的市郊居民纷纷向轨道交通线两侧迁移。同时,轨道交通具有较高的旅行速度,在同样能够接受的出行时间内的出行距离可增大,这种趋势沿着轨道交通轴线逐步向郊区纵深发展。此外,市郊良好的环境、低廉的地价及房价,也吸引了一部分市中心区的居民来此居住。于是,市郊的放射线引导城市形成一条条高密度的带状交通走廊。有些城市利用这种原理进行城市用地规划,如"哥本哈根手指状规划""日内瓦规划""汉堡区域规划"(见图 2-21),在

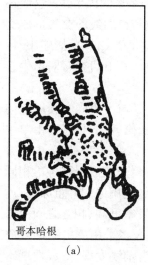
(a) 哥本哈根

(b) 日内瓦

(c) 汉堡

图 2-21 轴向式发展的城市

城市中形成若干发展轴线,在轴线之间布置绿地,通过轴线来引导城市居住功能和其他功能的迅速发展。

很明显,这种结构有利于城市形成一个强大而密集的市中心,促使城市土地的密集开发,引导城市向单中心的结构发展。这有利于节约城市土地资源,防止城市向其周围"摊大饼"式地蔓延。但是,当城市规模较大,尤其是对特大城市来说,这种城市结构具有严重缺点:

① 加剧市中心的交通拥挤;
② 增大城市居民的平均出行距离;
③ 造成市中心地价过高,反过来抑制市中心的发展;
④ 造成市中心人口过分密集、人均居住空间减少及居住环境恶化;
⑤ 市郊与市郊之间的交通联系不便。

这种无环放射式线网结构适合于有明显的市中心、城市规模中等且市郊周边方向客流量不大的城市。

3）有环放射式线网对城市结构的影响

由于放射—环状线网的主要线路是放射线，因此它具有放射式线网的基本特征：高密度的市中心和向城市四周伸展的发展轴。然而，由于有了环线，它与放射式线网又有所不同。城市轨道交通环线是指其线路构成一个环形，列车在其上循环运行的交通线。环线的位置不同，其与放射线配合时所起的作用也不同。环绕在CBD周围的环线，除了具备一般轨道交通线的作用外，还可以截住进入CBD区的过境客流，并将其引到不同方向的放射线上，这样可以大大减少市中心区的地面客流，从而缓解市中心区的交通拥挤状况，维持CBD的稳定，如莫斯科和北京的地铁环线。而环绕市中心区的环线，除了提供市郊与市郊间直接而便捷的联系外，还可引导城市形态的发展，即城市副中心或次中心的发展，如巴黎的地铁环线和东京的山手线。这些环线一般布置在市中心区的外围，并穿过城市的建成区，环线与径向线的交叉形成交通枢纽。由于轨道交通枢纽的可达性好，客流密度高，加之这里受CBD的影响小，很容易在此形成新的副中心，如东京山手线上的新宿就是一例。这既可减轻对市中心的压力，又可缩短市民满足日常生活需求所需的出行时间。

目前，世界各国大城市空间扩展的发展有两大趋势：一是城市由同心圆环状向外扩展模式转变为沿轴向发展模式或称为发展走廊模式，如伦敦；二是城市由单中心发展模式转向多中心发展模式，如莫斯科在意识到其几十年来一直发展单中心给城市带来的不利后开始转向发展多个副中心。形成这两种趋势的原因是各不相同的，但其主导思想却是相同的，即居住环境的改善与城市集约化用地的并重和统一。交通走廊之间间隔绿地，交通走廊内、副中心及市中心内开发密度高，相互之间交通联系便捷。与这一趋势相一致，世界大城市的轨道交通网大多采用放射结构或放射—环形结构，如表2-3所示。放射结构有利于引导城市沿轴线发展，形成发展走廊模式；而放射—环形结构则既可以引导城市形成发展走廊，又可以引导其向多中心发展，实现两种趋势的统一。多中心、轴线式发展结构的土地利用模式如图2-22所示。

由于放射—环状线网中最主要的线路是径向线，它能够保证郊区与市中心之间便捷地联系，方便市民到市中心区的出行，也有利于市中心区客流的迅速疏散，因此这种结构有利于维持强大的市中心。由于有了环线，它还能使得城市边缘各区之间能够便捷地联系，克服了星形结构最严重的缺点，同时又方便了各个不同方向线路之间的换乘，使得任意一条线路上的乘客最多只需换乘两次就可以到达其他轨道交通线，减少了市中心的换乘客流，有利于维持市中心稳定，减少过境客流对其造成的干扰与交通压力，因此这种结构特别适合于有强大市中心的大城市。

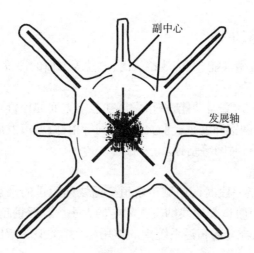

图 2-22 多中心、轴线式发展结构

2.5 线网方案评价

2.5.1 线网评价的目的

城市轨道交通线网评价的目的是为了进行线网比选。线网比选不仅是对最后形成的几个备选线网进行比选,而且需要对线网规划编制过程中的局部和整体方案进行比选。因此,线网方案评价有不同的类型。通常可分为以下几种。

① 线路或车站的局部方案:例如,不同最小平面曲线半径的线路走向方案、不同的车站分布方案、某一段线路不同的走向方案、不同的换乘站布局及车站端部引线方案,等等。

② 线路敷设方式方案:各条线路在各个区段采用何种敷设方式,是地面、高架还是地下。

③ 系统制式方案:不同运量级别的线路,可以采用不同的城市轨道交通系统,如地铁、轻轨、独轨等。

④ 线网结构方案:线网结构主要是指城市中心区的线网布局结构。

⑤ 线网规划方案:指研究范围内(市区或市域)备选线网的各线路走向规划方案。

不同类型的方案比较,涉及的评价范围不同,其评价指标及评价方法也有所不同。每条线路或局部线路方案,更侧重于技术评价和微观的经济效益评价;整个线网的方案,则更侧重于综合性的、宏观的社会经济效益评价。

最后用于决策的线网规划备选方案应该是在大量的局部线路方案、线网方案等比选基础上形成的,这样的方案才有可能经受时间的考验。

2.5.2 线网评价的指标

线网评价包括技术性能、经济效益、社会效益等方面的评价。

1）技术性能评价

技术性能评价包括交通功能、城市发展功能等方面的评价。交通功能的评价指标有线网客运量、线网饱和度、线网总出行时间等指标；城市发展功能包括线网覆盖人数、综合交通总出行时间等指标。

（1）线网客运量

线网客运量是指一段时间内城市轨道交通线网运送的乘客总数，一般按日计算。该指标反映城市轨道交通线网发挥功能的大小。客运量越大，线网的交通功能越强，线网在城市综合交通客运系统中的作用越大。类似的指标还有线网客运周转量等。

（2）线网饱和度

线网饱和度是线网中各条线路的线路饱和度按里程的加权平均值。该指标用来反映轨道交通线网的供需平衡程度。如果线网的饱和度大于 1.0，则说明线网规模不足，或者某些线路的系统制式需要改变。一般来说，每条线路的饱和度均都不应该大于 1.0。

线路饱和度是指各条线路单向小时最大断面流量(Q)与线路输送能力(C)的比值，一般以高峰小时客流为计算对象。

线路运输能力(C)是指线路单向 1 h 所能运送的最大乘客数，简称线路运能。它与线路通过能力(N)及列车容量(V)成正比。

线路通过能力(N)是指线路单向 1 h 所能通过的最大列车数。两个方向各发一列车即为 1 对列车。它与线路的运营控制及信号设备有关。对于采用 ATC 的双线轨道交通系统，列车行车间隔为 90~120 s，相应的通过能力为 30~40 对/小时。

列车容量(V)与车辆容量及列车编组数成正比。如果每节车辆载客容量为 200 人/辆，每列车按 6 节编组，则列车容量为 1200 人/列。

不同的城市轨道交通系统，线路运能差异很大。最大的运能可达 7 万人/小时甚至更大，最低的只有 1 万人/小时。

（3）线网总出行时间

线网总出行时间是指 1 日内城市轨道交通线网中所有乘客的出行时间总和，包括乘客乘车时间及途中换乘时间。

该指标综合反映轨道交通线网（包括换乘站）规划的好坏。在运送的乘客总量一定时，该指标值越小越好。

（4）线网覆盖人数

线网覆盖人数是指线网所有站点步行范围内（一般以车站为中心，半径 600 m 的圆形区域）的所有居住及工作人数。

该指标反映城市轨道交通线网与城市规划的吻合程度。

(5) 综合交通总出行时间

综合交通总出行时间是指1日内包括道路交通网、城市轨道交通线网在内的综合交通网络中所有乘客的出行时间总和,包括乘客乘车时间及途中换乘时间。

该指标反映整个城市综合交通网的客运效率。反映客运效率的相关指标还有综合公交线网平均出行速度、线网客运量占公共交通客运量的比例、道路网拥挤度等。

2) 经济效益评价

线网规划方案的经济效益评价是从城市轨道交通经营主体角度进行直接效益的评价的。线网规划方案经济评价的基本方法仍然是费用/效益分析,主要评价指标有线网建设成本、线网运营成本、运营收入等。

(1) 线网建设成本

线网建设成本是指城市轨道交通线网建设工程的总成本。该指标反映城市轨道交通经营主体的投入。轨道交通经营主体多为政府投资的企业,其投资一般难以通过票价收入回收,居民出行时间的节约就是其投资回报的一个方面。

(2) 线网维护及运营成本

线网运营成本是指城市轨道交通线网运营中每年支出的维护及运营成本。

(3) 运营收入

运营收入是指线网运营中的票价收入。

(4) 其他收入

其他收入是指线网经营中的其他直接经济效益。

3) 社会效益评价

从城市全社会的、长远的角度进行全面的效益评价,包括间接效益的评价,有些效益是难以定量描述的。这类效益主要包括以下几个方面。

① 居民出行时间节约效益。该效益是指有、无轨道交通线网(或不同的线网方案)情况下城市综合交通总出行时间的差值所折算的时间效益。在建设轨道交通线网之后,居民出行时间缩短。一般来说,线网规模越大,居民出行时间越短,这是由城市轨道交通系统旅行速度较高所决定的,同时大量的乘客转移到轨道交通系统后减轻了道路网的拥挤程度,改善了综合交通网络的运营状况。

② 增加居民出行的快捷性、方便性及舒适性,促进居民生活方式向多元化发展。

③ 缓解城市交通拥挤,减少交通事故。

④ 减少汽车尾气排放,改善城市环境质量。

⑤ 减少城市停车场等基础设施的投资,节省城市用地及交通能源的消耗。

⑥ 促进轨道交通沿线的物业开发及地价升值。

⑦ 促进旧城改建及城市总体规划目标的实现。

⑧ 增加城市居民面对面的接触,有利于促进文化的发展。

⑨ 将市中心区与郊区紧密联系起来,为所有人提供参与城市活动的途径,有利

于缩小各阶层间的差别,促进社会平等目标的实现。

2.5.3 评价方法

评价工作的基本步骤如下。

① 明确评价对象。

② 确定评价目的及准则。

③ 建立评价指标或指标体系。

④ 各评价指标的分析与计算。

⑤ 选择合适的评价方法,综合各评价指标的分析及计算结果,对备选方案进行比较和选择。

如上所述,城市轨道交通线网的评价涉及很多因素,部分因素的影响结果还是难以定量描述的,可以采用层次分析法对这众多因素的影响结果进行综合的评价。

层次分析法,简称 AHP 法(Analytical Hierarchy Process),是美国著名数学家萨蒂(T.L., Saaty)教授在 20 世纪 70 年代提出的。它是一种定性分析与定量分析相结合的决策方法,其主要思想是:根据问题的性质和要求达到的目标,将问题按层次分解成不同的因素。在同一层次(L)内各个不同因素的权重(即重要程度),通过两两之间进行成对判断比较确定。下一层次($L+1$)因素的重要程度,既要考虑本层次,又要考虑上一层次的权因子。因此,一般要计算组合权重,并一层一层往下算,直到最后一层(一般是要比较的各个分方案)。由于它们的相对重要性都已计算得出,因而就容易分清哪一个方案较好。层次分析法通常包括明确问题、建立分层结构、同层次求单权重、一致性检验、同层次求组合权重等步骤。

第一步,明确问题。这要求对整个问题有明确的认识,搞清楚它涉及哪些影响因素,以及因素之间的关系。

第二步,建立分层结构。把问题分成若干层次。第一层是总目标层,中间是分目标层(准则层)、指标层。最低层一般是解决问题的方案。如何分层次,不同层次中间因素的相互关系如何,这些需要针对具体问题进行分析,在此基础上,画出分层结构(或称递阶结构)图。

第三步,同层次求单权重。同层次单权重表示本层次诸因素中间对上层次某单因素 B 的相对重要性,同时它又是计算各层次的诸因素相对于总目标组合权重的基础。可以按某一准则,对该层次的因素进行一对一的比较,按标度(见表 2-4)构造出判断矩阵。再通过计算判断矩阵的最大特征根及其对应的正交化特征向量,得出该层因素对于该准则的权重。下面对此作具体说明。

设共有 n 个因素 $A_1, A_2, \cdots, A_n$,要估算它们的重要性,对它们进行一对一比较。例如:将 A_i 和 A_j 进行比较,比较后相对重要性的数记为 a_{ij}。如果两者同等重要,按表 2-5,$a_{ij}=1$。同理,如果 A_i 比 A_j 稍重要,$a_{ij}=3$;反之,如果 A_i 比 A_j 稍不重要,则 $a_{ij}=1/3$;如果 A_i 比 A_j 的重要性在同等重要和稍重要中间,则 $a_{ij}=2$,如此类推,等等。

表 2-4 标度及其描述

标度 a_{ij}	意义	说明
1	A_i 与 A_j 同等重要	① A_i、A_j 为同一分层的两个对比因素
3	A_i 比 A_j 稍重要	
5	A_i 比 A_j 明显重要	② 按某准则（相对于上层次某因素）进行判断
7	A_i 比 A_j 重要得多	
9	A_i 比 A_j 绝对重要	
2,4,6,8	两相邻判断的中值	取两个判断的折中

表 2-5 判断矩阵

B 层次	A_1	A_2	$\cdots$	A_n
A_1	a_{11}	a_{12}	$\cdots$	a_{1n}
A_2	a_{21}	a_{22}	$\cdots$	a_{2n}
$\cdots$	$\cdots$	$\cdots$	$\cdots$	$\cdots$
A_n	a_{n1}	a_{n2}	$\cdots$	a_{nn}

显然

$$a_{ii}=1 \tag{2.5.1}$$

$$a_{ij}=\frac{1}{a_{ji}} \tag{2.5.2}$$

这样就得到一个 $n \times n$ 阶的判断矩阵 $\boldsymbol{A}=(a_{ij})$，也可用表 2-5 所示的形式给出。对于矩阵 $\boldsymbol{A}$ 可先算出最大特征根 $\lambda_{\max}$，然后求出其相应的标准化特征向量 $\boldsymbol{W}$，即

$$\boldsymbol{AW}=\lambda_{\max}\boldsymbol{W} \tag{2.5.3}$$

这时 $\boldsymbol{W}$ 的分量 $(w_1,w_2,\cdots,w_n)$ 就是相应的 n 个因素的重要性，即权重或权系数。

判断矩阵的最大特征根和对应特征向量，可以利用线性代数的方法来计算，但是在实用上，有些近似方法计算更为方便。这类方法也有好多种，这里仅介绍方根法。

已知 n 阶方阵 $\boldsymbol{A}=(a_{ij})$。

① 计算 $\overline{w}_i$

$$\overline{w}_i=\sqrt[n]{\prod_{i=1}^{n}a_{ij}}\ (i=1,2,\cdots,n) \tag{2.5.4}$$

② 规范化后的 w_i 为

$$w_i=\frac{\overline{w}_i}{\sum_{i=1}^{n}\overline{w}_i} \tag{2.5.5}$$

w_i 即特征向量 $\boldsymbol{W}$ 的第 i 个分量。

③ 计算最大特征根

$$\lambda_{\max}=\sum_{i=1}^{n}\frac{(\boldsymbol{AW})_i}{nw_i} \tag{2.5.6}$$

第四步，一致性检验。

由于使用判断矩阵，有时不免产生判断不一致的情况。如果估计中带有一定的误差，必然会导致特征根和特征向量也有偏差。假设 $\boldsymbol{A}$ 矩阵的估计 $\boldsymbol{A}'$ 存在偏差，则 $\boldsymbol{A}'$ 称为不相容矩阵，可写成 $\boldsymbol{A}'\boldsymbol{W}=\lambda'_{\max}\boldsymbol{W}$，$\boldsymbol{W}$ 为带有偏差的相对权重向量，为此需要

度量由于 A 矩阵的不相容所造成的 λ_{max} 和 W 的误差。因为只有 A 矩阵完全相容才有 $\lambda_{max}=n$，一般情况下 $\lambda'_{max} \geq n$，故可以用 $\lambda_{max}-n$ 来作为度量偏离相容性的指标。因存在关系式 $\lambda_{max}-n=\sum_{i=2}^{n}\lambda_i$，$\lambda_{max}=\lambda_1$，故可采用 $\lambda_i(i=2,3,\cdots,n)$ 的平均值作为相容性指标 $C.I.$，则

$$C.I.=\frac{\lambda_{max}-n}{n-1} \tag{2.5.7}$$

当 $\lambda_{max}=n$ 时，$C.I.=0$，而一般 $\lambda_{max} \geq n$，因此，$C.I. \geq 0$。当 $C.I.$ 太大时，就认为判断一致性太差。一般只要它小于 0.1，就认为这个判断符合要求了。

第五步，同层次求组合权重。

由于上一层次可能有多个因素，例如有 m 个因素 $B_1, B_2, \cdots, B_m$，假定对于上层每一个单因素，本层 n 个因素 $A_1, A_2, \cdots, A_n$ 的相对权重都求出为

$$w^i_1, w^i_2, \cdots, w^i_n(i=1,2,\cdots,m) \tag{2.5.8}$$

如果已知上一层 m 个因素的权重分别为 $a_1, a_2, \cdots, a_n$，则本层每一个因素的组合权重应为

$$\sum_{i=1}^{m} a_i w^i_1, \sum_{i=1}^{m} a_i w^i_2, \cdots, \sum_{i=1}^{m} a_i w^i_n \tag{2.5.9}$$

如此一层一层自上至下求下去，一直到底层所有因素权重都求出为止。

【思考题】

2.1 线网规划的主要内容有哪些？
2.2 客流预测中的总客流量与单向高峰小时最高断面流量的含义是什么？各有何用途？
2.3 客流需求预测的基本步骤有哪些？
2.4 什么是分离式线网和联合式线网？
2.5 两条、三条、四条城市轨道交通线路组成的线网的基本结构形态有哪些？说明其交通性能的主要差异。
2.6 说明网格式、无环放射式、有环放射式线网结构的在交通性能上的主要差异。

第 3 章 线 路 设 计

3.1 线路设计的阶段与特点

城市轨道交通线路的空间位置由线路平面和纵断面所决定。线路平面是线路中心线在水平面上的投影,线路纵断面是沿线路中心线展直后的轨面标高在铅垂面上的投影。

城市轨道交通线路设计的任务是在规划线网的基础上,按不同的设计阶段,对拟建的城市轨道交通线路走向及其平面、纵断面和横断面位置,逐步由浅入深进行研究与设计,最终确定最合理的线路三维空间位置。线路设计的基本要求是保证行车安全、平顺,并且使整个工程在技术上可行、经济上合理。

城市轨道交通线路设计,一般分四个阶段进行,即可行性研究阶段、总体设计阶段、初步设计阶段和施工设计阶段。

可行性研究阶段主要是通过线路多方案比选,完善线路走向、路由、敷设方式,基本确定车站、辅助线等的分布,提出设计指导思想、主要技术标准、线路平面和纵断面及车站的大致位置等。

总体设计阶段是根据可行性研究报告及审批意见,通过方案比选,初步确定线路平面、车站的大体位置、辅助线的基本形式、不同敷设方式的过渡段位置,提出线路纵断面的初步标高位置等。

初步设计阶段是根据总体设计文件及审查意见,完成对线路设计原则、技术标准等的确定,基本上确定线路平面位置、车站位置及进行右线纵断面设计。

施工设计阶段是根据初步设计文件及审查意见以及有关专业对线路平面和纵断面提出的要求,对部分车站位置及个别曲线半径等进行微调,对线路平面及纵断面(包括左线)进行精确计算和详细设计,提供施工图纸说明文件。

本章主要介绍城市轨道交通线路走向选择及车站分布、线路平面设计、线路纵断面设计、线路横断面设计、车辆段布局设计以及轨道结构设计的基本原则和一般方法。

与城市间铁路相比,城市轨道交通线路设计有如下特点。

① 线路难以改建,线路设计要作长期的考虑。城市轨道交通线路一经建成运营,无论它在地下、地面还是在地面以上,线路位置的改变都十分困难。不言而喻,隧道与高架线路的改建是非常困难的,即使是地面线路因建成后周围建筑、道路等的建设,其改建也会引起很大的拆迁工程,并破坏多年来逐渐形成的环境。因此,城市

轨道交通的设计年限较长,初期为建成通车后第 3 年;近期为建成通车后第 10 年;远期应符合城市总体规划规定的年限,且不少于建成通车后第 25 年。

② 线路允许的设计坡度较大。线路主要用于客运,列车质量较小,基本上不受机车牵引力的限制,因此没有限制坡度概念。

③ 线路一般为双线,一般车站处只有 2 条正线,通常各条线路设有 1 个车辆段和 1 个停车场。城市轨道交通客运量大,必须采用分方向追踪运行;车站没有经常性的调车作业,为节省用地,一般车站不设到发线,车辆集中停放在车辆段和停车场。

④ 运距短,站点密,停车频繁,中等运速。由于城市内客运的运距较短,为保证线路的客流吸引力,站距通常设为 1~2 km。由于站距短,所以列车速度太高没有实际意义。列车启动加速到最高速度,或由最高速度开始施行制动使列车在车站范围内停下来,都需要一定的距离,其长度与最高速度成正比。站间距离短制约了列车的最大速度。目前国内外城市轨道交通系统选用的车辆实际上最高运营速度都不超过 80 km/h,旅行速度多为 30~45 km/h。

⑤ 车站长度较短。城市客流要求等待的时间较短,因而发车间隔时间不能太长,一般不超过 15 min。在这段时间里聚集的客流量有限,因而列车编组长度比城市间列车短,通常为 4~8 节车厢。这样,供乘客上下车的站台长度通常为 150~200 m。

鉴于城市轨道交通的列车有长度短、载重量小、车速中等、运距短、停站频繁等特点,故其设计标准与城市间铁路有所不同,其差异程度与城市轨道交通类型及形式有关。

城市轨道交通线路按其与地面的关系可分为地下线路、地面线路和高架线路;按其在运营中的作用可分为正线、辅助线和车场线。正线是指两相邻车站之间贯通的线路,一般为双线;辅助线是为保证正常运营,合理调度列车而设置的线路,包括车辆段或停车场的出入线、车站配线(存车线、渡线、折返线)及两条线路之间的联络线;车场线简称场线,是车辆段场区作业的全部线路,包括牵出线、车底(空车列)停留线、检修线及综合维修基地内各种作业线。

3.2 线路走向及车站分布

3.2.1 线路走向选择

1) 线路走向选择的基本原则

城市轨道交通的主要功能是为城市居民出行服务,所以城市轨道交通线路走向选择的基本原则是沿客流方向布置。同时考虑到有效地利用土地、缩短建设工期、节约建设投资、线路运营后能方便旅客使用等方面的问题,市区线路绝大多数应铺设在城市街道地区的主要道路下面。由于轨道交通一旦建成,改造十分困难,而且费用昂贵,所以线路的走向应经慎重研究比较后选定。城市轨道交通线路走向的选择应考虑以下主要原则。

① 应符合城市轨道交通线网规划和城市发展总体规划的要求,沿主客流方向选择并通过大客流集散点(如工业区、大型住宅区、商业文化中心、公交枢纽、火车站、码头、长途汽车站等),以便于乘客直达目的地,减少换乘。如上海轨道交通1号线一期工程将铁路上海南站、徐家汇、人民广场、铁路上海站等大客流集散点作为其必经的控制点,为解决铁路上海南站地区、徐家汇、人民广场及铁路上海站地区之间的南北客流交通发挥了重要的作用。

② 应符合城市改造及发展规划,通过形成以轨道交通换乘站为核心的城市综合交通枢纽来引导或维持沿线区域中心或城市副中心的发展。如上海轨道交通11号线和14号线线路走向规划方案的调整,就是为了形成以铜川路换乘站为核心的城市大型综合交通换乘枢纽,以支撑真如副中心的建设和发展。

③ 尽量避开地质条件差、历史文物保护、地面建筑和地下建筑物等地域,在老城区宜选择地下线路。

④ 应结合地形、地质及道路宽窄等条件,尽量将线路位置选择在施工条件好的城市主干道上。同时进行施工方法的比选,合理选择线路基本位置、埋置方式及深度,减少城市轨道交通地下线施工过程中对现有房屋等建筑物的拆迁及城市交通的干扰。在郊区及次中心区有条件的地段,可以选择地面线或高架线,以节省建设投资,降低运营费用。

⑤ 尽可能减少线路通过建筑群区域的范围。线路在道路的十字路口拐弯时,通过十字路口拐角处往往会侵入现存的建筑用地。此时若以大半径曲线通过,虽然对运行速度、电能消耗、轨道养护、乘客舒适性等方面都有利,但会造成通过建筑群地带占用地面以下的区间增长,用地费用增加,征地困难。同时,还会出现基础托底加固等困难工程。

⑥ 车站应设置在客流量大的集散点和各类交通枢纽上,并与城市综合交通规划网相协调。这样有利于最大限度地吸引客流,方便乘客,使轨道交通成为城市公共交通骨干,轨道交通车站成为城市交通换乘中心。车站间的距离应根据需要确定,一般为 $1\sim2\,km$,市郊区域可长些,而市中心区可以短些。

⑦ 对于浅埋隧道线路、地面线路或高架线路,其位置通常是沿着较宽的城市干道布设,或是通过建筑物稀少的地区,这样可以减少因避让线路穿越建筑群区域桩基或拆迁房屋而增加的麻烦及费用,也为线路施工创造了良好的明挖条件,并增加了车站位置选择的自由度。对于深埋隧道,其线路位置由车站位置决定,一般在其间取短直方向。

⑧ 应充分考虑城市轨道交通既有及规划线路的情况。当线路预定与远期规划线联络时,先期建设的线路应考虑与远期规划线路交叉点处的衔接,为方便未来线网中的乘客换乘创造条件。虽然费用支出可能有所增加,但较将来改建线路增设换

乘设施所需的投资要少。

⑨ 应考虑车辆段、停车场的位置和连接两相邻轨道交通线路间的联络线。

2）实例分析

（1）上海轨道交通1号线线路走向选择案例

上海轨道交通1号线线路走向选择的主要依据是客流的资料和城市规划的总体要求。其中，第一期工程确定为南起新龙华、北至新客站，中间经过徐家汇和人民广场两个控制点。为了使选线切合实际，在方案研究过程中，曾对客流量及各控制点间的道路、交通、建筑物、地下管线等现状做了深入调查，并对沿线地形、地貌和地质情况进行了修正测量和勘探。根据所取得的大量资料逐段进行线路的多方案比选。现举例说明徐家汇—人民广场间线路走向的选定方法。

如图3-1所示，徐家汇—人民广场之间线路走向可以考虑以下三个方案。

图3-1 上海轨道交通1号线部分线路走向方案比较

第一方案：延安中路方案。线路由徐家汇站沿衡山路向北，经宝庆路过淮海中路，然后沿常熟路，右转进入延安中路。在上海展览馆前，顺着威海路往东，在武胜路、望亭路附近向北至人民广场站。其间设有衡山路站、常熟路站、延安中路站、陕西南路站、重庆北路站和人民广场站。

第二方案：淮海中路方案。线路由徐家汇站沿衡山路向北，自衡山路站北端斜穿乌鲁木齐路进入淮海中路，并沿淮海中路一直往东，过望亭路后朝北，经武胜路、西藏中路西侧到达人民广场站。其间设有衡山路站、常熟路站、陕西南路站、黄陂南路站和人民广场站。

第三方案：复兴中路方案。线路由徐家汇站沿衡山路向北，至宝庆路、复兴路口折入复兴中路。过瑞金二路后，线路北折穿越居住区、复兴公园，在黄陂南路、嵩山路之间过淮海中路，再经望亭路、普安路、延安中路接人民广场站。其间设有衡山路站、跳水池站、文化广场站、重庆南路站、西藏路站和人民广场站。

三个方案比较如下。

① 淮海中路是繁华的商业街,全日客流量比复兴中路大 50%,高峰小时单向断面流量比复兴中路大 80%。线路取淮海中路,吸引客流多,社会效益和经济效益好。

② 淮海中路的地下管网管径小且比较陈旧,可结合修建地铁综合改造;而复兴中路管线多,尤其是汾阳电话局出局电缆、$\phi700 \text{ mm}$ 煤气中压干管及复兴公园地下水库的出水管等,均为重要管道,不宜迁移。

③ 淮海中路路面较复兴中路宽,有利于设置车站,拆迁房屋较少。

④ 延安中路方案与规划的地铁 2 号线走向平行,且相距不远(300~500 m),投资效率低。因此,该方案在网络布局上不甚合理。

⑤ 淮海中路方案线形比其他两个方案短、直。

综上比较,淮海中路方案虽有施工时对交通影响较大的缺点,但从长远来看,在社会效益、经济效益和便利乘客等方面,其优点显然比其他两个方案突出,故本段线路走向采用淮海中路方案。

经过各段线路走向的分析比较,汇总得到上海轨道交通 1 号线新龙华至上海火车站线路的具体走向与车站位置,如图 3-2 所示。

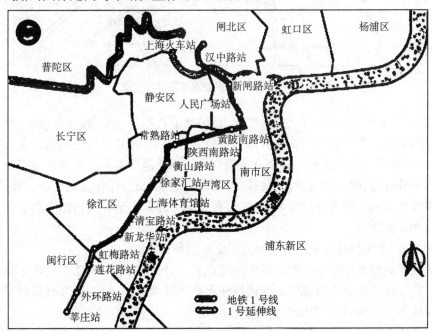

图 3-2　上海轨道交通 1 号线线路走向

(2) 上海轨道交通 11 号线和 14 号线真如副中心地区线路走向选择案例

① 真如副中心建设规划。

上海市目前规划了徐家汇、江湾五角场、花木和真如四个副中心,其中真如副中心位于普陀区,规划范围东至岚皋路,南到中山北路、武宁路,西接真北路(中环线),北临沪宁铁路,规划用地约 6 km²,其中核心区用地约 1.2 km²(见图 3-3)。

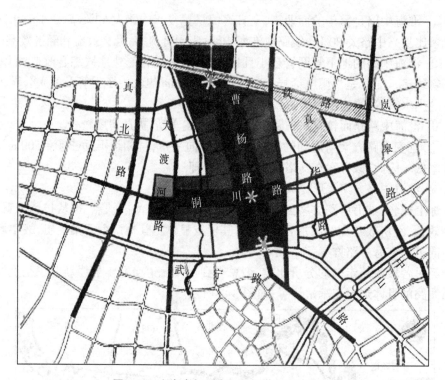

图 3-3 上海真如副中心规划范围示意图

根据《上海市城市总体规划》的要求,真如副中心主要功能为:商务办公、服务贸易、文化娱乐、商业以及西北物流群落的信息管理中心;服务于普陀区的常住人口和流动人口,满足上海西北地区和全市范围内的广域性消费需求。近期将优先建设以曹杨路/铜川路节点为核心的区域,以尽快形成地区中心,并在远期形成以曹杨路/铜川路节点为核心的商务功能区主体,以曹杨路为商务主轴和铜川路为商业文化主轴的整体功能结构。

② 国内外典型城市副中心发展的历史经验与启示。

从国际典型城市副中心的发展历程可以看出,城市副中心的功能决定了其位置一般都位于联系市中心与郊外的交通枢纽所在的区域,而且只有在强有力的交通支持下才能得以形成,并长期保持其副中心的地位。

a.城市副中心的形成需要强有力的交通支持,即城市副中心地区的交通条件必须相对优于其他地区。如东京 6 个城市副中心的建设情况就是很好的一个例证。新宿、池袋、涩谷和上野/浅草 4 个城市副中心由于有数条轨道交通线路(新宿副中心 10 条线路、池袋副中心 8 条线路、涩谷副中心 6 条线路、上野/浅草副中心 10 条线路)在此形成以轨道交通换乘站为核心的大型综合交通枢纽,所以已经发展得非常成熟;上海徐家汇副中心的形成也证明了这一点。而锦系町/龟户和大崎/五反田 2 个城市副中心只有少量的轨道交通线路为之服务,由于交通优势不明显,所以至今还未能发展成为真正意义上的副中心；真如副中心的现状也说明了这一点。

b.人口高密度城市的副中心交通问题只有通过大容量的轨道交通枢纽建设才能解决。国外的拉德芳斯、新宿、池袋、涩谷等城市副中心的交通设施配置就充分证明了这一点，国内的徐家汇副中心的交通拥挤现象也从另一个角度说明了这一点。

c.要长期维持城市副中心的地位，还需要强有力的交通枢纽作为支撑。城市副中心的地位要持久，首先需具备吸引人群、聚集人气的条件，而强有力的交通枢纽就是吸引人群、聚集人气最重要的条件之一。如上海中山公园地区的公交换乘枢纽西移后，出现了原来商业中心日趋衰落的现象。

③ 上海轨道交通11号线和14号线真如副中心地区线路走向调整方案。

根据上海市轨道交通线网规划，上海城市轨道交通远期线网中，有8条轨道交通线在普陀区范围内经过，其中，R3线（11号线）、L1线（15号线）、L2线（16号线）、L3线（17号线）与沪宁铁路在上海西站形成大型综合换乘枢纽（见图3-4）。按照原有规划方案，在真如副中心范围内，R3线（11号线）沿真华路走向，M6线（14号线）沿铜川路向东在曹杨路口转向南沿曹杨路的走向，在曹杨路/铜川路节点不能形成以轨道交通为核心的综合换乘枢纽，因而不能对以曹杨路/铜川路节点为核心的真如副中心先期开发区域的发展形成有力的交通支撑。

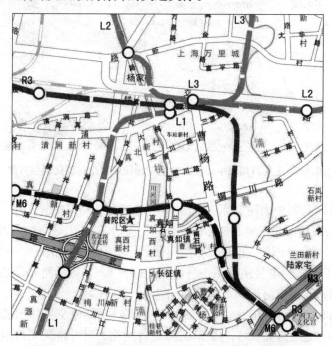

图3-4　上海真如副中心区周边轨道交通线路原规划

参照国内外城市副中心建设的基本经验，结合真如地区的轨道交通规划，从交通带动真如副中心发展的角度来看，在真如副中心先期发展的曹杨路/铜川路节点形成轨道交通换乘枢纽是必要的。如果没有数条轨道交通形成的交通枢纽来支持真如副中心的建设，则以曹杨路/铜川路节点为核心的周边区域将难以达到城市副中心功能集聚的效果，从而也就难以成为真正意义上的城市副中心。为此，需要对经过真如地区的轨道交通 R3 线（11 号线）和 M6 线（14 号线）的线路走向及车站位置进行局部的调整，以便在曹杨路/铜川路形成以 R3 线（11 号线）和 M6 线（14 号线）为核心的城市大型综合交通换乘枢纽，支持真如副中心的建设。具体调整方案如图 3-5 所示。

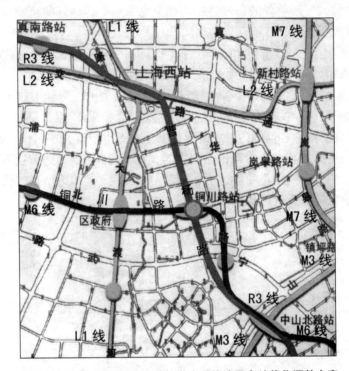

图 3-5 上海真如副中心区域轨道交通线路及车站优化调整方案

a. R3 线（11 号线）由南向北穿越中山北路后，在曹杨路口沿曹杨路一直向北，在铜川路路口设站，继续向北在地下斜穿沪宁铁路上海西站，在上海西站下方设站；然后向北逐渐转向新村路、真南路，在同济大学沪西校区大门西侧设站。

b. M6 线（14 号线）出兰溪路站一直沿铜川路向东，在曹杨路口设站，过曹杨路后在规划的真华路转向南沿规划真华路走向。

c. R3 线（11 号线）和 M6 线（14 号线）在曹杨路/铜川路交叉口形成换乘枢纽。

d. 将周边公交线路如 833、742 车站移到曹杨路/铜川路交叉口附近，交叉口附近和周围建筑内设置一定规模的机动车停车场和自行车停车场，与轨道交通形成大型综合换乘枢纽。

通过对以上线路和车站位置的调整，在曹杨路/铜川路交叉口形成以轨道交通为主体的大型综合换乘枢纽，可以更好地适应未来真如副中心大量客流集散的需求,以确保真如副中心核心功能区与市级中心及周边地区的快速交通联系,从而加快真如城市副中心的建设步伐。

3.2.2 车站分布

1) 影响车站分布的主要因素

不同的城市、不同的轨道交通系统,在实际运营中其乘客平均出行距离、到站方式及距离、车站内部走行距离、停站时间、车辆的启动、制动性能、车辆最高运行速度等因素都会有所差别。

(1) 客流吸引力

① 大型客流集散点。大型客流集散点往往是城市的政治、经济活动中心,是城市的窗口地段,不但客流量大,而且集中,对地面交通压力很大。城市轨道交通通过车站吸引大量客流,对解决城市交通发挥重要作用,所以城市轨道交通在大型集散点必须设车站。如根据上海地铁运营公司客流统计资料,2005年上海轨道交通1号线莘庄、徐家汇、人民广场、上海站等四站日均进站客流占全线进站总客流的50.5%,四个站平均进站客流为其他车站的2.0倍。

② 在车站分布数量上,除大型客流集散点及铁路车站外,其他车站的设置主要受人们对站间距离的要求所支配。一般而言,车站分布较密,市民步行到车站距离短,节省步行时间,可以增加短程乘客的吸引量;车站分布较疏,减少乘客在车内的时间,可以增加线路两端乘客的吸引量,但由于乘客步行距离及时间加长,轨道交通在综合交通中的客流吸引能力会降低。从上海轨道交通1号线乘客出行特征的抽样问询调查资料可知,乘客从出发地到轨道交通车站的出行方式中,步行到站的占45.71%,骑自行车到站的占5.41%,乘公交车到站的占41.31%,乘出租车到站的仅占7.57%;而乘客下车后到达目的地的情况与之相仿。由此可见,1号线乘客的出行方式中以步行为最高,其次是公交方式,其余方式所占比例较小。因此,对同一条线路,小的站间距可以使步行吸引范围外的部分客流进入步行吸引范围之内,因而可以吸引更多的步行到站客流。

对于平均站间距离,世界上有两种趋向,一种是小站间距,平均为1 km左右;一种是大站间距,平均1.6 km左右。中国香港地铁平均站间距为1050 m,其中港岛线仅947 m;莫斯科地铁平均站间距为1.7 km左右。中国香港、莫斯科都以公共交通为主要运输工具,地铁都有很好的运营业绩。

(2) 乘客出行时间

城市轨道交通车站数目的多少,直接影响市民利用轨道交通的出行时间。出行的总时间可分为以下几部分:从出发地至进入轨道交通车站站厅的时间和从下车出站至目的地的时间(简称为接驳时间,以下同)、在车站的候车时间、乘车时间。

① 车站分布对乘客接驳时间的影响。

根据对上海轨道交通1号线的调查分析,乘客步行和骑自行车到站平均费时

14 min。从可以吸引更多步行及骑自行车到站客流方面来看,小站间距无疑会节约乘客的接驳时间。

② 车站分布对乘客候车时间的影响。

对每个乘客而言,在站厅的候车时间主要与其到达的时刻有关;而对乘客总体来说,候车时间主要与发车间隔有关。

③ 车站分布对乘车时间的影响。

当采用大站间距时,设站较少一方面可以充分发挥系统的性能以提高列车的走行速度,另一方面还可以减少制动减速和启动加速以及停车所产生的延迟,从而缩短乘客的乘车时间。为了比较大、小站间距对旅客乘车时间的影响,这里通过一个案例来定量分析不同的平均站间距对列车速度和乘车时间所带来的影响。

假定基础资料为:线路全长 18 km,平均站间距分别取为 0.6 km、0.9 km、1.2 km、1.5 km、1.8 km。根据上海轨道交通 2 号线及广州地铁 1 号线所采用的德国车辆的技术资料,列车运行的最高速度取为 80 km/h,列车牵引特性曲线如图 3-6 所示,列车常规制动时平均减速度采用 1.0 m/s^2,计算中假定该制动减速度适用于所有负载情况。为了简化计算,线路条件假定为平直空旷地段。

列车基本阻力的计算公式为

$$R = 27 + 0.0042V^2$$

式中　　R——列车基本阻力,N/t;

　　　　V——列车速度(km/h)。

根据列车运动方程式,区段运行时间 Δt、区段运行距离 Δs 的计算公式为

$$\Delta t = \frac{V_m - V_q}{119.8 C_p}$$

$$\Delta s = \frac{V_m^2 - V_q^2}{239.6 C_p}$$

式中　　Δt——区段运行时间,h;

　　　　Δs——区段运行距离,km;

　　　　V_q——速度间隔内的起点速度;

　　　　V_m——速度间隔内的终点速度;

　　　　C_p——速度间隔内平均速度所对应的单位合力,N/kN,$C_p = F - R/9.8$。

根据上述基础资料和计算公式,当牵引计算的速度间隔 ΔV 取为 10 km/h 时的计算结果如表 3-1 和图 3-7 所示。计算表明,列车能实现 80 km/h 的最小站间距为 1.012 km。

从表 3-1 和图 3-7 可以看出,列车从始发站至终点站的全程走行时间,随平均站间距的增加而减小,但减小的幅度却随站间距的增大而降低,这说明增大站间距不能无限制地减少乘客的乘车时间。根据上海轨道交通 1 号线的调查资料,旅客的平均乘距为 9 km 左右,约占轨道交通 1 号线一期工程全长(已建部分的

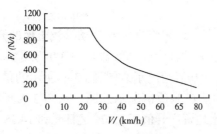
图 3-6 牵引特性曲线

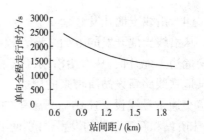
图 3-7 不同站距单向走地时分曲线

表 3-1 不同平均对列车运行速度的影响

平均站间距 / km	区段可达最高速度 / (km/h)	单个区间运行时分 / s	每站停车时分 / s	停站次数 / 次	全程时间 / s	旅行速度 / (km/h)
0.6	65	51.47	30	29	2414	26.84
0.9	75	67.17	30	19	1913	33.87
1.2	80	74.87	30	14	1543	42.00
1.5	80	88.37	30	11	1390	46.62
1.8	80	101.87	30	9	1289	50.27

21 km)的 43%。由此可以推测,对于轨道交通 1 号线的乘客来说,采用 0.6 km 的平均站间距将比采用 1.2 km 和 1.8 km 的平均站间距增加乘客出行时间 6.3 min 和 8.1 min。

(3) 工程与运营成本

车站是昂贵的建筑物,其建筑费及设备费在初始投资中占很大比重。根据上海轨道交通 2 号线的概算资料,一般车站长度为 284 m,其土建工程造价为 6000 万～7000 万元,拆迁工程和车站设备是车站土建工程造价的 2.1～2.2 倍;而区间每公里土建工程造价为 9000 万～10000 万元。单从土建工程造价比较,车站每延米的造价约是区间的 2.4 倍。

从工程造价角度来看,大站间距可以减少车站数量,从而节约车站的土建工程投资,但同时也将引起部分客流向邻近车站转移,导致邻近站规模增大。因此,从整条线路上看,大站间距虽然会降低工程造价,但究竟能降低多少还需视具体情况而定;而小站间距由于车站数量较多,故车站总投资会相应增大。

从运营角度来看,大站间距可提高列车的旅行速度,从而减少列车的周转时间,故在发车间隔不变的情况下,相应的车辆配属数就会减少;同时,大站间距的设站数量相对于小站间距要少,故相应的车站配套设施和管理维护人员也可相应减少,从而节省日常支出,降低运营费用;而小站间距则正好相反。根据前苏联地铁运营统计资料,地铁运营速度约与站间距离的平方根成正比。站间距离缩短会降低运营速度,从而增加线路上运行的列车对数。此外,因频繁起停车而增加电能消耗、轮轨磨耗等,均将增加运营成本。

（4）沿线土地开发

从沿线土地开发的方面来看，较密的车站设置将进一步带动沿线土地的开发，促使周边土地升值，从而给沿线区域带来巨大的社会经济效益。图 3-8 所示的是日本某地铁线路新设站所带来的周边土地资产升值情况示意图，图 3-9 所示的是上海轨道交通 1 号线设莘庄站后所带来的周边房产升值情况示意图。从图 3-8 可以看出，朱町站和新道荣站的设置，分别使沿线土地资产升值了 13.04 亿日元和 14.28 亿日元。从图 3-9 可以看出，1991 年莘庄站附近 2 km 圈内平均房价为每平方米 600 元，而 2 km 圈外平均房价为每平方米 929 元，即当时莘庄站附近远离轨道交通车站的地块房价高于车站附近的地块房价。但从 1992 年开始，莘庄站 2 km 圈内的多层住宅房价开始显著高于圈外房价，而且进一步呈现不同的上升规律，其上升趋势要强于圈外的房价。这充分说明，轨道交通 1 号线的建设运营和莘庄站的设置，对莘庄站附近房地产价格上涨的影响力是非常大的。

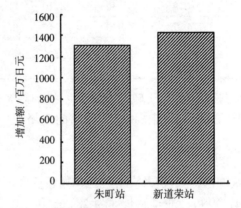

图 3-8 新设地铁站引起的土地资产价值的增加情况

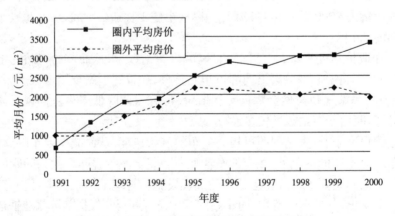

图 3-9 1991—2000 年间莘庄站多层平均房价

（5）城市规模

城市规模包括城市建城区和规划区域面积及人口。一般来说，城市区域面积越大,乘距就越长。例如,莫斯科与圣彼得堡市中心区地铁乘客的平均出行距离各为 10.0 km 和 6.1 km;而同一城市在市区与郊区的乘客的平均出行距离也有差别,莫斯科与圣彼得堡郊区的平均出行距离各为 14.0 km 和 9.5 km。乘距长时,轨道交通应以长距离乘客为主要服务对象,车站分布宜稀一些,以提高轨道交通乘客的出行速度;反之,车站分布宜密一些。

另一方面,我国地域辽阔,分布在南北东西各地的城市人口密度差异很大,如北京市四个中心城区(东城、西城、崇文、宣武)人口密度,每平方公里为 2.8 万人(1991年);上海内环线以内的常住人口密度为每平方公里 3.39 万人(2005 年),其中黄浦区的人口密度每平方公里超过 5 万人。人口密度高,同样吸引范围内,发生的交通客流量同样增大,因此车站分布宜密一些。

(6) 线路长度

一条线路的长度,短则几公里,长则几十公里;不同的线路长度,车站的疏密宜有所不同。短线路宜多设站,长线路宜少设站。

(7) 轨道交通线网及城市道路网状况

在两条轨道交通线路的交叉点应设乘客换乘站;在与城市主干道交叉时,为了让乘坐城市其他交通工具的乘客方便换乘轨道交通,也宜设车站。

除上述各因素外,线路平面、纵断面,站址的地形、地质条件,城市公交线网及车站位置等,也会对轨道交通车站分布造成一定的影响。

综上所述,车站的间距大小会对客流量、乘客出行时间、工程费、运营费以及车站在城市中的作用等多方面产生不同的利弊影响,在分布车站时应综合考虑,合理确定。

我国轨道交通在吸收世界轨道交通建设经验的基础上,在《城市快速轨道交通工程项目建设标准(试行本)》中提出"车站间距应参照城市道路布局和客流吸引范围而定。在市中心区宜为 1 km 左右,在市区外围宜为 2 km 左右"。而在《地铁设计规范》(GB 50157—2003)中规定"车站间的距离应根据实际需要确定,在市区宜为 1 km 左右,在郊区不宜大于 2 km"。我国已建地铁典型线路的平均站间距离如表 3-2 所示。

表 3-2 我国已建地铁典型线路的平均站间距离

城市名	线路名称	线路运营长度 / km	车站数 / 个	平均站间距 / m
北京市	1 号线西段	16.87	12	1534
北京市	环线	23.01	18	1354
上海市	1 号线	21.35	16	1423
上海市	2 号线	19.15	13	1596
上海市	3 号线	24.97	19	1387
广州市	1 号线	18.48	16	1232

2）上海、东京轨道交通车站分布及运营组织方式的比较分析

（1）上海、东京轨道交通车站分布的比较

上海既有轨道交通线路与东京几条轨道交通线路车站分布的比较如表3-3所示。表3-3中资料显示：① 从最大站间距与平均站间距的实际数据来看，上海与东京的轨道交通车站分布并没有显著的差异，相比较而言，东京轨道交通的平均站间距较小而最大站间距略大一些；② 从最小站间距来看，东京轨道交通的最小站间距明显小于上海既有轨道交通的最小站间距，如日比谷线的最小站间距只有 0.40 km，这可以说明上海比较注意列车系统的运营效率和车站分布的均衡性，而东京更加注重客流集散点的客流吸引能力；③ 京王线是一条由东京市区通往郊区且绝大部分线路位于郊区的轨道交通线路（相当于我国的市郊轨道交通线），其最大站间距为 2.40 km，而最小站间距只有 0.60 km，平均站间距也只有 1.08 km，最大、最小站间距相差高达4倍。由此可见，东京城市轨道交通车站分布充分体现了"以人为本、按需设置"的基本思想，非常值得研究和借鉴。

表3-3　上海、东京轨道交通线路车站分布比较　　　　　　　　　　单位：km

	线路名称	长度	平均站距	最小站距	最大站距
上海	地铁1号线	20.97	1.40	0.80	2.10
	地铁2号线	19.00	1.58	1.10	1.81
	明珠线一期	24.98	1.39	0.90	2.01
东京	千代田线	21.90	1.21	0.70	2.60
	日比谷线	20.30	1.02	0.40	2.10
	三田线	26.50	1.01	0.60	1.70
	银座线	14.30	0.79	0.50	1.30
	京王线	37.90	1.08	0.60	2.40

（2）上海、东京轨道交通运营组织方式的比较

上海目前已运营的三条轨道交通线采用的都是站站停车的运营组织方式，这种方式的优点是行车组织较简单且无需乘客选择车次，比较适合于市区范围。但是，对于那些线路较长且郊区线路长度比例较高的线路，为了充分发挥轨道交通的优势，在轨道交通基本网络成形后，可以借鉴东京等轨道交通发达城市的经验，采取灵活、机动的行车组织方式。例如，对于 0.6 km 平均站距的线路方案，若采用隔站停车的运营方式，几乎可以达到 1.2 km 平均站距时的系统运营效率。

特别是在市中心以外地区，客流较分散，采用这种运营方式可以大大降低运营费用和提高运营效率。图3-10所示为东京京王轨道交通线的运营组织方案示意图。京王线全长 37.9 km，设站 34 座，该线按照特急、急行、通勤和普通四种列车运营方式组织停站方案。其中，特急列车只停靠 7 个车站，平均停车间距高达 6.3 km；

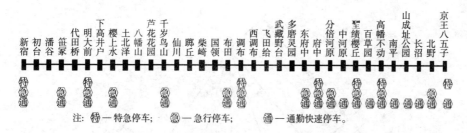

图 3-10　东京京王轨道交通线运营组织示意

急行列车停靠 13 个车站,平均停车间距为 3.2 km;通勤快速列车停靠 19 个站,平均停车间距是 1.99 km;而普通列车则为站站停车,平均停车间距为 1.11 km,以吸引沿线较小规模车站的客流。

因此,在进行城市轨道交通特别是位于郊区的轨道交通线路车站分布时,应尽量避免人为地追求按预定的大站间距进行设站的现象,始终贯彻"以人为本、按需设置、技术可行、经济合理"的车站分布基本理念。当一条线路出现部分较小的站间距时,可以根据客流特点,采用灵活机动的运营组织方式,以尽量同时实现吸引沿线客流和提高旅行速度的目标。

3.3　线路平纵横断面设计

3.3.1　平面设计

城市轨道交通的线路平面是由直线、圆曲线和缓和曲线组成的。三者的相互位置如图 3-11 所示。有关曲线参数的计算公式为

$$T=(R+p)\cdot\tan\frac{\alpha}{2}+m \tag{3.3.1}$$

$$K=R\frac{\pi(\alpha-2\beta_0)}{180}+2l_0=R\frac{\pi\cdot\alpha}{180}+l_0 \tag{3.3.2}$$

式中　T——切线长度,m;

R——曲线半径,m;

K——曲线长度,m;

l_0——缓和曲线长度,m;

α——曲线偏角,°;

β_0——缓和曲线角度,°,$\beta_0=\dfrac{90l_0}{\pi R}$;

m——切垂距,m,$m=\dfrac{l_0}{2}-\dfrac{l_0^3}{240R^2}$;

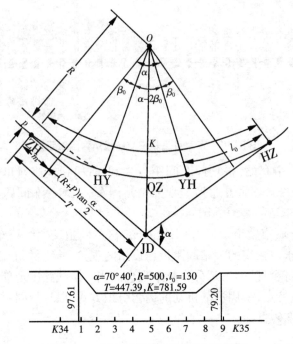

图 3-11 城市轨道交通线路平面示意图

p——圆曲线内移距离，m，$p=\dfrac{l_0^2}{24R}-\dfrac{l_0^4}{2688R^3}$。

另外，曲线起讫点里程，可按下列方法推求：

ZH 里程，在平面上量得；

HZ 里程＝ZH 里程＋K；

HY 里程＝ZH 里程＋l_0；

YH 里程＝HZ 里程－l_0。

线路平面设计的主要技术要素包括：最小曲线半径、夹直线最小长度、最小圆曲线长度、缓和曲线线型和长度等。

1）线路平面位置选择

（1）地下线路平面位置

城市轨道交通地下线路的平面位置主要有如下两类。

① 轨道交通线路位于城市规划道路红线范围内，是常用的线路平面位置形式。它的特点是对道路红线范围以外的城市建筑物干扰较小。图 3-12 是城市轨道交通地下线路的三种代表位置。

A 位：轨道交通线路居道路的中心，对两侧建筑物影响小，地下管网拆迁较少，有利于线路裁弯取直，减少曲线数量，并能适应较窄的道路红线宽度。缺点是当采用明挖法施工时，会破坏现有道路路面，对城市交通干扰大。

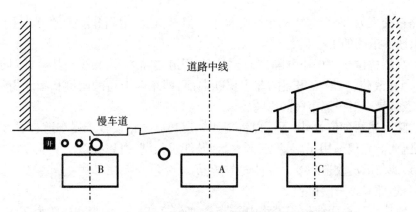

图 3-12 城市轨道交通地下线路设置位置示意图

B 位:轨道交通线路位于慢车道和人行道下方,能减少对城市交通的干扰和对机动车路面的破坏。

C 位:轨道交通线路位于待拆的已有建筑物下方,对现有道路及交通基本上无破坏和干扰,地下管网也极少。但房屋拆迁及安置量大,只有与城市道路改造同步进行,才十分有利。

② 轨道交通线路位于道路范围以外。轨道交通地下线路置于道路范围之外,可以达到缩短线路长度、减少拆迁、降低工程造价的目的,但必须具备如下条件之一。

a.沿线区域地质条件好,基岩埋深很浅,隧道可以用矿山法在建筑物下方施工。

b.沿线区域为城市非建成区或广场、公园、绿地(耕地)等。

c.沿线区域为老的街坊改造区,可以与轨道交通同步规划设计,并能按合理施工顺序进行施工。

除上述条件外,若线路从既有多层、高层房屋建筑下面通过时,不但施工复杂、难度大,并且造价高昂,选线时要尽量避免。

(2) 高架线路平面位置

高架线路平面位置选择,较地下线路严格,自由度更少,一般要顺城市主干道平行设置,道路红线宽度宜大于 40 m。在道路横断面上,轨道交通高架桥墩柱位置要与道路车行道分隔带配合,一般宜将桥柱置于分隔带上,如图 3-13 所示。

① 高架桥位于道路中心线上对道路景观较为有利,噪声对两侧房屋的影响相对

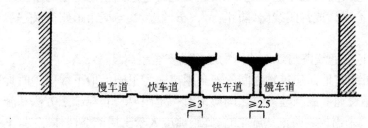

图 3-13 轨道交通高架桥设置位置示意图

较小,路口交叉处,对拐弯机动车影响也小。但是,在无中间分隔带的道路上敷设高架桥时,改建道路的工程量大。

② 高架桥位于快慢车分隔带上,充分利用道路隔离带,减少高架桥柱对道路宽度的占用和改建,一般偏房屋的非主要朝向面,即东西街道的南侧和南北街道的东侧。缺点是噪声对一侧市民的影响较大。

③ 除上述两种位置外,还可以将高架轨道交通线路设置于慢车道、人行道上方及建筑区内。它仅适用于广场、公园、绿地及江、河、湖、海岸线等空旷地段或将轨道交通高架线与旧房改造规划为一体时的情况。

(3) 地面线路平面位置

① 轨道交通地面线位于道路中心带上,如图 3-14 所示,带宽一般为 20 m 左右。当城市快速路或主干道的中间有分隔带时,地面线设于该分隔带上,不阻隔两侧建筑物内的车辆按右行方向出入,不需设置辅道,有利于城市景观及减少轨道交通噪声的干扰。其不足之处是乘客均需通过地道或天桥进入轨道交通站台。

② 轨道交通地面线位于快车道一侧,如图 3-15 所示,带宽一般为 20 m 左右。当城市道路无中间分隔带时,线路设于该位置可以减少道路改移量。其缺点是在快车道另一侧需要建辅路,增加了道路交通管理的复杂性。

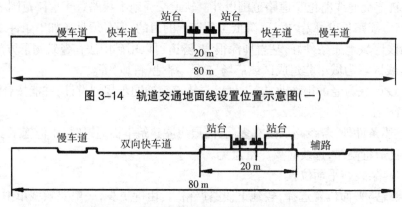

图 3-14 轨道交通地面线设置位置示意图(一)

图 3-15 轨道交通地面线设置位置示意图(二)

当道路范围之外为江、河、湖、海岸滩地,不能用于居住建筑的山坡地等时,可考虑将轨道交通线路布置于这些地带上,但要充分考虑路基的稳固与安全。轨道交通地面线一般应设计成封闭线路,防止行人、车辆进入,与城市道路交叉一般应采用立交。

(4) 轨道交通线路与地面建筑物之间的安全距离

① 地下线与地面建筑物之间的安全距离。为了确保地下线施工时地面建筑物的安全,轨道交通线路与建筑物之间应留有一定距离。它与施工方法和施工技术水平密切相关。采用放坡明挖法施工时,其距离应大于土层破坏棱体宽度。北京地铁一期工程采用工字钢桩加护板支护,深水泵降低地下水位的明挖法施工,由于护板与

土层之间有空隙,施工过程中,在距基坑边 10 m 左右的地面,平行线路方向出现明显的裂缝。上海地铁一期工程施工中,无论采用盾构法,还是采用连续墙支护的明挖法,隧道(连续墙)外缘至建筑物间的距离一般不小于 2 m。由于施工过程中采取了措施,从施工结果看,周边房屋基本上没有受到影响。

② 高架线与建筑物之间的安全距离。轨道交通高架线与建筑物之间的安全距离,由防火安全距离与防止物体坠落轨道交通线路内的安全距离确定。前者参照建筑物防火与铁路防火规范执行,后者暂无规范,可视具体情况而定。

地面线与道路及建筑物之间的最小安全距离。目前规范未作出规定,建议按下列值考虑:

a.轨道交通围护栏杆外缘至机动车道道牙内缘最小净距 1.0 m(无防护挡墙)或 0.5 m(有防护挡墙);

b.轨道交通围护栏杆外缘至非机动车道道牙内缘最小净距 0.25 m;

c.轨道交通围护栏杆外缘至建筑物外缘最小净距 5.0 m(无机动车出入)或 10 m(有机动车出入)。

此外,在决定安全距离时,尚应考虑列车运行的振动、噪声的影响。

(5) 线路平面位置方案比选

线路平面位置比选主要包括直线位置的比选和曲线半径的比较,其主要比选内容如下:

① 线路条件比较:包括线路长度、曲线半径、转角等。对于小半径曲线,在拆迁数量、拆迁难度、工程造价增加不多的情况下,宜推荐较大半径的方案;若半径大于或等于 400 m,则不宜增加工程造价来替换大半径曲线。

② 房屋拆迁比较:包括拆迁房屋数量、质量、使用性质、拆迁难易等的比较。质量差的危旧房屋可以拆。住宅房易拆迁,办公房次之,工厂厂房难拆迁;学校、医院等单位,一般考虑邻近安置;商贸房异地搬迁,在市场经济的条件下拆迁难度大。

③ 管线拆迁比较:包括上下水管网、地下和地上电力线(管)、地下和地上通信电缆线(管)、煤气管、热力管等的数量、规格、费用及拆迁难度比较。大型管道改移费用高,下水管改移难度大。

④ 改移道路及交通便道面积比较:包括施工时改移交通的临时道路面积及便桥,恢复被施工破坏的正式路面及桥梁等。

⑤ 其他拆迁物比较:不属于上述拆迁内容的其他拆迁。

⑥ 城市轨道交通主体结构施工方法比较:包括施工的难易度、安全度、工期、质量保证、对市民生活的影响等方面的综合分析评价。

2) 线路平面主要技术要素的选择

(1) 平面曲线半径

① 最小曲线半径标准选择的主要影响因素。

a.曲线半径对行车速度的影响。城市轨道交通线路最小曲线半径的理论计算公

式为

$$R_{min}=\frac{11.8V^2}{h_{max}+h_{qy}}$$

式中　R_{min}——满足欠超高要求的最小曲线半径,m；

　　　V——设计速度,km/h；

　　　h_{max}——最大超高,mm,曲线地段轨道超高是指为了平衡曲线上运行列车所受离心力而设置的内、外轨面的高度差,$h=11.8V^2/R$,根据《地铁设计规范》(GB 50157—2003)规定,h_{max}取 120 mm；

　　　h_{qy}——允许欠超高,mm,根据《地铁设计规范》(GB 50157—2003)可取 60 mm。

由此可见,列车运行速度的平方与曲线半径成正比。

b.曲线半径对运营费的影响。曲线半径越小,钢轨磨耗越严重,钢轨更换周期越短。根据国内对铁路曲线钢轨磨耗的研究结果推算:200 m 半径曲线的换轨周期比 400 m 半径曲线的换轨周期约缩短 40%。由于大部分小半径曲线是设在道路交叉口转弯处,且曲线转角多为 90°,因此小半径曲线的曲线长度短于大半径曲线的曲线长度,上述换轨费用还会减少。

c.曲线半径对工程的影响。较小的曲线半径,能够较好地适应地形、地物、地质等条件的约束。在上海、北京等城市,随着社会经济的快速发展,高层建筑、高架桥等设施大量兴建,其深桩基对轨道交通选线形成很大的约束。在这样复杂的约束条件下,不同的曲线半径标准产生的工程拆迁量的差异很大。如果遇到高层建筑群,一处曲线采用大、小不同的半径造成拆迁工程费的差异高达数千万元甚至上亿元。

d.曲线半径对换乘站设计方案的影响。当曲线半径大于 300 m 时,大城市中心区域的轨道交通线路走向调整的余地较小,从而在设计时大大限制了可提出的换乘方案数量；而当半径降至 200 m 或以下时,交叉线路(尤其是交角小于 60°时)设置平行换乘或其他较短换乘路径的换乘方案的可行性将大大提高。

e.曲线半径与工程可实施性。在地面或高架线路中,任何小半径曲线均可实施。在地下线路中,明挖、暗挖等施工方法能够适应各种小半径曲线的施工,但对盾构法,目前国内受现有设备的限制,只能实施半径 300 m 以上的曲线。而日本早已具备实施半径 80 m 以上的盾构设备并大量运用于东京、大阪的地铁建设中。

② 最小曲线半径的合理选择。

随着大城市向高密度方向发展,城市轨道交通的最小曲线半径标准将会对工程、运营、换乘设计方案等方面产生越来越大的影响。400 m 以下的小半径曲线具有限制列车速度、养护比较困难、钢轨侧面磨耗严重及噪声大等缺点,特别是在轨道交通运量大、密度高的情况下,上述缺点更加突出。因此,曲线半径宜按标准半径系列从大到小合理选用,在实际工作中,最大曲线半径一般不超过 3 000 m。同时,从运营角度出发,最小曲线半径应尽量少用,并应有一定限制。我国《地铁设计规范》(GB

50157—2003)规定的线路最小曲线半径标准如表 3-4 所示,《城市快速轨道交通工程项目建设标准(试行本)》规定的线路工程主要技术标准如表 3-5 所示。

表 3-4　线路最小曲线半径

线　路		一般情况 /m		困难情况 /m	
		A 型车	B 型车	A 型车	B 型车
正线	≤80 km/h	350	300	300	250
	>80 km/h ≥100 km/h	550	500	450	400
联络线、出入线		250	200	150	
车场线		150	110	110	

表 3-5　线路工程主要技术标准

技术名称及线路		A 型车	B 型车	C 型车
最小曲线半径 / m	正线	300~350	250~300	50~100
	辅助线	250	150~200	25~80
	车场线	150	80~110	25~80
最大坡度 / (‰)	正线	30~35	30~35	60
	辅助线	40	40	60
	车场线	1.5	1.5	1.5
竖曲线半径 / m	正线	3000~5000	2500~5000	1000
	辅助线	2000	2000	1000
钢轨 / (kg/m)	正线	≥60	50~60	50
	辅助线	≥50	≥50	50
道岔 / (N_0/R_0)	正线	9/200	9/200 或 7/150	7/150
	车场	7/150	6/110	(待定)

注：① 特殊困难地段的技术标准,应按国家现行有关技术规范执行；
　　② C 型车的线路最小曲线半径 80 m,是指受流器的车辆；
　　③ N_0 是指道岔号,R_0 是指道岔导曲线半径。

　　美国、日本、法国等国家为了降低工程造价而采取了较为灵活的最小曲线半径标准值,主要线路上的曲线半径比我国的标准小得多。纽约地铁的最小曲线半径为 107 m,芝加哥和波士顿地铁的最小曲线半径为 100 m；东京、大阪等城市的地铁线路最小曲线半径大部分不足 200 m(见表 3-6)；巴黎地铁的最小曲线半径仅为 75 m。
　　在目前车辆条件下,在车站两端可视具体情况降低最小曲线半径标准,同时尽快投入力量积极研究适应较小半径曲线的新型车辆,以降低轨道交通土建成本,并为改善换乘设计方案提供更有利的条件。

表 3-6 日本部分城市地铁线路最小曲线半径标准

经营主体	线路名称	车辆宽度/m	最小曲线半径/m	旅行速度/(km/h)	最高速度/(km/h)
札幌市交通局	南北线	3.470	200.0	31.7	70
	东西线	3.080	201.0	34.6	70
交通营团	银座线	2.580	90.0	24.9	55
	丸之内线	2.790	127.0	27.4	60
	日比谷线	2.790	126.0	28.3	70
	东西线	2.870	200.0	38.5	75
	千代田线	2.865	143.8	31.5	55
	有乐町线	2.865	150.0	30.0	75
	半藏门线	2.835	200.2	36.9	75
东京都交通局	浅草线	2.800	161.0	31.8	70
	三田线	2.800	162.0	31.4	70
	新宿线	2.800	204.0	31.9	75
大阪市交通局	御堂筋线	2.890	120.0	33.0	70
	谷町线	2.890	122.0	31.6	70
	四桥线	2.890	122.0	32.6	70
	中央线	2.890	160.0	33.5	70
	千日前线	2.890	122.0	29.9	70
	筋线	2.840	190.0	30.0	70

③ 各类车型的主要技术规格,可参照表3-7选定。

由于轻轨交通运量较地铁小,故最小曲线半径视车型情况可采用比地铁线路更小的数值。

车站站台段线路应尽量设在直线上。因为站台上有大量旅客活动,直线站台通视条件好,有利于行车安全;而且城市轨道交通多为高站台,曲线站台与车辆间的踏步距离不均匀,不利于旅客上下车和乘车安全。在困难地段,站台段线路也可设在曲线上,为了保证行车安全和合理的踏步距离,其半径不应小于800 m。

(2) 平面圆曲线长度

城市轨道交通圆曲线长度短,对改善条件、减少行车阻力和养护维修有利。但当圆曲线长度小于车辆的全轴距时,车辆将同时跨越在三种不同的线型上,会危及行车安全、降低列车的稳定性和乘客的舒适度。因此,我国《地铁设计规范》(GB 50157—2003)规定,正线及辅助线的圆曲线最小长度,A 型车不宜小于25 m,B 型车不宜小于20 m,在困难情况下不得小于车辆的全轴距。

(3) 缓和曲线

由于直线与圆曲线间存在曲率半径的突变,圆曲线半径越大,突变程度就越小。当圆曲线半径超过3000 m 时,这种突变对城市轨道交通行车影响很小。而当正线上

表 3-7 各类车型的主要技术规格

序号	项目名称		A 型车 四轴车	B 型车 四轴车	C 型车 四轴车	C 型车 六轴车	C 型车 八轴车
1	车辆基本长度 / m		22	19	18.9	22.3	29.5
2	车辆基本宽度 / m		3	2.8	2.6		
3	车辆高度 / m	受流器车 / m(加空调 / 无空调)	3.8/3.6	3.8/3.6	3.7/3.25		
		受电弓车 / m(落弓高度)	3.8	3.8	3.7		
		受电弓工作高度 / m	3.9 ~ 5.6				
4	车内净高 / m		2.10 ~ 2.15				
5	地板面高 / m		1.1		0.95		
6	车辆定距 / m		15.7	12.6	11	7.2	
7	固定轴距 / m		2.2 ~ 2.5	2.1 ~ 2.2	1.8 ~ 1.9		
8	车轮直径 / mm		ϕ 840		ϕ 760		
9	车门数(每侧)/ 个		5	4	4	4	5
10	车门宽度 / m		≥1.3				
11	车门高度 / m		≥1.8				
12	定员人数 / 人	单司机室车	295	230	200	240	315
		无司机室车	310	245	210	250	325
13	车辆轴重 / t		≤16	≤14	≤11		
14	站立人员标准	定员 /(人 /m²)	6				
		超员 /(人 /m²)	9				
15	最高运行速度 /(km/h)		≥80		≥70		
16	起动平均加速度 /(m/s²)		≥0.9		≥0.85		
17	常用制动减速度 /(m/s²)		1.0		1.1		
18	紧急制动减速度 /(m/s²)		1.2		1.3		
19	噪声 / dB(A)	司机室内	≤80		≤70		
		客室内	≤83		≤75		
		车外	80 ~ 85(站台)		≤82		

注:① 车辆详细技术条件,可参照 GB 7928—1987《地下铁道车辆通用技术条件》和 CJ/T 5021—1995《轻轨交通车辆通用技术条件》;
② C 型车未包括低地板车。

曲线半径等于或小于 3000 m 时,则要在圆曲线与直线间加设缓和曲线,实现曲率半径、轨距加宽和外轨超高的逐渐过渡,减少列车在突变点处的轮轨冲击。因此,我国《地铁设计规范》(GB 50157—2003)规定:在正线上,当曲线半径等于或小于 3000 m 时,圆曲线与直线间应根据曲线半径及行车速度设置缓和曲线。缓和曲线长度可以参照表 3-8 的标准选用。车场线上由于运行速度低，可不设缓和曲线和超高。

表 3-8　缓和曲线长度 l

R \ v	100	95	90	82	80	75	70	65	60	55	50	45	40	35	30
3000	30	25	20	—	—	—	—	—	—	—	—	—	—	—	—
2500	35	30	25	20	20	—	—	—	—	—	—	—	—	—	—
2000	40	35	30	25	20	20	—	—	—	—	—	—	—	—	—
1500	55	50	45	35	30	25	20	—	—	—	—	—	—	—	—
1200	70	60	50	40	35	30	25	20	20	—	—	—	—	—	—
1000	85	70	60	50	45	35	30	25	25	20	—	—	—	—	—
800	85	80	75	65	55	45	40	35	30	25	20	—	—	—	—
700	85	80	75	70	60	50	45	35	25	20	20	—	—	—	—
650	85	80	75	70	60	55	45	40	35	30	20	20	—	—	—
600	—	80	75	70	70	60	50	45	35	30	20	20	20	—	—
550	—	—	75	70	70	65	55	45	40	35	20	20	20	—	—
500	—	—	—	70	70	65	60	50	45	35	20	20	20	20	—
450	—	—	—	—	70	65	60	55	50	40	25	20	20	20	—
400	—	—	—	—	—	65	60	60	55	45	25	20	20	20	—
350	—	—	—	—	—	—	60	60	60	50	30	25	20	20	20
300	—	—	—	—	—	—	—	60	60	60	35	30	25	20	20
250	—	—	—	—	—	—	—	—	60	60	40	35	30	20	20
200	—	—	—	—	—	—	—	—	—	60	40	40	35	25	20
150	—	—	—	—	—	—	—	—	—	—	—	40	40	35	25

注：表中 R 为缓和曲线半径(m)，l 为缓和曲线长度(m)，v 为设计速度(km/h)。

（4）夹直线

当相邻曲线距离较近时，可能会出现两曲线(有缓和曲线时，指缓和曲线；无缓和曲线时，指圆曲线)相邻两端点间的夹直线过短的情况。夹直线短于车辆的全轴距时，会出现一辆车同时跨越两条曲线的情况，引起车辆左右摇摆，影响行车平稳性；夹直线太短，也不易保持夹直线的方向，增加养护难度。因此，我国《地铁设计规范》(GB 50157—2003)规定，正线及辅助线上相邻曲线间的夹直线长度(不含超高顺坡及轨距递减段的长度)，A 型车不宜小于 25 m，B 型车不宜小于 20 m，在困难情况下不得小于一个车辆的全轴距；车场线上的夹直线长度不得小于 3 m。

（5）其他

① 道岔应设在直线上。在困难情况下，道岔也可设在曲线上，但道岔端部至曲线端部的距离不宜小于 5 m，车场线可减少到 3 m。道岔宜靠近车站位置，但道岔基本轨端部至车站站台端部的距离不小于 5 m。

② 不同号数道岔的导曲线半径和长度也不同,会影响线路线间距和线路长度。正线和辅助线上为保证必要的侧向过岔速度,宜采用 9 号道岔;车场线因过岔速度要求低,可采用不大于 7 号的道岔,以缩短线路长度,节省造价。设置交叉渡线两平行线的线间距宜按规定采用:12 号道岔采用 5.0 m。9 号道岔采用 4.6 m 或 5.0 m,6 号、7 号道岔采用 4.5 m 或 5.0 m。

③ 城市轨道交通线路不宜采用复曲线。在困难地段,有充分技术依据时可采用复曲线。当两圆曲线的曲率差大于 1/2500 时,应设置中间缓和曲线,其长度根据计算确定,在困难情况下不得小于 20 m。

④ 折返线的有效长度,宜为远期列车长度加 40 m(不含车挡长度)。

3)线路平面设计方法

(1)设计步骤及方法

城市轨道交通平面设计以右线为准,具体设计步骤及方法如下。

① 确定线路任意点坐标及直线边方位角。根据定线所要求的线路与城市规划道路或指定建筑物的关系,求取线路右线直线边及任一点坐标和方位角。为了施工的方便,轨道交通线路平面及高程控制系统应尽量与城市控制系统取得一致,方位角一般取整到秒,线路长度取整到毫米,交点坐标取值精确到 0.1 mm。

当道路中线由多个极小折角、短边组成近似直线时,轨道交通线路应尽量取直,并与城市规划部门协调,得到认可。

若控制点在曲线地段,则宜先确定圆心点坐标。有时需要通过变更曲线半径反复计算,才可得出线路的最佳位置。

② 右线交点坐标计算。右线坐标计算从起点开始,先用已知直线相交公式及点间距离公式求出起始边长,取整后用坐标公式计算交点坐标。用交点坐标及第二直线边方位角作为新起始边直线,再用上述公式求出第二直线边长,取整后计算第二个交点坐标。这种交替计算边长和坐标的方法,可以使线路的计算位置与设计位置保持一致,误差在 0.5 mm 以内。

③ 曲线要素计算。

a.曲线半径:初步设计阶段,右线曲线半径一律采用标准整数。施工设计阶段,当左右线为同心圆曲线时,外圆曲线半径采用标准整数;若是最小曲线半径,内圆一般应采用标准整数半径。

b.缓和曲线长度:初步设计阶段根据曲线距车站的远近,根据经验按地铁规范初步选用缓和曲线长度,如表 3-8 所示。施工设计时根据列车运行速度图,选用缓和曲线长度。

左、右线并行于同一隧道结构内,左、右曲线一般设计为同心圆,线间距按限界要求加宽。当右线为外圆曲线时,右线缓和曲线长度按规范标准设计,其左线的缓和曲线长度按加宽要求,由计算确定加长,并取整到 1 m;当右线为内圆曲线时,缓和曲线长度按加宽要求计算,有条件时,取整到 5 m,外圆再根据内圆缓和曲线长度及线间距加宽要求,调整缓和曲线长度至整数米。

当一个较长曲线紧邻车站端部时,靠近车站端可以用较短缓和曲线,另一端用较长缓和曲线,以利于车站站位布置。在曲线两端线间距略有差异时,也可以用不等长缓和曲线调制同心圆曲线。

切线长与曲线长按有关公式计算,精度为 0.1 mm,取整到毫米。

初步设计阶段,左线一般不进行曲线要素计算,但夹直线长度紧张地段除外。

④ 右线里程计算。轨道交通里程曾采用百米标表示,现改用千米标表示,如 K8+800,表示为 8 km 加 800 m 处。另外,可以在"K"字前冠以不同的西文字母,表示不同比较方案。对不同设计阶段,一般不需用字母区分,以简化设计工作。

⑤ 断链使里程失去线路直观长度,也容易造成设计施工中的差错,因此右线在任何设计阶段,里程不宜产生断链。

⑥ 建筑物控制点与线路相互关系计算。建筑物控制点至线路的垂距及其里程,可用点线间垂距公式计算,也可用两直线的交点公式计算。

⑦ 车站中心右线里程及坐标计算。根据定线要求的站位首先计算右线站中心里程。移动车站中心位置取车站里程为整数米,再计算站中心坐标。坐标取值到 0.1 mm。

以下各步骤仅在施工设计阶段进行,初步设计阶段并不要求。

① 左线交点坐标计算。左右线平行地段,首先从右线控制点上,根据定线要求的线间距,计算左线各直线边上任一点坐标,然后按右线交点坐标计算方法,求出左线各交点坐标。左右线非平行地段,根据左右线平面相应的几何关系进行坐标计算。左线单独绕行地段与右线坐标计算方法相同。

计算完成后,应检查左右线平面相互关系与设计要求是否相符,线间距离误差应在 0.5 mm 以内。

② 内外曲线交点错动量计算。错动量计算可以应用三角方程公式和点线垂距公式。当应用三角方程公式时,曲线两端线间距离应是精确到 0.1 mm 的计算值而不是设定值,否则在小转角曲线上将产生较大误差;当采用点线距离公式时,用左右线交点坐标和转换两切线方位角代入公式求得。

③ 左线里程及断链计算。左线里程按右线里程推算,由于曲线内外长度不同等原因,将产生断链。因左线绕行或内外曲线的关系,左线与右线长度不等,但为了设计及施工上的便利,左右线平行直线段同一断面上的里程宜一致。通常在每一处左右线长度不等的地段设置左线断链,尤其在左右线处于同一隧道结构内时,更宜如此。但在曲线多的地段,若在每一曲线设一断链,也给设计及施工带来不便。为减少左线断链数量,可对左线断链进行适当合并。当两个曲线间夹直线较短时,两个断链宜合并为一个;当区间左右线隧道结构分开时,可将两车站间的多个曲线断链合并为一个。断链不应进入曲线范围和车站站界范围。

④ 线路详细坐标计算。左右线均需进行详细坐标计算,包括曲线头尾、缓和曲线头尾、曲线中点、千米及百米里程点、道岔中心、车挡、区间附属建筑物(通风道连接

口、排水泵站、隔断门、区间连接通道等)中心(或接口中心)、车站端墙外缘(或竖井中心)等位置的详细坐标计算。

线路详细坐标计算,以就近的交点或站中心点为原始坐标点,分段计算,坐标取整到毫米,计算误差允许 1 mm。

⑤ 左右线间距计算。当左右线处于同一隧道,线间距离发生变化时,或左右线隧道分开,但有附属建筑物连接时,为隧道结构设计之需要,一般每隔 10~20 m 计算一点线间距。

线间距离计算采用解析几何公式,计算误差不大于 10 mm。曲线地段的线间距离计算以右线法线方向为准。

(2) 部分计算公式介绍

线路平面设计时所应用的公式很多,仅将轨道交通设计中常用公式的一部分列出,其他公式可以参照铁路选线设计有关参考书。

① 点线间垂距计算公式

$$d=(X-X_0)\sin\alpha-(Y-Y_0)\cos\alpha \tag{3.3.3}$$

式中 α——线路方位角,其余见图 3-16;

d——正值表示 P 点与坐标原点分别位于线路的两侧,负值表示 P 点与坐标原点位于线路的同侧。

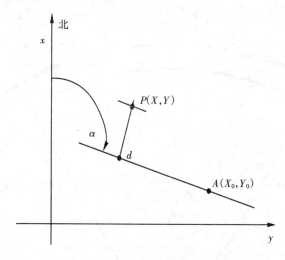

图 3-16　点线间垂距计算示意图

② 两线相交点坐标计算公式

$$X_c=X_a+\frac{(X_a-X_b)\tan\alpha_b-(Y_a-Y_b)}{\tan\alpha_a-\tan\alpha_b} \tag{3.3.4}$$

$$Y_c=Y_a+(X_c-X_a)\tan\alpha_a \tag{3.3.5}$$

或

$$Y_c=Y_b+(X_c-X_b)\tan\alpha_b \tag{3.3.6}$$

式中符号含义如图 3-17 所示。

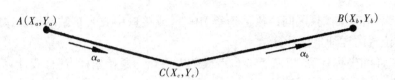

图 3-17　两线相交点坐标计算示意图

式(3.3.5)与式(3.3.6)可互为校核,当转角很小时,得出的小数要取 4 位,这样才能保证所得毫米值一致。

③ 不等缓和曲线长度的切线长度计算公式

$$T_{1s}=(R+p_1)\cdot\tan\frac{\alpha}{2}+(p_2-p_1)/\sin\alpha+m_1 \tag{3.3.7}$$

$$T_{2s}=(R+p_2)\cdot\tan\frac{\alpha}{2}+(p_1-p_2)/\sin\alpha+m_2 \tag{3.3.8}$$

$$L_s=\frac{\pi R\alpha}{180°}+(l_1-l_2)/2$$

式中符号含义如图 3-18 所示。

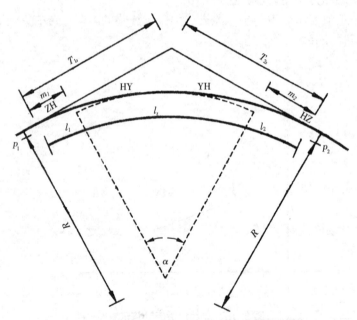

图 3-18　不等缓和曲线长度的切线长度计算示意

3.3.2　纵断面设计

城市轨道交通的线路纵断面是由坡段和连接相邻坡段的竖曲线组成的。坡段的特征用坡段长度和坡度值来表示。

坡段长度 L_i(m)为该坡段前后两个变坡点之间的水平距离。

坡段坡度 i 为该坡段两端变坡点的高程 $H_i(\mathrm{m})$ 除以坡段长度 $L_i(\mathrm{m})$，其值以千分数表示（见图3-19）。坡度值上坡取正值，下坡取负值。如坡度为30‰，即表示每千米高差为30 m。其计算公式为

$$i = \frac{H_i}{L_i} \times 1000 \tag{3.3.9}$$

轨道交通线路纵断面设计的主要技术要素有坡度、坡段长度及坡段连接。

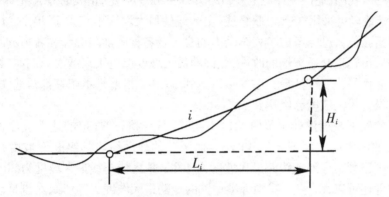

图3-19 坡段长度与坡度示意图

1）设计原则

① 纵断面设计要保证列车运行的安全、平稳及乘客舒适，高架线路要注意城市景观，坡段应尽量长些。

② 线路纵断面要结合不同的地形、地质、水文条件、线路敷设方式与埋深要求、隧道施工方法、地上地下建筑物与基础情况以及线路平面条件等进行合理设计，力求方便乘客使用和降低工程造价。必要时，可考虑变更线路平面及施工方法。

③ 尽量设计成符合列车运行规律的节能型坡道组合的纵断面。车站一般位于纵断面的高处，区间位于纵断面的低处。除车站两端的节能坡道外，区间一般宜用缓坡，避免列车交替使用制动-给电运行。

2）主要技术要素的确定

(1) 坡度

正线最大坡度是线路的主要技术标准之一，对线路的埋深、工程造价及运营都有较大的影响。因此，合理地确定线路最大坡度具有重要的意义。

城市轨道交通由于载重量小、运距短，坡度已不是限制列车牵引质量的主要因素。城市轨道交通线路纵断面的最大坡度值，不包含曲线阻力、隧道内空气阻力等附加当量坡度，与我国城市间铁路设计中的限制坡度值定义有区别。

① 城市轨道交通列车为了适应小站距的频繁启动、制动，要求具有良好的动力性能，一般采用全动轴或2/3动轴列车，启动加速度要求达到 1 m/s² 及以上，这就意味着列车可以爬 100 ‰ 及以上的当量坡度（最大坡度加上曲线阻力坡度、隧道附加阻力坡度）。

在实际设计纵断面时,线路坡度在满足排水及标高控制要求的前提下应尽可能平缓,一般应在20‰以下。正线允许的最大坡度值,主要受行车安全(与制动设备性能有关)、旅客舒适度、运营速度三方面影响;从保证行车安全的角度出发,要求列车在失去部分(最大可达到一半)牵引动力的条件下,仍能用另一部分牵引动力,将列车从最大坡度上启动。因此,最大坡度阻力及各种附加阻力之和,不宜大于列车牵引动力的一半。我国《地铁设计规范》(GB 50157—2003)规定,正线的最大坡度不宜大于30‰,困难地段可采用35‰,联络线、出入线的最大坡度不宜大于40‰(均不考虑各种坡度折减值),已经考虑了列车动力的丧失及各种附加阻力和黏着力的影响。但随着各种城市轨道交通车辆的改进,允许的最大坡度值也正在增大。例如,新型的线性电机车允许的正线设计最大坡度可以达到60‰。目前日本东京都营地铁12号线路的正线设计最大坡度已经达到50‰。

苏联的地下铁道设计规范(1981年7月1日起执行)规定的地下线段以及隐蔽地面路段的纵断面坡度不大于40‰,而敞开的地面线段的纵断面坡度则不大于35‰。法国巴黎市区地铁线路最大坡度为40‰,地区快车线最大坡度为30‰,困难地段的坡度还可以大一些。我国香港地铁的线路最大坡度为30‰,个别地段允许超过。由此可见,我国《地铁设计规范》(GB 50157—2003)及城市快速轨道交通工程项目建设标准(试行本)中规定的最大坡度值,与世界城市轨道交通建设标准是大体一致的。

② 为便于排水,地下线路区间不能设计成平坡,而应设计不小于3‰的坡度。困难地段在确保排水的条件下,可采用小于3‰的坡度;地面和高架桥上正线最小坡度在采取了排水措施后不受影响。

③ 地下车站站台计算长度范围内的线路坡度宜采用2‰,条件困难时,可设在不大于3‰的坡道上。

④ 在地下线路的存车线和车辆折返用的尽端线上,应设2‰的纵向坡度,且是由车站向车挡为上坡。道岔宜设在不大于5‰的坡道上,在困难地段可设在不大于10‰的坡道上。

⑤ 地面和高架桥上的车站站台计算长度范围内线路宜设在平坡道上,在困难地段可设在不大于3‰的坡道上。车场线宜设在平坡道上,条件困难时,库外线可设在不大于1.5‰的坡道上。

⑥ 车站站台计算长度范围内线路应设在一个坡道上,有条件时宜布置在纵断面的凸形地段上,并设置合理的进、出站坡度。

⑦ 折返线和停车线应布置在面向车挡或区间的下坡道上,隧道内的坡度宜为2‰,地面和高架桥上的折返线、停车线,其坡度不宜大于1.5‰。

(2) 坡段长度

两个坡段的连接点,即坡度变化点,称为变坡点。一个坡段两端变坡点之间的水平距离称为坡段长度。如果坡段长度小于列车长度,那么列车就会同时跨越2个或2

个以上的变坡点,各个变坡点所产生的附加应力和局部加速度会因叠加而加剧,影响列车的平稳运行和旅客的舒适。因此,线路坡段长度不宜小于远期列车计算长度。按每节车厢 19.11 m 计算,当列车编组为 8 节车厢时,约为 150 m;当列车编组为 6 节车厢时,约为 115 m;当列车编组为 4 节车厢时,约为 75 m。与城间铁路不同,城市轨道交通线路不要求坡段长度取为 50 m 的整倍数。

(3) 坡段连接

① 坡度代数差。

列车通过变坡点时,车钩产生附加应力,并致使车辆的局部加速度增加,其值与相邻两坡段的坡度代数差成正比。坡度代数差太大,会影响旅客舒适度。虽然我国《地铁设计规范》(GB 50157—2003)没有对坡度代数差加以限制,但根据国内外传统的经验,如两反向坡段的坡度值均超过 5‰时,通常采用一段坡度不大于 5‰的坡段连接。

② 竖曲线。

在纵断面上,若各坡段直接相连则形成一条折线。列车运行至坡度代数差较大的变坡点处,容易造成车轮脱轨、车钩脱钩等问题。为避免这类情况发生,当坡度代数差等于或大于 2‰时,应在变坡点处设置竖曲线,把折线断面平顺地连接起来,以保证行车的安全和平稳。竖曲线有抛物线形和圆曲线形两种。抛物线形曲率是渐变的,更适宜列车运行,但由于铺设和养护工作较复杂,且城市轨道交通的最高运行速度并不高,故基本上不采用。圆曲线形竖曲线具有便于铺设和养护的优点,且当竖曲线半径较大时,近似于抛物线形。因此,我国城市轨道交通线路采用圆曲线形竖曲线。

我国《地铁设计规范》(GB 50157—2003)和《城市快速轨道交通工程项目建设标准(试行本)》规定(见表 3-5):对正线的区间线路,竖曲线半径一般取 5000 m,困难情况下取 2500~3000 m;车站两端因行车速度较低,其线路的竖曲线半径可取 3000 m,困难情况下可取 2000 m。对辅助线和车场线,竖曲线半径可取 2000 m,而对于 C 型车,竖曲线半径可以取 1000 m。

车站站台和道岔范围不得设竖曲线,竖曲线离开道岔端部的距离不应小于 5 m。渡线应设在 5‰以内的坡度上,而且竖曲线不应伸入道岔范围之内。竖曲线起点至道岔基本轨起点的距离,或距辙叉跟端以外短轨端点的距离,均不应小于 5 m。

竖曲线半径的理论计算公式为

$$R_{sh} = \frac{V_{max}^2}{3.6\alpha_{sh}} \tag{3.3.10}$$

式中　R_{sh}——竖曲线半径,m;

V_{max}——最高行车速度,km/h;

α_{sh}——竖向离心加速度,m/s²。

竖向离心加速度不得超过一定的允许值,否则会影响旅客的舒适度。竖向离心加速度的取值范围一般在 0.3~1.0 m/s² 之间。

竖曲线的几何要素计算如图 3-20 所示。

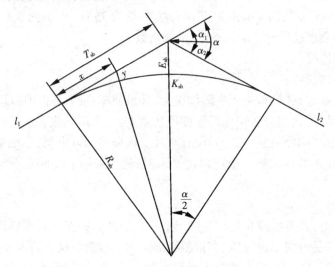

图 3-20 圆形竖曲线示意图

a.竖曲线切线长度 T_{sh}

$$T_{sh}=R_{sh}\cdot\tan\frac{\alpha}{2}\approx\frac{R_{sh}}{2}\tan\alpha=\frac{R_{sh}}{2}\tan|\alpha_1-\alpha_2|=\frac{R_{sh}}{2}\left|\frac{\tan\alpha_1-\tan\alpha_2}{1+\tan\alpha_1\cdot\tan\alpha_2}\right|$$

$$\approx\frac{R_{sh}}{2}|\tan\alpha_1-\tan\alpha_2|=\frac{R_{sh}}{2}\left|\frac{i_1}{1000}-\frac{i_2}{1000}\right|=\frac{R_{sh}\cdot\Delta i}{2000} \tag{3.3.11}$$

式中 α——竖曲线的转角,° ;

α_1、α_2——前、后坡段与水平线的夹角,° ,上坡为正值,下坡为负值;

i_1、i_2——前、后坡段的坡度,‰,上坡为正值,下坡为负值;

Δi——相邻坡度代数差的绝对值,‰。

b.竖曲线长度

$$K_{sh}\approx 2T_{sh} \tag{3.3.12}$$

c.竖曲线纵距 y

因为 $(R_{sh}+y)^2=R_{sh}^2+x^2$

$2R_{sh}\cdot y=x^2-y^2$（y^2 值很小,可略去不计）

所以
$$y^2=\frac{T_{sh}^2}{2R_{sh}} \tag{3.3.13}$$

式中 x——切线上计算点至竖曲线起点的距离,m。

变坡点处的纵距称为竖曲线的外矢距 E_{sh},其计算公式为

$$E_{sh}=\frac{T_{sh}^2}{2R_{sh}} \tag{3.3.14}$$

③ 竖曲线夹直线。

由于允许的坡段长度较短,而允许的坡度值又较大,因而实际设计时常会出现两条竖曲线重叠或相距很近的情形。为了避免或减轻列车同时位于两条竖曲线而产生的振动叠加,《地铁设计规范》(GB 50157—2003)规定,两条竖曲线之间的夹直线长度不宜小于 50 m。

④ 其他因素。

地下隧道车站的纵断面设计,除了满足相应的坡度、坡段长度、坡段连接要求外,还要综合考虑隧道类型、拟采用的施工方法及运营特点等因素。

对于浅埋隧道,一般采用明挖法施工,宜接近地面,以减少土方工程量,简化施工条件。同时,又要考虑在隧道上面预留足够的空间来设置城市地下管线,并有足够厚度的土壤层来隔热,使隧道内不受地面温度变化的影响。通常浅埋区间隧道衬砌顶部至地面距离不小于 2 m。由于车站本身要求的净空高度大于区间,因而浅埋车站一般位于凹型纵断面的底部。这种纵断面形式是进站下坡、出站上坡,导致列车进站制动和出站加速都需要耗费更多的能量,不利于运营。

深埋隧道通常位于比较稳定的地层内,其顶部以上的地层厚度要能够形成承载拱,为此应埋深一些。在保证车站净空要求的前提下,深埋隧道的车站应埋浅一些,尽量接近地面,因为这样设计的车站土建工程量较少,还可节省升降设备投资,乘客上下地面的时间也相应减少。在这种情况下,车站位于线路凸型纵断面顶部,便于进站减速、出站加速,节省运营成本。

3) 线路纵断面设计方法

(1) 纵断面设计步骤

① 绘制基础资料。根据不同的设计阶段、设计深度,按不同的纵断面图幅格式,将不同繁简的基础资料绘制于厘米格纸上(或输入计算机)。这些资料如下:

a. 地面线(道路线)及其跨越道路立交桥、河床底、航行水位、洪水位、铁路、高压线标高等资料;

b. 地下管道及主要房屋、人防工程基础标高等资料;

c. 道路、立交桥、铁路、河渠、地下管道等规划标高资料;

d. 地质剖面及地下水位标高资料;

e. 线路平面及附属结构物设计资料。

② 找出线路控制标高。根据设计原则、标准、隧道结构外轮廓尺寸、覆土厚度、桥下净高、距建筑物的最小距离、地铁排水位置等要求,找出纵断面设计的控制标高。

③ 右线坡度设计。右线坡度设计贯穿于各个设计阶段。初步设计及以前各

阶段,坡段长度宜为 50 m 的倍数,变坡点一般落在百米里程及 50 m 里程处。施工设计阶段,右线坡段长度一般取整为 10 m 的倍数,变坡点落在整 10 m 的里程上,坡度一般用千分整数表示,以适于其他设计专业和施工人员应用。设计标高应为轨顶标高。

④ 右线竖曲线设计。竖曲线设计包括竖曲线半径选择、竖切线长度计算及竖曲线高程改正值计算。初步设计阶段只进行竖曲线半径设计,施工设计阶段才进行竖曲线高程改正值计算,精确至毫米。

施工图设计阶段的内容还包括左线坡度设计、左线竖曲线设计、左右线轨顶详细标高计算等。左右线轨顶详细标高计算包括百米及千米标、控制加标、车站中心、道岔中心、附属结构物中心或接口中心、线路最低点、断链,有时还应包括隧道结构变形缝等标高计算。标高值计算至毫米。

(2) 左线坡度设计

① 左线与右线并行于同一隧道内。左线与右线位于同一隧道结构体内,无论隧道结构是单孔(跨)还是多孔(跨),无论是车站隧道结构还是区间隧道结构,左线坡度应与右线一致,同断面的左右线标高应相等。

曲线地段,左、右线(内、外曲线)长度不同,左线坡度应作调整,使曲线范围内同一法线断面上的左右线标高相同。调整坡度段与原坡段视为同一坡段,调整坡度段的变坡点最好位于缓和曲线中部的整 10 m 里程位置上,并验算左右线同断面标高是否相同,允许标高差不大于 2 cm。在小曲线小坡度地段,可以调整变坡点位置,避免零碎坡段和坡度,但要满足相同断面标高差不大于 2 cm 的要求。调整坡度值与调整变坡点也可以同时进行。

左线与右线上下重叠于同一隧道内,是一种立体并行形式。这种形式的左线坡度与右线应完全相同,标高相差一常数。

② 左线与右线分设于单线隧道内。车站范围内的左线坡度及标高宜与右线一致(左右线站台位于同一平面上)或标高相差一常数(左右线站台不位于同一平面上)。虽然车站范围内左线与右线的隧道是单独的,但站台之间、站台与站厅之间都有通道相互联络,左右线坡度及标高一致(或差一常数),有利于车站各部分的设计与施工。

区间地段的左线坡度不要求与右线相同,坡度设计较为灵活。但左右线宜共用一个排水站,要求左线最低点位置处于右线最低点同一断面处,如错动不应大于 20 m,最低点标高宜相等,但允许有 30 cm 以内高差。左右线之间若有连接通道,其左右线标高宜相同,允许有 50 cm 以内的高差。

(3) 纵断面修改设计

地基原因:软土地基及软硬土层交界地段。

施工原因:不同施工方法、新老施工段相隔时间久、利用隧道上方场地大量存土等原因,造成建好的隧道结构不均匀下沉;又由于隧道结构净孔限制,致使轨道无法按原纵断面设计坡度及标高铺设,必须修改纵断面坡度及标高。

纵断面坡度修改设计标准与新线设计标准基本相同,允许的最小坡度可为2‰,但排水沟要特殊施工,以保持水沟不积水。变坡点位置可以设在整数米的位置,坡度可以用非整数千分坡。

修改纵断面设计的关键工作是准确掌握已完工的隧道结构沉降、断面净孔尺寸及其误差情况。设计人员应深入现场、实地检查,在此基础上提出横断面净孔测量及加密底板面标高测量要求。一般对底板面标高,沿线路中心线每隔 5~20 m 距离测量一次。对断面净孔尺寸及顶板底面标高,一般每隔 10~50 m 测一次。

纵断面修改设计的步骤如下:

① 审阅线路平面贯通测量及隧道底板标高资料,现场踏勘检查;
② 提出左右线隧道结构断面净孔及标高测量要求;
③ 标绘隧道结构底、顶板净孔的放大纵断面图;
④ 分析隧道结构净孔放大纵断面图,找出标高控制点;
⑤ 纵断面坡度修改设计;
⑥ 检查净孔高度及道床厚度是否满足要求。

条件困难时,限界中可以适当扣除施工误差,道床可做特殊设计,减薄厚度。在采取上述措施仍不能满足净孔要求时,由施工单位采取补救措施,扩大隧道净孔,并根据施工补救方案进行纵断面修改设计。

纵断面设计示例如图 3-21 所示。

3.3.3 横断面设计

横断面设计必须要满足线路各个断面列车通过的限界要求。

1) 限界

城市轨道交通列车是沿固定轨道快速运动的物体,它需要在特定的空间中运行,根据各种参数和特性,经计算确定的空间尺寸称为限界。为保证安全,各种建(构)筑物和设备均不得侵入其中。

限界是确定行车轨道周围构筑物净空大小和管线及设备安装相互位置的依据,也是设计与施工必须共同遵守的技术规定。限界设计的任务是在满足城市轨道交通车辆安全运行的前提下,合理地选择桥、隧等结构的有效断面尺寸,以节省工程投资。

城市轨道交通的限界主要包括车辆限界、设备限界和建筑限界。它们是根据车辆外轮廓尺寸及技术参数、轨道特性、各种误差及变形,并考虑列车在运动中的状态等因素,经科学地分析计算确定的。

① 车辆限界(见图 3-22 至图 3-24):它是根据车辆的轮廓尺寸和技术参数,并考虑其静态和动态情况下所能达到的横向和竖向偏移量,按可能产生的最不利情况进行组合计算确定的空间尺寸。

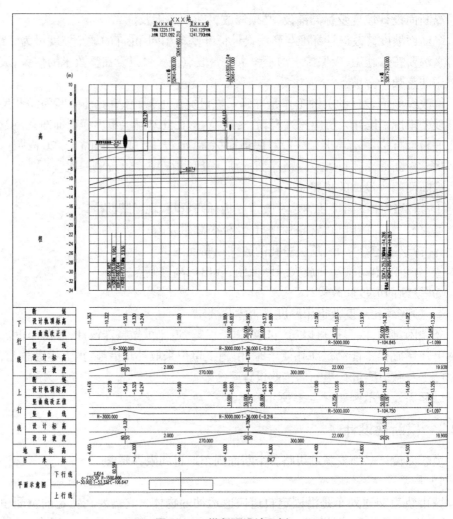

图 3-21 纵断面设计示例

② 设备限界(见图 3-22 至图 3-24)：它是在车辆限界基础上计入轨道出现最大允许误差时引起车辆的偏移和倾斜等附加偏移量，以及在设计、施工、运营中考虑难以预计的因素在内的安全预留量后确定的空间尺寸。它是一种轮廓线，所有固定设备及土木工程(接触轨及站台边缘除外)的任何部分都不得侵入此轮廓线内。因此，对设备选型和安装都应分别考虑其制造和安装误差，才能满足设备限界的要求。曲线地段设备限界应在直线地段设备限界基础上，考虑平面曲线几何偏移量、过超高或欠超高引起的设备限界加宽和加高量、曲线轨道参数及车辆参数变化引起的设备限界加宽量计算确定。

③ 建筑限界(见图 3-22 至图 3-24)：它是行车隧道和高架桥等结构物的最小横断面有效内轮廓线。在建筑限界以内、设备限界以外的空间，应能满足固定设备和管线安装的需要。在设计隧道及高架桥等结构物断面时，必须分别考虑其施工误差、测

量误差、结构变形等因素,才能保证竣工后的隧道及高架桥等结构物的有效净空满足建筑限界的要求,以保证列车安全快速运行。

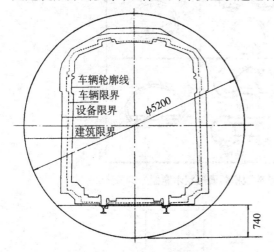

图 3-22　区间直线地段圆形隧道限界

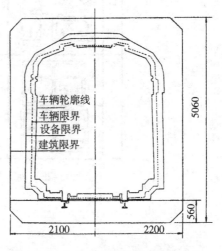

图 3-23　区间直线地段矩形隧道限界

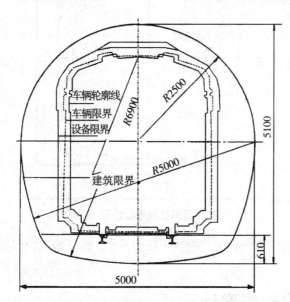

图 3-24　区间直线地段马蹄形隧道限界

2）地下隧道的横断面

地下隧道的单线区间横断面的常用形式有圆形、矩形和马蹄形,其具体尺寸应根据运营时所采用的车辆及设备的尺寸所决定的各种限界来设计。在双线地段,区间和车站地段的横断面有许多形状,其典型形状如图 3-25 所示。曲线地段应根据限界规定相应加宽。

3）地面及高架桥上的横断面

当线路位于地面或高架桥上时,其轨上部分的横断面需要满足如图 3-26 所示的

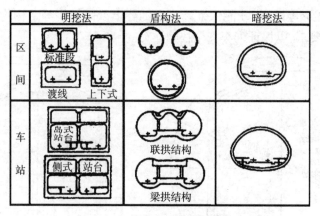

图 3-25 地下隧道典型横断面形状示意图

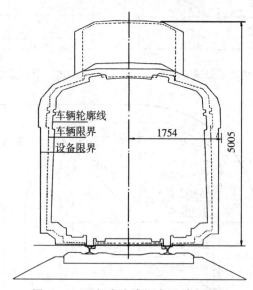

图 3-26 区间直线地段地面、高架限界

限界要求,轨下部分的横断面形状视轨下结构而定。曲线地段应根据限界相应加宽。

3.4 车辆段布局设计

3.4.1 车辆段的功能与设施

车辆段是车辆的维修保养基地,也是车辆停放、运用、检查、整备和修理的管理单位,其设计的优劣直接关系到轨道交通系统的工作质量和运营效率。

1) 车辆段的类型

按照《地铁设计规范》(GB 50157—2003)的规定,地铁车辆段根据功能可分为检修车辆段(简称车辆段)和运用停车场(简称停车场)。车辆段根据检修作业范围可分为架(厂)修段和定修段。独立设置的停车场应隶属于相关车辆段。

2)车辆段的主要功能

① 列车的停放、调车编组、日常检查、一般故障处理和清扫洗刷、定期消毒。

② 车辆的修理——月修、定修、架修与临修。

③ 车辆的技术改造或厂修。

④ 车辆段内通用设施及车辆维修设备的维护管理。

⑤ 乘务人员组织管理、出乘计划的编制、备乘换班的业务工作。

根据城市轨道交通线路的情况,有时可以另外设置仅用于停车和日常检查维修作业的停车场或检车区,管理上一般附属于主要车辆段,规模较小,其功能主要如下:

① 列车的停放、调车编组、日常检查、一般故障处理和清扫;

② 车辆的修理——月修与临修;

③ 附设工区管理乘务人员出乘、备乘轮班。

所谓定修段的功能介于车辆段和停车场之间。

3)车辆段的必备设施

① 车辆段应有足够的停车场地,确保能够停放管辖线路的回段车辆。车辆段的位置应保证列车能够安全、便捷地进入正线运行,并应尽量避免车辆段出入线坡度过大、过长。

② 车辆段内需设检修车间。检修车间的工作地点为架、定修库和月修库;列检作业在列检库或停车库(线)进行;架、定修库内要有桥式起重机和架车设备、车轮旋削机床及存轮库,必要时应设不落轮车轮镟床;架、定修库内应有转向架、电机、电器、制动机维修间,应设转向架等设备的清扫装置,单独设立喷漆库;车辆段内还应有车辆配件的仓库。

③ 根据运营管理模式的要求,多数运营单位在段内设运用车间,车间下辖乘务队、运转值班室、信号楼、乘务员备乘休息室、内燃轨道车班等。

④ 车辆段内还应有设备维修车间,负责段内的动力设施及通用设备维修。

⑤ 车辆清洗设备,并设专用的车辆清扫线。

⑥ 车辆段内一般还设有为供电、通信信号、工务和站场建筑服务的维修管理单位。

⑦ 办公楼与其他服务设施,如培训场地、食堂、会议厅等。

车辆段主要由列车停放区、车辆清洗区、检查和小修库、大修车间、机车库组成。一个典型的停放维修电动车组、工程车和机车的车辆段总体布局示意图如图3-27所示。

4)车辆段的线路配置

轨道交通车辆段根据生产需要和所担负的任务范围一般应设置下列线路。

① 连接线路:出入段线。

② 停放线路:列车停放线。

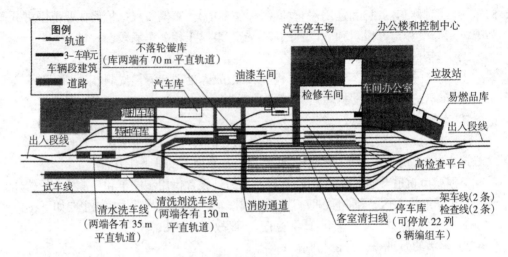

图 3-27 车辆段总体布局示意图

③ 作业线路:列检作业线、月检作业线、定修线、临修线、架修线(或大修线)。
④ 辅助作业线路:外皮清洗线、吹扫线、油漆线、不落轮镟线。
⑤ 试验线路:静态调试线、动态试车线。
⑥ 辅助线路:调机停放线、牵出线、材料装卸线、回转线、国铁联络线、救援列车线。

3.4.2 车辆段规模估算

1) 车辆检修制式与修程

目前各国城市轨道交通车辆检修采用两种制式,一种是厂修、段修分修制,另一种是厂修、段修合修制。

① 厂修、段修分修制,就是修建专门的车辆大修厂(不限于1个),它承担全线网各线车辆的大修任务。车辆的架修、定修及其以下的修理工作,由各线的车辆段承担。

② 厂修、段修合修制就是不设专门的车辆大修厂,车辆的大修修理在车辆段内进行。

前一种制式,用于线网规模较大的城市,具有一定的经济性,对于线网规模不大的城市,采用厂修、段修合修制较为经济。

从国内外情况来看,只有莫斯科和北京采用厂修、段修分修制,其他城市均采用厂修、段修合修制。我国已经修建和正在修建轨道交通的城市,如上海、广州和香港等,基本上采用厂修、段修合修制。

采用厂修、段修分修制的优点是实行专业化生产,形成规模效益,有利于提高修车质量。其缺点是在工程建设起始阶段必须同时修建车辆大修厂和车辆段,且形成有一定规模的轨道交通线网需要几十年时间。因此,大修厂在建成后相当长的时间内,因系统规模小,车辆大修车任务不足,投资效益难以发挥。

采用厂修、段修合修制,就可避免上述缺点。另外,由于车辆进行大修所用的大部分机械设备与车辆进行架修所用的机械设备基本相同,因此,将厂修与段修合并还可减少机械设备的重复投资,提高设备利用率。

城市轨道交通车辆的检修规程通常分为列检、月检、定修、架修和厂修(又称大修)。根据修理规程的规定,各种修程包含的主要检修范围和内容如下。

① 列检:对容易出现危及行车安全的各主要部件(如轮对、弹簧、转向架、受电弓、控制装置、空气制动装置、车钩及缓冲装置、蓄电池、车门风动开关装置、车体、车灯等)进行外观检查,对危及行车安全的故障及时进行重点修理。

② 月检:对车辆外观和一般功能进行检查,即对车辆主要部件的技术状态进行外观检查和必要试验,对危及行车安全的故障进行全面修理。

③ 定修:主要是预防性的修理,需要架车。对各大部件的技术状态和作用做仔细检查,对检查发现的故障进行针对性修理,对车上的仪器和仪表进行校验,车辆组装后要经过静调和试车。

④ 架修:主要任务是检测和修理大型部件(如走行部、牵引电机、传动装置等),同时,通过架车对车辆各部件进行解体和全面检查、修理、试验,对计量的仪器、仪表进行校验,车体要重新油漆标记,组装后进行静调和试车。

⑤ 厂修:全面恢复性修理。要求对车辆全面解体、检查、整形、修理和试验,要求完全恢复其性能,组装后要重新油漆、标记、静调和试车。总之,厂修后的车辆基本上要达到新车出厂水平。

城市轨道交通车辆日常维修和定期检修周期如表3-9所示。

表3-9 车辆日常维修和定期检修周期

类 别	检修种类	检修周期		检修时间/天
		里程/万公里	时间/年	
定期检修	厂修	100~120	10~12	35/32
	架修	50~60	5~6	20/18
	定修	12.5~15	1.5	8/6
日常维修	月检	—	1月	2/2
	列检	—	每天或双日	—

注:① 表中分子为近期天数,分母为远期天数;
② 表中检修时间是按部件互换修确定的。

2)车辆段规模估算

在规划车辆段和选址过程中都需要先确定车辆段的规模。整个车辆段的规模主要取决于停车库和检修库两大部分的能力,再辅以其他的场、库。停车库和检修库的需要能力取决于城市轨道交通线初、近、远期不同年限的配属车数量(包括运用车、在修车、备用车)。

(1) 配属车计算

① 运用车计算。

a.按系统能力计算运用车列数的计算公式为

$$N_y^{xt} = \frac{\frac{2L}{V} \times 60 + t_z}{60} \times \frac{60}{t_0} \quad (3.4.1)$$

式中　N_y^{xt}——按系统能力计算的运用车列数,列;

　　　L——线路长度,km;

　　　V——列车旅行速度,km/h;

　　　t_z——线路两端列车折返时间之和,min;

　　　t_0——系统设计的最小行车间隔时间,min。

b.按客流计算运用车列数的计算公式为

$$N_y^{kl} = \frac{\frac{2L}{V} \times 60 + t_z}{60} \times \frac{P}{p \cdot m} \quad (3.4.2)$$

式中　N_y^{kl}——按客流计算的运用车列数,列;

　　　P——高峰小时单向最大断面客流量,人/h;

　　　p——车辆定员,人/辆;

　　　m——列车编组,辆。

其他符号意义同上。

c.按最低服务水平计算运用车列数的计算公式为

$$N_y^{fw} = \frac{\frac{2L}{V} \times 60 + t_z}{60} \times \frac{60}{t_0^1} \quad (3.4.3)$$

式中　N_y^{fw}——按最低服务水平计算的运用车列数,列;

　　　t_0^1——按最低服务水平要求的最小行车间隔时间,min。

其他符号意义同上。

按系统能力计算得到的运用车列数,可以作为远景车辆段用地最大规模控制的基本依据;而按客流需求和按最低服务水平计算得到的运用车列数取其大者,作为确定远期车辆段实施规模的基本依据。

② 车辆年检修工作量。

厂修:$N_1 = S/L_1$

架修:$N_2 = S/L_2 - N_1$

定修:$N_3 = S/L_3 - N_1 - N_2$

月修:$N_4 = S/L_4 - N_1 - N_2 - N_3$

式中　S——全年车组走行公里(由行车组织专业提供);

　　　$L_1、L_2、L_3、L_4$——厂修、架修、定修、月修的定检公里;

N_1、N_2、N_3、N_4——厂修、架修、定修、月修的年检修工作量,列。

③ 检修车数量。

$$N_j = \frac{\sum_{i=1}^{4} N_i \cdot t_{1i}}{cd} \tag{3.4.4}$$

式中　N_j——检修车配属数量;

　　　N_i——全年各类检修工作量(列),$i=1,2,3,4$ 分别代表厂修、架修、定修、月修;

　　　t_{1i}——各类车辆检修停修时间,d;

　　　c——工作班制,可采用日勤一班制;

　　　d——全年法定工作天数(251 天)。

④ 检修列位数。

$$Q = \frac{\sum_{i=1}^{4} N_i \cdot t_{2i}}{cd} \tag{3.4.5}$$

式中　Q——检修列位数;

　　　t_{2i}——各类车辆检修库停时间,d,$i=1,2,3,4$ 分别代表厂修、架修、定修、月修;

　　　a——检修不平衡系数,推荐值:厂修、架修取 1.1,定修、月修取 1.2;

　　　其他符号意义同上。

⑤ 配属车计算。

$$N_p = N_y + N_j + N_b$$

式中　N_b——备用车数量。

备用车主要是在轨道交通列车发生临时故障时,作为储备列车投入正线运用,其数量的确定应考虑以下因素:

a.每日列车发生故障的概率;

b.尽量减少列车为进行临时检修出、入检修基地的占用时间;

c.当列车发生故障时能尽快地调整运行图,恢复正常运营秩序。

因此,建议采取以下备用车计算方法:

a.在轨道交通线路长度 $L \leq 20$ km 时,备用车数量取 2 列;

b.在轨道交通线路长度 $20n < L \leq 20n+20$(n 为整数)时,备用车增加 n 列,即每增加 20 km 线路,备用车增加 1 列。

其他符号意义同上。

【例 3.1】 已知某轨道交通线路长 25 km,远期单向高峰小时最大断面流量为 6.5 万人/h,列车最小发车间隔为 2 min,每节车厢额定载客量为 300 人,列车旅行速度 40 km/h,线路两端的列车折返时间各为 5 min。列车间隔的最低服务水平为 10 min,检修车数量按运用车数量的 7%配置。试确定本线远期应配置的列车数。

解:远期应配置的列车数 = 运用列车数 + 检修列车数 + 备用列车数

1) 运用列车数计算

(1) 确定列车编组数

列车编组数 m 应满足"运能不小于客运需求"的条件，即

$$m \geq \frac{65000}{(60 \div 2) \times 300} = 7.2，\text{向上取整为 8 辆/列}$$

(2) 按客运需求计算运用列车数

$$N_{y1} \geq \frac{(2 \times 25 \div 40) \times 60 + 5 \times 2}{60} \times \frac{65000}{300 \times 8} = 38.4(\text{列})，\text{向上取整为 39 列}$$

(3) 按最低服务水平计算运用列车数

$$N_{y2} \geq \frac{(2 \times 25 \div 40) \times 60 + 5 \times 2}{60} \times \frac{60}{10} = 8.5(\text{列})，\text{向上取整为 9 列}$$

(4) 运用列车数取(2)、(3)中的较大者，即 39 列

2) 检修列车数 = 运用列车数 × 7% = 2.7 列，向上取整为 3 列

3) 由于线路长度大于 20 km 且小于 40 km，故备用列车数 = 2+1=3 列

因此，本线远期应配置的列车数为 45 列。

(2) 车辆段规模

车辆段的用地规模与其所承担线路的长短、配属的车辆数、布置形式以及是否与其他设施综合布置等有关。车辆段的用地规模一般为 20~45 hm²，即 0.20~0.45 km²；停车场的用地规模一般为 5~20 hm²，即 0.05~0.20 km²。例如，上海地铁 3 号线宝钢车辆段，设计停车规模 378 辆，占地 40 hm²，即 0.4 km²；该线的新龙华停车场，设计停车规模 120 辆，占地 18.7 hm²，约 0.19 km²；广州地铁 2 号线车辆段的停车库设计停车规模为 144 辆，车辆段占地约 26 hm²，即 0.26 km²。在规划阶段可以按照"1000 m²/辆 × 停车辆数"粗略估算，在此基础上进行用地控制。要较精确地计算车辆段或停车场的面积，则应根据具体的平面设计方案，逐项进行估算。

(3) 几个城市轨道交通车辆段的规模比较

表 3-10 列出了中、日典型城市轨道交通车辆段的用地指标。由表中的数据可以看出：我国既有轨道交通车辆段的用地规模比日本车辆段的用地规模大得多，甚至达到两倍以上。这值得我国的设计者深思。今后在车辆段设计时，应尽量减少占用宝贵的城市土地资源。

表 3-10 中、日典型城市轨道交通车辆段的用地指标

城市名	车辆段名称	收容能力/辆	占地面积/m²	折合用地指标/(m²/辆)
东京	绫濑	410	141810	346
	中野	190	55675	293
	深川	287	82260	287
	志村	400	137665	344
大阪	森之宫	250	115922	464
名古屋	日进	320	141000	441

续表

城市名	车辆段名称	收容能力/辆	占地面积/m²	折合用地指标/(m²/辆)
札幌	西车辆段	170	33836	199
北京	古城	192	169000	880
	太平湖	288	190000	660
	四惠	320	262000	819
上海	新龙华	304	284000	934
	宝钢	378	401900	1063
	北翟路	344	338000	983
广州	芳村	252	266000	1055

3.4.3 基本图式

1）车辆段的选址

城市轨道交通车辆段选址的技术要点如下。

① 从运营效率来看,车辆段设在线路中部较好。但是,城市轨道交通线路一般都穿越市区,线路中部多为市中心地区,要征用车辆段那样大规模的用地很困难。因此,往往在郊外征用土地,把车辆段设置在线路端部。这种方式也与线路起终点在郊外、线路中部穿过市中心的情况相一致,早上车辆由车辆段向市中心方向发车,晚上往郊外方向驶入车辆段,列车空载的损失时间减少。

② 车辆段、停车场及折返线三方面总的停车能力应大于本线远期的配属车辆总数。为便于列车进出,一条停车线存放的列车数不应超过2列。

③ 由于车辆段上除了列车停车库外,还有试车线、车辆检修设备、综合维修中心等,为充分利用这些设备,减少车辆段用地总量,应尽量将车辆段集中设置于一处。若分散布置,则所需用地面积将会增大。在技术经济合理,城市用地规划许可时,可以两条线路共用一个车辆段。当一条线的长度超过20 km时,为减少列车空走距离,及时对车辆进行检查,可以在线路的另一端设一个停车场。

④ 车辆段和停车场应靠近正线,且位于容易铺设出入段线路的位置,以利于缩短出入线长度,降低工程造价,改善使用条件。

⑤ 车辆段及停车场的选址要考虑防火灾、防水害的要求。

⑥ 各车辆段线路应尽可能与地面铁路专用线相接,以便车辆及物资运输,部分车辆段不具备上述条件时,也可通过相邻线路过渡。

⑦ 各车辆段和停车场的任务分工必须从全网出发,统筹规划、合理布局、有序发展。试车线长度应根据场地条件和城市规划要求设定。

⑧ 整个线网车辆的大修任务应集中统一安排,并设一处职工培训中心。

⑨ 各综合检修基地及车辆段用地规模应按规划承担所确定的作业量,并考虑将来技术发展,适当留有余地。

⑩ 车辆段和停车场用地性质应符合城市总体规划及环境保护的要求。

2）车辆段的基本图式

车辆段及停车场的平面布置应力求作业顺畅、工序紧凑合理。根据车辆段内所需的各种线路的使用功能和有效长度，并结合地形的具体情况，车辆段的站场形式可分为贯通式和尽端式两种，如图3-28、图3-29所示。停车场的平面布置形式如图3-30所示。贯通式车辆段和尽端式车辆段站场布置形式特点比较如表3-11所示。

从国内外城市轨道交通车辆段设置的案例来看，车辆段结构形式除平面布置形式外，还存在立体布置形式。其中，东京都营地铁12号线光丘车辆段（三层结构）就

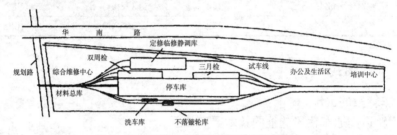

图3-28 贯通式车辆段平面布置示意图

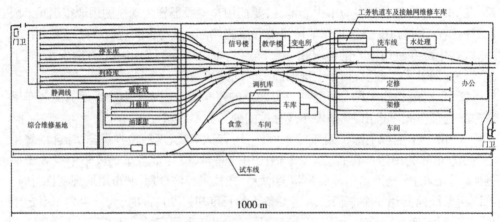

图3-29 尽端式车辆段平面布置示意图

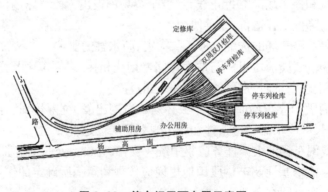

图3-30 停车场平面布置示意图

表 3-11 贯通式车辆段和尽端式车辆段站场布置形式的特点比较

车辆段的布置形式	优 点	缺 点
贯通式车辆段	① 可向两个方向同时发车； ② 两端列车出入段灵活、方便、迅速； ③ 段内作业顺畅，咽喉区交叉作业少	① 对车辆段的工艺要求相对复杂； ② 车场两端都布置咽喉区，占地较大，线路较长，铺轨工程量较大； ③ 段址离城区较近，会对城区产生一定的环境污染
尽端式车辆段	① 对车辆段的工艺要求相对简单；一般位于城市的边缘，对城区环境污染较小； ② 车场只有一个咽喉区，在相同的停车条件下，占地面积小，线路短，铺轨工程量较小	① 只能一个方向发车； ② 列车出入段灵活性差； ③ 咽喉区交叉作业多

是一个典型的案例(见图 3-31)。光丘车辆段是钢筋混凝土箱形断面的地上 1 层及地下 2 层的三层结构，地下 1 层主要是车辆的检修线，地下 2 层主要是停车线，而地面层主要设有转向架作业场所、事务所以及办公楼。这种结构形式可以显著节省日益紧张的城市土地资源，对城市轨道交通的可持续发展具有非常积极的意义。但是，另一方面它将大大恶化地铁车辆维修职工的工作环境，所以在借鉴时应慎重进行研究，并提出改善工作环境的措施。我国北京的古城、太平湖及八王坟和上海的新龙华车辆段均是采用平面布置形式。

图 3-31 东京地铁 12 号线光丘车辆段

3）车辆段的线路种类及其技术要求

城市轨道交通系统所运用的车辆技术含量大、自动化程度高，与常规铁路车辆段相比，线路配置更为复杂，在工艺设计中应注意下列问题。

(1) 出入段线

出入段线是连接正线与车辆段的线路，分单线和双线。尽端式车辆段宜采用双线,贯通式车辆段可在两端各设一条单线。一般车辆段应有两条出入段线,以使进出车不互相干扰,或在信号、道岔等设备出现故障时,不至于影响正常运营。

出入段线的出岔方式有平交和立交两种,在选用时应考虑以下因素:① 远期正线通过能力;② 出入段线与接轨站的相对位置;③ 工程上的可行性和工程造价;④ 对周围环境的影响;⑤ 其他特殊要求。一般在满足运营需要的前提下,应尽量采用平交方式,以降低工程造价。

(2) 列车停放线

城市轨道交通系统不是全日运营,夜间列车需回段停放。列车停放线的数量应按车辆配属数量减去所设计的检修列位(检修列位一般兼做停放列位使用)来确定,使所有列车夜间可以全部回段停放。由于城市轨道交通列车编组较短,设计时可根据不同的车辆段布局形式,尽头式列车停放线长度按 2 列位(2 节编组)考虑设计,贯通式列车停放线长度按 3~4 列位(3~4 节编组)考虑设计。如果车辆段条件受到限制,设计中也可考虑利用始发站、折返站站线夜间停放部分列车。列车停放线数量应含备用列车停放线。

(3) 列检作业线

列检作业线用于车辆的日常检查。列检作业线的数量一般为运用车数的 30%,线间距为 4.6~5.0 m,并要求设置检查地沟,检查地沟的长度应满足最大列车编组长度。线路长度可按 2 列位或 3 列位设计。列车停放线和列检作业线的线间距要求不一样,设计中可将列车停放线与列检作业线混合设置或分开设置,这主要取决于车辆段布局形式。为便于列检作业,减少调车作业次数,设计中也可采用所有线路设置检查地沟的方法,但工程造价会相应增加。

(4) 月检线

列车运行一至两个月左右,需要更换某些零部件,牵引、制动系统也要进行检查调试,这些工作需在月检线上进行,每条线都设检查坑,线间距为 6.0 m。当库形为尽端式时,月检线应按 1 列位设置;当库形为贯通式时,月检线可按 2 列位设置。

(5) 定修线

列车运行 10 万公里后要架车进行局部分解,对一些关键部件进行检测、修理。完成这些工作的专门线路称为定修线,数量根据检修台位确定,并设有检查坑,线间距为 7.0 m。线路长度不宜采用多列位设置,一般采用 1 列位形式。

(6) 架修线

列车运行 30 万公里后,在架修线上进行架车解体,根据检修工作量确定线路数,线间距为 7.5 m。线路长度不宜采用多列位设置,一般采用 1 列位形式,甚至可采用半列位(或一个单元)方案。

(7) 外皮清洗线

为保持运用列车的清洁,须设置列车外皮清洗线。外皮清洗线有尽端式和贯通式两种布置形式,以贯通式布置方式使用最为方便,但占地过长。设计中采用固定式自动洗车机的清洗线要求满足清洗库前后各一列位长度,且库两端应至少有一辆车长度的直线段,清洗作业不得影响其他列车的正常作业和运行。一般情况下,列车外皮清洗线单独设置,不宜与列车出入段线共用。

(8) 不落轮线

不落轮线是保证轨道交通车辆安全运行,提高车辆运行效率的重要设备。列车运行过程中因摩擦产生的擦伤、偏磨等不良故障,可以通过在列车不解体的情况下进行镟轮作业来解除,从而保障列车的安全运行。不落轮线的长度应满足不落轮镟库前后各有 1 列位长度的要求,避免影响其他列车的正常作业和运行。作业区段应为平直线路,以保证镟轮精度。

(9) 牵出线

牵出线用于车辆段内调车作业,根据段内车库位置设 1~2 条。线路长度至少应满足 1 列位长度的要求,并设置在方便调车作业、能与车辆段内各线路连通的位置。

(10) 试车线

列车经定修、架修或大修后,要求在线路上进行动态试验,检验列车维修后不同速度下的各种工况指标。试车线一般靠近检修库,便于列车上线试验。

试车线长度应根据车辆性能和技术参数以及试车综合作业要求计算确定。试车线应为平直线路,困难条件下允许在线路端部设部分曲线,其线路应满足列车试验速度的要求;试车线的其他技术标准宜与正线标准一致。

试车线线路上应设置一段检查坑,检查坑长度不应小于 1/2 列车长度加 5 m,检查坑深度应为 1.2~1.5 m,坑内应有照明和良好的排水设施。如果受用地限制,车辆段内无法设置试车线时,也可考虑先在段内进行中低速试验,并利用夜间停运间隙,再到正线进行高速动态试验。

(11) 回转线

列车长期运行,会产生轮缘偏磨。在有条件的情况下,可在车辆段内设置回转线。利用列车在车辆段停留时间上线运行,以平衡轮对偏磨情况。回转线可根据车辆段的地形和布置特点,采用灯泡线或三角线,也可根据出入段线的布置情况,采用外八字形布置方式。

(12) 国铁联络线

在有条件的情况下,车辆段内要求设置与国铁相连的联络线,以沟通轨道交通系统与国铁的联系,解决轨道交通系统材料、大型设备的运输以及新车入段的问题。

(13) 调机停放线

用于停放和检修段内配属调车机车,可根据配属的数量设置 1~2 条线路。

(14) 救援列车停放线

用于停放救援列车,在城市轨道交通系统发生事故或灾害时进行抢救。一般设在咽喉区附近,并有适当的场地。

(15) 底架清(吹)扫线

为进行列车定修及架修(或大修)作业,需设置底架清(吹)扫线,对运行后的列车底架和车下设备进行清洁,以便于进行列车解体和检修作业。线路作业长度按1列位长度设计,数量则根据检修工作量确定。为了不影响周围环境,吹扫线应尽量设在车辆段的下风方向。

(16) 油漆线

列车大、架修作业后一般应对车体重新喷漆,线路长度可按列位或单元长度设计,数量则根据检修工作量确定,油漆线应设在下风方向。

(17) 材料装卸线

车辆段设置材料库,存放供全段使用的原材、备品、备件、工器具等,故应设计材料装卸线引入材料库区,便于外购设备、材料、备品备件的运输。

车辆段的线路种类和数量,按系统规模、车辆选型及检修种类的不同而有所变化,设计时应根据实际情况和工艺要求进行更改。

4) 车辆段线路设计内容

(1) 线路平面设计

车辆段线路设计的前提是满足车辆运用及检修工艺的要求,在此基础上进行平面设计。

① 明确车辆段内各种用途的线路数量,然后确定所使用的道岔号数和最小曲线半径;道岔号数和曲线半径越大,车辆段的咽喉区就越长,占地面积就越大。一般情况下列车在车辆段内低速运行,速度在 15 km/h 左右,完全可以选用小号码道岔以节约占地。苏联地铁规范规定车辆段采用 5 号道岔、60 m 曲线半径,日本地铁多数车辆段采用 6 号道岔、80 m 曲线半径。我国《地铁设计规范》(GB 50157—2003)规定车辆段内应采用不大于 7 号的道岔,目前国内城市轨道交通车辆段均采用 7 号曲尖轨道岔、150 m 曲线半径。

② 应按《地铁设计规范》(GB 50157—2003)的规定确定两相邻道岔间夹直线的最小长度、岔心至曲线起点的最短距离及车库前平过道的宽度。

③ 咽喉区道岔布置应力求紧凑,以减少占地。道岔与股道以梯线或倍角方式连接,并尽量使若干股道集成一束,有利于节约用地并便于设置股道间的排水沟。

④ 设计中应考虑将运用线路和检修线路分开布置,在其间要有便捷的联络线,并符合工艺流程,减少迂回走行和进路交叉。

(2) 纵断面设计

纵断面设计是为了确定车辆段各控制点的标高,是车辆段横向和竖向设计的基础。

① 结合现状地形、地物的标高、周围道路、河湖水面的标高、当地洪水位或邻近河流的内涝水位等因素,确定车辆段站场路基标高。

② 根据接轨点标高、站场路基标高及出入段线的长度,设计出入段线及车辆段

内线路的纵断面。出入段线最大纵坡不超过 40 ‰,竖曲线半径为 2000 m。

③ 车辆段库内线路宜设计成平坡,库外线路可设在不大于 1.5 ‰的坡道上,咽喉区最好设计成向段内方向的下坡道,以防车辆溜入正线。

(3) 横断面设计

① 车辆段横断面设计以总平面图、纵断面图、站场排水图为基础,根据站场排水需要确定车辆段断面形式,以及段内各控制点和主要构筑物如线路、房屋、排水沟及地下管线等的标高,计算土石方工作量。

② 断面横向坡度一般采用 2%,为了避免段内高差过大,站场内均采用锯齿形横断面。

(4) 站场排水设计

为了保证安全生产,段内应有良好的排水系统。

站场排水主要是满足车辆段范围内雨水、融化雪水的排除。排水系统由雨水暗管、雨水井、盖板排水沟和雨水口组成。建筑密集区采用暗管排水,股道间及高程受控制地区采用盖板排水沟。沟管的纵向坡度一般不小于 3 ‰,横向坡度不小于 5 ‰。沟管的断面尺寸根据汇水面积、径流系数及当地的暴雨强度等因素进行流量计算来确定。段内汇集的雨水应就近排入车辆段附近的江、湖或市政雨水主干管中。

车辆段是城市用地大户,在总图设计中一定要紧凑布置、合理用地,并充分利用空间进行综合开发。线路设计是总图设计的基础,其优劣基本决定了总图设计的合理性,因此在设计中应不断优化线路方案,使车辆段的总体布局更趋于合理,以达到既满足使用功能,又节省用地的目的。

5) 车辆段的接轨形式

车辆段出入段线要以满足区间通过能力为前提,同时要考虑城市规划的总体布局,按照节省工程造价的原则进行设计。车辆段出入线设置成双线或单线,应根据远期线路的通过能力计算。尽端式车辆段出入线宜采用双线;当为贯通式车辆段时,可在车辆段两端各设一条单线。

车辆段地址确定后,结合车站条件、车场用地情况及相关构筑物的现状,统筹考虑其与正线的接轨方式,满足车场收、发车的需要,尽量避免敌对进路影响正线运营。出入段线与正线尽量立交,在确保正线通过能力的前提下,可采用平交接轨。在技术可行、经济合理、实施方便且工程量增加有限的前提下,考虑列车调头功能,减少车辆偏磨。

接轨方式按接轨点的不同可分为中部接轨与终端接轨,按与正线的交叉方式可分为平面交叉和立体疏解,具体形式如图 3-32 至图 3-39 所示。

(1) 终端接轨

车辆段设于线路终端,两正线作为出入段线贯通车辆段,如图 3-32 所示。无论是市内还是城际间的轨道交通,根据车辆段在全线中的位置、线路系统工程的追踪间隔时间及交路等情况分析,这种接轨方案对运营来讲都是最为理想的。天津地铁1号线刘园停车场即为这种终端式接轨方式。

(2) 中部接轨

车辆段两出入段线与线路正线在中部接轨,有如图3-33至图3-39所示的多种形式。中部接轨还可分为平交和立交两种形式,参见图3-37和图3-38。

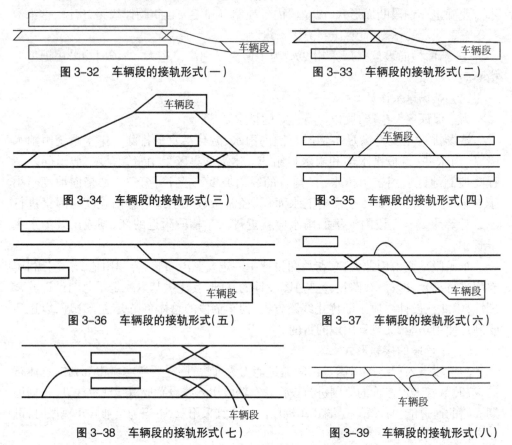

图3-32 车辆段的接轨形式(一)　　图3-33 车辆段的接轨形式(二)

图3-34 车辆段的接轨形式(三)　　图3-35 车辆段的接轨形式(四)

图3-36 车辆段的接轨形式(五)　　图3-37 车辆段的接轨形式(六)

图3-38 车辆段的接轨形式(七)　　图3-39 车辆段的接轨形式(八)

当车辆段设于线路两端而无法采用终端接轨时,根据实际情况可采用图3-33和图3-34所示的2种接轨方式。图3-33所示的接轨方式,终点站采用站前折返,车辆段于站前接轨、与正线平面交叉,出入段线与站前折返渡线相结合,列车行至终点站后直接入段,缩短车辆周转时间,减少车辆配置数量;工程也较省,适合于追踪间隔较大的轨道交通系统。南京地铁一期工程小行车辆段即采用这种方式。

图3-34所示的接轨方式,两出入段线左端与站外区间正线衔接,右端与终点站站后折返线衔接,避免了与正线的交叉干扰,同时增加了车站的折返能力。这种布置形式,运营更为方便、灵活。早晨发车或高峰加车时,左端出入段线可直接发车,故障列车也可及时返库,不必让故障列车运行至终点站后再返库。收车利用右端出入段线入段。该方式在追踪间隔较小的轨道交通系统中优

势比较明显,不必进行立交疏解即能满足运营需要。天津津滨轻轨车辆段即采用这种接轨方式。

图 3-35 所示的接轨方式,左端出入段线发车与正线运营有干扰,需检算后确定能否利用其发车。当系统追踪间隔较大时,两出入线均可双方向使用,运营灵活。若系统追踪间隔较小时,两线固定使用可避免发、收车与正线的运营干扰。

图 3-36 所示的接轨方式,出入段线与正线平面交叉,当系统追踪间隔较大时,在确保正线通过能力的前提下可采用。其优点是工程投资较省。

图 3-37 所示的接轨方式,出入段线与正线进行了立交疏解,解决了发、收车与正线的交叉干扰问题。适合系统追踪间隔较小、接轨方向线路较长且客流较多而另一方向线路较短且客流较少,或接轨方向线路较短而另一端有停车场的车辆段。广州地铁 2 号线赤沙车辆段即为这种接轨方式。

图 3-38 所示的接轨方式,两出入段线并行与正线立交,接轨车站采用三线双岛式站台,两出入段线均具备向两正线 4 个方向发、接车条件,且不干扰正常运营。虽然这种接轨方式运营时非常灵活方便,适应能力强,但车站规模较大,工程投资较高。

图 3-39 所示的接轨方式,设"八"字出入段线与正线立交,两线双方向使用,上下行发、收车均较顺;与正线形成三角线,具备调头功能,在不增加较多投资的基础上较好地解决了车辆的偏磨问题。它适合于追踪间隔较小,车辆段两端客流较均衡的轨道交通系统。

当然,车辆段与正线的接轨方式还有其他不同图形。设计中应结合实际情况,兼顾与相关道路、管线、建筑物、周边环境的关系,做到技术可行、经济合理、运营安全方便。

3.5 轨道结构

3.5.1 轨道结构组成与功能

轨道是列车运行的基础,它直接承受列车荷载,并引导列车运行。轨道结构是城市轨道交通系统的重要组成部分,一般由钢轨、轨枕、扣件、道床、道岔及其他附属设备组成(见图 3-40)。

1) 钢轨

钢轨与车轮直接接触,是轨道结构的主要部件,它由轨头、轨底和轨腰三部分组成。我国的钢轨标准断面如图 3-41 所示。

2) 轨枕

轨枕是轨下基础的部件之一。它的功能是支承钢轨,保持轨距和方向,并将钢轨对它的各种压力传递到道床上。

轨枕按其构造及铺设方法分为横向轨枕、纵向轨枕、短枕和宽轨枕等。横向轨枕与钢轨垂直间隔铺设;纵向轨枕沿钢轨方向铺设;短枕是在左右两股钢轨下分开铺

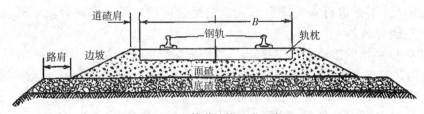

图 3-40 轨道结构组成示意图

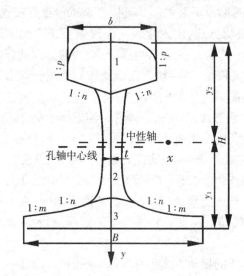

图 3-41 钢轨标准断面示意图

设的轨枕,常用于混凝土整体道床上;宽轨枕因底面积比横向轨枕大,减小了对道床的压力和道床的永久变形。

轨枕按其使用部位可分为用于区间线路的普通轨枕、用于道岔上的岔枕及用于无碴桥上的桥枕。

轨枕按其材料可分为木枕、钢筋混凝土轨枕及钢枕等。钢枕在我国很少采用。城市轨道交通有碴轨道采用轨枕为 J-2 型钢筋混凝土轨枕,见图 3-42。

3) 扣件

钢轨与轨枕的联结是通过中间联结零件实现的。中间联结零件也称扣件,其作用是将钢轨固定在轨枕上,保持轨距和阻止钢轨相对于轨枕的纵、横向移动,并防止钢轨倾翻。在钢筋混凝土轨枕轨道上,其弹性小于木枕轨道,故要求扣件还必须提供足够的弹性。为此,扣件必须具有足够的强度、耐久性和一定的弹性,能有效地保持钢轨与轨枕的可靠联结。此外,还应简单、便于安装及拆卸。

4) 接头

钢轨接头是轨道结构中最薄弱的环节。列车通过钢轨接头时会产生很大的冲击力,对轨道结构产生很大的破坏作用,轨道交通车辆的振动加剧,导致使用寿命缩

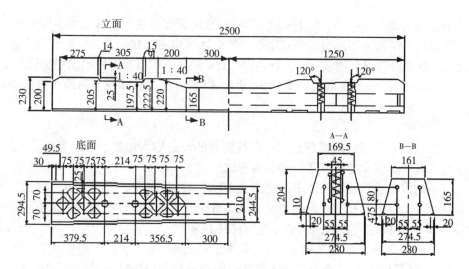

图 3-42　J-2 型钢筋混凝土轨枕示意图

短,修理费用增大。养护钢轨接头区所需的费用,约占养护费用的 35%。直到无缝线路问世,才使得大量减少钢轨接头成为可能。

无缝线路是指将钢轨焊接起来的线路,所以又称为焊接长钢轨线路。焊接长钢轨因温度变化会引起伸缩,按处理此种伸缩的方法不同,无缝线路分温度应力式和放散应力式两种。

5) 道床

轨道结构按其轨下基础形式的不同可分为两大类:有砟轨道结构与无砟轨道结构。有砟轨道结构道床位于路基或结构物之上、轨枕之下,它作为轨排的基础具有以下的功能。

① 将轨道交通车辆的荷载通过钢轨、轨枕并经过道床的扩散作用,散布于路基面或结构物上,起着保护结构物或路基的作用。

② 提供抵抗轨排纵横向位移的阻力,保持轨道的正确几何形位,这对无缝线路尤为重要。

③ 由于道床材料具有可透水性的特点,因此其排水性能良好。这对减轻轨道的冻害和提高路基的承载能力非常重要。

④ 道床具有一定的弹性和阻尼,起到了缓冲和减振的作用。

⑤ 便于轨道养护、维修作业。轨道不平顺可以通过捣固枕下道砟加以找平,轨道方向错乱可以通过拨道予以拨正。

用作道床的材料应满足上述功能的要求。具体来说,它必须质地坚韧,吸水度低,排水性能好,耐冻性强,不易风化,不易压碎、捣碎和磨碎,不易被风吹动和被水冲走。

可以用作道床材料的有碎石、熔炉矿渣、筛选卵石,有 50% 以上卵石含量的天然砂卵石以及粗砂和中砂等。一般来说,应以就地取材为原则。在我国,首选的道床材料是碎石道砟,多采用双层道床,上面是面砟层,下面是底砟。

道床断面如图 3-40 所示,包括道床厚度、顶面宽度及道床边坡三个主要特征。

无砟轨道结构采用混凝土板基础取代传统轨道中的轨枕和道床。板基础下是由聚合物或水泥沥青混合物灌注的特制垫层。这样,轨下基础既有足够的强度和稳定性,又有一定的弹性,残余变形的积累甚小,轨道结构得以加强,实现了轨道少维修的目的。

6) 道岔

车辆由一条线路转向或越过另一条线路时的设备称为道岔。道岔有线路连接、线路交叉及线路连接与交叉等三种基本形式。

常见的线路连接设备有单开普通道岔、单式对称道岔及三开道岔。线路交叉设备有直角交叉及菱形交叉。连接与交叉设备有交分道岔及各种交叉渡线。应用这些设备,可以把不同位置和方向的轨道相互连接起来。

城市轨道交通是布设在城市内的,基本上都采用双线线路,线路中间站通常不设配线,在区段内上下行两个方向线路之间一般只有少量渡线。城市轨道交通线路的道岔设备主要作用:设有渡线和折返线的车站,通过设置道岔来实现车辆的转线;在车场、车辆段内,停放车辆的股道通过道岔逐级与走行线连接。

单开普通道岔占全部道岔总数的 95% 以上。单开道岔结构简单,具有一定的代表性,了解和掌握这种道岔的基本特征,对道岔的铺设、养护等方面有着十分重要的指导意义。

单开普通道岔由引导列车的轮对沿原线行进或转入另一条线路运行的转辙部分、为使轮对能顺利地通过两线钢轨的连接点而形成的辙叉部分、使转辙部分和辙叉连接的连接部分以及岔枕和连接零件等组成,如图 3-43 所示。

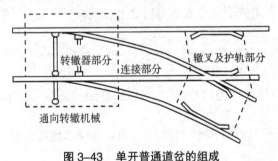

图 3-43 单开普通道岔的组成

目前,在上海道岔已实现标准化,统一采用标准图(导曲线半径 R=200 m)。主要类型有 60 kg/m 钢轨 9 号道岔、12 号道岔、三开道岔,50 kg/m 钢轨 7 号道岔等。广州、北京、南京、深圳、杭州等城市轨道交通使用国铁 9 号道岔的较多。

7) 车挡

为对失控列车进行强制停车,一般在线路尽头端设置车挡。目前车挡一般有液压式缓冲车挡、滑动式缓冲车挡和固定车挡等几种形式。在地下折返线线路终端有条件采用液压式缓冲车挡和滑动式缓冲车挡(见图 3-44),其中液压式缓冲车挡是液压制动、技术先进、结构合理、制动距离短、占用线路短、综合造价低,应优先选用。地

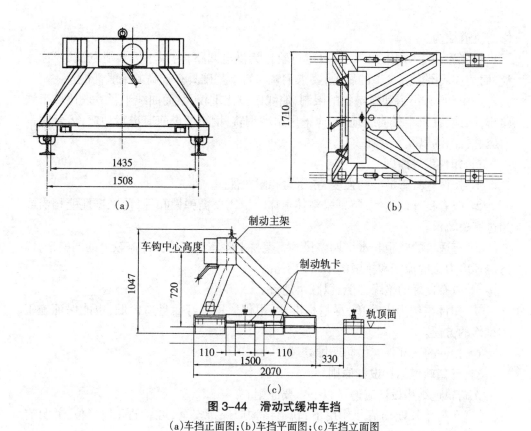

图 3-44 滑动式缓冲车挡
(a)车挡正面图;(b)车挡平面图;(c)车挡立面图

面车场线路终端则一般采用固定式车挡,固定式车挡主要有沙堆弯轨型和DTⅡ型。

3.5.2 轨道结构设计原则

1)有砟轨道结构设计原则

① 轨道结构应具有坚固性、稳定性、耐久性、绝缘性以及适量的弹性,以确保列车运行平稳、安全和乘客舒适,并尽量减少养护维修工作量。

② 轨道设备应与网络中其他线路尽量一致。

③ 应尽量采用先进技术,提高轨道的整体技术性能。

④ 轨道减振采用分级设计,满足不同地段的减振降噪要求,减少对周围环境的干扰。

⑤ 采用成熟、先进的施工技术,便于施工。

城市轨道交通由于线路一般穿过居民区(地下、地面或高架),与城市间铁路相比,在设计时更应该重视以下一些问题。

a.对噪声控制要求较高,除了对车辆结构采取减振措施、必要时修筑声屏障建筑物外,轨道结构也要采取减振措施。

b.对新建轨道交通线路,在浅埋隧道和高架结构路段,一般采用无砟道床等少维修的轨道结构。

c.车辆一般采用电力牵引,以走行轨作为供电回路,为减小因漏泄电流(或称迷流)而造成周围金属设施的腐蚀,要求钢轨与轨下基础具有较高的绝缘性能。

d.由于原有街道和建筑物的限制,曲线区段比重较大,而曲线半径一般比城市铁路小,因此,在小半径曲线地段,应采用耐磨钢轨;钢轨铺设前应进行预弯,运营时钢轨应进行涂油以减小磨耗。

2) 扣件设计原则

① 扣件应具有足够的强度、扣压力和耐久性。

② 应有良好的弹性,特别是整体道床上更需要高弹性扣件,使减振性能相当或超过有砟轨道。

③ 有适量的轨距和水平调整量。高架桥上整体道床的扣件需较大的调整量,以适应预应力梁的徐变和桥墩的不均匀下沉。

④ 应有良好的绝缘性能,以减小迷流。

⑤ 扣件结构力求简单,尽量标准化,不仅通用性好而且造价低,也能保证施工和维修的方便。

⑥ 扣件的铁部件应做防腐蚀处理。

3) 无砟轨道结构设计原则

无砟轨道结构设计应遵循以下主要原则。

① 在列车长期动荷载作用下,轨道结构应保持安全、可靠的几何形位,并具有足够的承载能力、强度贮备和使用耐久性。

② 轨道结构的振动质量、刚度和阻尼应根据轨道结构动力学原理进行合理选择,以适应减振降噪的要求,使结构体具有最大的减振降噪效果,并能减缓轮轨之间的冲击荷载,减轻钢轨的磨耗和波磨。

③ 结构简单,便于组织快速施工和安装,便于配套设备和机械的应用;施工进度应符合铺轨要求,对于混凝土道床的局部损坏应考虑有修复的可能性。

④ 在轨道基础确保坚实稳定的前提下,仍需考虑因施工误差、曲线超高变化,以及预应力混凝土桥梁伸缩、上拱等因素引起的轨面标高的改变。为此,配套的扣件设计应考虑足够的调整量和可行的调整方法。

⑤ 合理选材。轨道部件国产化,有利于控制轨道结构的成本,由于无砟轨道可大幅度降低维修费用,其综合的经济效益较好,因此有推广应用的价值。

⑥ 由于减振材料的寿命不如混凝土,少量维修是必需的,因此减振材料应便于更换。

4) 轨道结构的减振降噪

城市轨道交通的列车运行产生的振动,应不影响附近单位、居民的工作和休息。

(1) 环境振动和噪声标准

我国规定的《城市区域环境振动标准》(GB 10070—1988)和《声环境质量标准》

(GB 3096—2008)如表 3-12、表 3-13 所示。

表 3-12 城市区域环境振动标准　　　　　　　　　　　　　单位:dB

区域类别	昼间	夜间
特殊住宅区	65	65
居民、文教区	70	67
混合区、商业中心区	75	72
工业集中区	75	72
交通干线道路两侧	75	72
铁路干线两侧	80	80

表 3-13 环境噪声限值　　　　　　　　　　　　　　　　　单位:dB

声环境功能区类别		时段	
		昼间	夜间
0 类		50	40
1 类		55	45
2 类		60	50
3 类		65	55
4 类	4a 类	70	55
	4b 类	70	60

注:①0 类声环境功能区:指康复疗养区等特别需要安静的区域。

②1 类声环境功能区:指以居民住宅、医疗卫生、文化体育、科研设计、行政办公为主要功能,需要保持安静的区域。

③2 类声环境功能区:指以商业金融、集市贸易为主要功能,或者居住、商业、工业混杂,需要维护住宅安静的区域。

④3 类声环境功能区:指以工业生产、仓储物流为主要功能,需要防止工业噪声对周围环境产生严重影响的区域。

⑤4 类声环境功能区:指交通干线两侧一定区域之内,需要防止交通噪声对周围环境产生严重影响的区域,包括 4a 类和 4b 类两种类型。4a 类为高速公路、一级公路、二级公路、城市快速路、城市主干路、城市次干路、城市轨道交通(地面段)、内河航道两侧区域;4b 类为铁路干线两侧区域。

(2)常用的减振降噪措施

① 采用 60 kg/m 钢轨、弹性垫板和扣件;

② 全线铺设无缝线路,减少钢轨接头;

③ 定期打磨钢轨,保持钢轨较高平顺度;

④ 为减少钢轨波纹磨耗并增加旅客的舒适度,在 $R \leqslant 600$ m 的地段,轨下垫板采用高热弹性体材料。

(3)减振降噪要求较高的地段

近年来,列车运行引起的振动及噪声影响居民生活问题已经日益引起人们的重视,特别是在以下地段,轨道工程设计应遵循"以人为本"的理念,使设计符合减振降噪的要求。

① 在盾构隧道穿越且埋深小于 20 m 路段内的学校、居民区。
② 离线路中心 20 m 范围内的学校、医院、居民区。
③ 沿线的历史保护建筑。
④ 与本线路交叉的既有及规划的轨道交通线路、重要管线。
⑤ 特殊减振要求地段。

对减振降噪有较高要求的地段，目前国内外城市轨道交通一般采用高弹性扣件和弹性轨下基础两种轨道结构形式。

3.5.3 轨道结构类型选择

城市轨道交通的轨道设计主要是轨道结构选型，包括钢轨、扣件、道床、轨枕、道岔、车挡、减磨护轨、防脱护轨等。

1) 钢轨类型选择

我国生产的钢轨，长度一般有 12.5 m 和 25 m 两种。钢轨的类型习惯上以每米大致质量数来表示。目前我国铁路的钢轨类型主要有 43、50、60、75 kg/m。质量愈大，表示断面强度等性能指标愈高。目前，我国生产的主型钢轨根据材质可分为 U75v、U71Mn 和稀土轨。

城市轨道交通选择钢轨类型主要依据应是运量、旅客运输的安全、舒适、低噪声、长寿命、少维修，并且维修方便，经济合理。

（1）正线钢轨

根据城市轨道交通近、远期客流，一列车按满载计算，乘以全年列车通过对数，再乘以 1.1～1.2 系数，可推算出近、远期的年运量。

目前尚无城市轨道交通的钢轨选型标准，参考国家铁路钢轨选型标准"年通过总重在 15～30 Mt 时，采用 50 kg/m 钢轨；在 30～60 Mt 时，采用 60 kg/m 钢轨"来选用钢轨类型。

现在国内外城市轨道交通，有选用重型钢轨的趋势。从技术性能分析，60 kg/m 钢轨重量只增加 17.7%，而允许通过的总重量可增加 50%；重型钢轨不仅能增强轨道的稳定性，减少养护维修工作量，而且还能增大回流断面，减少杂散电流。研究结果表明，60 kg/m 比 50 kg/m 钢轨抗弯强度增加 34%，而弯曲应力减少 28%；使用年限为 50 kg/m 钢轨的 1.5～3.0 倍，由疲劳破坏造成的更换率为 50 kg/m 钢轨的 1/6，受列车冲击振动相对要小，较 50 kg/m 钢轨振动约减少 10%，有利于减振、降噪。因此，城市轨道交通，在经济条件允许下，宜选用重型钢轨。

（2）车场线路钢轨

车场线路运行速度较低，所以选用 50 kg/m 或 43 kg/m 钢轨均是可行的。车场线路道岔较多，线路较短，所以只在试车线上铺设无缝线路。不同类型钢轨衔接，宜采用异型钢轨，也可采用异型夹板连接。

2) 轨枕类型选择

目前,我国内地城市轨道交通中的轨道主要有短枕和长枕两种类型。

北京、深圳、广州、南京地铁均采用短枕,使用状况良好。天津地铁 1 号线也采用这种类型。

长轨枕及与其配套的整体道床更有利于上海软土地区的工程特点,上海目前已经营及正在建设的城市轨道交通线路多采用长轨枕。

轨枕铺设标准包括:正线直线、辅助线、$R>400$ m 的曲线地段及坡度 $i<20‰$ 的地段,每公里铺设 1680 根;$R≤400$ m 的曲线地段和坡度 $i≥20‰$ 的地段,每公里铺设 1760 根。

3) 扣件类型选择

我国已建和在建城市轨道交通铺设的线路上扣件类型较多。就其功能可分为一般弹性扣件和高弹性扣件两种。扣件除刚性、弹性外,又可分为有挡肩、无挡肩,分开式、不分开式,有 T 形螺栓、无 T 形螺栓几大类型。目前国内城市轨道交通采用的扣件主要有螺栓弹条扣件和无螺栓弹条扣件两种。有螺栓弹条扣件的零部件较多,安装和维修量稍大,其优点是扣压力可以由螺栓的扭矩来调整。无螺栓弹条扣件的零部件少,扣压力均匀,养护维修量小,但对于制造允许偏差要求较高。

常用扣件类型及技术特点列于表 3-14。

根据表 3-14,选择扣件类型一般从以下几个方面考虑。

(1) 不得低于环境影响报告中提出的要求

① 正线扣件。整体道床上宜采用全弹性分开式扣件,垂向和横向均应具有良好弹性,以适应刚性道床,并有适量的轨距、水平调整量。

② 检查坑扣件。检查坑宽 1200 mm,要求扣件较短,一般均为无挡肩式半弹性扣件。

③ 车场线扣件。车场线多数为碎石道床。木枕地段,一般采用地面铁路定型的铁垫板加普通道钉;钢筋混凝土枕地段,一般采用 70 型刚性扣件或弹条 I 型不分开式扣件。

④ 试车线上应采用地面铁路定型的弹条 I 型扣件或弹条 III 型扣件。为避免扣件的铁零部件受潮锈蚀,影响使用年限,应进行防腐处理。

(2) 按线路所在位置考虑

根据不同线路敷设方式,可以按如下分类考虑。

地下线:上海目前用得较多的是 DTIII2 型扣件,北京、南京和深圳采用 DTVI2 型和弹条 II 型较多,广州采用单趾弹簧系列扣件。

高架线:上海目前采用较多的是 WJ-2 型扣件,也可采用 DTVII 型扣件。

车场线:上海目前采用的是 CK 系列扣件,即 CK-01、CK-02、CK-03 系列,已在殷行车辆段、北翟路车辆段和吴中路停车场等使用。

(3) 按照轨道交通沿线环境要求考虑

根据轨道交通沿线环境振动噪声要求,选用相应的扣件类型。

表 3-14 常用扣件类型及技术特点

扣件类型号	技 术 特 点	使 用 说 明
DTⅠ型全弹性分开式扣件（见图 3-45）	扣压力较强，用轨距块调整轨距，扣件与轨枕联结方式采取在轨枕内预埋玻璃钢套管，螺旋道钉使用方便	正线扣件
DTⅢ型全弹性分开式扣件（见图 3-46）	扣压件为 413 mm 弹簧钢国铁标准 B 型弹条，二阶减振，使用轨距垫调整轨距，轨下设 10 mm 厚橡胶垫，轨垫板下设 16 mm 厚的橡胶垫	用于 60 kg/m 的钢轨，隧道内一般减振地段的整体道床上。在上海轨道交通 1 号、2 号线上使用
DTⅢ2 型有螺栓、无挡肩型分开扣件（见图 3-47）	在 DTⅢ型扣件技术标准的基础上形成，提高扣件的调高和调距能力，使用更加完善。扣压件为国铁Ⅰ型弹条，铁垫板上无轨底坡，通过轨距块调整轨距	
DTⅣ型有挡肩弹性分开式扣件（见图 3-48）	扣压件为 413 mm 弹簧钢国铁标准 A 型及 B 型（接头）弹条，其性能同 DTⅢ型扣件	用于 50 kg/m 钢轨，在北京地铁复八线复西段上使用
DTⅥ型有挡肩弹性分开式扣件（见图 3-49）	二阶减振，特点是取消了 T 形螺栓，减少了零部件，降低了造价，使用轨距块调整轨距	用于 50kg/m、60 kg/m 钢轨，隧道内一般减振地段。在北京地铁复八线使用
DTⅥ1 型无挡肩弹性分开式扣件（见图 3-50）	扣压件采用 DI 弹条，有 $\phi18$、$\phi14$ 两种规格，使用轨距块调整轨距	用于 50kg/m、60 kg/m 钢轨，高架桥上一般减振地段的长枕式整体道床上。在北京地铁复八线使用
DTⅥ2 型无 T 形螺栓，带铁垫板，无挡肩弹性分开式扣件（见图 3-51）	扣压件采用 e 形弹条。优点：构造简单，扣件的安装和拆卸都很容易，无需进行 T 形螺栓涂油等作业，能大大减轻扣件的养护维修工作量。缺点：调高能力较差，扣压力在扣件的整个使用期内不能调整；制作及组装要求很严格，否则扣压力损失较大；对扣压件的材质要求也很高，一旦弹条发生弹性衰减，扣压力降低，将会导致钢轨的爬行	用于 50kg/m、60 kg/m 钢轨，隧道内一般减振地段的长枕式整体道床上
单趾弹簧无挡肩弹性分开式扣件（见图 3-52）	扣压件为 420.6 mm 弹簧钢	用于 60 kg/m 钢轨，在广州地铁 1 号、2 号线使用
弹条Ⅱ型无挡肩弹性分开式扣件（见图 3-53）	扣压件为 413 mm 弹簧钢国铁标准Ⅰ型弹条，材质采用新材料 60SiCrVA。使用轨距块调整轨距。具有扣压力大、强度安全储备大、残余变形小的优点，弹条性能明显优于弹条Ⅰ型扣件	用于 60 kg/m 钢轨，在深圳地铁一期工程使用

续表

扣件类型号	技术特点	使用说明
WJ-2型无挡肩弹性分开式扣件（见图3-54）	为小阻力扣件，扣压件为413 mm弹簧钢，采用轨下复合胶垫	用于60 kg/m钢轨，高架桥上无缝线路，在上海3号线使用
WJ-4型无挡肩无螺栓扣件（见图3-55）	结构简单，造价低，有利于制作、安装和维修	用于60 kg/m钢轨，地下线一般减振要求地段
DTⅦ型半弹性分开式扣件（见图3-56）	采用ω弹条，扣件较长。轨距垫等材料和类型同DTⅥ型扣件	为伊朗德黑兰地铁研究设计的，用于54 kg/m钢轨枕式整体道床，一般减振地段
DTⅦ2型无挡肩弹性分开式扣件（见图3-57）	小阻力扣件，扣压件为413 mm弹簧钢	用于60 kg/m钢轨，地铁高架无缝线路，在上海轨道交通2号线东延伸段、北京城铁、北京地铁八通线使用
轨道减振器弹性分开式扣件（俗称克隆蛋扣件）（见图3-58）	三阶减振。采用硫化工艺将减振橡胶圈与承轨板、底座黏结成一牢固整体，可避免应力集中，延长其使用寿命。橡胶圈为锥形，能较充分利用橡胶剪切变形，具有良好的弹性。绝缘性能好，铺设和养护维修均较方便	上海轨道交通1号线在减振要求较高地段铺设了这种扣件，效果良好。适用于减振要求较高的地段
Vanguard扣件（见图3-59）	扣件结构简单，稳定性有保证，易于安装，养护维修方便，减振效果良好，绝缘性能良好；通过调整铁垫板及楔形支承块，扣件调高量和轨距调整量可以分别达到36 mm和51 mm	英国Pandrol公司开发的一种减振轨道结构形式，最早应用于英国伦敦地铁，广州市轨道交通4号线引进了该种扣件
Ⅱ型检查坑半弹性不分开式扣件（见图3-60）	扣压件为中间和接头两用的刚性扣板，短的扣压端用于接头。可少量调整轨距，与短轨枕采取预埋玻璃钢套管方式联结。扣件结构简单，零部件少，造价低，施工和维修比较方便	
Ⅲ型检查坑半弹性分开式扣件（见图3-61）	与Ⅵ型扣件基本相同，亦取消弹条上螺栓。检查坑宽1200 mm，要求扣件较短，一般均为无挡肩式半弹性扣件	上海轨道交通2号线采用Ⅲ型检查坑扣件

续表

扣件类型号	技 术 特 点	使 用 说 明
弹条Ⅰ型车场线扣件(见图3-62)	为避免扣件的铁零部件受潮锈蚀,影响使用年限,应进行防腐处理	木枕地段,一般采用地面铁路定型的铁垫板加普通道钉;钢筋混凝土枕地段,一般采用70型刚性扣件或弹条Ⅰ型不分开式扣件。试车线上应采用地面铁路定型的弹条Ⅰ型扣件或弹条Ⅲ型扣件

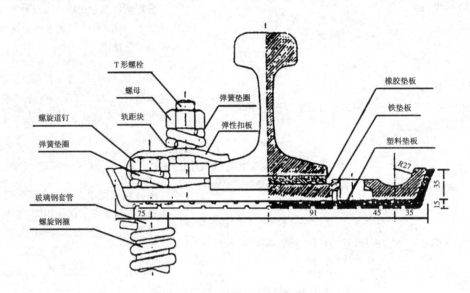

图3-45　DTⅠ型全弹性分开式扣件

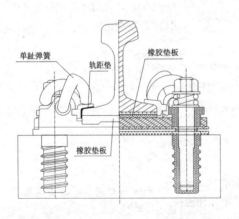

图3-46　DTⅢ型全弹性分开式扣件

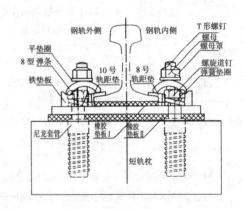

图3-47　DTⅢ2型有螺栓、无挡肩型分开扣件

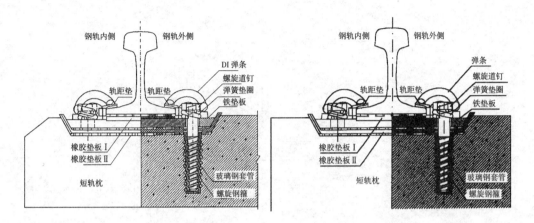

图 3-48 DTⅣ型有挡肩弹性分开式扣件　　　图 3-49 DTⅥ型有挡肩弹性分开式扣件

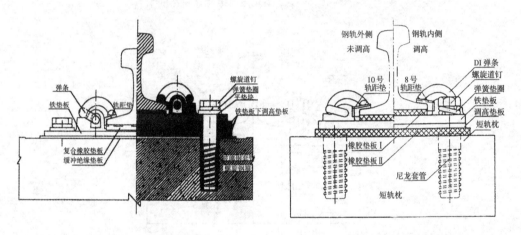

图 3-50 DTⅥ1型无挡肩弹性分开式扣件　　图 3-51 DTⅥ2型无挡肩弹性分开式扣件

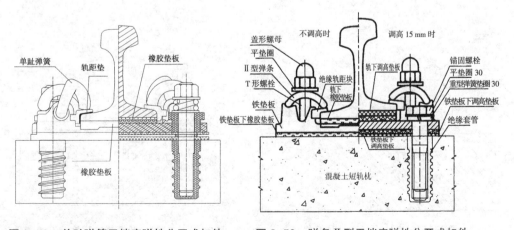

图 3-52 单趾弹簧无挡肩弹性分开式扣件　　图 3-53 弹条Ⅱ型无挡肩弹性分开式扣件

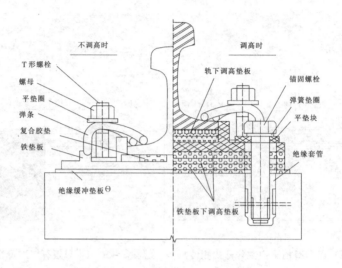

图 3-54　WJ-2 型无挡肩弹性分开式扣件

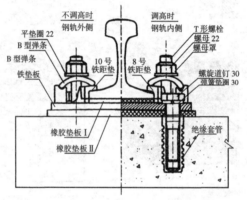

图 3-55　WJ-4 型无挡肩无螺栓扣件

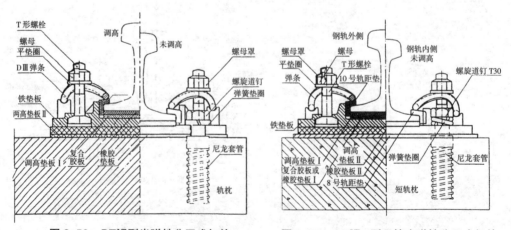

图 3-56　DTⅦ型半弹性分开式扣件　　图 3-57　DTⅦ2 型无挡肩弹性分开式扣件

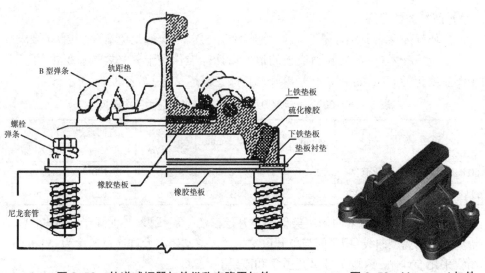

图 3-58 轨道减振器扣件俗称克隆蛋扣件　　图 3-59 Vanguard 扣件

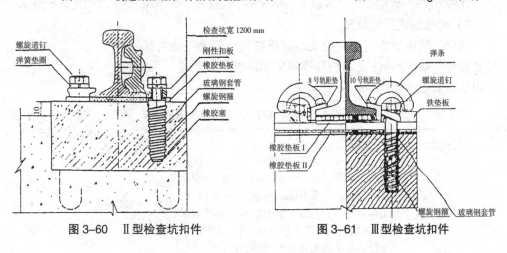

图 3-60 Ⅱ型检查坑扣件　　图 3-61 Ⅲ型检查坑扣件

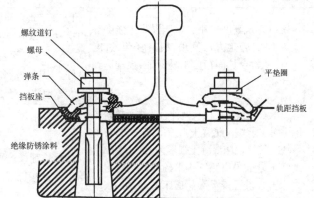

图 3-62 弹条Ⅰ型车场线扣件

4）道岔类型选择

薄弱环节，必须使其结构先进合理，既符合使用要求，又能满足免维修少维修的要求。

为了统一技术标准，使轨道交通的道岔设计标准化是十分必要的。标准的道岔通用图主要包括60 kg/m钢轨9号单开、对称、三开道岔等，如表3-15所示。

表3-15 60 kg/m钢轨9号、12号单开道岔通用图主要尺寸

道岔类型	a/mm	b/mm	L/mm	导曲线半径/m	V_z 直向速度/(km/h)	V_c 侧向速度/(km/h)
60 kg/m钢轨9号单开道岔	12570	15730	28300	200	100	35
60 kg/m钢轨12号单开道岔	16592	21208	37800	200	120	50

三开道岔通用图的平面采用类似于单开道岔的平面线型，导曲线半径$R=200$ m，尖轨仍采用相离型曲线，相离值与单开道岔相同。道岔侧向允许通过速度为35 km/h。车场线采用50 kg/m钢轨7号单开道岔和渡线。

此外，正线与辅助线道岔区轨下基础采用短轨枕式整体道床，地面线采用碎石道床。

5）无砟轨道类型选择

目前，我国城市轨道交通无砟轨道结构大体上可分为长轨枕埋入式整体道床、短轨枕整体道床、弹性支承块整体道床和浮置板式轨道。无砟轨道的类型和特点及使用范围如表3-16所示。

表3-16 无砟轨道的类型和特点及使用范围

类 型	特 点	适用范围及使用情况
长枕式整体道床（见图3-63）	长轨枕预留圆孔，让道床纵筋穿过，加强了与道床的联结，使得道床更坚固、稳定和整洁、美观。可采用轨排法施工，进度快，施工精度也容易保证。长轨枕埋入整体道床内，道床结构合理、坚固稳定、美观整洁。对于防杂散电流相当有利，设侧向水沟	用于软土地基隧道。上海和新加坡地铁铺设这种道床，使用状况良好
无枕式整体道床（也称整体灌注式）	轨道建筑高度较小，道床混凝土强度等级为C30，施工方法繁琐，机具复杂，进度又慢，承轨台抹面精度不易保证，很难达到设计要求	1970年北京地铁一期工程十几组道岔整体道床采用这种道床形式，经40多年运营使用，技术状态良好。中国香港和美国旧金山、加拿大等地铁也有使用
支承块式整体道床（短枕式整体道床）（见图3-64）	支承双轨条的一根长轨枕改为支承单轨条的一对支承块；混凝土强度等级为C50；支承块式整体道床混凝土强度为C30；除广州地铁1号线采用侧置排水沟外，一般均在道床中心设置排水沟。道床稳定、耐久、结构比较简单，造价较低，施工方法简便，进度较快	北京地铁一、二期工程近90 km（单线）均铺设这种道床，经40多年运营，使用状态良好。天津地铁也有使用

不同类型的无碴轨道适用于不同的运营环境,地下线一般采用长轨枕埋入式整体道床,也有采用短轨枕整体道床的。减振要求较高的地段采用弹性支承块式轨道结构,或弹性长轨枕式轨道结构。特殊地段可根据情况采用浮置板轨道结构。高架线一般采用支承块式承轨台轨道结构(见图 3-65 至图 3-68)。

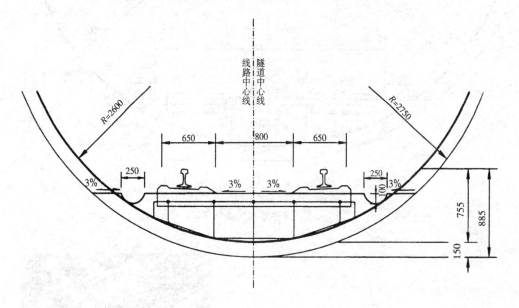

图 3-63　长枕式整体道床

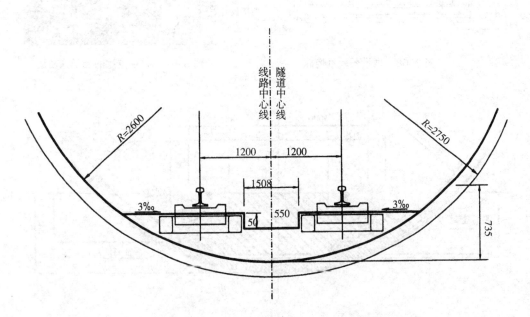

图 3-64　支承块式整体道床(短枕式整体道床)

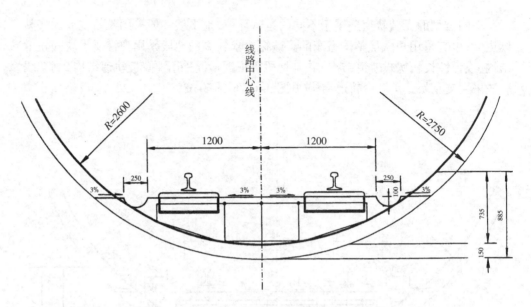

图 3-65 弹性短枕式整体道床

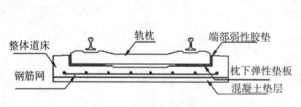

图 3-66 弹性长轨枕道床

图 3-67 弹性支撑的梯子式轨道

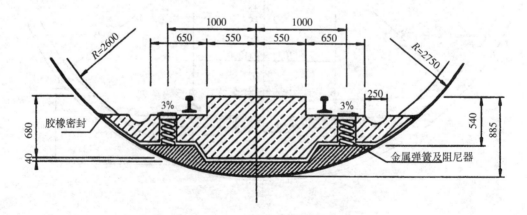

图 3-68 钢弹簧浮置板轨道

3.5.4 轨道结构设计步骤

① 根据线路级别(正线、车场线)选择钢轨类型,正线选择 60 kg/m、车场线选择 50 kg/m 钢轨。

② 根据线路敷设方式及减振降噪要求,选择轨下基础结构。

a.对于地面线路,选择有砟轨道,横向轨枕,计算轨枕的铺设数量及间距。

b.对于高架线路,选择无枕式、短枕式、长枕式或浮置板式轨道结构,选择的主要依据是沿线减振降噪的要求及基础承载能力。

c.对于地下线路,选择无枕式、长枕式、短枕式或浮置板式结构,主要依据是施工方便程度和减振降噪要求。

③ 根据线路级别、敷设方式、减振降噪要求、网络其他线路的使用情况选择扣件。

④ 进行轨道结构力学分析,计算在列车荷载作用下,所选择各部件的强度及可能产生的变形,进行强度检算,符合强度要求方可使用。

⑤ 进行无缝线路设计。根据线路强度及稳定性要求,确定锁定轨温及施工锁定轨温范围,进行温度应力峰检算,采用全线无缝线路要确定温度调节器的位置和型号,温度调节器一般铺设在特大桥上或者地面线路上,并进行配轨计算。

⑥ 计算所需材料用量,绘制相应图表。

对于比较成熟的轨道结构,一般来说不再进行强度、疲劳等的检算,只有新研制的轨道结构需要计算、检算和必要的试验。

城市轨道交通轨道结构的受力分析和计算方法与常规的轨道结构方法基本一样,只是城市轨道交通的车辆、轴重和荷载(重复荷载)等不一样,计算参数应有区别。

【思考题】

3.1 影响城市轨道交通线路走向的主要因素有哪些?在哪些方面与铁路选线有较大差别?

3.2 轨道交通线路平面设计的主要要素有哪些?

3.3 轨道交通线路纵断面设计的主要要素有哪些?

3.4 轨道交通线路横断面设计的主要要素有哪些?

3.5 车辆限界、设备限界、建筑限界的含义是什么?

3.6 车辆段的主要功能和设施有哪些?

3.7 轨道结构的主要功能是什么?由哪些部分组成?

3.8 轨道道岔的基本功能是什么?由哪些部分组成?

第4章　车站布局设计

车站是城市轨道交通中最复杂的建筑物,有很多类型。
①中间站:仅供乘客乘降车之用的车站,其设施比其他各类车站都要简单。
②折返站:在车站内有尽端折返设备的中间站,能使列车在站内折返或停车。
③换乘站:能够使乘客实现从一线到另一线换乘的车站。它除了配备供乘客乘降车的站台、楼梯或电梯之外,还要配备供乘客由一线站台至另一线站台的换乘设施。
④越行站:每个行车方向具有一条以上停车线的中间站,其中一条供站站停的慢车使用,其他供非每站都停的快车使用。
⑤接轨站:位于轨道交通线路分岔处的车站,其中有一条是正线,可以在两个方向上接车和发车。
⑥终点站:位于线路起、终点处的车站,除了供乘客乘降车外,还用于列车折返及停留,因此终点站一般设有多股停车线。如果线路需要延长时,则终点站可作为中间站或折返站来使用。

车站分类示意图如图4-1所示。

本章主要介绍轨道交通中间站、换乘站的设计以及轨道交通系统与其他交通方式的衔接。

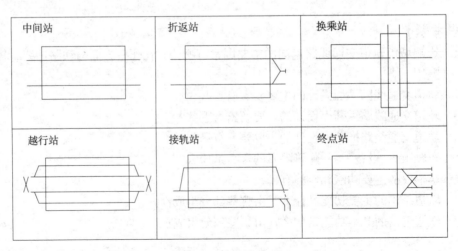

图4-1　车站分类示意图

4.1 中间站布局设计

中间站除了提供旅客乘降车的功能以外,还具有购物、聚会、城市景观等一系列功能;车站也是空间建筑物与工程结构的结合点,反映了轨道交通系统的特色。因此,轨道交通车站设计是关于空间、结构、美学三者协调的一门艺术。

4.1.1 车站构成

通常轨道交通中间站包括以下 5 个基本部分。

① 站台:供乘客乘、降轨道交通列车的场所。

② 车站大厅或广场:供乘客聚集或疏散的场所,有些车站还有相当规模的商业空间。

③ 售票厅:为乘客出售车票的场所。当采用自动售检票设施后,售票大厅可以化整为零,只需保留少数补票窗口即可。

④ 轨道交通企业专用空间:如车站办公室、仓库、维修设施及轨道等。

⑤ 出入口通道。

当车站位于地下时,还会有通风道、风亭和其他附属设施。

车站主体根据功能的不同,通常在设计中分为两大部分。

(1) 乘客使用空间

乘客使用空间又可分为非付费区和付费区。非付费区是乘客购票并正式进入车站前的活动区域,一般应有较宽敞的空间,根据需要可在这里设售检票设施、银行、公用电话、小卖部等设施。付费区包括站台、楼梯、自动扶梯、导向标志等。

乘客使用空间是车站设计的重点,设计时要注意行人流线的合理性,以保证乘客方便、快捷地出入车站。

(2) 车站用房

车站用房包括运营管理用房、设备用房和辅助用房三部分。运营管理用房是车站运营管理人员使用的办公用房,主要包括站长室、行车值班室、业务室、广播室、会议室和公安保卫室等;设备用房是为保证列车正常运行、保证车站内环境条件良好和在灾害情况下乘客安全所需要的用房,主要包括通风与空调用房、变电所、综合控制室、防灾中心、通信机械室、自动售检票室、冷冻站、配电室等;辅助用房是为了车站内部工作人员正常工作生活所设置的用房,主要包括卫生间、更衣室、休息室、茶水室等。

车站用房应根据运营管理需要来设置,各车站尽可能减少用房面积,只配置必要的房间,以降低车站投资。

4.1.2 平面布局设计

车站平面布置的原则是力求紧凑,能设于地面的设备尽量设于地面,以降低造价。

站台是车站中最基本的部分,不论车站的类型、性质有何不同,都必须设置。其余各部分在特殊情况下,以满足功能需求为前提,可能会被省略或部分省略。城市轨道交通中,乘客在车站逗留时间较短,且没有行李积存与货物运输等业务。在中间站上,客流只有往返两个方向,因而乘客在站内活动形成的客流线及车站服务设施都比较简单。乘客进、出站活动流线如图4-2所示。

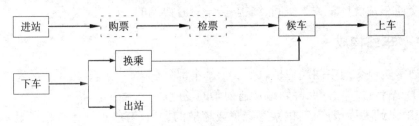

图4-2 乘客进、出站活动流线示意图

车站总体布局应按照乘客进出车站的活动顺序,合理布置进出站的流线。流线宜简捷、顺畅,尽可能使流线不相互干扰,为乘客创造便捷的乘降环境。

1)站台形式

车站按站台形式可分为岛式车站及侧式车站两种基本类型。站台位于上下行线路之间的车站称为岛式站台的车站,简称岛式车站;站台位于线路两侧的车站称为侧式站台的车站,简称侧式车站(见图4-3)。

(1)岛式站台

岛式站台位于上、下行线路之间,可供上、下行线路同时使用。在站台两端或中部有供旅客上下的楼梯通至地面或站厅层。当升降高度大于5.5 m时,一般要设自动扶梯。

当区间线路为深埋(埋设深度在12 m以上)时,通常采取盾构法等施工方法将一条线建成两条独立的单线隧道。如果车站采用岛式站台,车辆宽度2.8 m,则车站上线间距(M)由站台宽度(B)决定,$M=B+2.9$,如图4-4左半部分所示。区间线路的线间距一般等于车站处的线间距,以使区间隧道与车站隧道顺接。

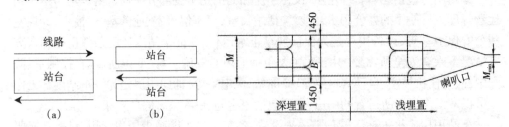

图4-3 不同站台形式的车站
(a)岛式车站;(b)侧式车站

图4-4 岛式车站的站线与区间线路的连接

当区间线路为浅埋(埋设深度在12 m以内)时,区间隧道一般采用明挖法或盖挖法等施工方法建成双线隧道,这就要求区间采用线间距最小值。如果车站采用岛式站台,则靠近车站的地段必须将线间距加宽,形成一个喇叭状,如图4-4右半部分所示。

（2）侧式站台

站台位于线路两侧，线路一般采用最小间距在两站台之间通过。当区间线路为浅埋或高架时，因区间和车站处的线间距相同，故不需修建喇叭口。当区间线路为深埋时，由于区间两条单线隧道间要保持一定间距，此间距大于站上线间距，因此在车站两端需要修建渡线室，用来把车站处的最小线间距加宽到区间线间距（见图4-5）。

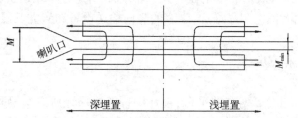

图4-5 侧式车站的站线与区间线路的连接

侧式站台的最小宽度视其上有无立柱而定，一般为4~6 m。因站台宽度较小，故不能在站台设置三条梯带的自动扶梯。因此，必须在车站的一端设置前厅，站台与前厅用楼梯相连，前厅的出口用自动扶梯与地面相联系。必要时，也可在站台中部设置出入口。

岛式站台与侧式站台相比较，在运营方面有以下优点。

① 站台面积可以更充分地利用，因为当一个方向的乘客很多时，可以分散到整个站台宽度上；而侧式站台则不然，它会出现一个方向的站台很拥挤、另一个方向的站台尚未充分利用的不利情形。因此，两个侧式站台的宽度之和一般大于一个岛式站台的宽度。

② 因所有的行车控制都集中在同一站台上，故运营管理比较方便。

③ 在站台的端部可借助于自动扶梯或楼梯直接通至地面，使得乘客上下很方便。

④ 对于乘错方向的乘客的折返也较为方便，若为侧式站台，则乘客折返时必须通过前厅或跨线设施转换。

此外，当车站深埋时，不用设置渡线室和喇叭口；当车站的天花板为拱形时，站厅的最高部分正好在站台上方，故站厅在建筑艺术处理上较好。而用侧式站台时，站厅的最高部分位于线路上方，视觉效果受到影响。

由于岛式站台优点较多，因此国外现有的地下车站绝大多数都采用这种形式。例如，莫斯科地铁中除1座侧式站台以外，其余车站都采用了岛式站台。北京地铁1、2号线及上海轨道交通1号线的绝大部分车站也都采用了岛式站台。

然而，当车站位于地面或高架桥上时，修建侧式站台则是有利的。当车站位于地面时，站台上必须安装雨棚，站台外必须设围墙。在这种情况下，没有必要修建过渡线间距的喇叭口，同时，将乘客从站台上疏散出去也没有什么困难。当车站位于高架桥上时，将两条线路放在当中，可以使最大荷载位于桥梁结构的中间，便于增加结构稳定性及节省造价,旅客从两侧去站台也较方便。

在有些特殊的情况下,有可能综合上述两种形式,形成混合型的三站台式车站,即既有岛式站台又有侧式站台。从运营方面看,这种车站可以实现上、下客流的分流,即中央的岛式站台用于上车,而两个侧式站台用于下车。初看起来似乎应该能够大大缩短停车时间而提高线路通行能力,但由于乘客上车要比下车慢得多,因而停站时间减少量很有限,效果并不明显。从工程方面看,这种车站造价较岛式车站高出 50%~100%,占地面积也明显增加,乘客的竖向输送设备布置尤其复杂。因此,三站台式车站用得极少。

2) 站台长度和宽度

(1) 站台长度

站台是供乘客上、下列车的平台,设计中一般要保证所有车辆均在站台有效长度之内。站台有效长度是指乘客可以乘降的站台范围。站台有效长度由列车编组的计算长度决定。考虑到停车位置的不准确和车站值班员、司机确定信号的需要,通常还预留一段停车误差。随着车辆控制技术的进步,停车误差越来越小,其计算公式为

$$L_{有}=L_{列}+\Delta L_{停} \tag{4.1.1}$$

式中 $L_{有}$——站台有效长,m;

$L_{列}$——远期列车长度,m,与列车编组数量及车辆类型有关,车辆类型有带驾驶室的拖车、不带驾驶室的拖车及不带驾驶室的动车;

$\Delta L_{停}$——停车误差,一般取 0.6~2.0 m。采用站台屏蔽门时,取 0.6 m;不采用停车定位设备时,取 2 m。

【例 4.1】 某城市轨道交通 1 号线远期列车编组为 8 节,4 动 4 拖,动车 22.80 m,中部拖车 22.14 m,首尾拖车(有驾驶室)各 24.14 m,不采用停车定位设备,试确定该线路的站台有效长度。

解:先计算远期列车长度,再确定停车误差,两者之和即为站台有效长度。

① 远期列车长度 $L_{列}$ =(24.14+4×22.80+2×22.14+24.14) m=183.76 m

② 因不采用停车定位设备,故停车误差取规定值的较大值 2.0 m

③ $L_{有}$ =(183.76+2.0) m=185.76 m,取整为 186 m

因此,该线路的站台有效长度设计成 186 m。

站台两端一般还布置了一些其他的车站设备,整个站台长度则与这些设备的布置方式有关。

站台应尽可能平直,以便车站员工能够监视全部站台情况和客流拥挤状况。站台边缘与车辆边缘的间距宜为 80~100 mm,最大不得超过 180 mm,以免乘客掉下站台。为此,站台乘降车部分的曲线半径一般不小于 800 m。

(2) 站台宽度

站台宽度应满足远期预测超高峰小时最高断面客流量、列车编组长度、站台上

横向立柱数量,以及站台与站厅之间楼梯(自动扶梯)布置形式等因素的计算,并满足最小站台宽度要求。车站的站台类型对站台宽度有较大的影响。

① 岛式站台。

岛式站台宽度按式(4.1.2)计算,其公式为

$$B_d = 2b + nz + t \geq B_{d\,min} \quad (4.1.2)$$

式中
$$b = \frac{Q_{上}\rho}{L} + b_a \quad (4.1.3)$$

或
$$b = \frac{Q_{上,下}\rho}{L_有} + M \quad (4.1.4)$$

在式(4.1.3)、式(4.1.4)的计算结果中取大者。

式中 B_d——岛式站台宽度,m;

$Q_上$——远期超高峰小时时段的单侧每列车上车设计客流量(换乘站应含换乘客流量,人);

$Q_{上,下}$——远期超高峰小时时段的单侧每列车上、下车设计客流量(换乘站应含换乘客流量,人);

ρ——站台上人流密度 0.33~0.75 m²/人,通常取 0.5 m²/人;

L——站台计算长度,指能够集散乘客的有效长度,m;

b_a——站台边缘安全带宽度,地铁规范规定为 0.4 m,采用屏蔽门时以 M 替代 b_a;

n——站台横向的立柱数;

z——横向柱宽,m;

t——每组人行梯与自动扶梯宽度之和,m;

M——站台屏蔽门立柱内侧的距离,m,无屏蔽门时,$M=0$;

$B_{d\,min}$——岛式站台允许最小宽度,地铁规范规定为 8 m。

此外,站台宽度还要满足事故状态客流疏散时间小于 6 min 的要求,相应的检算方法参见《地铁设计规范》(GB 50157—2003)。

一般岛式站台宽度为 8~10 m,横向并列的立柱越多,站台宽度越大。

② 侧式站台。

侧式站台宽度按式(4.1.5)计算,其公式为

$$B_c = b + z + t \geq B_{c\,min} \quad (4.1.5)$$

式中 B_c——侧式站台宽度,m;

$B_{c\,min}$——无柱式侧式站台允许最小宽度,地铁规范规定为 2.5~3.5 m;

其他符号意义同上。

一般侧式站台宽度为 4~6 m,无立柱时取小值,有立柱时取大值。

③ 站台高度。

站台高度是指站台面至钢轨顶面的高度,与车型有关。站台与车厢地板面等高,称为高站台,高度为 900~1100 mm,C 型车偏小,A 型车偏大;站台比车厢地板面低一两个台阶,称为中站台、低站台,一般为 650 mm、450 mm。采用高站台时,考虑

到车辆弹簧的挠度,在车辆满载时,车厢的地板下沉量一般在 100 mm 以内,故站台设计高度宜低于车厢地板面 50~100 mm。

站台的设计要有排水措施。一般来说,站台横断面应设 2% 的坡度,地下站可设 1% 的横坡。

【例 4.2】 已知某地下车站远期高峰小时的线路上行、下行的上车客流量 5000、6000 人/小时,线路上行、下行的下车客流量 5800、4500 人/小时;超高峰系数 1.3;列车满员 2000 人/列;设计列车发车间隔 3 min;有效站台长 120 m;站台上无立柱,不设屏蔽门;站台上布置 2 组可双向混行的楼梯;每组楼梯旁并行布置 1 台有效宽度 1 m 的自动扶梯,通常用于上楼。楼梯行人通过能力为:上楼、下楼、双向混行分别为 3700、4200、3200 人/(米/小时);1 m 宽自动扶梯的通过能力为 6000 人/小时。试分别设计岛式车站与侧式车站的站台宽度并作比较。

解:

(1) 岛式站台宽度设计

① $Q_上$、$Q_{上下}$ 计算。

高峰时段的列车发车对数为 60/3 对/小时 =20 对/小时

$$Q_上 = \max\{5000 \times 1.3/20, 6000 \times 1.3/20\} 人 = 390 人$$

$$Q_{上下} = \max\{(5000+5800) \times 1.3/20, (6000+4500) \times 1.3/20\} 人 = 702 人$$

② 侧站台宽度 b。

ρ 取 0.5 m²/人,$L_有$ 为 120 m,即

$$b_1 = \left(\frac{390 \times 0.5}{120} + 0.4\right) \text{m} = 2.025 \text{ m}$$

$$b_2 = \left(\frac{702 \times 0.5}{120} + 0\right) \text{m} = 2.925 \text{ m}$$

$b = \max\{b_1, b_2\} = 2.925$ m,该值大于规范允许的侧站台最小宽度 2.5 m,故侧站台宽度设计宽度取 3.0 m。

③ 楼梯宽度 t。

楼梯宽度要分别满足正常情况下的客流集散与紧急情况下的客流疏散的要求。

正常情况下,2 台自动扶梯均为上楼方向,楼梯宽度应满足所有下楼梯(由站厅层往站台层)的客流以及自动扶梯不能承载的那些上楼梯(由站台层往站厅层)的客流的通行要求,即

$$t_楼 \geq \frac{(5000+6000) \times 1.3 \div 20 + \max\{(5800+4500) \times 1.3 \div 20 - 6000 \div 20 \times 2, 0\}}{3200 \div 20 \times 2} \text{ m} = 2.45 \text{ m}$$

根据《地铁设计规范》(GB 50157—2003),该楼梯宽度大于公共区双向人行楼梯宽度 2.4 m,故楼梯设计宽度按 1 位小数进位取值 2.5 m。

然后按紧急疏散要求进行检算。检算条件为:楼梯宽度应满足 1 列车满员乘客、站台乘客及工作人员在 6 min 内的出站疏散要求(由站台层至站厅层,乘客上楼梯),即

$$T_{js}=1+\frac{Q_1+Q_2}{0.9[A_1(N-1)+A_2B]}$$

$$=1+\frac{2000+(5000+6000)\times 1.3\div 20}{0.9[6000\div 60\times(2-1)+3700\div 60\times 2.5\times 2]}\text{ min}=8.38\text{ min}$$

由于 T_{js}=8.38 min>6 min，故楼梯宽度设计不满足紧急疏散要求，需要加宽至 B。B 由下式可计算出来

$$T_{js}=1+\frac{2000+(5000+6000)\times 1.3\div 20}{0.9[6000\div 60\times(2-1)+3700\div 60\times B\times 2]}\text{ min}\leqslant 6\text{ min}$$

$$B\geqslant 4.08\text{ m}$$

楼梯设计宽度取 4.1 m。

④ 岛式站台计算总宽度。

有效宽度为 1 m 的自动扶梯宽取 1.9 m（扶梯本身宽 1.73 m，栏杆宽 0.17 m），岛式站台计算总宽度为

$$\text{侧站台宽}\times 2+\text{自动扶梯宽}+\text{楼梯宽}=(3.0\times 2+1.9+4.1)\text{ m}=12.0\text{ m}$$

⑤ 岛式站台设计宽度。

由于站台计算总宽度大于《地铁设计规范》(GB 50157—2003)规定的最小值 8 m，因此岛式站台设计宽度取 12.0 m。

(2) 侧式站台宽度设计

① $Q_上$、$Q_{上下}$ 计算。

同上，$Q_上$ = 390 人，$Q_{上下}$ =702 人。

② 侧站台宽度 b。

同上，侧站台设计宽度取 3.0 m。

③ 楼梯宽度 t。

按线路上行、下行分别计算正常情况下的楼梯宽度。楼梯宽度与自动扶梯的数量及布置形式有关，这里假设每个侧式站台设一部自动扶梯（总量与岛式站台相同），楼梯设 2 个，其中一个与自动扶梯并列。

$$t_{楼上行}\geqslant\frac{5000\times 1.3\div 20+\max\{5800\times 1.3\div 20-6000\div 20,0\}}{3200\div 20\times 2}\text{ m}=1.46\text{ m}$$

$$t_{楼下行}\geqslant\frac{6000\times 1.3\div 20+\max\{4500\times 1.3\div 20-6000\div 20,0\}}{3200\div 20\times 2}\text{ m}=1.22\text{ m}$$

按线路上行、下行条件计算的楼梯宽度均小于《地铁设计规范》(GB 50137—2003)规定的公共区单向人行楼梯宽度 1.8 m，故楼梯宽度暂取 1.8 m。

然后按紧急疏散要求进行检算。线路下行方向的出站客流较大，故以此检算，即

$$T_{js}=1+\frac{Q_1+Q_2}{0.9[A_1(N-1)+A_2B]}$$

$$=1+\frac{2000+6000\times 1.3\div 20}{0.9[6000\div 60\times(1-1)+3700\div 60\times 1.8\times 2]}\text{ min}=10.77\text{ min}$$

由于 T_{js}=10.77 min>6 min，故楼梯宽度设计不满足紧急疏散要求，需要加宽至 B。

B 可由下式计算

$$T_{js}=1+\frac{2000+6000\times1.3\div20}{0.9[6000\div60\times(1-1)+3700\div60\times B\times2]}\text{ min}\leqslant 6\text{ min}$$

$$B\geqslant 3.88\text{ m}$$

楼梯设计宽度取 3.9 m。

④ 侧式站台计算总宽度。

有效宽度为 1 m 的自动扶梯宽取 1.9 m,侧式站台计算总宽度为

侧站台宽＋自动扶梯宽＋楼梯宽＝(3.0+1.9+3.9) m=8.8 m

⑤ 侧式站台设计宽度。

由于侧台计算总宽度大于《地铁设计规范》(GB 50157—2003)规定的最小值,因此岛式站台设计宽度取 8.8 m。

(3) 岛式与侧式站台宽度的比较

两个侧式站台的总宽度为 17.6 m,而岛式站台宽度为 12 m,因此,侧式站台占用的横向宽度比岛式站台要大。本例中,侧式站台总宽度比岛式站台增大 42%。增大的主要原因是紧急情况下的客流疏散要求增大楼梯宽度。实际工程中可增加自动扶梯数量来减小楼梯宽度,但设备工程费及运营费会相应增加。

3) 站房

车站站房的组成应根据运营管理的要求决定。如果运营管理采用上车购票或车站自动售票,则车站可为无人管理方式,车站可以不设站房,而只设风雨棚;否则应设售票房。在无人管理的车站,通常需要配备集中监视的闭路电视系统,以弥补管理上的不足。当车站位于地下时,会增加环控、排水、防灾等设施,使得车站规模增大,设备布置也更为复杂。

下面以上海轨道交通 2 号线乙级标准站为例加以说明(见图 4-6)。这是一个两层的地下中间站,由于技术上的要求或为了运用上的便利,有些设备需要布置在站台层面上,而与运营管理不直接相关的设备可以布置在站厅层或地面。

表 4-1 列出了放在站台层上的设备用房面积,合计约为 1100 m²。除了设在站台有效长度范围内的约 600 m² 之外,另有约 500 m² 设备用房需设在站台之外。如按图 4-6 布置,大约使车站长度增加 83 m。车站的其他设备布置在站厅层,主要设备用房面积如表 4-2 所示。

4.1.3 跨线设施及垂直交通

1) 跨线设施

由于城市轨道交通列车速度快、密度高,因此要求整个线路封闭程度较高。考虑乘客候车安全,侧式站台上、下行线间加防护栏杆隔开,故而有上、下行越线问题。岛式站台乘客进站也有越线问题,而且行人过街也同样有越线问题。

对地面站来说,除了客流量特别小的情况外,一般均需设跨线设施。地面站的跨线设施

第4章 车站布局设计

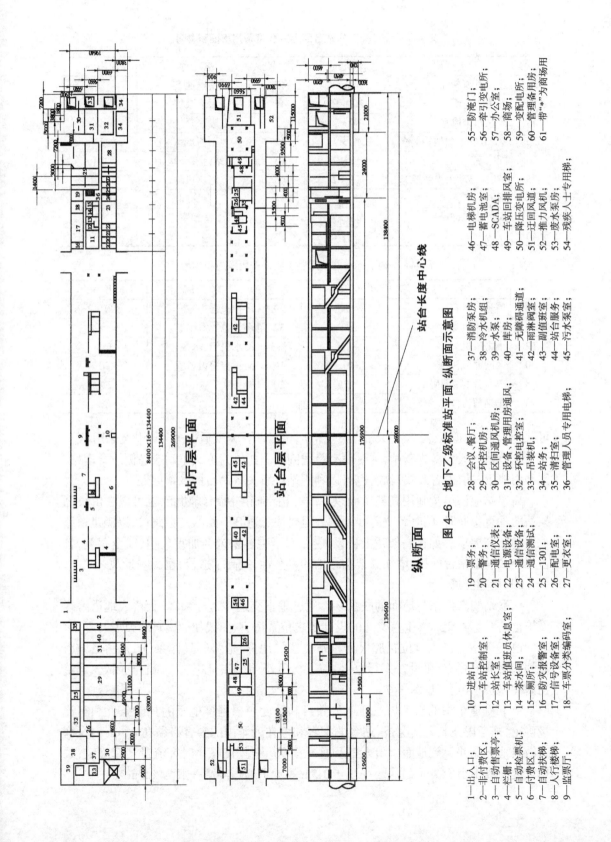

图4-6 地下乙级标准站平面、纵断面示意图

1—出入口；2—非付费区；3—自动售票亭；4—栏栅；5—自动检票机；6—付费区；7—自动扶梯；8—人行楼梯；9—监票厅；10—进站口；11—车站控制室；12—站长室；13—车站值班员休息室；14—茶水间；15—厕所；16—防灾报警室；17—信号设备室；18—车票分类编码室；19—票务；20—警务；21—通信仪表；22—电源设备；23—通信设备；24—通信测试；25—1301；26—配电室；27—更衣室；28—会议、餐厅；29—环控机房；30—区间通风机房；31—设备、管理用房通风；32—环控电控室；33—吊装机；34—站务；35—清扫室；36—管理人员专用电梯；37—消防泵房；38—冷水机组；39—水泵；40—库房；41—无障碍通道；42—雨淋阀室；43—副值班室；44—站台服务；45—污水泵室；46—电梯机房；47—蓄电池室；48—SCADA；49—车站回排风室；50—降压变电所；51—迂回风道；52—推力风机；53—废水泵房；54—残疾人士专用电梯；55—防淹门；56—牵引变电所；57—办公室；58—商场；59—变配电所；60—管理备用房；61—带"*"为商场用

表 4-1　地下标准站站台层上主要设备用房面积参考

代号	名称	面积/m²	代号	名称	面积/m²
51	迂回风道断面	44×2	47	蓄电池室	30
50	降压变电所	120+150	45	污水泵房	25
49	车站回排风室	30×2	53	废水泵房	48
30	SCADA(电力监控)室	12×4	43	副值班室	20
26	配电室	12×2	44	站台服务室	20
25	1301(自动灭火系统)室	12×2	46	电梯机房	7
42	雨淋阀室	8×4	54	电梯间	5
8	人行楼梯、电梯	100×4	35	清扫室	12
40	库房	12			

表 4-2　地下标准站站厅层主要设备用房面积参考

代号	名称	面积/m²	代号	名称	面积/m²
17	信号设备室	60	29	环控机房	390×2
31	小通风机房	60×2	32	环控电控室	60×2
52	推力风机	84×2	38,39	冷水机组、水泵	150
30	区间通风机房	310×2	16	防灾报警设备室	20
18	车票分类/编码室	25	20	警务室	12×2
13	车站值班休息室	12			

可以是天桥或地道两种方案。天桥方案较经济,施工方便,对交通干扰少,应优先采用。

地下站一般为岛式车站,这时没有跨线问题。如果为侧式车站或岛侧组合车站,则利用地下一层设置跨线设施,也可以利用站厅解决各站台的联络问题。

高架站应该尽量利用高架桥面以下的结构空间解决跨线功能,也可以在解决高架站的垂直交通时,同时解决跨线问题。但要注意避开道路的交会路口,以满足道路上空的限高要求。如在高架桥上再设天桥,对于乘客来说会加重负担,安全感差,且占用较多高架站台面积,增加高架站结构的复杂性,提高了造价,也影响景观。

2) 垂直交通

地下站和高架站与地面的联系必然通过垂直交通来疏导乘客,天桥或地道跨线设施也需要垂直交通。垂直交通的设计要求位置适宜、路线便捷、宽度合理。

地下车站的出入口位置应根据车站位置的地形、地势等具体条件,并满足城市规划和交通的要求,可设在人行道上、街道拐角处、街道中心广场、街心花园处、建筑物内和建筑物边上(见图 4-7)。

地下铁道车站的出入口及通道的数目和宽度应根据该地区的具体条件和客流量确定,并考虑在紧急情况下,站台的乘客和停在列车内的乘客必须在 6 min 内全部疏散出地下站并上到地面。出入口及通道宽度应根据高峰小时客流量计算确定,采用宽度一般不小于 2 m,最小不得小于 1.5 m。地下通道净高一般为 2.5 m 左右。

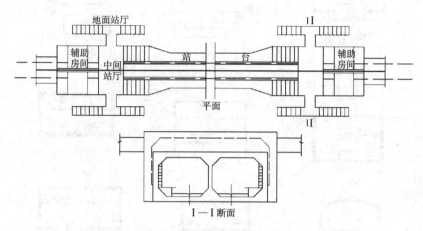

图 4-7 双跨地下侧式车站平断面(浅埋地铁车站)

高架站的垂直交通布置通常有两种方式:一种为街道两侧布置垂直交通,经天桥进入高架车站,即天桥进出方式(见图 4-8);另一种是利用桥下空间,由楼梯通向休息平台,再向两侧高架站台或通向岛式站台,即桥下进出方式。

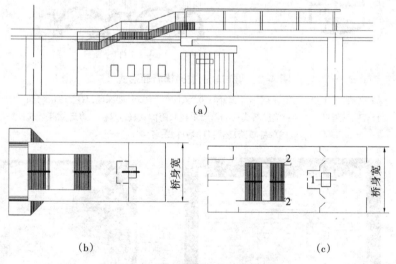

图 4-8 某高架车站天桥进出方式
1—售票处;2—检票处

4.1.4 横断面形式

城市轨道交通车站的横断面形式多种多样,图 4-9 是各种中间站的横断面形式。图 4-10 是地下中间站常用的两种横断面形式:矩形箱式和椭圆形。
高架车站的横断面形式一般要结合所在的道路及周围建筑物的情况综合设计。

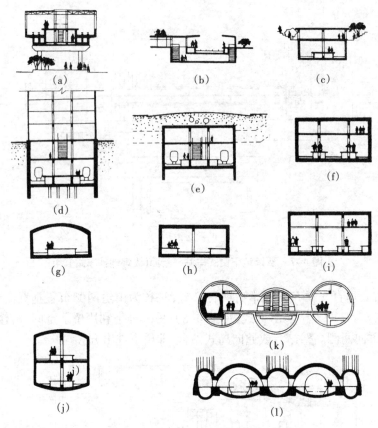

图 4-9 城市轨道交通横断面形式

(a)高架式;(b)地面式;(c)半地下式单柱双跨;(d)浅埋式;(e)深埋、双柱三跨式;
(f)双柱三跨双岛式;(g)单拱岛式;(h)单层单柱双跨侧式;(i)双柱三跨岛侧混合式;
(j)双层单柱双跨岛式;(k)塔柱式;(l)多拱混合式

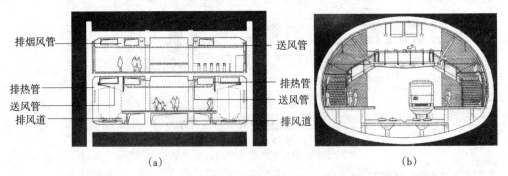

图 4-10 矩形箱式和椭圆形车站横断面

(a)矩形箱式横断面;(b)椭圆形横断面

图 4-11 是道路中央高架车站站台平面图及横断面的一种图式。通常,为避免车站端部出现喇叭口和方便道路两侧乘客乘降,多采用侧式站台。

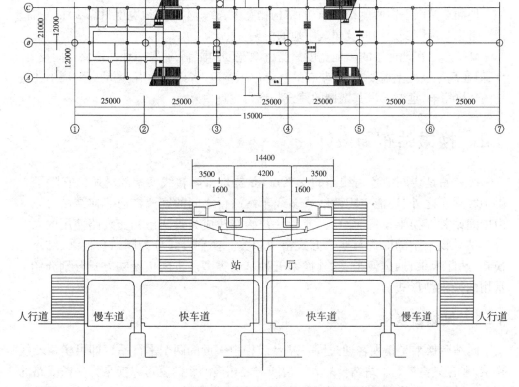

图 4-11 道路中央高架车站站台平面图及横断面图

4.1.5 规模估算

车站位置的用地比区间路段宽,其用地控制范围主要取决于车站长度与宽度。

将站台有效长度加上车站设备布置延长部分,就得到车站总长度。在图 4-6 中,车站实际长度为 269 m。由于施工等因素,车站控制用地长度还要有所增加(一般增加 2~10 m)。因此,一般 8 节编组的地铁中间站的控制用地长度为 270~280 m,在 6 节或 4 节编组的轨道交通车站中,还可相应缩短。

车站宽度与站台形式有关。

对于地下岛式站台的车站,站台宽度为 8~12 m,车站上、下行两股道中心线的间距为 11~15 m;上、下行股道中心线至边墙的宽度之和正好构成一个区间隧道的建筑限界,约 5.0 m,两侧的结构物厚度及施工安全距离各为 5 m;这样,岛式车站的占地宽度为 26~30 m。

对于地下侧式站台的车站,每个侧式站台宽取 6~8 m,上、下行股道中心线间距取 4 m,上、下行股道中心线至站台边缘的宽度各为 3.0 m,两侧的结构物厚度及施工安全距离各为 5 m;这样,侧式车站的控制用地宽度为 29~31 m,比岛式车站宽 1~3 m。

在规划阶段,无论是岛式车站还是侧式车站,地下车站的规划控制用地宽度可取 30 m，曲线车站需适当加宽。

地面车站因不需两侧约 10 m 的结构物宽度，故其本身占地宽度只需 20 m 左右，但要考虑与周围交通用地及建筑用地的协调。

高架车站在地面层的用地宽度只受桥墩宽度的限制，通常与地面道路协同设计，但在高架层面上需要 20 m 左右的实际占用宽度，考虑到噪声、振动等对周围建筑物的环境影响，通常要求其两侧的建筑物离得更远些。

4.2 换乘站布局设计

换乘站是线网中各条线路的交叉点，是提供乘客转线换乘的场所。它除了供乘客乘车之外，还能实现两线或多线车站站台之间的客流畅通。换乘站可以由中间站补充换乘设备而组成，或者一开始就建成为供两条相交线路使用的联合车站。换乘站的形式与换乘方式密切相关。换乘方式分为同站台换乘、结点换乘、站厅换乘、通道换乘、站外换乘五种基本类型。下面按换乘方式分别介绍常用的换乘站形式。

4.2.1 同站台换乘

同站台换乘是指乘客通过同一站台或相距很近的两个平行站台即可实现转线换乘，乘客只要走到车站站台的另一边或与之相当的距离就可以换乘另一条线路的列车。对乘客来说，这当然是最佳方案，尤其是在客流量很大的时候。但这种车站往往要花费较大的工程投资。由于这种换乘方式要求两条线具有足够长的重合段，近期需要把车站预留线及区间交叉预留处理好，工程量大，线路交叉复杂，施工难度大，因此应尽量选用在建设期相近或同步建设的两条线的换乘站上。

同站台换乘的基本布局是双岛式站台的结构形式，它可以在同一平面上布置（见图 4-12(a)），也可以双层布置（见图 4-12(b)）。这两种形式的换乘站都只能实现 4 个换乘方向（A_1—B_1，A_2—B_2）的同站台换乘，而另外 4 个换乘方向（A_1—B_2，A_2—B_1）则要采用其他换乘方式。

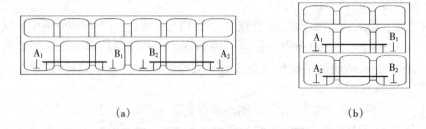

图 4-12　同站台换乘车站形式示意图
(a) 同一平面布置；(b) 不同平面布置

若将两条交叉的线路在站上设于彼此平行的位置且运营时不相互干扰,就要求在出站时两线之间立体交叉。线路交叉的方式不同,会对线路长度、曲线数目及交角、线路坡度等产生不同的影响。线路交叉的方式很多,下面列举较常遇到的四种情况加以分析。

A、B 为两条城市轨道交通线路,A_1、A_2 分别为 A 线的上行、下行股道,B_1、B_2 分别为 B 线的上行、下行股道。当 A、B 两条线在同一水平面内形成同台换乘站时,两条线各股道间的空间关系分为在车站两端交叉或在一端交叉两种情形,如图 4-13(a)、(b)所示;当 A、B 线位于同一立面内形成同台换乘站时,A、B 两条线各股道间的空间关系也分在车站两端交叉或在一端交叉两种情形,如图 4-13(c)、(d)所示。

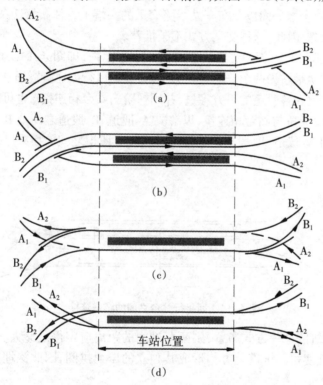

图 4-13 两条线路站台平行布置的四种方式

第一种情况:当线路在车站两端交叉时(见图 4-13(a)),则 A_1 股道及 A_2 股道的两个隧道必须在两处从 B_1 股道、B_2 股道的下方穿过,穿过地点离车站较远,故使线路延长较多。然而由于在同一方向的两股道是并列设置的,并且在它们之间设置站台,这样就可以极方便地在换乘量较大的 A_1 股道与 B_1 股道之间或 A_2 股道与 B_2 股道之间进行换乘。

第二种情况:若线路在车站一端交叉时,如图 4-13(b)所示,则相交线路的展线较短,线路运营指标较好,但 A_1 股道与 B_1 股道之间及 A_2 股道与 B_2 股道之间换乘均不方便,因为在同一方向的两股道之间,夹有一条另一方向的股道,必须用天桥或通行隧道跨过这一股道,当换乘客流量很大时是不合适的。

第三种情况:如图 4-13(c)所示,B_1 股道及 B_2 股道的两股道在车站范围内正好位于 A_1 股道及 A_2 股道两股道的上方,而且两个方向相同的股道正好位于同一竖直平面内。在这种方案中,线路在车站两端交叉没有任何困难,因为在车站上线路 A_1、A_2 及 B_1、B_2 的各股道之间标高差相当大,所以交叉点可在车站附近,展线不长。换乘量较大方向的旅客,需要从车站的一层走行到另一层,但如果换乘设备布置得紧凑与足够的话,这也不会引起太大不便。

第四种情况:如果上述第三种情况的线路在车站一端交叉,如图 4-13(d)所示,则同一方向的两股道均设在同一平面内,换乘较为方便。而将同一线路的两股道引入高低不同的两个水平面以及在车站线路交叉的一端上立体布置四条离站的股道,都是极端困难的。因此,这种交叉方式不予推荐。

若将相交线路的四条股道都设置在同一水平面内,即图 4-13(a)及图 4-13(b)所示的情形,则换乘站为两个普通类型的车站,其间以行人通行隧道连接,如图 4-14 所示,此通行隧道在各股道的下方穿过,并用梯阶与站台相连接。也可以在建筑物接近限界的上方用天桥与站台相连接,以解决 A_1 股道、B_2 股道之间及 B_1 股道、A_2 股道之间的换乘,而 A_1 股道、B_1 股道之间及 B_2 股道、A_2 股道之间的换乘已通过同站台换乘实现。

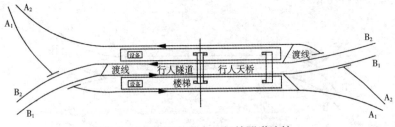

图 4-14 两平行站台之间的隧道连接

若深埋车站按这种方式布置,则两车站间的距离应定得足够大,使它们的施工互不干扰,而且使每一坑道上方均形成其独立的压力拱圈,因此深埋换乘车站的总宽度最大达 70 m。

若浅埋车站也按这种方式布设,则中央两股道之间的距离可减至最小,因为在明堑中修建,该间距取决于设置线路侧墙的要求。设两站台宽均为 10 m,则在这种情形下车站总宽度仅有 36 m。

如将两股道设在同一垂直平面内,则车站布置应为双层式的,如图 4-15 所示,即有上下两个站台,并用梯阶相连接,其间的高差一般不超过 5.5 m。上层的两股道设在钢筋混凝土楼板上面,楼板的支撑是车站衬砌及设在下层站台上的立柱。若站台宽度均为 8 m,则双层式车站可设在一个直径 16 m 的圆周内。

在修建浅埋换乘站时,当街道宽度不能容纳其他类型车站时,采用双层式换乘车站是比较合理的。当车站为深埋时,因两层车站自动扶梯很难布置,故采用这种换

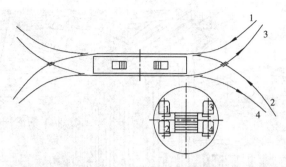

图 4-15　两条线路站台在同一垂直面上平行布置的平面、横断面示意图

乘站有些困难。例如,连接车站一个站台和地面站厅的自动扶梯布置便是一个难题。当然,也可在车站两端各设一套自动扶梯,使之各供一个站台使用,但是对于换乘站来讲,客流是很大的,需要检验其能力是否满足客流要求。

　　双层车站理念的进一步发展,便是在双层车站上将不同平面内的股道铺设在不同的竖直平面内,如图 4-16 所示。这种车站的特点是上、下层站台标高相差较小,使换乘较为方便,但却使区间隧道的交叉条件变得差些。下层站台为岛式的,上层则用两个侧式站台,其间用天桥连接。由于坑道宽度很大,便需要安设中间立柱来支承顶部拱圈。下层车站的乘客可经由楼梯上到顶层,根据顶层站台必须设在建筑物接近限界以上的条件,该楼梯总高度的最小值约为 3.05 m。在选择交叉方式时,应将客流较小的车站设在下层。这种形式的换乘站因为坑道宽度很大,在软土地层中稳定性差,因此它一般只用于坚固的地层中。

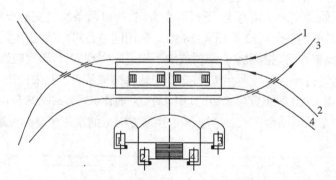

图 4-16　两条线路站台在不同垂直面上平行布置的平面、横断面示意图

　　这种换乘布置形式在莫斯科地下铁道设计中最早采用(见图 4-17)。该车站用两列纵向排列的立柱将地下空间三条隧道连成一个封闭形整体。在车站中央部分的两端设置上、下的楼梯和自动扶梯,把两层车站站台连接起来,完成换乘和进出站的连接。

　　两平行线路不构成交叉,但两线在某站处相距很近,如果两线之间存在大量换乘客流,则可将这两站拉近,并可设计成同站台换乘站。如东京地铁银座线与半藏门线的换乘站——表参道站,其布置形式如图 4-18 所示。莫斯科诺金娜广场站、圣彼

图 4-17 莫斯科地铁岛式站台与侧式站台上、下平行布置换乘实例

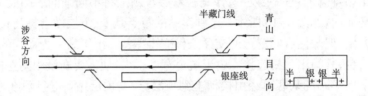

图 4-18 东京地铁表参道换乘站布置示意图

得堡工学院站等也都属于该类换乘形式。

由于每条轨道交通线路有上、下行两个方向,所以两条轨道交通线路之间的换乘组合有 8 个方向。在图 4-12 至图 4-18 中,利用同站台可以实现的换乘方向只有 4 个,另外 4 个换乘方向则需通过高架桥或地下通道来实现,走行距离较远。为了使 8 个换乘方向都能进行同站台换乘,可以将 2 个同站台换乘站组合起来使用。其布置可采用图 4-19 或图 4-20 的布置形式,让其中 4 个方向在一个车站同站台换乘,另外 4 个方向在下一个车站同站台换乘。这样,8 个换乘方向上的换乘距离都很短。

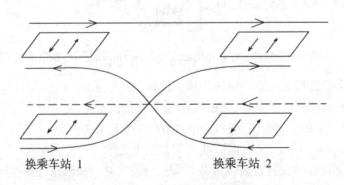

图 4-19 两个同站台换乘站的组合布置形式(一)

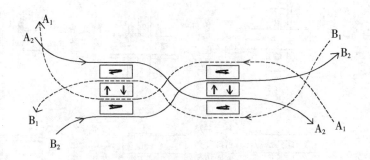

图 4-20 两个同站台换乘站的组合布置形式(二)

例如,中国香港地铁荃湾线和观塘线利用其共用的太子站和旺角站的组合实现了 8 个换乘方向的同站台换乘。其车站站台采用图 4-21 的布置形式,两条线路在站间设置立体交叉,从而使所有换乘方向都能实现同站台换乘。

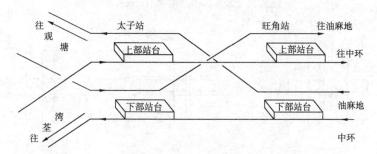

图 4-21 中国香港地铁太子站、旺角站的换乘布置示意图

4.2.2 结点换乘

结点换乘是指在两线交叉处,将两线隧道重叠部分的结构做成整体的结点,并采用楼梯将两座车站站台连通,乘客通过该楼梯进行换乘,换乘高差一般为 5~6 m。

结点换乘方式依两线车站交叉位置,又有十字形、T 形、L 形三种布置形式(见图 4-22)。例如北京西直门站为十字形,复兴门站为 T 形,积水潭站为 L 形。

结点换乘方式依两站的站台形式不同,有许多组合形式。以十字形换乘为例,常用的换乘站类型如下。

① 岛式与侧式换乘:如图 4-23(a)所示,2 号线岛式站台与位于上层的 4 号侧式站台换乘,形成 2 个小换乘厅。

② 岛式与岛式换乘:如图 4-23(b)所示,环线与规划线形成岛-岛换乘,只有一个小换乘厅,换乘能力较小。

③ 侧式与侧式换乘:如图 4-23(c)所示,利用上、下两层侧式站台层的十字交叉点形成 4 个换乘厅及换乘通道,换乘能力较上述两种都大。

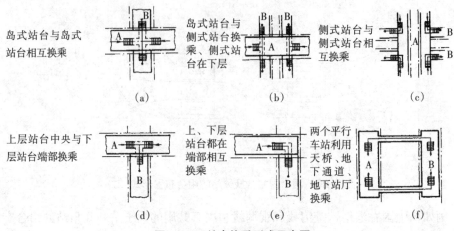

图 4-22 结点换乘形式示意图

(a)十字形换乘(一);(b)十字形换乘(二);(c)十字形换乘(三);
(d)T形换乘;(e)L形换乘;(f)双通道

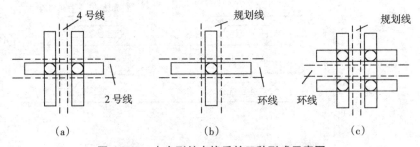

图 4-23 十字形结点换乘的三种形式示意图

(a)岛式与侧式换乘;(b)岛式与侧式换乘;(c)岛式与侧式换乘

  一般结点换乘站的换乘能力较小,但是,换乘站布置设计合理,也能够达到较大的换乘能力。例如,图 4-24 是柏林地铁的一个结点换乘站。该站为三层框架结构,地下一层设有四个通向地面的出入口,以吸引和疏散不同方向的客流,并设有直接通向地下二层站台和地下三层站台的自动扶梯。两条地铁线路呈十字形交叉,车站站台都采用岛式站台,两个岛式站台通过换乘楼梯相连接,实现不同线路之间的换乘。

  结点换乘方式设计的关键是要注意上、下楼的客流组织,避免进、出站客流与换乘客流的交叉紊乱。该方式多应用于侧式站台间的换乘,或与其他换乘方式组合应用,可以达到较佳效果。

  两个岛式站台之间采用这种换乘方式连接一般较为困难,因为楼梯宽度往往受岛式站台总宽度的限制,其通行能力难以满足换乘客流需求。如果两条交叉线路的高差足够大,那么可以采用两个车站十字形塔式交叉,两站台之间用双层式梯阶相连接。

  结点换乘方式的结点要求一次做成,预留线路的限界净空及线路位置受到制约,

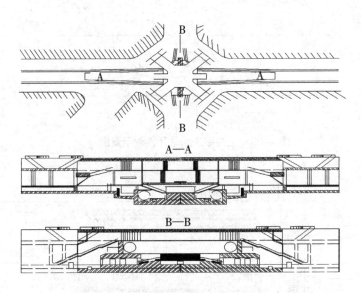

图 4-24 柏林地铁交叉式车站换乘示意图

这就要求预留线要有必要的研究设计深度,避免预留工程不到位或过剩等不良现象的产生。

4.2.3 站厅换乘

站厅换乘是指乘客由一个车站的站台通过楼梯或自动扶梯经由另一个车站的站厅或两站的共用站厅到达另一车站站台的换乘方式。乘客下车后,无论是出站还是换乘,都必须经过站厅,再根据导向标志出站或进入另一站台继续乘车。由于下车客流只朝一个方向流动,减少了站台上人流交织,乘客行进速度快,在站台上的滞留时间减少,可避免站台拥挤,同时又可减少楼梯等升降设备的总数量,增加站台有效使用面积,有利于控制站台宽度规模。

站厅换乘方式与前两种方式相比,乘客换乘路线通常要先上(或下)、再下(或上),换乘距离较远;若站台与站厅之间是自动扶梯连接,可改善换乘条件。

上海轨道交通 1 号线及莘闵线(5 号线)的莘庄站,采用了同层并列侧式站台形式,如图 4-25 所示,通过上一层共用站厅层来完成换乘。这种换乘方式有利于各条线路分期建设。

若浅埋线路与深埋线路交叉,则可按图 4-26 所示的方式修建换乘站。乘客换乘时可通过一个公用的地面站厅。这种换乘方式虽然较经济,但对乘客来说不方便,因为要先上升再下降。较好的换乘方式是经过连接两个车站中心的一套换乘体系来换车。此换乘体系包括:一座由浅埋车站至地下站厅的通行隧道、一个地下站厅(其地板下方为自动电梯的机器房)、一座自动扶梯隧道及张拉室、一个小集散厅、几个通至深埋车站的通行隧道和通到车站股道上方的天桥、由天桥下至深埋车站站台的楼梯。这

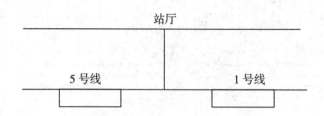

图 4-25 上海莘庄站站厅换乘示意图

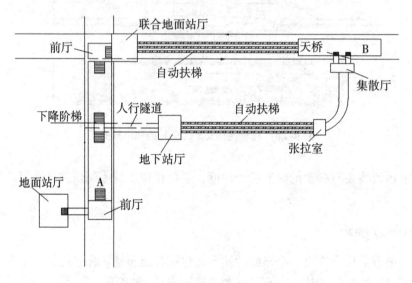

图 4-26 联合地面站厅的换乘站

种换乘方式所经的距离最短,不必爬升多余的高度。

4.2.4 通道换乘

在两线交叉处,车站结构完全分开,当车站站台相距稍远或受地形限制不能直接通过站厅进行换乘时,可以考虑在两个车站之间设置单独的连接通道和楼梯,供乘客换乘,这种换乘方式称为通道换乘。连接通道一般设于两站站厅之间,也可以从站台上直接设置。

通道换乘方式布置较为灵活,对两线交角及车站位置有较大的适应性,预留工程少,甚至可以不预留,容许预留线位置将来可以少许移动。通道宽度按换乘客流量的需要设计。换乘条件取决于通道长度,一般不宜超过 100 m,这种换乘方式最有利于两条线工程分期实施,预留工程最少,后期线路位置调整的灵活性大。

下列两种情况下常采用通道换乘。

① 当两条轨道交通线路在区间相交时,构成 L 形,两线上的轨道交通车站均应靠近交叉点设置,并用专用的人行通道相连接。例如上海 1 号线与 2 号线的人民

广场站呈 L 形布置,2 号线的地下二层站厅层与 1 号线的地下一层站厅层通过 10 m 宽的地下通道实现换乘。

图 4-27 是通道换乘方式的地下换乘站。在位置较高的车站 A 的站台中心安设双向梯阶或自动扶梯下降到人行隧道平面,该隧道在 A 站的站线下方穿过。供乘客双向走行的人行隧道,其宽度通常为 7~7.5 m,长度不应超过 100 m。人行隧道内应有斜坡,且应朝较多乘客走行的方向下坡。客流交叉的地点,人行隧道的断面应予加宽。此人行隧道在靠近位置较低的车站 B 的地方,通常分成两个断面较小的隧道,这两个隧道的出口处接有跨越站线的天桥,该天桥端部应设置楼梯通到站台地板面,楼梯则设在车站 B 的塔柱或立柱之间。在人行隧道分支的地方应设置一间不太大的集散厅,以便在其中将不同方向的客流分隔开来。

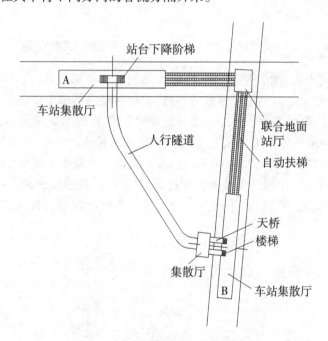

图 4-27 通道换乘方式的地下换乘站

在条件许可时,可利用联合式的地面站厅或地下站厅来换乘,联合式地面(或地下)站厅用自动扶梯与两个车站相连接,而在地面只设一个共同出口,如图 4-27 所示。为此,两个车站集散厅的端部至线路交叉点的距离都应当与它们的埋置深度相适应。

也可以同时采用上述两种方案。这时人行隧道的宽度可减小,并只用于单向通行。反向换乘时可通经自动扶梯隧道。

② 当一条线路的区间与另一条线路的车站呈 T 形交叉时,可按图 4-28 所示的换乘站形式组织换乘。位置较高的车站 A 的集散厅可用一个人行隧道与一个地下站厅(前厅)相连接,该地下站厅则经由自动扶梯隧道而与位置较低的车站 B 相连接。

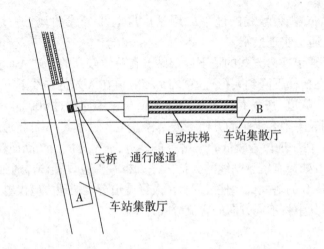

图 4-28　一条线路区间与另一条线路车站呈 T 形交叉时的换乘站

若人行隧道长度不大,则 B 站乘客可经由 A 站的自动扶梯出站,但这样对乘客是不便的,因为他们必须先上到一个多余的高度,而后再经由楼梯下降到 A 站的站台去。若人行隧道很长,则可使地下站厅直接与地面相连接,以供 B 站乘客出站之用。这样人行隧道仅供换乘旅客使用,A 站的自动扶梯也不致超荷。

例如,莫斯科的普希金站、高尔基站和契诃夫站三个地铁车站布置呈三角形。车站的两端通过自动扶梯和三个地面大厅进、出口连接。换乘通道都衔接着每个车站的中部,这样可以使客流能在不同方向分配并使客流能按站台长度均匀分布(见图4-29)。

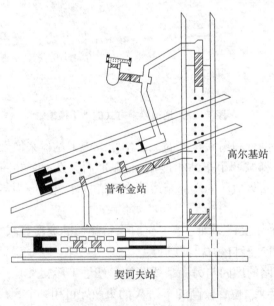

图 4-29　莫斯科地铁车站通道换乘实例示意图

又如，上海轨道交通2号线的中山公园站(地下二层)与明珠线(3号线)中山公园站(高架二层站台、地面站厅)呈T形交叉，利用两条地下通道进行换乘(见图4-30)。

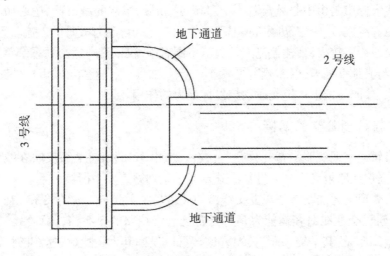

图4-30　上海轨道交通2、3号线中山公园站T形通道换乘示意图

4.2.5　其他

除了上述四种基本的换乘方式之外，还可采用站外换乘及组合换乘来达到换乘目的。

站外换乘是乘客在车站付费区以外进行换乘，实际上是没有专用换乘设施的换乘方式。它在下列情况下可能会出现：

① 高架线与地下线之间的换乘，因条件所迫，不能采用付费区内换乘的方式；

② 两线交叉处无车站或两车站相距较远；

③ 规划不周，已建线未作换乘预留，增建换乘设施十分困难。

采用站外换乘方式，往往是没有轨道交通线网规划而造成的后遗症。由于乘客增加一次进出站手续，步行距离长，再加上在站外与其他人流混合，因而很不方便。对轨道交通自身而言，是一种系统性缺陷的反映。因此，站外换乘方式在路网规划中应尽量避免。

在换乘方式的实际应用中，若单独采用某种换乘方式不能奏效时，则可采用两种或多种换乘方式组合，以达到完善换乘条件、方便乘客使用、降低工程造价的目的。例如，同站台换乘方式辅之以站厅或通道换乘方式，使所有的换乘方向都能换乘；结点换乘方式在岛式站台中，必须辅之以站厅或通道换乘方式，才能满足换乘能力；站厅换乘方式辅以通道换乘方式，可以减少预留工程量，等等。这些组合的目的，是力求车站换乘功能更强时，既保证具有足够的换乘能力，又使得工程实施及乘客使用方便。

4.3 轨道交通系统与其他交通方式的衔接

现代大都市是由中心城及若干卫星城(或新城)组成的城市群,中心城本身也由多个副中心组成,市中心、副中心、卫星城等相互之间都有着大量的人流联系。由于城市轨道交通线路较少,其覆盖范围及吸引范围有限,仅依靠轨道交通系统承担是不够的,只有与其他交通方式(常规公共汽车、电车、小汽车、自行车、城市对外交通)紧密衔接起来,才能使城市轨道交通系统发挥最大的作用。

4.3.1 与常规公交的衔接

城市轨道交通线路与常规公交(公共汽车、电车)的衔接关系反映在线路与站点两方面,当然线路最终还是通过某个站点或一系列站点发生衔接关系。

城市轨道交通线路与常规公交线路的关系是主干线与支线的关系。在通常情况下,每条轨道交通线路客运能力是每条常规公交线路的5~8倍,因而沿着城市的主要客流走廊布设,其平均乘距也较长,这样可以发挥其大运量、快速、准时、舒适的系统特征。常规公交运能低,但机动灵活且运营成本低,可以布设较多的线路,所以在居民区与轨道交通车站之间形成接驳交通联系,以达到扩大交通吸引范围、减少居民步行距离、方便居民出行的目的。

由于城市交通流量的发展是从小到大的,因而城市交通的发展一般是先有常规公交而后有轨道交通。当轨道交通线路形成以后,通常要对常规公交线路走向及其站点做一些调整。在调整常规公交线路时,通常的做法如下。

① 在轨道交通沿线取消重合段(或附近的平行段)较长的常规公交线路,将其改设到与轨道交通横向交叉的道路上,或改移到轨道交通服务半径以外的地区。

② 增加与轨道交通线路横向交叉的常规公交线路,并尽可能缩短两者之间的换乘距离,使常规公交担当轨道交通线路的接驳交通线路。

③ 增加以轨道交通车站尤其是换乘枢纽为起终点的常规公交线路,为轨道交通集散客流创造较好的条件。

轨道交通车站与常规公交车站的衔接一般有三种等级规模。

1) 一般接驳站

一般接驳站为轨道交通中间站与常规公交线路中间站的换乘点。在这类换乘点中,通常考虑公交车站离轨道交通车站的出入口近些,且乘客尽量不要平面穿越交通量较大的干线道路换乘。

在轨道交通建设初期,通常客流量较小,行人穿越街道乘坐轨道交通对地面交通的干扰还不太严重。随着城市的发展以及轨道交通车站对客流日益增大的吸聚作用,不久的将来,轨道交通车站的人流量会很大,这些人流在穿越道路时非常危险,对地面交通的干扰很大。多数地铁车站设在干线道路附近,这样就更增加了危险性及干扰程度。因此,在交叉口附近设置地铁车站,车站中心应尽可能位于交叉口中央,并在各个路口都设置出入口。

当轨道交通车站设置在道路一侧时,应充分考虑到干线交通流对未来大量的轨道交通集散客流的阻隔作用,设置或预留行人过街通道。当行人过街通道位于地下时,可与轨道交通车站结合起来布置,以节省工程造价。

在集散客流量较大的轨道交通车站,其出入口的数量不宜太少。我国现有的轨道交通中间站通常只设 3~4 个出口,而东京等发达城市中轨道交通中间站的出入口数量一般有 5~10 个,这不仅可以为常规公交接驳提供更多的便利,而且可以缩小每个出入口通道的宽度,把出入口做得小巧玲珑,不碍城市景观。此外,还增大了车站周围用地的商业价值。

2) 大型接驳站

大型接驳站是指位于轨道交通起终点站、地区中心及接驳换乘量较大的轨道交通车站的换乘点。在此布置的常规公交车站主要为某一个扇面方向的地区提供服务。这里通常作为多条公交线路交汇的公交车站,需提供 3~4 个车位或线外有超车功能的港湾式停靠设施,规模可达 3000~5000 m²。

大型接驳站的布置宜设于轨道交通车站 200 m 范围内,有条件时可考虑与轨道交通车站建筑结合;在规划设计时,除考虑尽可能减少人流、车流交叉外,要配备必要的运营服务设施和导向标志。

3) 枢纽站

枢纽站一般是两条以上轨道交通线路交叉处。这种车站的客流集散量很大,日客流集散量可达几十万人次。大型枢纽站的站场规模较大,一般在 10 000 m² 以上。有些大型枢纽站,由于受用地范围的制约,或为了更有效地进行客流组织,采用立体化布局,实现人车分离、换乘便捷的功能。

例如,图 4-31 所示为法国巴黎苔芳斯地铁换乘枢纽示意图。该站在规划时就考虑了各种交通之间的综合换乘,将地铁及快车线、国家公路、城市公共汽车线、高速公路、停车场等分别设在不同的层次空间内,构成了一个便捷换乘的立体交通体系。地铁之间的换乘放在地下四层,四条地铁线路的站台呈平行布置。换乘量大的线路共用一个岛式站台,乘客在从站台一侧步行到另一侧即可实现换乘。其他方向的换乘通过楼梯进入换乘大厅来实现,整体换乘非常方便。

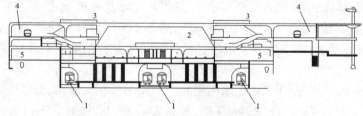

图 4-31　巴黎苔芳斯地铁换乘枢纽示意

1- 地铁线路;2-换乘大厅;3-地面出入口;4-城市公交线路;5-公路

4.3.2 与私人交通方式的衔接

私人交通方式包括自行车(助动车)、摩托车和小汽车等。目前,我国大城市中使用自行车(助动车)的比例较高,上海市超过了 30%;随着小汽车的售价下降及人民生活水平的提高,购买小汽车的人数越来越多,北京拥有小汽车的家庭已超过 30%。因此,在城市轨道交通车站设计中,必须要考虑与私人交通方式的紧密衔接。

1) 与自行车(助动车)的衔接

据北京地铁公司统计资料,20 世纪 90 年代初,北京地铁 1 号线的玉泉路、古城路、苹果园车站的自行车停放量都超过了 1000 辆。调查表明,自行车换乘客流来源一般在距车站 500~2000 m 的范围内。这样,在居民区和市区主要交叉口的车站均应考虑一定规模的自行车停放场地。

自行车的停车场应结合车站出入口周围的用地和建筑物情况进行设置。目前,北京地铁的一般做法是将出入口周围划出一片地作为停车场地,但随着城市的发展,市中心的用地越来越紧张,这种做法难以实施。因此,规模较大的车站可考虑利用地下空间设置停车场。根据轨道交通车站的规模及其可能吸引的自行车停放量,自行车停车场的规模可控制为 60~2000 m^2。

2) 与私人小汽车的衔接

经济发展导致小汽车拥有量的增加是社会发展的必然。例如,巴黎地区有 78% 的家庭拥有小汽车。许多人乘用小汽车上下班,大量小汽车闯进市区,加剧了道路交通的压力。为缓解这一矛盾,许多城市采用大力发展中心区公共交通、限制小汽车进城的战略。为有效地实施这一战略,在中心区周围的轨道交通车站兴建小汽车停车场是一项必要的引导措施。

小汽车停车场布置灵活多样,可以是地面的,也可以是地下或高架的。

小汽车停车场常采用与大型枢纽站共同兴建的方式,例如日本的名古屋火车站、东京火车站以及马赛的圣·夏尔东站等。

名古屋火车站于 1976 年建成,为一个地下 3 层、地上 20 层的综合大楼。其布置如下。

① 地下部分:地下 3 层分别布置地下铁道、高速铁路及市郊铁路(私营铁路),在地下第 1、2 层的铁路两侧开设了百货商店和专卖商店。

② 地上部分:第 1 层为铁路车站、公共汽车总站及停车设施、中心广场(室内)、旅馆大门;第 2 层为公共汽车站、百货商店;第 3、4、5 层为百货商店、小汽车停车库;第 6 层为百货商店;第 7 层为饭馆街、信贷机构、旅游券兑换中心;第 8~12 层是旅馆、会议室、宴会厅。

③ 公共汽车站:原在名古屋站四周的三十几个公共汽车站,都集中在名古屋站大楼中的一二层,可容纳汽车 2600 辆,预留发展到 3000 辆,这不仅大大便利了旅客,也解决了站前拥挤的问题。

④ 旅客乘降人数:1977年日平均107万人次,其中国铁18万人次,私铁52万人次,地铁26万人次,公共汽车11万人次;在总客运量中,持有定期票的乘客占60%。

⑤ 投、融资:投资共900亿日元,由国有铁路公司及大小私营公司合资兴建。其中,日本国有铁路公司出资40%,私铁公司出资3%,汽车公司出资17%,各商业公司出资40%。

总之,小汽车停车场在国外发达城市的轨道交通车站设计中已经普遍受到重视。在位于火车站、机场、大型游乐场及旅游胜地附近的轨道交通车站,在条件许可时,最好能预留停车场地的位置,以便于今后条件成熟时建设。

4.3.3 与城市对外交通站点的衔接

城市规模越大,城市与外部的人员交往就越多。在上海、北京等大城市,每天进出城市的人员总量高达几十万人,这些人员必须经过火车站、机场、长途汽车站、客运码头等站点。因此,将城市轨道交通车站与这些城市对外交通站点紧密地衔接起来,对方便居民长途出行、节省出行时间是很有意义的。

城市轨道交通车站与对外交通枢纽的衔接方式有三类:地面方式、高架方式、地下方式。在大城市中,由于对外交通站点的客流集散量很大,需要较大的地面广场供常规公交及小汽车使用,如采用地面衔接方式会使步行距离增大,因此较多使用高架方式和地下方式。

火车站一般建筑悠久,周围用地容积率很高,高架方式也难以实施,因而在火车站通常采用地下方式,如日本京都的京都火车站、福冈的博多火车站、巴黎的里昂火车站都是地面火车站与轨道交通地下站衔接。上海轨道交通1号线的上海火车站虽然也是位于地下,但由于平面上与铁路站台相距较远,换乘仍然很不方便。由此可见,无论是采用什么衔接方式,最主要的是要从乘客的换乘功能出发,从平面、立面等不同角度综合地考虑换乘路径的合理性,使得换乘路径尽量短捷而顺畅。

为了改善火车站与轨道交通车站的换乘关系,一般在火车站附近修建城市轨道交通车站时,都伴随着火车站的改建或扩建工程。下面介绍巴黎的诺尔火车站及柏林亚历山大广场枢纽站的交通衔接案例。

诺尔火车站位于巴黎市北部,高峰小时运量约58 000人,车站处于饱和状态,有必要扩建。然而,诺尔车站地面场地有限,扩建的唯一办法是修建地下车站。同时,巴黎地铁4号线的客运压力也很大,巴黎运输公司计划修建一条复线直抵诺尔站,与铁路连接。计划兴建的地铁诺尔站与铁路诺尔站近在咫尺,故巴黎运输公司与国有铁路公司双方决定共同兴建这座车站(见图4-32)。

扩建的诺尔站全长320 m,平均宽度48 m,车站结构底板至顶板高约13 m。车站共分三层,底层为地面铁路与地铁线路的连接车站,为两个岛式站台,各设置两条线路,站台比较宽敞,乘客无需出站即可换乘。中间层又称夹层厅,起集散厅作用。厅内

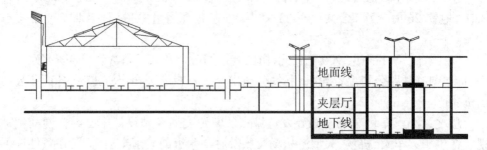

图 4-32　巴黎轨道交通诺尔站与铁路车站的衔接

布置着通往上、下层各站台的梯道以及连接地面站的通道。上层为郊区火车站。露天部分为地面铁路备用站。车站各层由换乘梯道及自动扶梯贯通。出站两侧为一售票厅和一条通向街道的地下通道，连接着地面和地下出站。该站的建成大大改善了巴黎北郊地面铁路与巴黎区域快速轨道交通线（RER）的换乘条件，提高了地面铁路与地铁的运输能力。

柏林亚历山大广场交通枢纽有铁路、城铁（S-Bahn）、地铁（U-Bahn）、有轨电车（M）、公共汽车、出租车等交通方式，规划设计者巧妙地安排各种交通方式的设施位置，达到了既节省用地、又便捷换乘的双重效果。枢纽的布局结构如图 4-33 所示。

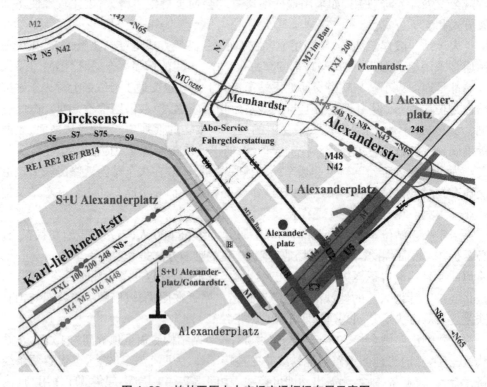

图 4-33　柏林亚历山大广场交通枢纽布局示意图

现对亚历山大广场交通枢纽布局结构及功能特点分析如下。

① 利用立体空间,紧凑地、合理地安排各种车站的位置,在满足客流集散空间用量的条件下,尽可能使各类车站靠近。铁路线、城铁线平行布设,均位于高架一层;有轨电车、公共汽车、出租车位于地面;地铁线位于地下。地下一层为商场及与地铁的换乘通道。这种布局结构不仅可以缩短乘客走行距离与时间,而且可以减少枢纽内集散客流所需的空间用量。

② 铁路与城铁车站一体化布置,宽度约 36 m,地面层有两条换乘通道将城铁楼梯、站台与铁路楼梯、站台连接起来,使得城铁与铁路之间的换乘距离不到 50 m,既节省土地及空间资源,又实现了便捷换乘。如图 4-34 所示,在高架一层中,铁路车站仅一个岛式站台,两股站线;与之平行的另一岛式站台及 2 股站线供城铁使用;地面层主要用于商业、旅游等服务业的经营。该站虽然占地不大,但每天接发及通过的列车数量很大。城铁站台停靠 S5、S7、S75、S9 的列车,每天超过 250 对;铁路列车有 RE1、RE2、RE7、RB14 等停靠,大约每天有 80 对;此外,每天通过该站的铁路列车在 300 对以上。

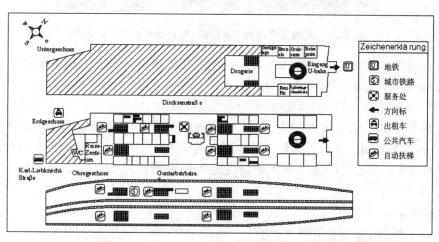

图 4-34　柏林亚历山大广场铁路车站地下、地面、高架层的平面布局示意图

③ 已建的 3 条地铁线呈土字形紧凑地布置在城铁线的北侧,并预留了 U10 线的站位,见图 4-33。有 4 条地铁线交汇的车站,地下埋深只有 12~14 m,U10 线的预留工程仅通过加宽 U5 线站台(两侧各加宽 6 m)就实现了。各地铁线之间、地铁线与城铁及铁路之间的换乘距离只有 60~180 m,空间利用效率很高,还可实现 U5、U10 线的平行换乘。

U8 线及 U2 线平行于城铁线布置,位于地下一层,其站台至地面的垂直距离约 6 m;U5 线垂直于 U8 线,在 U8 线及 U2 线下方通过,其站台比 U8 及 U2 站台低 6~8 m。U8 及 U2 线的站台为岛式;U5 线的站台为侧式,每个侧式站台的宽度约 14 m,这为 U10 线预留了站线位置。将来 U10 线建成后,在地下二层形成一个双岛式四股道的车站结构。U5 站台(地下二层)可以用作 U2、U8 站台的换乘通道,为了避免 U10 线建成后其换乘通道能力不足,还在地下半层(比 U2、U8 站台高 2 m)修建了平行于 U5 站台的 U2 与 U8 站台的换乘通道。U5 站台平面布局如图 4-35 所示。

图 4-35　柏林亚历山大广场枢纽 U5 站台平面布局示意图

④ 枢纽内设置了两个有轨电车车站,进一步提高了枢纽的集散效率。如图 4-33 所示,在铁路车站南侧设了一个有轨电车车站,在 U2、U5 车站北侧又设了一个有轨电车车站,这两个有轨电车车站的间距大约为 350 m。铁路、城铁及 U8 线乘客至有轨电车车站的换乘距离大约为 50 m,U2、U5 线至有轨电车车站的换乘距离也只有 50 m 左右。由于在这条有轨电车线路上运行的 M4、M5、M6、M48 线与城铁线、地铁线是基本正交的,因此扩大了大容量轨道交通线(城铁及地铁)的辐射范围。

【思考题】

4.1　城市轨道交通车站有哪些类型?
4.2　中间站的站台形式有哪几种基本类型?
4.3　岛式车站、侧式车站各有何优缺点?如果该站的客流需求可能有很大变化,采用哪类车站便于扩大站台层客流集散能力?
4.4　岛式站台、侧式站台的宽度应考虑哪些因素?
4.5　换乘站有哪些基本类型?
4.6　同台(平行)换乘站的基本形式有哪两种?列举其三种变化形式,并说明其功能特点。
4.7　什么是结点换乘?列举其三种变化形式及功能特点。

第5章 结构工程

城市轨道交通线路可能位于地面、地上和地下。当线路位于地面时,轨道结构铺设于路基之上,与传统的铁路基本相同;当线路位于地上时,线路采用高架结构;当线路位于地下时,线路采用地下结构。本书仅讨论城市轨道交通线路的高架及地下结构。城市轨道交通线路因在区间和车站的施工方法不同而采取不同的结构形式,因此,下面对地下车站结构、地下区间结构(区间隧道结构)、高架车站结构和高架区间结构分别进行叙述。

5.1 地下车站结构

5.1.1 地下车站的结构形式

在地下车站结构设计时,必须同时考虑施工方法,最好的设计应当是把使用功能、结构与施工方法有机地结合起来。土建设计和施工人员通常按施工方法对地下车站结构进行分类。

地下车站结构的施工方法有明挖法、暗挖法、盾构法。我国目前主要采用明挖法及暗挖法,国外也有采用盾构法或者盾构法结合暗挖法。

明挖法施工工艺一般是先设置围护结构,再开挖基坑,然后在围护结构的保护下建设地铁车站,最后再覆土恢复路面。由于这种施工方法成本低、风险小,所以在我国得到广泛应用。目前我国大多数浅埋地下车站都是采用这种方法施工。

明挖法施工会对施工工点周围的交通环境产生一定的影响,在工点附近没有平行道路的情况下会产生严重的交通堵塞。因此,有些车站需要采用对交通影响较小的施工方法,暗挖法是其中之一。

暗挖法是在矿山法及新奥法的基础上发展起来的。传统的矿山法施工,为地铁暗挖施工技术奠定了基础,到20世纪60年代,喷射混凝土和锚杆技术的出现,创造了新奥地利施工法,简称新奥法(NATM, New Austrian Tunneling Method)。新奥法的基本思想是充分利用围岩的自承能力和开挖面的空间约束作用,采用锚杆和喷射混凝土为主要支护手段,约束围岩的松弛和变形,并通过对围岩和支护的测量、监控来指导地下工程的设计施工。在20世纪80年代北京地铁复八线修建过程中,针对车站埋置深度浅、松散不稳定的土层和软弱破碎的岩层提出浅埋暗挖法施工技术,建造拱形的地铁车站。由于大部分地铁的建设在城市区域,浅埋暗挖法更强调对地表沉降的控制,初期支护结构刚度大,允许的变形量比较小,有利于减小对地层的扰动和保护地层的自承能力。在北京地铁复八线中,西单车站、天安门车站、王府井车站等的修建都是采用浅埋暗挖法。该方法的优点是:对地面交通无干扰,地面拆迁量少,也无需进行地下管线的改迁,尤其是在工程地质条件较好、地下水位较低的情况下,采用该施工方法具有良好的社会经济效益。

采用明挖法和暗挖法修建的地下车站横断面多为矩形结构,而采用盾构法修建的地下车站横断面多为圆形结构。通常,采用盾构法修建的车站都与暗挖法相结合,比如可以在两个并列的圆形盾构隧道内修建两条线路的站台,然后在两条隧道之间采用矿山法修建联络通道。但是,传统的盾构法修建的车站在利用暗挖法修建联络通道时,受到地质条件特别是地下水的影响较大,为了满足施工的安全要求,需要加固地层。在日本的京叶线上,第一次采用了多圆盾构修建地铁车站。采用多圆盾构修建地铁车站的优点在于可以不分阶段,直接建成地铁车站结构,提高了盾构法修建地铁车站的安全性。

1. 矩形框架结构

采用明挖法施工的车站主体结构一般为长条形多层、多跨框架结构,经常采用的结构形式为地下二层或者三层、单柱或者双柱的框架结构形式。根据建筑使用功能的要求,车站有时候需要局部加宽。如上海轨道交通 13 号线世博园车站,车站内设置停车检修线,局部净宽度达到 28.9 m,采用了三柱四跨的结构形式;天津地铁 3 号线昆明路车站,车站最大净宽达到 30.3 m,采用了四柱五跨的结构形式。

矩形框架结构的车站由顶板、中板、底板和侧墙组成。顶、中、底板沿车站纵向设置立柱和纵梁,立柱断面一般为矩形、正方形或者圆形,纵梁断面一般为矩形。根据建筑使用功能的要求以及结构布置的需要,在中板开孔位置,或者顶板抬高、落低等位置,可以增设横梁、纵梁和立柱。此外,根据使用功能的要求和结构受力的需要,地下车站一般采用两层或三层,横向可以设置单柱、双柱或者多柱。在明挖车站的两端,经常根据盾构施工的需要设置端头井,此时结构的内部尺寸及结构的梁柱布置除满足使用阶段建筑布置要求外,还需满足盾构施工的要求。由于端头井在顶、中板上需要预留盾构的吊装孔,施工阶段在孔洞周围需要设置边框架梁,承受围护结构外侧的水、土荷载和施工荷载,因此,端头井的尺寸要根据设置边框架梁的需要予以加宽。

图 5-1、图 5-2 所示的是最为常见的地下二层单柱两跨车站和地下三层两柱三跨车站,图 5-3 所示的是站内设置停车线后,车站较宽,为了满足结构受力合理的需要,在车站中心设置四根立柱的四柱五跨结构。

随着城市对地下空间开发的综合利用,许多地铁车站需要与地下空间开发,或者与城市其他建筑物相结合综合考虑。上海轨道交通 1 号线的多座车站作为综合结构的基础或者基础的一部分,如徐家汇地铁车站的顶层为道路隧道,地下 2 层和地下 3 层分别为地铁车站的站厅层和站台层;上体馆站与地面高架桥合建,桥墩与车站框架结构的顶板整体连接,在设置桥墩处,顶板厚度从 0.7 m 局部增加至 2.4 m,作

第5章 结构工程

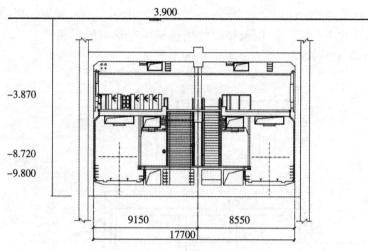

图 5-1 地下二层单柱两跨车站

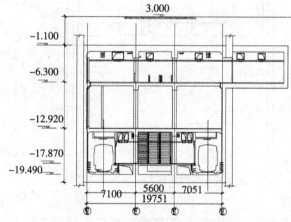

图 5-2 地下三层两柱三跨车站

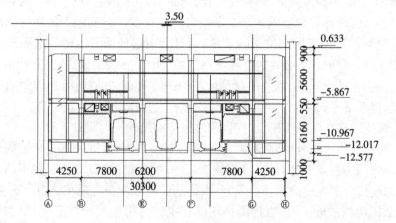

图 5-3 地下二层四柱五跨车站

为桥墩的承台梁,如图 5-4 所示。新闸路车站与地面建筑结合,地面框架结构的中柱与车站结构立柱上、下贯通,框架结构的边柱支承在车站地下墙与内衬墙组成的叠合墙上,整个车站结构作为地面框架结构的箱形基础。

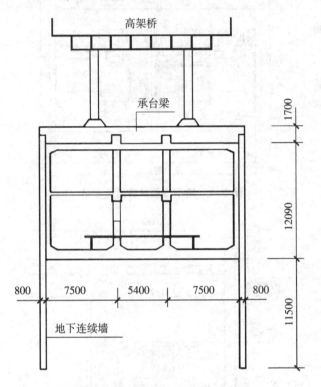

图 5-4　与地面结构结合的地铁车站

对于多条线路交汇的换乘站,由于换乘段结构布置形式和受力复杂,一般采用明挖法施工。图 5-5 为某车站换乘段结构剖面图。由于换乘站一般设置在两条客流走廊的交叉处,因此构成换乘的两个车站宜同步建设。分期施工虽然可以减少初期投资,但是同时增加了后期施工的难度,而且会引起地面管线的二次搬迁和地面道路的再次封堵,增加了不必要的工程费用。如果由于客观的原因,换乘站不能同步施工,那么在换乘站设计时,需要尽量预留与另一方向车站的连接段,以免后期的车站施工对已建车站造成影响。换乘站设计应该符合以下规定。

① 两条线路车站同步建设时,换乘站按空间结构同时设计。

② 两条线路车站分期建设时,如先建的车站在上方,则先施工车站的局部换乘落低段应该同步建设,同时还应该修建 2~3 m 的换乘段,以方便后期车站与先期车站工程的连接。如先建的车站在下方,则换乘段应包含在先建车站内一次完成。

在采用明挖法施工时,根据围护结构和主体结构施工的顺序,明挖法可以分为明挖顺作法、盖挖顺作法和逆作法。

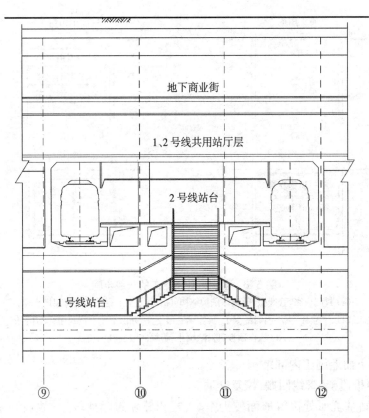

图 5-5 换乘车站结构剖面图

1) 明挖顺作法

设置围护结构,由上向下挖土,一边挖土一边设置支撑,挖土到基坑底部后铺设混凝土垫层,然后由下向上回筑内部结构,施工底板、立柱、中板、顶板。在回筑内部结构的同时,根据结构的受力情况分批拆除设置的支撑。在顶板封顶后覆土恢复路面结构。这种方法施工技术简单、快速、经济,施工质量容易控制。虽然对地面道路及环境影响较大,但如果有条件采用开辟临时交通便道或局部"翻浇(车站明挖施工期间的一种改道方法)的措施,则可以保证路面交通的畅通,减少对市民出行和对周边环境的影响。

该方法适用于以下区域:基坑开挖范围内无重要的市政管线,或市政管线较少可以临时改移;车站施工影响范围内的道路交通流量不大,或在需要临时封闭道路交通时具备交通改道和疏解条件。

明挖顺作法施工的一般步骤(见图 5-6)如下:

① 施工基坑围护结构;
② 当地下水位位于结构底板以上时,进行基坑降水;
③ 自上而下开挖基坑并架设各道支撑;

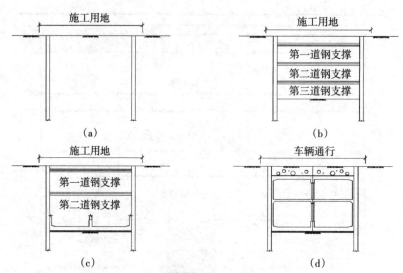

图 5-6 明挖顺作法施工的一般步骤
(a) 封闭道路、管线搬迁、施作围护结构；(b) 由上至下逐层开挖并架设支撑；
(c) 浇筑底板、下立柱、下层内衬混凝土，拆除第三道支撑，并由下至上浇筑主体结构，依次拆撑；
(d) 施作顶板、拆撑、覆土、管线回搬、恢复交通

④ 自下而上施工内部结构；
⑤ 顶板覆土，管线回搬，恢复交通。

当车站基坑所处位置地面较为空旷，或相邻建筑距离较远，放坡开挖对周围环境影响较小时，可采用在围护结构顶部适当放坡或采用土钉墙施工。

2）盖挖顺作法

当车站位于城市的主要道路上时，为了尽可能减少对地面交通的影响，可以在围护墙以及围护墙内部的中间立柱上架设临时路面板，以保持地面交通的顺畅。在增设的路面板以下，采用盖挖顺作法进行车站内部结构的施工。盖挖顺作法比较简单，但由于基坑的顶部设置了临时路面板结构，基坑内的出土和材料的运输相对于明挖顺作法施工要困难一些。

当地面交通比较繁忙，不能长时间占路施工时，可采用盖挖顺作法。

盖挖顺作法施工的一般步骤（见图 5-7）如下：
① 施工基坑围护结构；
② 架设临时路线；
③ 在临时路面板下自上而下开挖基坑，并架设各道支撑；
④ 开挖至基底后，自下而上施工内部结构；
⑤ 拆除临时路面，恢复永久路面和交通。

3）逆作法

当地面需要尽快恢复交通，或环境保护要求较高时，可以采用逆作法施工，利用主体结构顶、中板作为支撑。由于主体结构混凝土板的刚度大，可以减小围护结构的

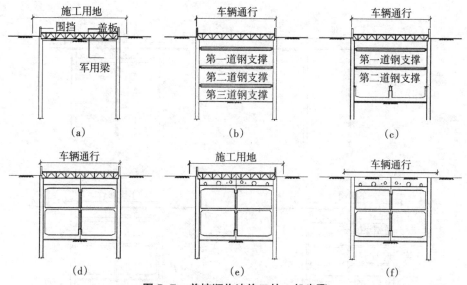

图 5-7 盖挖顺作法施工的一般步骤
(a)封闭道路、管线搬迁、施作围护结构、架设临时路面;(b)由上至下逐层开挖并架设支撑;
(c)浇筑底板、下立柱、下层内衬混凝土、拆除第三道支撑,并由下至上浇筑主体结构,依次拆撑;
(d)施作顶板、拆撑;(e)封闭交通、拆撑、覆土,管线回搬;(f)拆除临时路面,恢复交通

变形和地面沉降。但是,在利用主体结构板作为支撑体系的一部分时,由于在浇筑结构板的过程中,立模、扎筋、浇筑、养护期间需要花费大量的时间,在此期间围护结构由于支撑不及时,反而会产生更大的变形,因此,在逆作板的下面应该进行局部的地基加固或者加设临时的支撑。

逆作法施工的一般步骤(见图 5-8)如下:

① 施工基坑围护结构一般采用地下连续墙或者桩,当基坑宽度较大时,还需要在基坑中部施工中间桩柱;

② 暂时封闭车站顶板施工时所影响的地面道路,在道路两侧开辟临时交通便道;

③ 基坑开挖至车站顶板下,施工车站顶板;

④ 顶板覆土,恢复道路交通;

⑤ 在顶板的保护下分层分步开挖,依次施工中板、底板及其他内部结构。

逆作法又可分为以下几类。

(1) 全逆作法

在先施工的围护墙体之间,开挖土体至顶板位置,施工结构顶板;顶板达到一定强度后,可以覆土恢复地面交通,同时在顶板下向下开挖,一边开挖,一边施工内部结构,先施工侧墙和中板,后施工底板结构。当车站为多跨结构时,为了满足施工过程中结构竖向受力的需要,需要在车站内设置支撑桩,以承受顶板、中板和路面的荷载。设置的支撑桩可以与主体结构的立柱"合二为一",即利用该施工阶段的支撑桩作为整个车站结构使用阶段的立柱;设置的支撑桩也可以仅作为临时结构,车站内另外设置立柱。但是,采用该方法施工,施工场地小,施工工序转换和节点构造复杂,结构的设计和施工

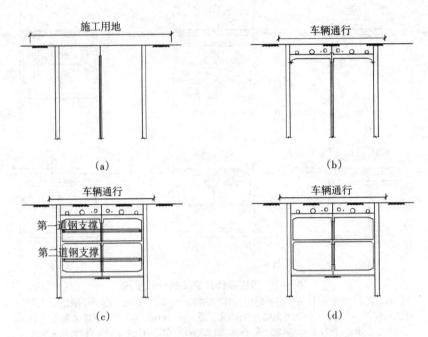

图 5-8　逆作法施工的一般步骤

(a) 临时封闭道路、管线搬迁、施作围护结构及桩；(b) 施作顶板、顶梁、管线回搬、覆土恢复路面；
(c) 由上而下开挖、支撑、依次浇筑中、底板，逆作法施工，或由上而下开挖、支撑、依次浇筑底、中板，顺作法施工；(d) 拆除支撑

难度大，造价也较高，同时施工速度较慢。当然，该方法顶板施工结束后，立即可以覆土恢复路面，最大限度地减小了对地面交通的影响。

(2) 半逆作法

为了减少围护墙体变形和地面的沉降，同时加快施工的进度，明挖顺作至中板结构，再施工中板，利用中板混凝土结构作为围护墙之间的刚性支撑，在中板以下采用逆作法开挖到基坑底部。该方法相对于全逆作法而言，设置的立柱桩只需要承受中板的荷载，立柱桩的长度和内力也较小，结构相对简单一些，造价也可以降低。

(3) 框架逆作法

该方法也是以保护周围环境为主要目的，土体开挖至顶、中板位置时，将主体结构的顶、中板的一部分设计成水平框架结构，形成类似于混凝土支撑的刚性支撑，然后明挖顺作到基坑底部，浇筑底板和侧墙，然后将顶、中板预留的孔洞补全。该方法在基坑施工期间，结构整体刚度较大，构造也较简单，但最后需补全顶、中板上预留的孔洞，工作量较大。

2. 拱形结构

拱形的车站结构一般采用暗挖法施工，也可以采用盾构法施工，我国目前还没有采用盾构法修建的车站。但是，在莫斯科一些明挖法施工的车站中，有的采用了拱形结构的形式，从而获得了较好的建筑艺术效果。如图 5-9(a) 所示为较浅覆土中采

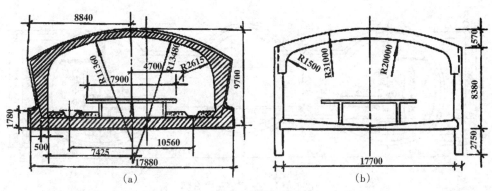

图 5-9 明挖拱形结构

用明挖法施工的一种拱形断面形式,结构由具有拱形顶板的变截面单跨刚架和平底板组成,墙角与底板之间采用铰接,并在其外侧设有与底板整体浇筑的挡墙,用于抵抗刚架的水平推力。明斯克地铁也采用了多种形式的单拱结构,图 5-9(b)为其中的一种形式。车站顶盖为变截面的拱形,地下连续墙直接作为主体结构的侧墙,变截面的底板与墙体铰接。

地下车站的拱形结构根据线路、建筑使用功能,现场的地质条件和施工法的不同,可以采用地下单层或者两层的结构,其拱形可以采用单拱式、双拱式和三拱式结构。

国内外暗挖地铁车站方案根据工程地质条件的不同主要有以下几种类型。

(1) 大跨单拱双层方案

适用于大块状结构完整的花岗岩和侏罗系砂岩等地层,如重庆轻轨交通朝沙线某单拱地下车站的初步设计方案,采用了大跨单拱双层方案,如图 5-10 所示。该方案设计的暗挖车站埋置于泥岩、砂岩互层组成的围岩中,地下水不发育,地表建筑物较多。

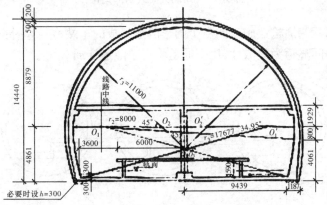

图 5-10 大跨单拱双层结构

(2) 两洞或者三洞分离式方案

图 5-11 所示为广州地铁 2 号线越秀公园、江南西路车站采用的三洞分离式方案,其站台部分为单线单孔暗挖隧道,在两个站台隧道之间不仅设置了 3~4 个横向

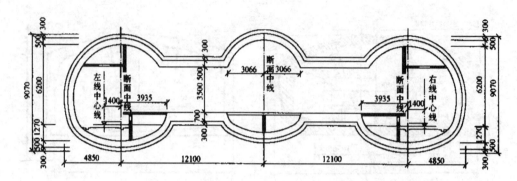

图 5-11 三洞分离式方案

联系通道,而且设置了一个截面尺寸小于主隧道的纵向中间联系通道。

图 5-12 所示为盾构法施工的两个圆形隧道组成的车站,每个隧道内都设有一条线路和一个站台,在两个并列的隧道之间可以用横向通道连通。两隧道的相对位置主要取决于场地条件和车站的使用要求。

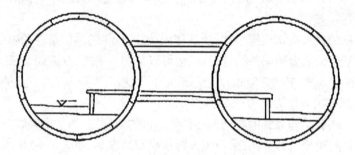

图 5-12 两洞分离式拱形结构

图 5-13 所示为盾构法施工的三个圆形隧道组成的车站,两侧为行车隧道并在其中设置站台,中间隧道为集散厅,用横通道将三个隧道连通。

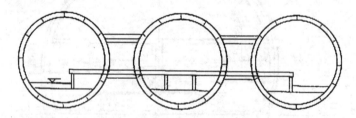

图 5-13 三洞分离式拱形结构

(3) 双层双联拱方案

在深圳地铁设计方案中,部分车站采用如图 5-14 所示的双层双联拱方案,采用暗挖法施工。

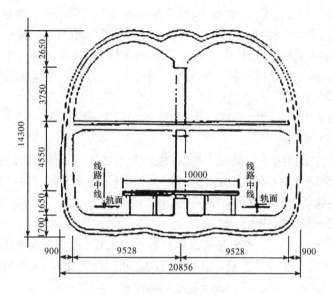

图 5-14 双层双联拱形结构

(4) 双层三联拱方案

北京复八线的西单、天安门、王府井、东单等站采用的是如图 5-15 所示的双层三联拱方案,采用浅埋暗挖法施工。

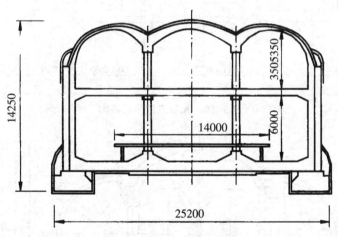

图 5-15 双层三联拱形结构

(5) 单层三联拱方案

图 5-16 所示为哈尔滨轨道交通一期工程中结合既有的"7381"人防车站结构改造的单层三联拱车站结构形式。车站主要位于粉质黏土和粉细砂中,底板以下主要为粉细砂,地下水位位于车站底板下 1.23 m。

对于位置较深、规模大、地质和水文条件差的地铁车站,采用传统的盾构法结合暗挖法施工将受到较多的约束条件,整个车站施工的工序多、工期长,施工难度也大。针对传统的盾构法存在的问题,日本开发了"多圆盾构(Multi Circular Shield)",即MF盾构。采用该盾构进行施工,可以一次建成单层三联拱的车站,并且经过拆卸和组装后,也可以用于地铁区间隧道的施工。图5-17为日本东京地铁白金台车站采用的三圆盾构车站断面。

各种拱形结构方案的主要特点及适用场合如下。

（1）大跨单拱结构方案

大跨单拱方案适用于埋深较大、工程地质及水文地质条件较好的围岩。大跨结构宽敞无柱,建筑效果和使用功能都较好。车站拱部排水顺畅,结构防水困难较小。但如果在软弱地层中设计这种方案,并采用暗挖法施工,则施工的风险很大。

（2）两洞或者三洞分离方案

两洞或者三洞分离方案相对来说跨径较小,因此无论用盾构法或暗挖法,施工难度都不大,地面沉降较易控制。但当洞与洞之间土柱宽度太小,而两洞分离方案又

图 5-16 单层三联拱形结构

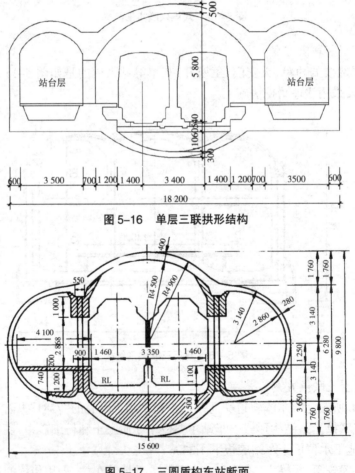

图 5-17 三圆盾构车站断面

有自动扶梯斜井插入时,则该范围内土柱很可能造成塑性破坏。这种形式的车站旅客往往需要从两端进站,建筑效果和使用功能不够理想。

(3) 双层联拱方案

联拱方案有双联拱和三联拱之分。我国隧道工程技术人员研究的松散地层中的浅埋暗挖法施工技术,不需要大型专用机具,适用于基本无水的第四系地层。双联拱方案在地面沉降控制方面优于三联拱方案,具有双层结构车站,其建筑效果和使用功能均较好。但是,车站柱顶联拱的拱脚处往往容易积水渗漏,虽然采用了复合式衬砌和夹层防水,但防水效果仍不理想;北京复八线的西单站就是因为渗漏严重,以致不得不停运大修。因此,不得不采用此方案时,需要解决渗漏水问题。双层联拱方案车站的工程造价一般要高出明挖双层框架结构车站的 50%~100%;但在特殊的街区,为了在任何时间都不致中断交通,宜采用浅埋暗挖的联拱车站结构。图 5-18 所示为采

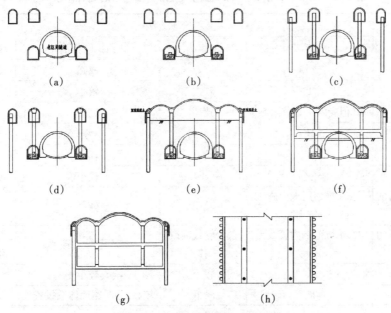

图 5-18 双层三联拱施工示意图

(a) 开挖顶、底部小洞;(b) 在下导洞内施作基础和底纵;(c) 在上导洞内施作边桩和中柱;
(d) 在上导洞内施作顶纵梁;(e) 开挖中间土体、施作顶部初衬上导洞内回填混凝土;
(f) 施作顶部边墙、二衬、破除部分老区间隧道拱部,施作楼板;
(g) 开挖下层土体,施作站台边墙,施作底板和内部结构;(h) 结构平剖面

用暗挖法凿除老的区间隧道、修建双层三联拱车站的施工方案示意图,采用的是 PBA 工法(桩柱法)。

(4) 单层联拱方案

根据地质水文条件的不同,可以采用暗挖法或者盾构法施工。在饱和软弱的地层中,为了控制地层变形,可以采用盾构法施工。当采用专用的多圆盾构时,工程的施工就变得简单有序,地面沉降的控制也比较有保证,但工程造价昂贵。单层联拱方案在

功能上一般不如双层方案。

在工程地质条件较好的情况下，选用浅埋暗挖法施工的车站具有良好的社会经济效益，这种施工方法在北京、广州、重庆等城市的地铁建设中均取得了成功。但是，当车站顶板覆土厚度较薄时，车站结构受线路埋置深度影响，在第四纪松散地层中进行大断面、大跨度结构施工时，为维持地层稳定和控制地面沉降，确保施工安全和地下管线、地面建构筑物的正常使用，常常需要增加其他辅助施工技术。此时，采用浅埋暗挖法施工地下车站的工程造价将提高。但是在特殊位置，为了在任何时间都不致中断交通，或者地下有重要的管线无法搬迁时，可采用浅埋暗挖的联拱车站结构。

表 5-1 为在某地区第四纪松散地层中建造地下车站时，对明挖顺作法、逆作法、盖挖顺作法与暗挖法的综合比较。

表 5-1 明挖顺作法、逆作法、盖挖顺作法与暗挖法的综合比较

比较内容	施工方法			
	顺作法	逆作法	盖挖顺作法	暗挖法
施工技术	成熟	成熟	成熟	成熟
施工难度	小	较大	较小	大
施工工期	短(但受施工季节限制)	较短	较短	长
工程质量	好	好	好	较好
防水质量	好	较好	较好	一般
地面沉降	较小	小	较小	大
对地面交通的影响	大(在规划用地内施工时较小)	较小	较小	无
对地下管线的影响	大，基坑范围内管线需改移	部分管线需改移	部分管线需改移	无需改移管线
扰民程度	大	较小	较小	小
土建造价	低	较低	较高，临时路面体系投资大	较高

5.1.2 车站结构设计

1. 结构设计的一般原则

地下车站内部结构设计应符合以下设计原则。

① 结构设计应根据各车站不同的结构类型、工程地质与水文地质、荷载特性、环境影响、施工工艺、建设周期等条件作深入细致的比较和研究。本着安全、可靠、适用、经济的要求，综合确定车站的结构形式，满足车站的使用要求。

② 车站结构方案应满足建筑、限界、机电设备、人防等专业的技术要求，并适当考虑施工误差、测量误差、结构变形和后期沉降的影响。

③ 车站结构设计应分别按施工阶段和使用阶段，根据承载能力极限状态及

正常使用极限状态的要求,进行承载力、稳定、变形、抗浮、抗裂及裂缝宽度等方面的计算和验算;当采用暗挖法施工时,可按容许应力法进行设计或验算,而某些情况中的设计参数也可采用工程类比法确定。其作用在结构上的荷载,应按照表 5-2 分类。

表 5-2 荷载分类

荷 载 类 型		荷 载 名 称
永久荷载		结构自重
		地层压力
		结构上部和破坏棱体范围的设施及建筑物压力
		静水压力及浮力
		混凝土收缩及徐变作用
		预加应力
		设备重量
		地基下沉影响力
可变荷载	基本可变荷载	地面车辆荷载及其冲击力
		地面车辆荷载引起的侧向土压力
		地下铁道车辆荷载及其冲击力
		人群荷载
	其他可变荷载	温度变化影响
		施工荷载
偶然荷载		地震荷载

注:① 设计中要求考虑的其他荷载,可根据其性质分别列入上述三类荷载中;
② 表中所列荷载未加说明者,可按国家有关规范或根据实际情况确定;
③ 施工荷载包括设备运输及吊装荷载、施工机具及人群荷载、相邻地下工程施工的影响。

④ 对于地下车站普通钢筋混凝土结构,其最大计算裂缝宽度允许值应根据结构类型、使用要求、所处环境和防水措施确定。对于处于一般环境中的结构,当按荷载效应标准组合,并考虑长期作用的影响时,最大计算裂缝宽度允许值可以按表 5-3 采用;当处于冻融环境或侵蚀环境等不利条件下的结构时,其最大裂缝宽度允许值可以根据具体情况确定。

表 5-3 最大裂缝宽度允许值

结 构 类 型	允许值/mm	附 注
水中环境、土中缺氧环境	0.3	
洞内干燥环境或洞内潮湿环境	0.3	环境相对湿度为 45% ~ 80%
迎土面地表附近干湿交替环境	0.2	

注:当设计采用的最大裂缝宽度的计算式中保护层的实际厚度超过 30 mm 时,可以将保护层的厚度计算取值为 30 mm。

⑤ 车站结构设计应满足施工、运营、城市规划、防火、抗震、人防、防水、防杂散电

流等要求。

⑥ 车站主体结构的安全等级为一级，并按设计使用年限为100年的要求进行耐久性设计。

⑦ 车站结构按同时适合平、战功能要求进行设计。

⑧ 车站结构设计应根据车站周边不同的环境条件，确定变形的保护等级。对于施工中的重要阶段，需要分阶段提出控制变形的具体要求和指标。

⑨ 对处于交通繁忙干道下，施工期间地面交通组织有特殊要求的车站，在结构实施方案中应充分考虑交通疏解的便捷性和可行性。

⑩ 车站与规划线网中近期建设的换乘车站，按同步设计、一次实施的原则考虑；作为远期建设的换乘车站，只需预留接口，以利远期车站施工时对已建车站结构的变形控制，并尽量减少对已建车站结构的影响。

2. 明挖法车站内部结构设计

车站内部结构的设计应根据实际工作条件确定合适的结构计算模式，同时要合理反映结构与周围地层的相互作用。对长条形钢筋混凝土框架结构的车站，可沿车站纵向取单位长度按底板支承在弹性地基上的平面框架分析，计算时宜考虑柱和楼板的压缩影响；逆作法施工时，应考虑立柱施工误差造成的偏心影响和立柱与外侧围护墙的沉降差。

在遇到下列情况时，车站主体结构宜按空间分析：① 车站上部局部建有建筑物或构筑物时；② 沿车站纵向土层有显著差异时；③ 覆土厚度沿车站纵向有较大变化时；④ 结构形式有较大变化时；⑤ 空间受力作用明显时。

结构内力宜按施工顺序分工况加荷，逐次求得最不利内力组合，结构的计算模型实际上是采用弹性地基杆系有限元法，将土体对于结构的支挡作用简化为离散的土弹簧，整个计算模式如下。

开挖阶段：围护墙各工况内力按支撑道数独立计算，求得每个工况的内力，然后将各计算工况的结果进行包络。

回筑阶段：在逐层回筑内部结构的底板、侧墙、中板及顶板时，结构体系在逐步改变，因此回筑阶段的结构内力应随不同的结构体系分别加荷和分别计算后叠加求得，侧墙内力应按单层及双层墙分别叠加。

明挖法车站结构回筑阶段的内力计算可以采用增量法，由于在施工过程中结构体系和荷载随着开挖、支撑、浇筑顶板、中板、底板及回筑立柱及内衬墙，不断地发生变化，所以首先应计算因荷载增量引起的内力，然后再与前面各工况荷载增量引起的内力叠加，最后得出结构实际承受内力的状态。

对于明挖法施工的车站进行结构分析时，主要的计算荷载可以按以下内容考虑。

1) 永久荷载(恒荷载)

结构自重荷载——板、梁、柱等结构自重。

覆土荷载——车站顶板上面覆土荷重。

侧向荷载——作用在侧墙上的水、土压力。

作用于底板的水荷载——地下水所产生的作用在底板上的反力。

2）可变荷载（活荷载）

地面超载——一般按 20 kN/m² 计，道路上的车辆荷载由计算确定。

人群荷载——站台、站厅、楼梯、车站管理人员用房等部位的人群荷载，按 4 kN/m² 计。

设备荷载——一般按 8 kN/m² 计，但对重型设备区依据设备的实际重量、动力影响、安装运输途径进行结构计算。对于自动扶梯等需要吊装的设备，在结构计算时应考虑设备起吊点的起吊荷载值。

列车荷载——一般可按等效静载 20 kN/m² 计算。

施工荷载——施工荷载包括设备运输及吊装荷载、施工机具荷载、地面堆载、材料堆载等，施工荷载取值视具体情况而定。

对于地震荷载，根据各地的抗震设防烈度进行确定，如在上海地区，计算时按 7 度设防考虑；人防荷载一般只用于结构的验算，可以考虑 6 级人防荷载。

下面以上海某地下两层车站回筑工况的内力计算为例进行说明。该车站基坑围护结构采用地下连续墙，设置 5 道钢支撑，开挖至基坑底部后，回筑内部结构。结构最终的受力状态考虑为以下两种最不利状态：① 考虑车站内无活载作用（无人群荷载和列车荷载），车站结构在底板水反力的作用下的效应；② 考虑车站结构坐落于底板下土体上，在恒载和活载共同作用下的效应。

考虑整个施工过程的内部结构内力计算共分为 7 个回筑工况，如图 5-19 所示。

① 浇筑底板，待底板达到设计强度后，拆除第 5 道钢支撑。

② 浇筑侧墙、立柱和中板，待中板达到设计强度后，拆除第 3 道钢支撑。由于施工过程中搭脚手架，中板的自重荷载和施工荷载作用于底板上面。

③ 浇筑侧墙、立柱和顶板，待顶板达到设计强度后，拆除第 1 道钢支撑。

④ 拆除第 2、4 道钢支撑，同时拆除脚手架。

⑤ 顶板覆土，侧墙考虑由主动土压力到静止土压力的荷载增量。

⑥ 考虑底板下水反力的作用。

⑦ 考虑地面超载和底板、中板的活载作用。

通过以下几个工况的叠加，可以得到两种最不利状态的荷载效应。

① 水反力状态：工况一＋工况二＋工况三＋工况四＋工况五＋工况六。

② 自重状态：工况一＋工况二＋工况三＋工况四＋工况五＋工况七。

3. 浅埋暗挖法车站内部结构设计

在 1987 年北京地铁复兴门折返线工程中，由于该折返线工程处于繁华的长安街地下，不可能按照北京地铁一、二期工程中所采用的封闭道路明挖法施工，于是设计和施工单位结合中国国情，在新奥法原理的基础上，研究了北京地表覆土 6～10 m

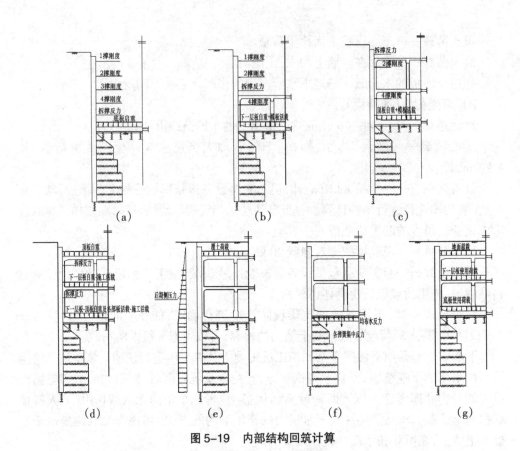

图 5-19 内部结构回筑计算

(a) 工况一；(b) 工况二；(c) 工况三；(d) 工况四；(e) 工况五；(f) 工况六；(g) 工况七

以下设计暗挖施工的技术，提出了浅埋暗挖法技术。其特点是沿用新奥法原理分析体系，建立测量信息反馈给设计和施工单位，从而采取超前支护、改良地层、注浆加固等配套技术来完成隧道的设计与施工。

浅埋暗挖法的核心是在施工的全过程中保护围岩，控制围岩的变形，调动和发挥围岩的自稳、自承能力，确保施工顺利进行；在工程竣工后，依靠围岩的固结和自承力，确保不塌不陷。从这一原则出发，可以根据地下工程的具体条件，灵活选择开挖方法、支护形式、喷锚技术、施作时机和辅助工法等。

从理论上讲，只要采取适宜的辅助施工方法，浅埋暗挖法在任何地层中都可以采用。根据国内外的实践经验，从经济和技术综合评价的角度出发，浅埋暗挖法所适用地层的基本条件表现在两个方面。

一方面，浅埋暗挖法要求无水作业。带水作业是非常困难的，开挖面的稳定性时刻受到水的威胁，甚至面临塌方的危险。对地下水(尤其是上层滞水)的处理是非常关键的环节，这直接影响到浅埋暗挖法的成败。大范围的淤泥质软土、含水砂层、降水有困难或经济上不合算的地层，不宜采用浅埋暗挖法。

另一方面，浅埋暗挖法要求开挖面具有一定的自立性和自稳性。开挖后的自稳性与围岩的物理性质和力学特性、坑道涌水量及覆盖土厚度等有关。

在定性方面提出的要求是：工作面土体的自立时间应足以进行必要的初期支护作业；把开挖面前方对地层的预加固和预处理视为浅埋暗挖法的必要前提；加强开挖面的稳定性，增加施工的安全性。

浅埋暗挖法具体的施工技术可以概括为以下三个方面。

① 稳定地层、改造地层，以提高松软地层的自稳能力。开挖面土体的稳定，是采用浅埋暗挖法的基本条件，当土体难以达到所需的稳定条件时，必须通过地层的预加固和预支护处理，提高开挖面土体的自立性和稳定性。稳定地层的主要手段，一般是用注浆加固隧道周边地层，用管棚加固隧道拱部地层。要根据地质和施工的具体情况确定注浆的范围、压力和材料。

② 开挖后的初期支护。初期支护应该尽早封闭成环，使土体开挖后的暴露时间尽可能短。初期支护主要由钢筋格栅、挂网喷射混凝土构成，要求能够承受全部的荷载。在初期支护和二次衬砌完成后，应紧跟拱部回填注浆，填实拱部土层、初期支护与二次衬砌的间隙，确保结构安全和控制地面沉降。

③ 围岩的监控测量是暗挖施工中必不可少的保证措施。利用监控测量技术可以掌握整个施工过程中的力学动态变化，及时评价开挖和支护的安全度，以便在开挖步骤、支护参数、施工程序等方面及时进行调整，为整体工程的调控提供科学的依据，使开挖和支护处于最佳的受控状态。

基于以上浅埋暗挖法车站结构的受力特点，车站设计时一般采用信息化设计，如图 5-20 所示。从图 5-20 中可以看出，设计工作首先从工程地质、水文地质勘探和室内试验开始，然后根据勘探和试验资料采用理论方法或者经验方法进行设计。在根据设计进行的施工过程中，需要对结构进行监控测量，如测量结构变形、内力等，并将监测的结果与设计结果进行对比，判断设计的安全性，并可以对设计的结果进行确定或者修改。

浅埋暗挖法车站复合式衬砌结构的计算原则如下。

① 浅埋暗挖车站结构计算，一般可以视为平面应变问题，采用连续介质模型或者荷载-结构模型计算。当采用连续介质模型时，可以用弹塑性或者弹性有限元法求解；当采用荷载-结构模型时，一般用弹性杆系有限元计算。当计算区域存在空间效应时，需要作为空间问题进行分析。按连续介质模型分析时，围岩、预支护、初期支护、二次衬砌都可以采用连续单元模拟。当支护和内衬结构采用梁单元模拟时，需要处理梁单元和连续介质单元节点的自由度协调。对初期支护结构和二次内衬之间的防水层，可以用夹层单元模拟或者简化为弹簧单元。

② 围岩的形变压力可用围岩中的初始地应力释放而形成的释放荷载模拟。

③ 采用连续介质模型时，围岩可以视为弹性体，为了简化，也可视为等效的弹性体。

④ 若初期支护中设有锚杆，锚杆可用杆单元模拟，也可将锚杆的效应视为提高围岩力学特性的手段。

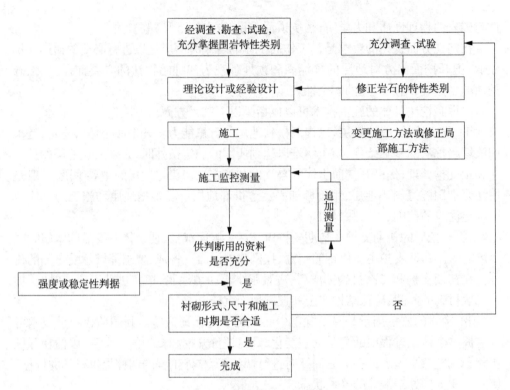

图 5-20 信息化设计流程图

⑤ 若施工过程中采用管棚超前支护或小导管超前注浆加固等辅助措施,对于管棚超前支护或小导管注浆加固的效果,可通过提高围岩力学特性参数来模拟。

5.2 区间隧道结构

5.2.1 区间隧道结构形式

区间隧道为连接两个地下车站的建筑物,应根据沿线不同地段的工程地质和水文地质条件、埋深、城市规划以及工程投资等具体条件来选择其相应的施工方法和结构形式。修建区间隧道一般采用的方法有矿山法、浅埋暗挖法、盾构法、明挖法,采用的结构形式有矩形、拱形、圆形及 U 形等。

1. 盾构法隧道结构形式

在地下铁道中采用盾构法始于 1874 年,当时在伦敦地铁修建区间隧道中采用了气压盾构以及向衬砌背后注浆的工艺。我国在上海轨道交通 1 号线中正式采用盾构法修建区间隧道,并于 1994 年投入运营。

盾构法是在盾构机钢壳体的保护下,依靠其前部的刀盘或挖掘机开挖地层,并在盾构机钢壳体内完成出渣、管片拼装、推进等作业。盾构法施工概貌如图 5-21 所示。

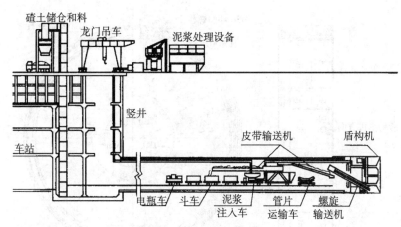

图 5-21 盾构法施工概貌

其主要施工步骤如下。

① 在盾构法隧道的起始端和终端建工作井或者利用车站的端头井。

② 盾构在起始工作井内安装就位。

③ 依靠盾构千斤顶推力(作用在已拼装好的衬砌环和工作井后壁上)将盾构从起始工作井的墙壁开孔处推进。

④ 盾构在地层中沿设计轴线推进,在推进的同时出土和安装管片。

⑤ 及时向衬砌背后的空隙注浆,防止地层移动和固定衬砌环位置。

⑥ 盾构进入终端工作井。在终端工作井内盾构可以被拆除,吊出工作井;也可在井内调头,或穿越工作井(车站)继续推进第二条区间隧道。

盾构法施工易于管理,施工人员少,工作环境好,同时还具有衬砌精度高、衬砌质量可靠、防水性能好、地表沉降小、不影响城市交通等优点。但也存在施工设备复杂、断面形式变化不灵活、盾构选型与地层条件密切相关等缺点。

盾构隧道的衬砌可以分为一次衬砌和二次衬砌。一般来说,一次衬砌是将管片组装成环形结构,也有代替管片而直接浇筑混凝土形成一次衬砌的方法(压注混凝土施工法)。二次衬砌是在一次衬砌内侧修筑,一般采用现浇混凝土施工。

盾构隧道拼装的管片一般由钢筋混凝土或钢材制成,将分割为数个管片组装成圆形、复圆形等环形结构形成衬砌。因此,采用盾构法修建的隧道一般为单圆或者多圆隧道。目前国内采用较多的为单圆盾构隧道,利用修建的两条单圆隧道作为地铁的上、下行线。该施工方法目前已比较成熟,在上海、广州、南京、深圳等地的地铁区间隧道建设中,被广泛采用,如图 5-22 所示。在上海轨道交通 8 号线中,也采用了双圆盾构隧道,如图 5-23 所示。双圆盾构的优点在于:两区间隧道总宽度从原来的约 18 m(或更大)减小为现在的 11 m 左右,缩小约 40%。这样,一方面大大缩小了双区间隧道所占用的地下空间,增加了地铁选线的灵活性,并显著减少了工程量;另一方面还可使区间隧道沿线地面构筑物的影响控制范围大为缩小,更有利于城市的地面规划和建设。日本还开发了"多圆盾构"(Multi Circular Shield),即 MF 盾构,利用该盾

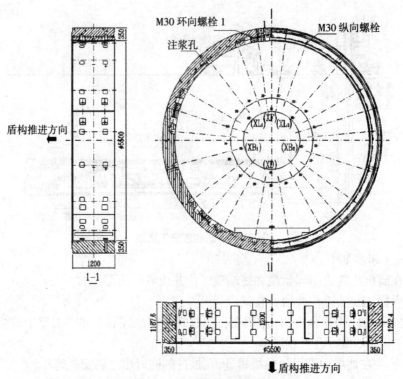

图 5-22 单圆盾构隧道断面

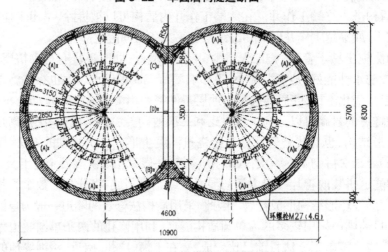

图 5-23 双圆盾构隧道断面

构还可以直接建造地铁车站。

管片类型根据截面的形式一般可分为箱形管片和平板形管片。

箱形管片是由主肋和接头板或纵向肋构成的凹形管片构成。由于箱形管片较大，便于接头螺栓的穿入和拧紧，用的材料也较省，单块管片的重量较轻，便于运输和拼装。箱形管片的设计必须保证截面削弱后，在盾构千斤顶推力的作用下不发生开裂；此外，混凝土箱形管片的制作较复杂，混凝土振捣不易密实，因此一般只有强度较大的金属管片才采用箱形管片，如图5-24所示。

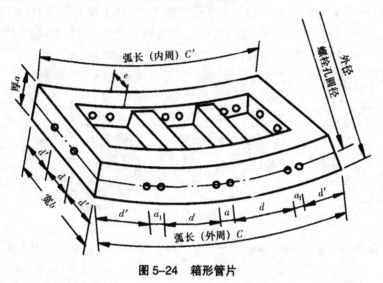

图 5-24　箱形管片

平板形管片是指具有实心断面的平板状管片，一般都是由钢筋混凝土制作，有时也会对管片的表面用钢板覆包或用钢材替代钢筋进行制作。平板形管片仅在螺栓孔处的截面略有减小，因而质量较大，对盾构千斤顶的顶力具有较大的抵抗能力；同时，在列车运行时隧道的风阻力也较小。此外，管片的模板制作也相对简单，上海、广州、天津等地的地铁区间隧道一般均采用平板形管片，如图5-25所示。

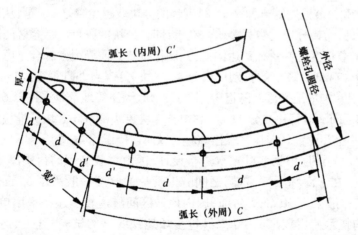

图 5-25　平板形管片

管片环的分块一般由数块A形管片、2块B形管片和1块在顶点附近最后封顶用的K形管片组成，也可以根据工程的实际情况进行调整。有的K形管片在隧道半径方向设有锥度,从隧道内侧插入(半径方向插入型);有的在轴向设有锥度,从隧道轴向插入(轴方向插入型);也有两种方式都采用的。图 5-26 所示为装配式衬砌环的分块,一种是由 4 块标准管片(A)、2 块相邻管片(B)和 1 块封顶管片(K)构成,参见图 5-26(a);另一种是由 3 块标准管片(A)、2 块相邻管片(B)和 1 块封顶管片(K)构成,参见图 5-26(b)。衬砌环的拼装方式有通缝和错缝两种,如图 5-27 所示,错缝拼装可使接缝分布均匀,衬砌结构整体刚度大,但管片制作精度要求高。

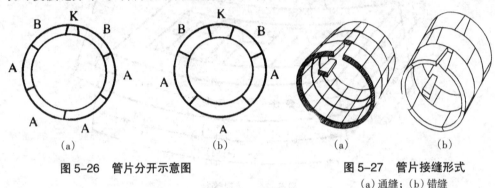

图 5-26　管片分开示意图　　　　图 5-27　管片接缝形式
　　　　　　　　　　　　　　　　　　(a)通缝;(b)错缝

在上海地铁单圆区间隧道中,衬砌环全环由小封顶 K、两块标准块 A、两块邻接块 B 及一块大封底 D 构成。经过实际经验的总结,小封顶拼装方便,施工时可先搭接 1/2 环宽径向推上,再行纵向插入。在大拱底块中布置两条对称的三角形纵肋,在施工中可方便地在其上搁置轨枕,铺设轨道,进行隧道内的水平运输。在浇筑整体道床后,它还可加强整体联系,控制行驶列车的振动影响。同时,整个道床均在拱底块内,这样可方便两侧纵缝发生渗漏水时的处理。

从防水和拼装速度等方面来看,衬砌环的分块数越少越好。但是,从运输和拼装方便角度考虑,希望分块的数目多些。在设计时,分块的数目应结合区间隧道所处的围岩条件、荷载情况、构造特点、运输能力、制作拼装方便等因素综合考虑。通常隧道的外直径 $D \leqslant 7\,\text{m}$ 时,隧道的衬砌环以分 4~6 块为宜;当外直径 $D > 7\,\text{m}$ 时,可以分为 6~10 块。在国内地铁区间隧道中,上海、广州、天津等地都是采用分 6 块。上海地铁双圆盾构区间隧道管片共分 11 块,其中含 2 块翼块(B、C)、8 块标准块(A)、1 块中间立柱(D)。全环设置环向连接螺栓 60 个,纵向连接螺栓 46 个。

衬砌管片的厚度根据实际情况进行设计,国内一般采用的衬砌厚度为 30 cm,或者 35 cm。在上海和天津,单圆区间隧道管片的厚度一般采用 35 cm,而广州地铁区间隧道一般采用 30 cm。目前,国内地铁区间隧道较多还是采用单一的衬砌,比如在盾构技术使用较早的上海,经过多条地铁线路的试验、施工、运行检验后,充分证明采用具有一定接头刚度的单层柔性衬砌是合理的、成功的。其圆环的变形、接缝张开及混凝土裂缝开展等,均在预定的要求范围之内,完全满足《地铁设计规范》(GB 50157—2013)中关于隧道的要求。此外,采用单层衬砌设计,施工工艺单一,工程实施周期短、投资省。

衬砌环的环宽选择对设计、施工和造价均有较大的影响。一般情况下,环宽度越大(即管片宽度越宽),单个区间衬砌环接缝就越少,因而漏水环节、螺栓数量也越少,同时施工速度越快,费用越省。但随着环宽增加,盾构机千斤顶的行程将增大,从而盾构机长度增加,设备投资、施工难度均有增加。尤其在小半径曲线上,较大环宽的管片(如1.5 m)比较小环宽的管片(如1.2 m、1.0 m)的设计拟合误差要大。另外,如果采用大的环宽管片(如1.5 m),在小曲率半径线路上盾构施工时,由于盾构本体大,盾尾与管片间隙很小,极易发生盾尾壳体挤压隧道内衬,从而造成大量管片碎裂的现象。这种情况在广州地铁2号线施工时曾经发生过。因此,环宽的选择需要综合考虑管片的制造、运输、曲线施工因素、施工速度、防水质量、工程质量及设备投资等因素。目前经常采用的环宽为1.2 m,有些达到1.5 m。

2. 暗挖法隧道结构形式

采用暗挖法修建的区间隧道一般为拱形,如图5-28所示,隧道的衬砌一般是由初期支护、防水层和二次衬砌组成的复合式衬砌结构。初期支护采用锚喷支护,对围岩起加固作用,并控制围岩的变形,防止围岩松动失稳。由于地铁区间隧道一般位于市区,为了减少地层变形,减小对地面道路和建筑物的影响,在开挖后应该立即施工初期支护,并应该与围岩密贴。根据土层和环境的具体情况,初期支护可以选用锚杆、喷射混凝土、钢筋网和钢支撑等。初期支护结束后施工防水层的作用除防水外,还可以减少二次衬砌因混凝土收缩而产生的

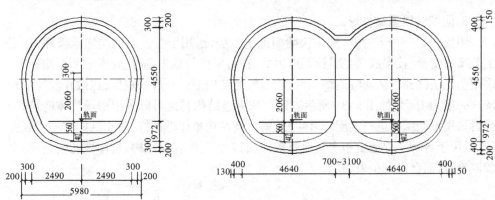

图 5-28 暗挖隧道断面图

裂缝。材料一般选用抗渗性能好、化学性能稳定、耐久性好,并有足够的柔性、延伸性和抗拉性能的塑料或橡胶制品。二次衬砌为模筑混凝土或喷射混凝土,通常在初期支护封闭后尽快施工。

暗挖法施工适用的基本条件:不允许带水作业、开挖面土体应具有相当的自立性和稳定性。当土体难以达到所需的稳定条件时,必须通过地层预加固和预处理等辅助措施,提高开挖面土体的自立性和稳定性。暗挖法断面变化比较灵活,在设置渡线的区间结构内施工具有独特的优势。图5-29、图5-30为渡线范围内隧道断面的转换。

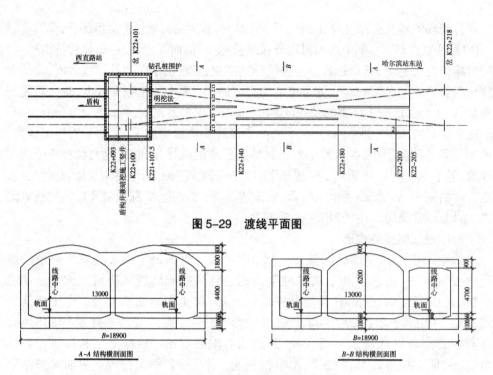

图 5-29 渡线平面图

图 5-30 渡线范围隧道横剖面图

3. 明挖法隧道结构形式

明挖法是一种造价低、施工快捷的施工方法，适用于各种不同的地质条件，施工工艺简单安全、技术成熟、质量可靠。因此，在有条件的地方，应优先考虑明挖法施工。采用明挖法修建的区间隧道结构，在暗埋段的结构形式一般为矩形，在敞开段的结构形式一般为 U 形，如图 5-31 所示。明挖法隧道结构衬砌可以采用现场整体浇筑式，或者采用预制结构进行装配。整体浇筑的衬砌结构整体性能好，防水性能容易得到保证，适用于各种工程地质和水文地质条件；而装配式的衬砌结构，整体性能较差，防水较困难，目前已经较少采用。

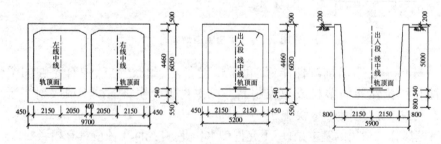

图 5-31 明挖区间结构类型

明挖法对城市的道路交通影响较大，有时候为了进行明挖法施工，需要进行建筑物的拆迁。因此，采用明挖法施工隧道的适用条件为：在基坑开挖范围内不重要的市政管线或市政管线可以改移，施工期间对城市道路交通和周边的商业活动影响较小。

明挖法修建区间隧道的方式可以参见明挖车站的设计和施工。

结合日本《隧道标准规范（盾构篇）及解说》，对暗挖法、盾构法和明挖法隧道施工方法与实用性的概略比较列于表5-4。

表5-4 区间隧道主要施工方法的比较

	暗 挖 法	盾 构 法	明 挖 法
方法概要	利用隧道围岩的稳定性，开挖后通过喷射混凝土、岩锚、钢支护等方式，确保围岩的稳定性。必须以开挖时开挖面可以自立为前提，不能满足这一前提时需要采用辅助措施	将盾构机在地下推进，通过盾构外壳和管片支承围岩进行隧道施工。闭胸式盾构用泥土加压或泥水加压来抵抗开挖面的土压力和水压力，以维持开挖面的稳定性。敞开式盾构以开挖面自立性为前提，否则需要采取辅助措施	从地面向下开挖，在所规定的位置建造隧道,通过回填恢复地表面的原状
适用地质条件	一般适用于硬质岩石到第三纪软岩的围岩。有时也可以适用于第四纪洪积层。对于地质条件的变化，能通过支护的结构刚度、开挖方法、变化辅助措施来应对	一般适用于第四纪冲积层、洪积层，第三纪从极软弱到无侧限抗压强度数千帕的土层。容易适应地质条件的变化。目前在无侧限抗压强度达到数千帕的围岩中进行施工的实例也在增加	一般来说不受地质条件的限制，可根据各种土质条件选择对应的挡土结构和辅助施工措施
地下水处理措施（开挖面及围岩的稳定性）	开挖时产生影响开挖面及围岩稳定性的涌水问题时，需要采用化学注浆止水、井点降水等辅助措施进行排水	闭胸式盾构一般不需要辅助措施，敞开式盾构需要辅助措施	为了能够进行施工作业，防止管涌，保证基坑坑底的稳定性，一般需要采取增加挡土结构的埋入深度、降低地下水位以及实施地基加固等辅助措施
隧道埋深（最小、最大覆土厚度）	对于未胶结的围岩，覆盖深度与隧道直径之比（H/D）较小时（小于2），需要采取有效的辅助措施控制顶部沉降	最小覆盖深度一般大于隧道直径，压气施工、泥水加压施工要注意防止地表的喷发，最大覆盖深度多取决于地下水压的大小	最小覆盖深度在施工上一般没有限制
断面形状	以隧道顶部建成拱形断面为原则，其他部分可以允许采用自由的断面形状，施工中间可以进行断面的变化	以圆形为标准，使用特殊盾构可以进行半圆形、圆形、椭圆形等施工。施工中间一般难以变化断面	一般为矩形，可以适用于复杂的形状

续表

	暗 挖 法	盾 构 法	明 挖 法
断面大小（最大断面积,断面变化）	一般在150 m²以内,也有达到200 m²的实例。通过变化支护和开挖方法,可以在施工中变化断面	在施工实例中,最大直径达到14 m。一般在施工中难以变化断面形状	断面大小和断面变化在施工上一般没有限制,但在断面变化的拐角部需要采取充分的加固措施
平面布置	一般没有施工上的限制	受到曲线半径的限制	一般没有施工上的限制
对周围环境的影响	靠近既有建筑物施工时需要采取辅助措施;在市区内进行降水时难度较大;除竖井部位外不影响交通;噪声、振动一般只发生在竖井口,可用防音墙、防音房处理	靠近建筑物施工时需要采取辅助措施;除竖井位置外,基本不影响交通;噪声、振动一般只发生在竖井口,可用防音墙、防音房处理	在靠近建筑物施工时,在增加挡墙刚度同时,根据接近程度和建筑物的重要性采取相应的辅助措施;施工时需要设置施工带,对地面交通影响较大;在各施工阶段需要采取相应的防噪声、防振动措施

5.2.2 区间隧道设计

1. 区间隧道设计的主要原则

区间隧道设计一般应遵守以下主要原则。

① 应能满足城市规划施工、防水和排水及轨道交通运营等要求,既要考虑结构的安全性,又要采取有效措施确保结构的耐久性。结构安全等级为一级,设计使用年限为100年。

② 区间隧道结构设计应根据工程范围内隧道覆土厚度的变化,工程地质、水文地质的差异,地面建筑物和地下构筑物状况,通过对技术、经济、环境影响和使用效果等进行综合比较,选择合适的结构形式和施工方法。在含水丰富的地层中,应采取可靠的地下水处理和防治措施。区间隧道结构设计应满足线路设计的要求,并考虑施工时和建成后对城市环境所引起的改变及应采取的环保措施。

③ 结构的净空尺寸应满足地下铁道建筑限界及各种设备使用功能、施工工艺的要求,并考虑施工误差、测量误差、不均匀沉降、结构变形和位移等因素的影响。结构设计应根据结构类型、使用条件及荷载特点等,选用与其特点相适应的结构设计规范和设计方法。

结构的计算模型应符合结构的实际工作条件,并反映结构与周围地层的相互作用,同时应考虑施工中已经形成的支护结构的作用。

④ 隧道衬砌结构设计应就其施工和正常使用阶段进行结构强度、刚度和稳定性计算,对于混凝土、钢筋混凝土结构,还需进行抗裂验算或裂缝宽度验算。当计入

地震等偶然荷载作用时,可不验算结构的裂缝宽度。

⑤ 隧道衬砌结构通常只按平面问题进行横断面方向的受力计算,遇下列情况时,还应对其纵向强度和变形进行分析:

a.覆土荷载或基底地层沿隧道纵向有较大变化时;
b.圆形隧道穿越重要建、构筑物或直接承受较大局部荷载时;
c.沿线地层变化显著时;
d.地基沿纵向产生不均匀沉降时。

⑥ 区间隧道在结构、地基、基础或荷载发生显著变化的部位,或因抗震要求必须设置变形缝时,应采取必要的构造技术措施。同时,应合理设置施工缝、变形缝的位置和构造。结构的施工缝和变形缝应尽量避开可能遭受最不利局部侵蚀环境的部位。一般情况下,明挖区间现浇框架结构的变形缝在隧道中每隔 60 m 左右设置一道。

⑦ 结构设计在满足强度、刚度及耐久性的前提下,应同时满足防水、防腐蚀、防迷流等要求,以及各设备工种的埋件设置要求。

⑧ 隧道施工引起的地面沉降和隆起均应严格控制在环境条件允许的范围内,并根据周围环境、建筑物基础和地下管线对变形的敏感度,采取稳妥可靠的措施。当地铁穿越重要建筑物、地下管线、河流时,应根据实际情况确定允许沉降量,并因地制宜采取有效措施。

2. 区间隧道计算模型

区间隧道位于土体中,从实际状况考虑,应该采用连续介质计算模型模拟隧道的开挖过程,以及隧道结构和土体的相互作用。但是,由于采用连续介质模型,在模拟开挖释放荷载、土体的物理力学性能以及土与结构的接触作用等方面比较复杂,从工程设计实用的角度考虑,大部分的设计计算都是采用荷载-结构计算模型。这种计算模型,将隧道结构单独取出,而土体对隧道的作用采用外加荷载或者是"Winkler 弹簧"模拟,计算简明方便,又能符合工程实际使用要求。

常用的荷载-结构模型:主动荷载模型、主动荷载加地层弹性约束("Winkler 弹簧"模拟)模型。主动荷载模型不考虑结构与地层的相互作用,图 5-32 所示为盾构法隧道自由变形均质圆环模型,在结构外侧承受作用于土体的主动荷载及平衡荷载。该模型适用于结构的刚度较大,但土层比较软弱、无法对衬砌结构的变形进行限制的地区。

主动荷载加地层弹性约束模型理论认为,地层不仅对衬砌结构施加主动荷载,而且由于衬砌与结构的相互作用,对衬砌结构施加被动的弹性抗力如图 5-33 所示。这是由于在主动荷载的作用下,衬砌结构两侧将产生朝向围岩方向的变形,只要地层有一定的刚度,必然会对衬砌结构的变形产生被动的抵抗力。采用"Winkler 弹簧"模型假定地层的被动反力与地层的位移成正比,用公式表示为

$$\sigma_i = k_i \delta_i \quad (5.2.1)$$

式中 σ_i——地层的被动弹簧抗力;

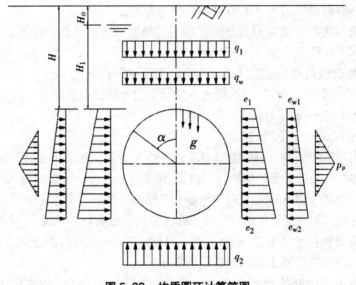

图 5-32 均质圆环计算简图

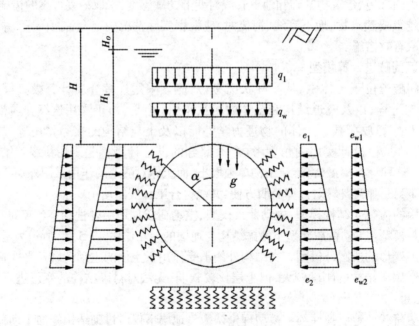

图 5-33 主动荷载加地层弹性约束模型

δ_i——节点的位移；

k_i——节点的弹簧刚度。

"Winkler 弹簧"模拟虽然与实际情况有一定的差别，但是由于离散的土弹簧刚度与结构内弯矩是 1/4 次方的关系，因此其精度低些影响也不大。该方法简单明了，能够满足工程设计所需要的精度。

5.3 高架车站结构

高架车站结构设计以满足使用功能为前提,体现车站与区间结构和谐统一的要求。结构体系的选择应结合线路、站位以及车站平面布置,达到安全可靠、经济合理、受力明确、传力简捷并具有较好整体性的目的。

5.3.1 高架车站结构形式

高架车站一般采用的设计方案有建、桥分离式和建、桥合一式两种。建、桥分离式车站结构是指区间高架桥在车站范围内连续贯通,但与站台和站厅的梁、板、柱及基础分离,各自形成独立的结构受力体系。建、桥合一式车站是指轨道梁直接搁置或固定在车站横梁上面的一种车站结构形式,支承轨道梁的横梁、支承横梁的立柱以及柱下基础会受到列车动荷载的影响。建、桥合一式车站又可以分为两种:空间框架式结构和建、桥结合式结构。空间框架式结构即车站部分框架作为行车道,列车直接在框架梁板上行走;建、桥结合式结构即行车道处设置行车道梁,该梁简支在车站框架横梁上。一条轨道交通线的车站设计宜采用同一个结构形式。

1. 建、桥分离式车站结构

图5-34所示为建、桥分离式车站结构。车站的主体结构分为两个部分,即车站建筑和高架桥。车站建筑设在高架桥之外,高架桥从房屋建筑中穿过,两者在结构上完全分开,受力明确、传力简洁。

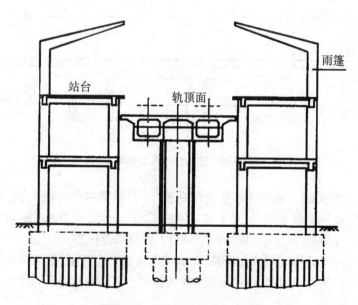

图5-34 建、桥分离式车站结构

车站建筑和高架桥受力分别自成系统,可防止列车运行对车站的不利影响,解决基础的不均匀沉降和车站建筑的振动问题。高架桥和车站建筑可分别依据现行的国家规范进行独立的结构设计和计算,大大简化了高架车站的结构设计。

上海轨道交通3号线部分高架车站采用了这种结构形式。

2. 空间框架式结构车站

图 5-35 所示为空间框架式结构车站,高架车站先形成空间框架式结构,再于其上形成连续板梁,同时将桥墩作为房屋框架结构的一部分。该结构体系柱网简单,受力合理,结构整体性和稳定性好。此外,框架纵、横梁对桥墩均能起到约束作用,减少了桥墩计算高度,降低了线路标高和建筑标高,可节省工程造价。但空间框架式结构车站设计没有现行统一的规范和标准可循,设计时对不同的构件需采用不同的规范,结构计算也较复杂。

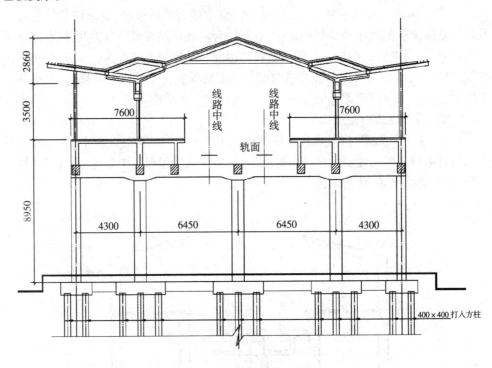

图 5-35 空间框架式结构车站

高架车站的荷载与房屋建筑所受的荷载不同,活载占的比重大,而且受载点不断变化。框架结构受载不均匀,易造成基础的不均匀沉降,特别是在地质条件不好的地段。一旦发生基础不均匀沉降,将损坏结构,而且修复困难。

当列车以一定速度通过高架车站时,高架车站将产生振动,框架结构的动力稳定性一般比桥梁结构差。因此,高架车站的振动控制已成为结构分析和设计的关键问题之一。

3. 建、桥结合式结构车站

图 5-36 所示为建、桥结合式结构车站。采用这种形式的车站,结构体系的传力途径比较明确,结构的整体性能好。但是,轨道梁与区间的接口问题不好处理,同时结构的施工难度大,桥道板与其下的结构板不易施工。

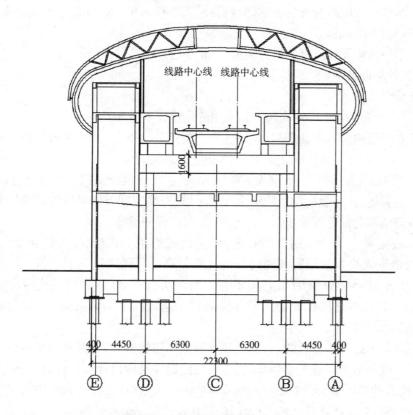

图 5-36 建、桥结合式结构车站

5.3.2 高架车站结构设计

1. 设计原则

高架车站结构的设计原则如下。

① 高架车站的结构形式、总体布置应根据车站的功能和使用要求从结构安全可靠、经济合理、受力明确等几方面进行综合比较。根据不同的条件,可选用建、桥分离式或建、桥合一式等结构形式。

② 车站柱距的选择应根据车站建筑、结构形式、周边环境及车站平面布置等因素综合确定,尽可能选择跨度与区间相匹配的柱距。

③ 结构净空尺寸应满足建筑、设备安装与管理、使用以及施工工艺要求,并考虑施工误差、结构变形、后期沉降的影响。

④ 结构应分别按施工阶段和使用阶段进行强度、刚度和稳定性计算,并应按规范要求进行变形计算。在结构的关键部位,设计应留有余地,以策安全。

⑤ 结构计算应满足抗震设计要求,并采取必要的构造措施满足防火、防水、防雷、防锈等要求。

⑥ 基础设计应综合考虑上部结构的类型、工程地质、水文地质、环境要求,选择合理的桩基和持力层。

⑦ 车站结构设计应符合现行国家、行业及地方有关设计规范。

2. 设计标准及参数

1) 设计标准

以下为上海某轨道交通高架车站采用的设计技术标准。

① 车站结构按基本地震烈度 7 度、丙类建筑进行抗震设计,并采取相应的构造措施。若车站设有大悬臂横梁框架,宜考虑竖向地震的作用。

② 车站结构设计的使用年限为 100 年,建筑结构的安全等级按"一级"要求进行设计。

③ 抗震缝、伸缩缝的设置应结合起来考虑,宽度应同时满足抗震缝及伸缩缝的要求,缝的两侧应设置双墙或双榀框架,一般宜设置一条缝。

④ 根据本工程沿线的地质状况,桩基优先选用 PHC(预应力高强度混凝土)管桩,对地下管线复杂地段和周边环境要求较高处可采用钻孔灌注桩。一般情况下,桩长 L 在 35~50 m 时用 PHC 管桩,桩长 L 大于 50 m 时用钻孔灌注桩。同时,为加强各承台之间纵横向的整体性和减少基础的不均匀沉降,应加设十字形基础连续梁。

⑤ 高架车站结构设计时,只承受列车荷载作用的构件,按照铁路桥涵设计规范计算;只承受一般房屋建筑静活载的构件,按照建筑结构设计规范计算;对既承受一般房屋建筑的静活载,同时又承受列车荷载作用的结构构件,必须按建筑结构设计规范和铁路桥涵设计规范分别进行计算,经比较后取安全者采用。

⑥ 支撑轨道梁的预应力框架横梁可按全预应力混凝土或部分预应力混凝土结构设计,内力计算应考虑地基不均匀沉降的影响。

⑦ 车站主体框架结构作为一个空间框架体系,应进行结构内力分析,并验算结构在风力、地震力、轨道纵向力等水平作用力下的整体刚度,使结构的层间位移满足现行建筑结构设计规范的要求。

2) 设计计算荷载

(1) 恒载

钢筋混凝土构件自重　　　　　　　$\gamma = 25$ kN/m³

素混凝土构件自重　　　　　　　　$\gamma = 22$ kN/m³

钢构件自重　　　　　　　　　　　$\gamma = 78.5$ kN/m³

(2) 可变荷载

民用建筑物的活荷载标准值可以按表 5-5 取值。高架轨道交通的荷载取值标准同高架区间。

表 5-5 民用建筑的活荷载标准值

项次	类别	标准	备注
1	基本雪压	0.25 kN/m²	100 年一遇
2	基本风压	0.60 kN/m²	100 年一遇
3	站厅、楼梯	4 kN/m²	—
4	站台、天桥	5 kN/m²	—
5	控制室、通信机械室、信号机械室等设备区	5.5 kN/m²	—
6	其他设备用房楼面	根据设备的实际重量、动力影响、安装运输途径及工作状态确定	不得小于 5.5 kN/m²
7	办公室、会议室	2.5 kN/m²	
8	厕所、盥洗室	2.5 kN/m²	

注:对于自动扶梯等需要吊装的设备荷载,在结构计算时还应考虑设备起吊点所设置的位置及起吊点的荷载值。

5.4 高架区间结构

城市轨道交通高架区间范围较长,标准跨径与结构形式以及梁型的选择不仅影响到工程的实施进度及对环境的干扰程度,还直接影响到工程的投资及建成后的使用效果与城市景观,同时又受到沿线不同的区域位置、周边环境、高架区间与地面道路的平面关系等多种因素的制约,因此,标准跨径结构形式和梁型的确定应综合考虑以上各种因素的影响,因地制宜,充分发挥各类结构形式的特点,以期在安全适用、工程投资、环境协调等方面达到最佳的组合与效果。

5.4.1 高架区间结构形式

1. 桥梁结构体系与跨径

根据国内城市高架结构及国外高架轨道交通线路的设计经验,可供高架区间桥梁结构选用的标准桥梁结构体系主要有简支梁体系和连续梁体系。简支梁是一种最常用的桥梁结构体系。简支梁静定结构的特点决定了它结构简单,同时支座不均匀沉降、收缩徐变等因素都不会引起内力的变化,也不会产生因预应力引起的次内力。特别是在软土地区,不均匀沉降相对较大,采用简支梁是较经济合理的方案。标准跨径的简支结构易于实现标准化、规模化的设计与施工,当局部墩位需调整时,影响范围小,施工组织灵活。

高架区间的标准跨径由经济和景观要求确定。就经济性而言,根据轨道交通高架结构的上下部工程费用确定的经济跨径为 25~32 m。就景观要求而言,由于轨道梁的竖向刚度要求较高,需采用较大的梁高,适当加大跨径可以使梁高、桥跨与桥下净空较好地协调,以提高桥下的通透性,改善景观。

2. 梁型方案

高架区间结构采用的梁型有箱形梁、板梁、T形梁和下承式槽形梁等基本形式，现简要分析如下。

1）箱形梁

箱形梁简称箱梁，是目前比较先进且被广泛采用的梁截面形式。箱梁截面整体刚度大，景观效果好，梁底所占空间尺寸小，下部工程数量省，是轨道交通高架结构常用的形式；同时其截面特性对曲线地段及在跨越较大的路口、河道时需采用的连续结构也更为适合，并且施工方法多样，可以就地现浇或预制节段整体拼装。

根据国内外的经验，可以选用的断面形式主要有单室双箱、双室单箱、单室单箱三种。

（1）单室双箱

在国外，单室双箱断面桥梁结构的施工方法多为现场预制（沿线路设多处预制场地），采用架桥机沿某一路方向架设预制箱梁。但是，国内采用架桥机施工高架区间结构的经验还不够丰富，采用这种梁型要求有较强的架桥施工能力（见图 5-37）。

（2）双室单箱

双室单箱也是国内外常见的断面形式，如图 5-38 所示。该种形式将左右两线的上部结构合二为一，整体性好，充分地利用了材料的受力性能，工程量较单室双箱方案为省，且上部质量的减轻对改善下部结构的受力也能起到一定作用。在景观方面，如采用斜腹板式的双室单箱截面，梁底宽度和墩顶盖梁的宽度都相应减小，视觉效果也优于单室双箱形式。

（3）单室单箱

单室单箱形式梁的受力性能不及双室单箱形式梁的优越，由于取消中间的腹

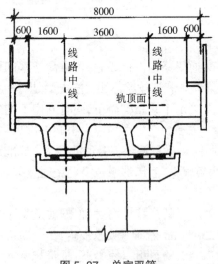

图 5-37 单室双箱

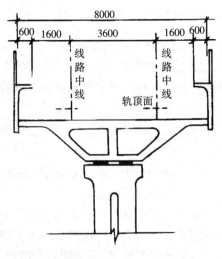

图 5-38 双室单箱

板,顶板的弯矩增加,剪滞效应更为明显,外观也不及双室单箱形式流畅、舒展(见图 5-39)。

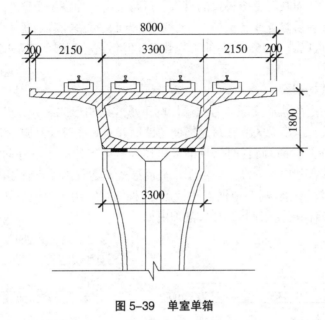

图 5-39 单室单箱

2) 板梁

板梁结构建筑高度低,外形简洁,结构简单,便于安装施工。预应力板梁的经济跨度为 16~20 m。板梁截面主要有空心板梁(见图 5-40)、低高度板梁(见图 5-41)和异形板梁。空心板梁每跨可以根据桥面宽采用 4~8 片拼装而成,而低高度板梁采用两片拼装,相对来说吊装质量大。异形板梁在美观上占有优势,它采用单片梁形式,一般采用现浇施工,工期较长。从受力上讲,板梁的抗扭刚度小,对抵抗列车的偏载不利。

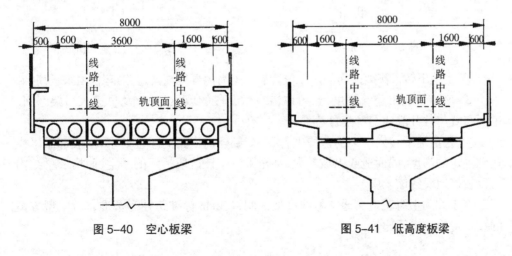

图 5-40 空心板梁　　　　图 5-41 低高度板梁

3）T形梁

T形梁与箱形梁同属肋梁式结构，主梁一般在工厂或者现场预制，可提高质量，减薄主梁尺寸，从而减轻整个桥梁的自重。每跨梁由多片预制主梁相互联结组成，吊装质量小，构件容易修复或者更换。同时，T形截面又是最经济的桥梁截面形式，该结构与箱梁相比可以减少 25% 左右的工程数量，经济效益显著。该结构形式如图 5-42 所示。

4）下承式槽形梁

图 5-43 为上海轨道交通 4 号线采用的下承式结构形式之一，其最大的优点是建筑高度低，且与跨度无关。在跨越横向道路而建筑高度又受到限制时，其特点尤为突出：可降低线路标高，而且两侧主梁可以作为电缆支架的基础并起到声屏障的作用，所以截面综合利用率较高。但由于该截面形式不适宜承受正弯矩的作用，因此主体结构工程数量指标较高。根据上述特点，这种结构宜用于由地下转入高架的两端高架区间及建筑高度受限制的地段，其理由如下。

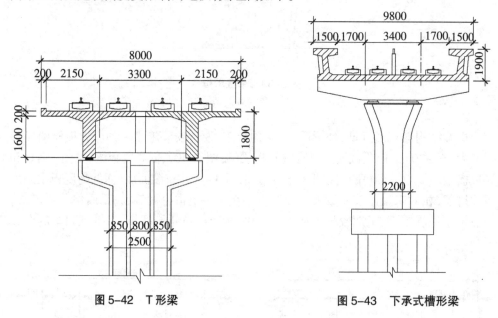

图 5-42 T形梁　　　　图 5-43 下承式槽形梁

① 由地下转入高架区间的区段位置靠近上海内环线高架道路，环保要求较高。

② 该结构轨下建筑高度低，可以减少敞开段的填土高度，及早进入高架区间，平面布置与敞开段匹配过渡自然平顺。

③ 在由地下转入高架的区段中，由于受到横向道路的净空要求，一般都需尽快达到预定的高度，因而造成纵坡较大，甚至限制了该区段桥下的净空，而槽形梁结构可以较好地缓解该矛盾。

表 5-6 为上海轨道交通 4 号线高架区间以 30 m 标准跨径为基准，对梁型方案的技术指标作出的比较。

表 5-6　梁型方案的技术经济指标比较（30 m 跨径）

梁　型		槽形梁	箱形梁	T 形梁
建筑高度 /cm		主梁高 190	180	180
施工方法 （起吊质量 /t）		现浇	现浇或预制节段整体拼装	预制吊装（125）
施工难易程度		较难	一般	方便
施工速度		慢	慢	快
环境影响	施工影响	大	大	小
	运行噪声	结构腹板与上翼缘构成有效的防噪体系，运行噪声小，可不设防噪屏	存在箱体内空腔共鸣效应，运行噪声大	介于两者之间
景观		主梁顶板和腹板将外观较差的走行系统遮挡，只露出整洁、美观的上部车体，视觉效果好	景观效果好	外观简洁，线条流畅，比常规的密肋、多横梁的 T 形梁结构有较大的改进

3. 一体化高架结构

一体化高架结构是指轨道交通与公路高架一体化的高架结构，如图 5-44 所示，中部为轨道交通列车走行结构，上部为高架道路汽车行走结构。上海的共和新路高架是国内第一条一体化的高架结构，中间轨道交通区间结构梁采用单室单箱梁，上部道路高架区间采用的是 T 形梁。

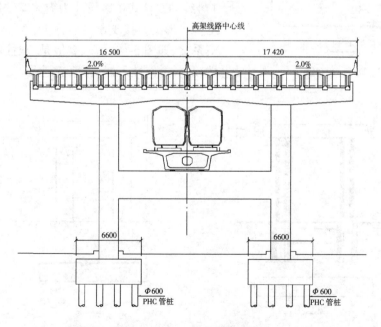

图 5-44　一体化高架结构

4. 桥墩基础结构形式

城市轨道交通高架桥的桥墩除必须承受上部结构的荷载外,还应考虑选择受力合理、体量较小,并与上部建筑风格相协调的形式。特别是高架桥多为跨线桥,常受地形、地貌、交通等限制,又与城市建筑及环境密切相关,其造型格外重要,必须使高架桥与城市环境和谐、协调,使行人有一种愉快的感觉。所以,桥梁下部结构形式及桥墩位置选择应该遵循安全耐久、满足交通要求、造价低、养护维修工作量小、预制施工方便、工期短、多留空间、少占地、城市环境和谐等原则。对于全线高架,宜减少桥墩的类型。适用于城市高架桥的桥墩形式有 T 形墩、双柱墩和 Y 形墩等。

1) T 形墩

T 形墩既能够减轻墩身质量、节约工程材料、减少占地面积,又较美观,特别适用于高架桥与地面道路斜交的情况。T 形墩由基础之上的承台、墩身和盖梁组成,如图 5-45 所示。墩身截面一般为圆形、矩形、六角形等。大伸臂盖梁因承受较大的弯矩和剪力,可采用预应力混凝土结构。如将 T 形墩与区间 T 形梁、箱形梁、槽形梁等上部结构相结合,则上下部结构的轮廓线可平顺过渡、受力合理。

2) 双柱墩

采用双柱墩的桥墩质量轻、节省工程材料,且承载能力和稳定性均较强,其盖梁的工作条件比 T 形桥墩的盖梁有利,无须施加预应力,常用的形式如图 5-46 所示。上海轨道交通 3 号线的双柱式桥墩设计为无盖梁结构,上部结构 T 形梁直接支承在双柱上,双柱上部设一横系梁,如图 5-47 所示。但是,双柱墩的美观性较差,透气性不好,占地范围大。

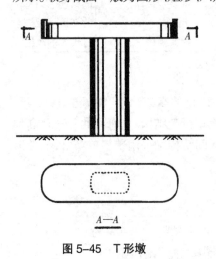

图 5-45 T 形墩

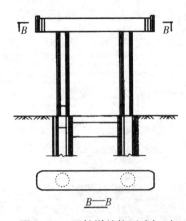

图 5-46 双柱墩结构形式(一)

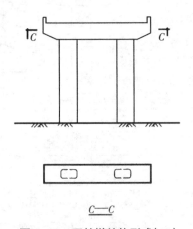

图 5-47 双柱墩结构形式(二)

3）Y形墩

如图5-48所示的Y形墩,兼有T形墩和双柱墩的优点:质量轻、占地面积少、外表美观简洁、造型轻巧、视野良好,并有利于桥下交通。Y形墩上部呈双柱式,对盖梁工作条件有利,但结构的施工比较复杂。

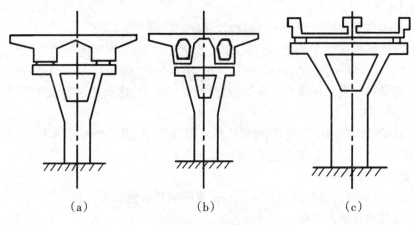

图 5-48 Y形墩

高架工程基础一般全部设计为桩基础,由于轨道结构通常采用无碴道床的形式,因此基础的设计除应满足承载力的要求外,还应满足对桥墩基础的沉降量及相邻桥墩间的沉降差异值的控制;桩基设计应选择较好的持力层。在上海地区设计与施工均较成熟的桩基有预制方桩、PHC管桩及钻孔灌注桩,选择时应根据周边环境的特点、持力层的深度、经济指标等因素综合考虑。由于PHC管桩具有工程造价低、施工速度快、质量易保证的优点,因此通常为设计首选的桩基形式。但由于其施工时对周围环境产生较大的影响,特别是有重要地下管线及对施工震动和噪声有控制要求的区域,往往考虑采用钻孔灌注桩。

对于墩台基础的沉降量及相邻墩台沉降量之差,不应超过下列容许值:

① 墩台总沉降量 50 mm;
② 相邻墩台沉降差 20 mm。

5.4.2 高架区间结构设计

1. 设计原则

高架区间结构设计的主要原则如下。

① 高架结构设计应符合安全适用、经济合理、美观耐久、施工简捷的要求。
② 高架结构设计应结合工程沿线区域规划、道路交通、周围环境、地下管线、工程地质技术条件等选择合理的结构体系,同时选用的结构应尽量减少运营中的维修和养护。
③ 结构设计力求工厂化、标准化、系列化。简化结构种类形式,方便设计和施工。

桥梁跨径及形式的选择应根据城市景观、经济指标及施工条件等因素确定。

④ 高架结构的桥梁应考虑无碴、无缝长钢轨的轨道结构与桥跨相互约束而产生的纵向附加力。

⑤ 高架结构跨越道路或通航河道时，桥下净空应满足有关规范和相关专业技术标准的要求。

⑥ 单体高架的抗震设计应满足现行铁路的抗震规范。

⑦ 高架结构应满足供电、通信、信号、轨道、给排水、声屏障等有关工种工艺设计及埋件设置等要求，采取必要的构造措施，满足防水、防迷流、防锈等要求。

⑧ 桥梁总体设计要符合建筑原理，注意空间比例，建筑美观要服从于结构受力合理的要求。

⑨ 桥梁设计应因地制宜，积极采用新结构、新工艺，并广泛吸取国内外先进技术，便于机械化施工。施工方法应经济合理、成熟可靠，尽量减少对周边环境的影响。

2. 设计标准及参数

上海市某轨道交通线路高架区间的技术标准及参数如下。

1) 工程设计使用年限

工程设计使用年限为100年。

2) 正线数目

正线数目为双线，右侧行车。

3) 最高运行速度

最高运行速度为80 km/h。

4) 轨道结构

正线采用60 kg/m 钢轨，在直线段及 $R \geq 300$ m 的高架曲线地段均铺设无缝线路，扣件采用弹性扣件，高架线采用支承块式承轨台结构。

5) 抗震标准

抗震设计烈度为7度，场地土类别为Ⅳ类，按《铁路工程抗震设计规范》（GB 50111—2006）要求进行验算，并满足抗震设计指南的要求。

6) 荷载

荷载类型如表5-7所示。

（1）结构自重

钢筋混凝土构件自重 $r=25\sim26$ kN/m³，素混凝土构件自重 $r=22\sim24$ kN/m³，钢结构自重 $r=78.5$ kN/m³。

（2）二期恒载

① 线路设备重：一般地段（含承轨台、钢轨、扣件等）按 14 kN/每线·每延米；

② 桥面设陶粒混凝土横向排水坡，双线及多线桥设人字坡，单线桥设单向坡，坡度为0.5%，最薄处为 4 cm。

③ 桥面两侧防噪柱、电缆及支架、护栏板恒重为 15 kN/每侧·每延米，通信、电

缆沟槽恒重为 6.5 kN/每侧·每延米。

(3) 混凝土收缩和徐变影响

① 混凝土的收缩应变和徐变系数终级值按《铁路桥涵钢筋混凝土和预应力混凝土结构设计规范》(TB 10002.3—2005)办理。

② 徐变系数 $\Psi(t,\xi)$ 的计算参照《公路钢筋混凝土及预应力混凝土桥涵设计规范》(JTG D62—2004)附录四办理。

(4) 接触网荷载

接触网荷载取值由接触网专业提供。

(5) 轨道附加纵向力

轨道附加纵向力(伸缩力 T_1、挠曲力 T_2、断轨力 T_3)由轨道专业提供。

表 5-7 一般高架结构荷载

荷载分类		荷载名称
主力	恒载	结构自重
		二期恒载
		预加应力
		混凝土收缩和徐变的影响
		土的重力及侧压力
		静水压力及浮力
		基础变位的影响
	活载	列车竖向静活载
		列车竖向动力作用
		列车离心力
		列车活载所产生的土压力
		列车横向摇摆力
		无缝线路纵向水平力,包括轨道伸缩力和轨道挠曲力
		接触网活载
		人群活载
附加力		制动力或牵引力
		风力
		流水压力
		温度变化的影响
特殊荷载		无缝线路断轨力
		船只或汽车的撞墩力
		脱轨力
		地震力
		更换支座影响
		施工荷载

(6) 活载

① 列车荷载。按照上海轨道交通 5 号线工程车辆资料,轴重按 136.5kN 计,轻载轴重按 75kN 计,4 节编组。列车荷载如图 5-49 所示。

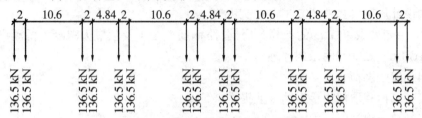

图 5-49 列车荷载图式(长度单位:m)

② 列车动力系数

$$1+\mu=1+\frac{10}{30+L}\left(\mu=\frac{10}{30+L}\right) \tag{5.4.1}$$

式中 L——除承受局部活载杆件为影响线加载长度外,其余均为桥梁跨度,以 m 计。

③ 列车离心力,按铁路桥规要求计算,其中 $V=80$ km/h。

④ 列车荷载加载时可分别对一辆、二辆、三辆、四辆车进行布载,取其最不利数值,但车辆与车辆间距不变。

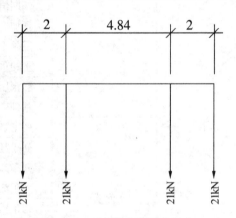

图 5-50 列车横向摇摆力图式
(长度单位:m)

(7) 附加力

① 列车横向摇摆力见图 5-50。

② 制动力或牵引力。单线桥按竖向静活载 15% 计算,但当与离心力或竖向动力作用同时计算时,制动力或牵引力应按竖向静活载的 10% 计算;双线桥采用单线的制动力或牵引力;三线或三线以上的桥采用双线的制动力或牵引力。

车站及车站相邻两侧 100 m 范围内双线桥应计二线的制动力或牵引力,每线制动力或牵引力应按竖向静活载的 10% 计算。

制动力或牵引力作用在轨顶上 1.8 m 处,当桥梁墩台计算时可移至支座中心处。

③ 风荷载。按铁路桥规要求进行计算,基本风压取 0.8 kPa。

④ 温度影响。板内温度场按线性分布。日照温差分别按单向及双向组合考虑。单向考虑时,$T_0=20$ ℃,双向组合时 $T_0=16$ ℃。降温温差按 -10 ℃计。日照温差及降温温差计算时,混凝土的受压弹性模量按铁路桥规办理。连续梁由日照温差产生的纵向内力计算时,温差按 5 ℃计。

(8) 特殊荷载

① 地震力。抗震设防烈度 7 度。

② 撞墩力。顺汽车行驶方向撞墩力为 1000 kN,垂直于汽车行驶方向撞墩力为 500 kN,两个方向的撞墩力不同时考虑,撞墩力作用于行车道以上 1.2 m 处。

③ 脱轨力。车辆集中力直接作用于桥面板上最不利位置处,离线路中心两侧 2.1 m 范围内,检算桥面板强度。检算时,集中力值为本线列车实际轴重的 1/2,不计列车动力系数,材料容许应力提高系数为 1.4;列车位于轨道外侧但未坠落桥下时,检算结构的横向稳定性。检算时,荷载取本线一节列车轴重之和,均匀分布在纵向 20 m 长度范围内,不计列车动力作用、离心力和另一线列车荷载,线荷载作用点位于线路中心外侧 1.4 m 处,抗倾覆稳定系数不得小于 1.2。

7) 梁部刚度

(1) 竖向刚度

桥跨结构在列车竖向净活载作用下,其竖向挠度不应超过以下规定的容许值:

① 当梁跨径 $L \leqslant 30$ m 时,竖向挠度容许值为 $L/2000$;

② 当梁跨径 $L > 30$ m 时,竖向挠度容许值为 $L/1500$。

(2) 横向刚度

在列车摇摆力、离心力和风力的作用下,梁体的水平挠度应小于等于梁体计算跨度的 1/4000。

8) 混凝土收缩及徐变变形

线路铺设完毕后桥梁的徐变(上拱或下挠)值应小于或等于 10 mm。

【思考题】

5.1 地下车站的施工方法有哪些类型?

5.2 地下车站结构的横断面形式主要有哪几类?

5.3 明挖法施工的主要步骤有哪些?明挖逆作法与顺作法的差别是什么?

5.4 盾构法的施工顺序如何?

5.5 明挖法、暗挖法、盾构法施工各有何特点?

5.6 什么是盖挖法?它与明挖法有何差别?

5.7 城市轨道交通区间隧道的施工方法有哪些?

5.8 区间隧道的典型断面形式有哪些?

5.9 高架车站结构形式有哪些类型?各有何优缺点?

5.10 高架区间结构梁形有哪些类型?各有何优缺点?

5.11 高架区间结构墩形有哪些类型?各有何优缺点?

第6章 车　辆

6.1　车辆构成及类型

城市轨道交通车辆作为城市公共交通的旅客运载工具，不仅要保证车辆运行的安全、准点、快速，而且要为乘客提供良好的服务条件，使乘客乘车舒适、方便，同时还应考虑对城市的景观和环境的影响。为了更好地满足这些要求，近年来在设计、制造城市轨道交通车辆上采用了大量的高新技术。例如车体结构、材料的轻量化，走行装置的低噪声和高平稳性设计，线性电机驱动，直流斩波调速技术，再生制动技术以及交流变频调压技术等。

6.1.1　车辆构成

一般来说，城市轨道交通车辆由以下7大部分构成。

1) 车体

车体分为有驾驶室车体和无驾驶室车体两种。它是容纳乘客和司机(对于有驾驶室的车辆)的地方，又是安装与连接其他设备和部分的基础。近年来的车辆车体均采用整体承载的钢结构、轻金属结构或复合材料结构，以达到在最轻的自重下满足强度的要求。车体一般均设有底架、端墙、侧墙及车顶等。

2) 转向架

转向架是车辆的走行部分，装设于车体下面，用来牵引和引导车辆沿着轨道行驶，承受与传递来自车体及线路的各种载荷，并缓和其动力作用。它是保证车辆运行质量和安全的关键部件。转向架可分为动力转向架和非动力转向架，一般由构架、弹簧悬挂装置、轮对轴箱装置和制动装置等组成。对于动力转向架，它还装设有牵引电机及传动装置。

3) 牵引缓冲装置

车辆编组成列运行必须借助于连接装置，即车钩。为了改善列车纵向平稳性，一般在车钩的后部装设缓冲装置，以缓和列车冲击。另外，还必须有连接车辆之间的电气和压缩空气的管路。

4) 制动装置

制动装置是保证列车安全运行所必不可少的装置。不论是动车或拖车，均需设制动装置，以使运行中的列车按需要减速或在规定的距离内停车。城市轨道交通车辆制动装置除常规的空气制动装置外，还有再生制动、电阻制动和在轻轨车辆上常用的磁轨制动等。

5）受流装置

从接触导线（接触网）或导电轨（第3轨）将电流引入动车的装置称为受流装置或受流器。受流装置按其受流方式可分为以下五种形式。

① 杆形受流器：外形为两根平行杆，上部有两个受电轨（导线），广泛用于城市无轨电车。

② 弓形受流器：属上部受流，弓可升降，其接触有一根导线，下面有导轨构成电路，常用于城市有轨电车。

③ 侧面受流器：在车顶的侧面受流，又称为"旁弓"，多用于矿山运载货物的电力机车上。

④ 轨道式受流器：在底部导电轨受流，又称为第3轨受流，空间可得到充分利用，多用于速度较高的列车在隧道内运行。北京地铁及目前欧美大部分城市地铁均采用这种受流方式。

⑤ 受电弓受流器：属上部受流，受电弓可升降，适用于列车速度较高的干线铁路电力机车上。上海轨道交通采用此种方式。

在受电制式上，目前世界上地铁发展较早的城市大都采用直流 750 V，个别有采用直流 600 V 的，北京地铁为直流 750 V，上海地铁采用直流 1500 V。直流 1500 V 与直流 750 V 比较有以下优点：可提高牵引电网供电质量，降低迷流（杂散电流）数值；增加牵引供电距离，从而可减少牵引变电所数量；便于地铁线路实现地下、地面和高架的联运。

6）车辆附属设备

车辆内部设备包括服务于乘客的车体内的固定附属装置和服务于车辆运行的设备装置。服务于乘客的车体内的固定附属装置有：车灯、广播、通风、取暖、空调、坐椅、拉手等。服务于车辆运行的设备装置大多悬挂于车底架上，如蓄电池箱、继电器箱、主控制箱、电动空气压缩机组、风缸、电源变压器、各种电气开关和接触器箱等。

7）车辆电气系统

车辆电气系统包括车辆上的各种电气设备及其控制电路。按其作用和功能可分为主电路系统、辅助电路系统和电子控制电路系统3个部分。主电路系统由牵引电机及与其相关的电气设备和连接导线组成，其作用是将电网的电能转变为车辆运行所需的牵引力，当在电气制动时将车辆的动能转换为电制动力，它是车辆上的高电压、大电流、大功率动力回路。辅助电路系统为保证车辆正常运行必须设置的辅助设备（如供某些电器通风、冷却的通风机、空气压缩机、空调装置、车辆照明等）所提供的辅助用电系统。电子控制电路系统分为有接点的直流电路和无接点的电子电路，控制电路的作用是控制主电路和辅助电路各电器的工作，通过司机操纵主控制器和各按钮使列车正常运行或由列车自动运行控制系统控制运行。

6.1.2 车辆的主要技术参数

车辆技术参数是概括地表明车辆技术规格的某些指标,它从总体上表明车辆的性能及结构情况,一般分为车辆性能参数与车辆主要尺寸两大类。

1) 车辆性能参数

① 自重、载重及容积:自重为车辆本身的全部质量,载重为车辆允许的正常最大装载质量,均以 t 为单位;容积为车辆内部空间的体积,以 m^3 为单位。

② 构造速度:指车辆设计时,按安全及结构强度等条件所允许的车辆最高行驶速度。车辆实际运行速度一般不允许超过构造速度。

③ 轴重:指按车轴形式及在某个运行速度范围内该轴允许负担的并包括轮对自身在内的最大总质量。轴重的选择直接关系到线路、桥梁及车辆走行部的设计标准。

④ 每延米轨道载重:是车辆设计中与桥梁、线路强度密切相关的一个指标,同时又是能否充分利用站线长度、提高运输能力的一个指标,其数值是车辆总质量与车辆全长之比。

⑤ 通过最小曲线半径:指配用某种形式转向架的车辆在站场或厂、段内调车时所能安全通过的最小曲线半径。当车辆在此曲线区段上行驶时不得出现脱轨、倾覆等危及行车安全的事故,也不允许转向架与车体底部或与车下其他悬挂物相碰。

⑥ 轴配置或轴列式:如 4 轴动车,设两台动力转向架,则轴配置记为 B—B。6 轴单铰轻轨车,两端为动力转向架,中间为非动力铰接转向架,其轴配置记为 B—2—B。

⑦ 最大起动加速度、平均起动加速度、最大制动减速度。

⑧ 每吨自重功率指标一般在 10~15 kW/t。

⑨ 供电电压、最大网电流、牵引电机功率。

⑩ 制动形式有摩擦制动、再生制动、电阻制动以及磁轨制动等。

⑪ 坐席数及每平方米地板面积站立人数。

2) 车辆主要尺寸

车辆主要尺寸除了车辆全长及转向架固定轴距(转向架两个轮轴中心之间的距离)外尚有以下几项。

① 车辆最大宽度、最大高度:车辆最大宽度指车体最宽部分的尺寸,车辆最大高度指车辆顶部最高点离钢轨水平面之间的距离。这两个尺寸均需符合车辆限界的要求。

② 车体长、宽、高:车辆有车体外部与内部之别,车体内部的长、宽、高必须满足旅客乘坐等要求。

③ 车钩中心线距轨面高度:简称车钩高。它是指车钩钩舌外侧面的中心线至轨面的高度。列车中的机车与各车辆的车钩高基本一致,是保证正常传递牵引力及列车运行时不会发生脱钩事故所必需的。我国铁路规定新造或修竣后的空车标准车钩高为 880 mm;其他国家由各自的历史条件决定了其使用的车钩高,如苏联及欧洲各

国的车钩高(或盘形缓冲器的中心线高)定为 1060 mm。城市轨道交通车辆的车钩高无统一的标准,上海 1 号线车辆定为 720 mm,北京 1 号线车辆为 670 mm。

④ 地板面高度:地板面距轨面的高度与车钩高一样,均指新造或修竣后空车的数值。它受两方面的制约:一方面是车辆本身某些结构高度的限制,如车钩高及转向架下心盘面的高度;另一方面与站台高度的标准有关,例如上海地铁车辆地板面高为 1130 mm,北京地铁车辆为 1053 mm。

⑤ 车辆定距:指车辆两相邻转向架中心之间的距离。

6.1.3 车辆类型及主要技术规格

城市轨道交通的车辆类型随着交通模式的不同而有很大的差异,最常用的有地铁车辆、轻轨车辆和独轨车辆。但无论是地铁车辆、轻轨车辆还是独轨车辆,均为电动车组编列运行,都有动车与拖车、带驾驶室车辆与不带驾驶室车辆之分。

1) 地铁车辆的主要技术规格

地铁车辆的规格根据不同城市的实际情况有不同的要求。早期建设的地铁,因为客流量并不大,所以车辆的尺寸相对较小。随着城市化的发展,城市人口日益增加,尤其是亚洲地区的城市开始建造地铁时,考虑到客运量的需要,采用更宽、更长的车辆。20 世纪 60 年代,我国第一个地铁系统建于北京,使用 DK 20 型地铁车辆,其主要技术规格见表 6-1。

表 6-1 北京地铁 DK20 型地铁车辆主要技术规格

序 号	技术参数名称	DK20 型技术指标
1	车体长度 /mm	19 000
2	车辆宽度 /mm	2 600
3	每侧车门数 / 个	4
4	车轮直径 /mm	860
5	座位数 / 人	60
6	额定载客量 / 人	170
7	车辆自重 /t	34
8	最高运行速度 /(km/h)	80
9	启动平均加速度 /(m/s^2)	0.94
10	牵引电机功率 /kW	4×130
11	电网电压 /V	750 直流
12	供电方式	接触轨

20 世纪 90 年代,上海建设地铁 1 号线时,考虑到客流的需要,采用了较大尺寸的车辆。上海轨道交通车辆共分 3 种车型:带驾驶室拖车(T_c 型),设有列车自动控制装置、静止逆变器、空调装置、蓄电池箱;无驾驶室带受电弓的动车(M_p 型),设有牵引电动机、牵引斩波器、静止逆变器、空调装置、受电弓;无驾驶室不带受电弓的动车(M

型),设有牵引电动机、牵引斩波器、静止逆变器、空调装置、空气压缩机。图 6-1 为上海 T_C 型车辆的总体结构示意图。表 6-2 为上海轨道交通 1 号线车辆的主要技术规格。

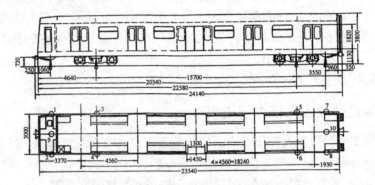

图 6-1　上海地铁 T_C 型车辆的总体结构示意图

表 6-2　上海轨道交通 1 号线车辆的主要技术规格

序号	技术参数名称	动车	拖车
1	两车钩连接面长度 /mm	22 800	24 140
2	最大宽度 /mm	3 000	3 000
3	轨面至车顶高度 /mm	3 800	3 800
4	轨面至地板面高度 /mm	1 130	1 130
5	每侧车门数 /个	5	5
6	车辆定距 /mm	15 700	15 700
7	固定轴距 /mm	2 500	2 500
8	车轮直径 /mm	840	840
9	座位数 /人	62	62
10	额定载客量 /人	310	310
11	最大载客量 /人	410	410
12	车辆自重 /t	38	32
13	最高运行速度 /(km/h)	80	—
14	起动平均加速度 /(m/s²)	0.9	—
15	常用制动平均减速度 /(m/s²)	1.0	—
16	紧急制动平均减速度 /(m/s²)	1.3	—
17	牵引电机持续功率 /kW	2 × 207	—
18	电网电压 /V	1500 直流	—
19	供电方式	接触线网	—

编列运行时,带驾驶室的 T_C 型车始终编在列车的两端,其他车型在列车中的位置可以互换。例如 6 节编组的形式可以为 T_C—M_P—M—M—M_P—T_C,也可以编成 T_C—M_P—M—M_P—M—T_C。当为 8 节编组时,可以编成 T_C—M_P—M—M_P—M—M_P—M—T_C,

也可以编成 $T_C-M_P-M-M-M_P-M_P-M-T_C$。轻轨交通常采用铰接式车辆,有单铰六轴车和双铰八轴车,车辆两端均设驾驶室,可以单节运行,也可以多节连挂编组运行。

地铁车辆总体布置的基本原则如下。

① 设备有良好的可接近性,易于安装和拆卸,便于维护和检修。大部分电气设备和辅助机组均安装在车体下面和车顶上面。

② 保证车辆轴荷重均匀分布。

③ 保证电气设备有良好的工作环境,为了防尘、防雨雪的侵入,电气设备均安装在箱体内。

④ 尽量使电缆、空气管路和风道的长度最短,尽量减少风道弯曲,并使风量分配均匀。

⑤ 产生强磁场的设备均应加装屏蔽,以免干扰其他电气设备、电子控制系统和通信信号系统的正常工作。

⑥ 确保乘务人员有良好的工作环境,操作方便和安全;保证乘客乘坐舒适和人身安全。车辆与车辆之间有贯通道,以便乘客流动。驾驶室前方正中央设有安全疏散梯,在紧急情况下,打开疏散梯,扶梯可向前倾倒在轨道上,以便乘客安全离开列车。

地铁车辆与各种轨道交通车辆一样,其车体应当具备足够的强度和刚性。为了确保安全性和舒适性,车体应具备良好的不燃性、隔热性、隔音性和密封性。此外,从经济性的角度出发,要求车体的材料具备质量轻、耐腐蚀和可重新利用的性能。

长期以来,车体使用钢材制造,随着轨道交通运输领域新技术的发展,减轻车体自重成为改进车辆设计的重要问题之一。钢质车体难以满足这方面的要求,而且车体需要表面涂漆,以延长使用寿命。因此,钢质车体逐步由其他材质的车体所取代。不锈钢具有出色的耐腐蚀性,不需要涂漆,因而维修成本可以降低。近年来,由于使用了高张应力不锈钢,使得不锈钢车体的质量大幅度降低。

铝合金车体具有轻量化、高强度、高刚性的优良性能。在安全性方面具有较好的冲击力、吸收性和电磁场屏蔽性,在热性能方面具有隔热、耐热和不燃性,在舒适性方面具有隔音、防震和平稳性,在耐久性方面具有材质均匀和耐腐蚀性,在保养维修方面具有可维修和可重新使用性。挤压中空铝型材的出现,又为提高材料利用率和减少焊接变形创造了条件,从而降低车体成本。目前,CAD 辅助设计和三维有限元计算法应用于车体的设计,使车体轻量化更前进了一步。

地铁车辆传统上采用钢轮在钢轨上行驶,后来法国的地铁车辆开始采用橡胶轮胎作为走行轮,另外在两侧装有橡胶导向轮,以保持车辆的定位。橡胶轮胎的平均寿命可达到 3×10^5 km。在每个橡胶轮胎的内侧装有一个轻质合金轮,可保证橡胶轮胎在漏气时也能保持车辆继续行驶。采用橡胶轮胎的优点,首先是可以降低车辆在行驶中产生的噪声,与钢轮相比,可降低约 6 dB(A),而且不易造成钢轨的磨损。橡胶轮胎还可减少传播到地面的振动。其次,橡胶轮胎与钢轨之间有较大的黏着系数,可以获得较好的加速性能,起动加速度可达到 1.35 m/s²,同时可以缩短制动距离,有利于安全行车。最后,采用橡胶轮胎后,车辆的爬坡能力可以提高 10%,有利于地铁的选线。采用橡胶轮胎的缺点是车辆运行的电能消耗增加,运行成本也相应增高。另外,橡胶轮胎的承载能力低于钢轮,每节车辆的载客量相对较少。巴黎 13 条地铁线路中有 4 条线路的车辆采用橡胶轮胎,最新修建的迎接 21 世纪的 14 号线,为无人驾驶的全自动地铁系统,其车辆也采用橡胶轮胎。除了法国以外,墨西哥、智利、加拿大、日本的一些城市也有采用橡胶轮胎的地铁车辆。图 6-2 所示为智利的橡胶轮胎地铁车辆总体结构示意图。

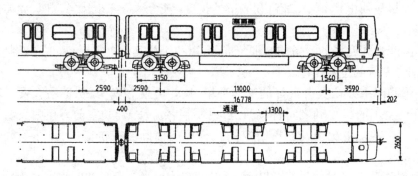

图 6-2　智利的橡胶轮胎地铁车辆总体结构示意图

线性电机的出现为地铁的小型化开辟了一条新的途径。地铁车辆的传统驱动方式是由牵引电机通过齿轮传动装置来转动车轮,依靠车轮与钢轨之间产生的牵引力来驱动车辆前进。线性电机利用感应的原理来推动车辆前进不需要将旋转运动转换成直线运动,从而省去了齿轮箱等一系列传动机构。这样,车轮的直径可以缩小,它仅仅起支承的作用。采用线性电机后,车厢地板面可以大大降低,从而缩小车体断面的尺寸,隧道断面的面积可以比常规地铁减少,从而大幅度降低隧道工程的造价。在城市中,尤其是市中心区,地下管道纵横交错,形成密密麻麻的地下管网,如果隧道断面缩小,则能减少地下管网的拆迁工程量,既可节约拆迁费用,又便于工程施工。线性电机驱动的车辆不受轮轨之间黏着条件的限制,因此具有较好的爬坡能力。常规地铁的坡道一般不超过 3%~4% 的坡度,采用线性电机的地铁线路则可以达到 6%~8%。同时,由于转向架驾驶系统易于操纵,可以在半径很小的线路上平稳运行。这些特点有利于选线,以达到较好的经济性。此外,由于驱动系统没有任何旋转部分,其运行噪声可以维持在很低的水平。

日本的东京和大阪各建了一条采用线性电机车辆的地铁线路。新建的东京都营 12 号线,车辆宽度为 2500 mm,高度为 3150 mm(受电弓降下时),车轮直径为 610 mm。图 6-3 所示为东京都营 12 号线的线性电机地铁车辆,轨道中间为直线电动机的感应轨。隧道内径为 4300 mm,外径为 5300 mm,相比之下,传统地铁新宿线的隧道内径和外径分别为 6200 mm 和 7300 mm。

2）轻轨车辆的主要技术规格

轻轨交通是在有轨电车的基础上发展起来的。轻轨车辆有单节的四轴车、单铰车和双铰接的八轴车。四轴轻轨车辆（见图6-4）的长度一般不超过20 m。为方便乘客上下车，每侧至少设3个车门，车门开度一般为1300 mm。四轴车有两个转向架。每个动力转向架由1台或2台电动机驱动，电动机的总功率要求保证车辆每吨自重的功率指标达到12 kW/t。因为整个车辆的质量分布在所有的驱动轴上，所以，决定牵引力大小的黏着质量为车重的100%，可以保证较好的动力性能和爬坡能力。

图6-3　东京都营12号线的直线电机地铁车辆

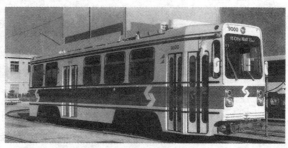

图6-4　四轴轻轨车辆

六轴铰接轻轨车辆（见图6-5）的长度一般不超过25 m，每侧至少设4个车门。六轴车有3个转向架，前后2个为动力转向架，中间铰接点的转向架不带动力，主要起承载的作用。因此，黏着质量约为车重的80%。六轴铰接轻轨车辆的动力性能指标约为11 kW/t。

八轴铰接轻轨车辆（见图6-6）的长度一般不超过30 m，每侧至少设5个车门。八轴车的4个转向架中，前后2个为动力转向架，中间铰接处的2个为非动力转

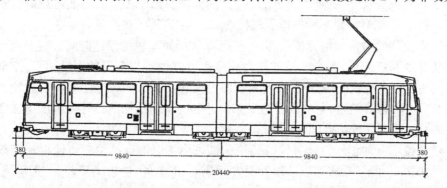

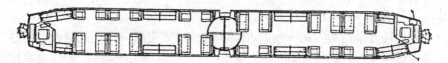

图6-5　六轴铰接轻轨车辆的总体结构示意图

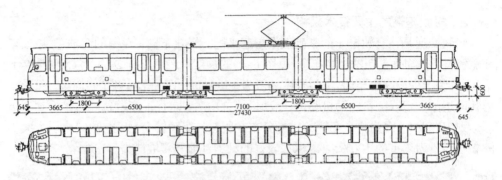

图 6-6 八轴铰接轻轨车辆的总体结构示意图

向架,因此,黏着质量约为车重的 66%。八轴铰接轻轨车辆的动力性能指标约为 10 kW/t。为了改善八轴铰接轻轨车辆的动力性能和黏着条件,可以将中间 2 个转向架设置在中间一节车的下面,并带有动力。

轻轨交通的最大特点是因地制宜,不同城市有不同的客观条件。因此,车辆规格、性能参数也会有不同的要求,例如供电系统有 600 V、750V 和 1 500V,供电方式有架空线供电和第 3 轨供电。车辆宽度为 2.4～2.65 m,也有更窄或更宽的。车辆的长度也有很大的差异。车厢内的座位布置有纵向布置和横向布置两种。纵向布置的坐席较少,站立面积较大。车辆的载客量按站立面积每平方米站 6 人计算,高峰超载时按 9 人计算,再加上坐席人数,总的载客量相对较大,尤其在高峰时可以容纳更多的乘客。横向布置可以多安排坐席,以提高乘车的舒适度,但站立面积较少,车辆的载客量也相应减少。

我国的轻轨交通尚在规划阶段,许多城市都有发展轻轨交通的计划。为了有利于轻轨交通的建设,"七五"国家重点科技攻关项目中设立了一项名为"城市轻轨客运交通系统成套技术"的研究课题,结合我国国情提出了先进而切实可行的轻轨交通综合技术标准,对轻轨车辆推荐了三种形式,其主要技术规格见表 6-3。

轻轨交通要考虑如何方便乘客的上、下车和缩短车辆的停站时间。对于全封闭的轻轨交通系统来说,每个车站的站台高度都可以做到与车门的下沿相平,车辆可以采用传统的高地板结构,地板高度离轨面为 850～1000 mm。但是,有些轻轨交通系统的某些区段是高站台,某些区段是低站台,因此,车门结构的设计可考虑增加活动收放的踏板。当在低站台停站时,能自动放下几级踏板,供乘客上、下车。

随着技术上的创新,新一代的轻轨车辆采用了低地板结构,将地板高度降至 300～350 mm。除了乘客可以从地面很方便地上、下车外,更解决了老人、儿童、婴儿推车、残疾人轮椅的上、下车。

低地板车辆有以下三种设计方案。

第一种设计方案是最容易实现的方案。这种方案将局部做成低地板,首先解决车门处的地板高度,形成分段式低地板,如图 6-7 所示。转向架部位仍保留高地板,两个转向架之间的地板高度降低,高地板与低地板之间用几级台阶过渡。采用这种

表 6-3 轻轨车辆的主要技术规格

序号	规格名称	四轴车	六轴车	八轴车
1	两车钩连接面长度 /mm	19800	23800	29700
2	车体长度 /mm	18900	22900	28800
3	车辆宽度 /mm	2600	2600	2600
4	轨面至车顶部高度 /mm	3250	3250	3250
5	轨面至设备顶部高度 /mm	3700	3700	3700
6	受电弓工作高度 /mm	3900~5600	3900~5600	3900~5600
7	受电弓落弓高度 /mm	3700	3700	3700
8	车内高度 /mm	2150	2150	2150
9	地板面高度 /mm	900~950	900~950	900~950
10	车辆定距 /mm	11000	7500~7500	6700~7500~6700
11	固定轴距 /mm	1900	1900/1800	1900/1800
12	车轮直径(新/旧)/mm	760/700	760/700	760/700
13	每侧车门数 /个	4	4	5
14	客室车门宽度 /mm	1300	1300	1300
15	客室车门高度 /mm	1900	1900	1900
16	额定载客量 /人	190~210	235~255	300~320
17	构造速度 /(km/h)	80	80	80
18	最高运行速度 /(km/h)	70	70	70
19	起动平均加速度 /(m/s²)	1.2	1.1	0.9
20	常用制动平均减速度 /(m/s²)	1.2	1.2	1.2
21	紧急制动平均减速度 /(m/s²)	2	2	2
22	每米车身自重指标 /(t/m)	1.4~1.55	1.4~1.55	1.4~1.55
23	车辆每吨自重功率指标 /(kW/t)	约 12	约 11	约 10
24	车内噪声 /dB(A)	65~70	65~70	65~70
25	车外噪声 /dB(A)	75~82	75~82	75~82

注：构造速度指按照车辆设计容许的最高速度。

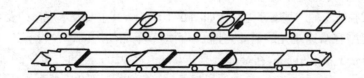

图 6-7 采用常规转向架的分段式低地板结构

结构的车厢，低地板仅占地板全长的 30%~50%，乘客往往集中在车门附近的低地板区域，不利于车厢内部的流动。

第二种设计方案是采用经过改革的转向架。转向架的车轮位于座位下面,地板不降低,对乘客没有影响,而轮轴则位于车厢的通道,影响地板的降低。如果取消轮轴,便可以将通道部分做成低地板,便于乘客流动。对于铰接式轻轨车辆来说,铰接部位的转向架为没有牵引电动机和齿轮传动装置的非动力转向架,取消轮轴,采用独立车轮比较容易做到。因此,整个车厢的结构可以做成中间贯通式的低地板,如图6-8所示。其前后两端的动力转向架上面的部位为高地板,其他部位除铰接处的车轮外,都可以做成低地板,所占比例达到全长的 70%,乘客可以在中间流动。

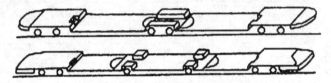

图 6-8 中间贯通式低地板结构

第三种设计方案是进一步在动力转向架上采用独立车轮。因为牵引电动机的小型化已在技术上得到解决,这样除了车轮部位以外,全部可以做成低地板(见图6-9),成为 100% 的低地板轻轨车辆。

图 6-9 全部采用独立车轮的低地板结构

轻轨车辆的车底空间有一定的限度,对于不同的运行要求,需要安装在车底下面的设备也有差别,给低地板车辆的设计带来一定的难度,对车辆造价也会产生影响。所以,采用何种结构应根据实际情况综合考虑。

3)独轨车辆的总体结构与主要技术规格

独轨交通的车辆采用橡胶轮胎,受轮胎载荷的限制,车体结构必须做到轻量化才能保证较大的载荷量。所以,车体一般采用全轻合金焊接结构。

独轨列车一般为 4 辆固定编组,最多不超过 6 辆。其驾驶室设在列车的两端,设侧门,并与乘客车厢隔开;乘客车厢两侧各设两个侧门,门宽 1300 mm;车厢间设全贯通式通道;车的头部设有紧急出口门。

跨座式独轨车辆的基本车型结构如图 6-10 所示,其主要技术规格如表 6-4 所示。

为满足乘客沿途观光的需要,独轨车辆每节车厢的中间部位设有连续三扇大窗户,宽 1720 mm、高 920 mm,在端部有宽 940 mm、高 920 mm 的小窗户;车厢内装有空调装置。为了在春、秋季进行自然通风换气,这些车窗上部 1/3 处都采用了向客室内敞开的活动结构窗。为防止乘客向外投弃杂物,在开口处装有封闭的保护金属网。为了降低牵引电动机、传动装置、集电器等产生的噪声,车辆都安装了隔音材料,以减少车厢内的噪声,同时车辆两侧都采用裙板包封,以减少噪声对外扩散。

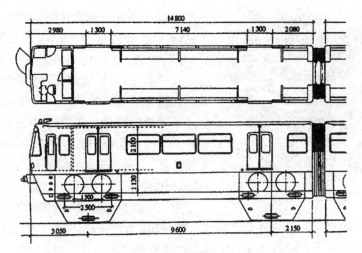

图6-10 跨座式独轨车辆的基本车型结构示意图

表6-4 跨座式独轨车辆的主要技术规格

序号	技术参数	大型车辆技术指标	标准型车辆技术指标
1	两车钩连接面长度 /mm	15500/14600	14400/13700
2	车体长度 /mm	14800/13900	13700/13000
3	车体宽度 /mm	2980	2980
4	车辆高度 /mm	3490	3460
5	地板面高度 /mm	1130	1082
6	车辆定距 /mm	9600	9000
7	走行轮轴 /mm	1500	1500
8	导向轮轴 /mm	2500	2500
9	走行轮直径 /mm	1006	982
10	每侧车门数 /个	2	3
11	车门宽度 /mm	1300	1300
12	座位数 /人	35/39	32/37
13	额定载客量 /人	167/180	145/160
14	最大载客量 /人	233/251	202/222
15	车辆平均自重 /t	27	26
16	轴重 /t	11	10
17	最高运行速度 /(km/h)	80	80
18	起动平均加速度 /(m/s^2)	0.97	0.97
19	常用制动平均减速度 /(m/s^2)	1.1	1.1
20	紧急制动平均减速度 /(m/s^2)	1.25	1.25
21	最小曲线半径 /m	30	30
22	最大爬坡能力 /(‰)	100	100
23	牵引电动机功率 /kW	4×75	4×75
24	额定电压 /V	1500 直流	1500 直流

注：表中分子和分母的数字分别表示有驾驶室和无驾驶室的车辆。

图 6-11 跨座式独轨车辆的转向架

跨座式独轨车辆的转向架（见图 6-11）为二轴转向架，全部是动力转向架。每根轴上装有 2 个走行轮，直径为 1006 mm，是充入氮气的钢套橡胶轮胎。转向架两侧上方各设 2 个导向轮，下方各设一个稳定轮，直径为 730 mm。另外，为防止车轮轮胎爆胎，车辆都装有钢制备用轮，并设置了车轮爆胎检测装置。车体的支承方式为无摇枕结构，采用空气弹簧直接支承方式，以达到轻量化的要求。

为保证列车在出现小故障时能照常安全运行，将每列车的牵引系统分成 2 个单元。在行车区间内即使一个单元出现故障造成停机时，另一个单元也可以保证列车正常运行而安全抵达目的地。

车辆的集电器采用钢板框架结构，两侧分别为正极和负极，与安装在轨道梁两侧的正、负输电轨接触。每列车的两侧各有 4 个集电器。跨座式独轨车辆与轨道梁的配合如图 6-12 所示。

悬挂式独轨车辆的结构和布置基本上与跨座式独轨车辆相似，所不同的是走行部分装在车辆上方，车体从转向架悬挂向下，车辆的设备也不是布置在车辆的底部，而是布置在顶部。

悬挂式独轨车辆的基本车型结构如图 6-13 所示，其主要技术规格见表 6-5。悬挂式独轨车辆的转向架（见图 6-14）为二轴动力转向架，每个转向架走行轮和导向轮各 4 个，均为充气橡胶轮，并配有备用轮以保证安全。

连接转向架和车体的悬挂装置是由连接杆、安全钢索、液压减振器和制动器等构成。连接杆为钢板焊接结构，万一损坏，安全钢索就会起安全保障作用。悬挂式独轨车辆的重心位于轨道梁的下方，与钟摆相似，能使通过弯道的速度提高，即使在小半径（例如 30 m）曲线，也能保持良好的舒适性；即使在弯道上停车，车体也能自然地恢复到垂直状态，不会给乘客以不安的感觉。悬挂式独轨车辆与轨道梁的配合如图 6-15 所示。

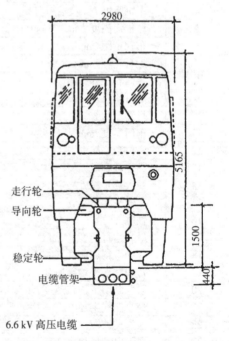

图 6-12 跨座式独轨车辆与轨道梁的配合

第 6 章　车辆　225

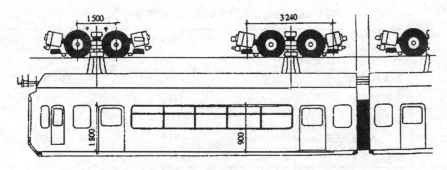

图 6-13　悬挂式独轨车辆的基本车型结构示意图

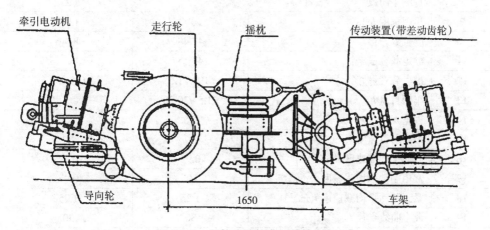

图 6-14　悬挂式独轨车辆的转向架

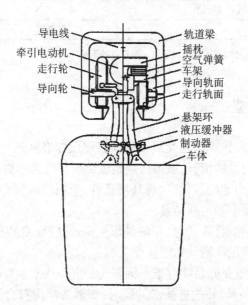

图 6-15　悬挂式独轨车辆与轨道梁的配合

表6—5 悬挂式独轨车辆的主要技术规格

序号	技术参数名称	大型车辆技术指标	标准型车辆技术指标
1	两车钩连接面长度 /mm	17 300	13 800
2	车体长度 /mm	16800/16500	13300/13000
3	车体宽度 /mm	2660	2510
4	车体高度 /mm	2950	2950
5	轨面至车顶距离 /mm	730	730
6	车辆定距 /mm	11700	8400
7	固定轴距 /mm	1550	1500
8	每侧车门数 /个	2	2
9	车门宽度 /mm	1300	1300
10	座位数 /个	42/48	40/46
11	额定载客量 /个	143/157	103/115
12	最大载客量 /个	193/212	135/150
13	车辆自重 /t	21.54/20.28	19.0/17.98
14	轴重 /t	9.5	7.5
15	最高运行速度 /(km/h)	80	80
16	启动平均加速度 /(m/s²)	0.97	0.97
17	常用制动平均减速度 /(m/s²)	0.97	0.97
18	紧急制动平均减速度 /(m/s²)	1.25	1.25
19	最小曲线半径 /m	30	30
20	最大爬坡能力 /(‰)	100	100
21	牵引电动机功率 /kW	4×75	4×75
22	额定电压 /V	1500 直流	1500 直流

注：表中分子和分母的数字分别表示有驾驶室和无驾驶室的车辆。

6.2 车辆选型

根据建设部《城市快速轨道交通工程项目建设标准》(试行本)的规定,结合近几年来城市轨道交通的发展情况,城市快速轨道交通车辆选型应遵循以下基本原则。

① 车辆应满足当地的气候、地理环境条件,车辆的选型和编组必须满足线路远期高峰小时的运量要求和运能储备。

② 技术先进成熟,性能优越,车辆外形美观;适应线路的自然环境和条件,确定合理的动、拖车比,满足车辆动力性能要求。

③ 满足城市轨道交通系统对车辆制式和主要技术参数的要求。

④ 在引进必要的国外先进技术的同时,车辆选型应符合国家原计委(现为国家发改委)关于对"城市轨道交通车辆国产化率70%"的要求,同时利于实现国产化,利

于备品、备件的补给,利于维护、保养和检修。

⑤ 结合城市轨道交通的线网规划,遵循尽量统一车辆制式、利于实现资源共享的基本思路。

在城市轨道交通车辆选型时,一般应根据以下标准:
a. 高运量——单向运能 5 万 ~ 7 万人次 / 小时,选择 A 型车;
b. 大运量——单向运能 3 万 ~ 5 万人次 / 小时,选择 B 型(或 A 型)车;
c. 中运量——单向运能 1 万 ~ 3 万人次 / 小时,选择 C 型(或 B 型)车。

6.3 转向架

6.3.1 转向架的基本结构

转向架的类型繁多(如我国设计制造的用于北京地铁车辆的转向架为 DK 型转向架,其系列有 DK 1 型、DK 2 型、DK 3 型、DK 6 型、DK 7 型、DK 8 型等多种型号),结构各异,但其作用原理和基本组成十分相近,主要包括如下部分。

① 轮对轴箱装置。轴箱与轴承装置是联系构架各轮对的活动关节,使轮对的滚动转化为车体沿轨道的平动。轮对轴箱装置除传递车辆的质量外,还传递轮轨之间的各种作用力,包括牵引力和制动力。

② 弹性悬挂装置。包括弹簧装置、减振装置和定位装置等。为了减少线路和轮对沿轨道运动对车体产生的各种动态影响,转向架在轮对与构架之间和构架与车体之间设有弹性悬挂装置。前者称为轴箱悬挂装置,后者称为中央悬挂装置。

③ 转向架构架。构架是转向架的基础,通过它把转向架各零部件组成一整体,承载和传递各种力的作用。构架的结构和尺寸应能满足其安装弹簧减振装置、轴箱定位装置和制动装置的要求。

转向架支承车体的方式应能满足安全可靠地支承车体,承载并传递各作用力,使车辆顺利通过曲线路径。它分为心盘集中承载、心盘部分承载和非心盘集中承载三种方式。

④ 在转向架的中部设置中央牵引连接装置。

⑤ 牵引传动装置。对于动车,在转向架上还设有牵引电机和传动装置,把牵引电机的转矩转化为列车前进的牵引力,这种转向架称为动力转向架。

⑥ 制动装置。为使在运行中的车辆减速或在规定的距离内停车,必须装设制动装置。其作用是传递和放大制动缸的制动力,使闸瓦与轮对之间产生的转向架内摩擦力转换为轮轨之间的外摩擦力,从而使车辆承受前进方向的阻力(即制动力),产生制动效果。

下面以上海轨道交通 1 号线车辆转向架为例,具体介绍地铁车辆转向架的结构和工作原理(见图 6-16)。该转向架是由德国 Duewag 公司制造的无摇枕空气弹簧转向架。减振装置由二系悬挂装置(一系人字形橡胶弹簧和二系空气弹簧)、液压减振

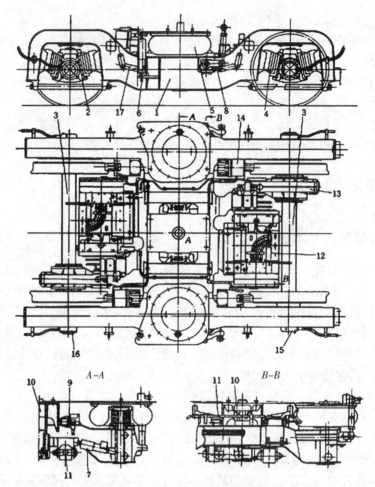

图 6-16　上海轨道交通 1 号线车辆转向架

1—构架；2—牵引连接装置；3—轮对；4—橡胶弹簧；5—空气弹簧与橡胶弹簧（组合弹性元件）；
6—垂向液压减振器；7—横向液压减振器；8—抗侧滚扭杆；9—横向橡胶缓冲挡；10—中心座和中心销；
11—牵引拉杆；12—牵引电机；13—减速装置；14—制动装置；15—速度传感器；16—接地装置；17—高度控制阀

器、抗侧滚扭杆和横向橡胶缓冲挡组成。车体和转向架通过中心座和中心销（见图 6-16 件 10）相互连接，彼此可相对回转。在构架横梁下面装有两根牵引拉杆（见图 6-16 件 11），呈对角配置，牵引拉杆的两端嵌有橡胶件，一端与中心座相连接，另一端安装在构架上，用来传递车体与转向架之间的纵向力。

每辆车装有两台转向架，动车装设动力转向架，拖车装设非动力转向架，两者的区别为：动力转向架上装有两台牵引电机和减速装置（见图 6-16 件 12 和件 13）。

6.3.2　轮对轴箱装置

轮对由整体辗钢轮和车轴压装而成（见图 6-16 件 3）。车轮轮径为 840 mm，采用磨耗形踏面，允许车轮磨耗最小直径为 770 mm。

动力转向架的轮对轴身上安装有齿轮减速箱(见图6-16件13),用来将牵引电动机的转矩传递给轮对,以牵引车辆沿轨道运行。

在轮对的两端装有轴箱(见图6-16件12),采用SKF双排单列圆柱滚珠轴承。轴箱为铝制品,其作用为连接轮对与转向架构架,传递和承受车体和钢轨传来的垂直和侧向荷载。在轴箱盖上还有速度传感器(见图6-16件15)和接地装置(见图6-16件16)。

6.3.3 弹簧减振装置

弹簧减振装置包括一系悬挂(人字形多层橡胶弹簧)、二系悬挂(空气弹簧)、垂向液压减振器、横向液压减振器、抗侧滚扭杆和横向橡胶缓冲挡。

人字形多层橡胶弹簧(见图6-16件4)装设在构架与轮对轴箱之间,它是由多层橡胶片和钢板经硫化制成的弹性元件。根据人字形的倾角和橡胶片的层数,可达到所要求的轴箱弹簧的静挠度,并且能保证构架和轴箱之间在纵向和横向不同定位刚度的要求。

在车体和构架之间装设有空气弹簧和层叠式橡胶弹簧组合而成的弹性元件(见图6-16件5),它起着传递荷载、减振和消音的作用。当空气弹簧失效时,层叠式橡胶弹簧还起着应急维持最低限度运行的要求。在车体和构架之间还装有垂向液压减振器(见图6-16件6),用来衰减垂向的振动。

为了保持车体距轨面的高度不变,在车体与转向架间装有高度控制阀(见图6-16件17),调节空气弹簧橡胶囊内的压缩空气(充气、放气或保持压力),使车辆地板面不受车内乘客的多少和分布不均匀的影响,始终保持水平,并和轨面保持规定的距离。高度控制阀共有3个位置2条通路(见图6-17),在正常荷载位置(保压),即$h=H$时,充气通路$V \rightarrow L$和放气通路$L \rightarrow E$均被关闭;当车体荷载增加时(充气),$h<H$,阀动作,使$V \rightarrow L$通路开启,压缩空气向空气弹簧补充,直至车厢地板上升到标定高度(这时h又达到H高度);当车体荷载减小时(放气),$h>H$,阀动作,放气通路$L \rightarrow E$开启,空气弹簧排气,直到地板面降至标定高度为止。

为了缓和车体的侧滚振动,在构架的横梁中横穿一根抗侧滚扭杆(见图6-16件8),两端装有力臂杆和连杆,并与车体连接。当车体发生侧滚振动向一侧倾斜时,在转向架两侧的两力臂杆端部作用一力偶,使抗侧滚扭杆产生转扭变形,扭杆的抗扭弹性对车体的侧滚振动起着抑制和衰减的作用。

在车体和构架之间设有垂向液压减振器(见图6-16件6),在中心座(见图6-16件10)和构架之间设有横向液压减振器(见图6-16件7),分别用来衰减车辆垂向和横向的振动。

为了限制车体和构架之间的横向位移,在构架横梁中部的上方和中心座之间设有横向橡胶缓冲挡(见图6-16件9)。

由于转向架上采用了上述多种弹性元件及减振、消声和缓冲的措施,保证了车辆运行的安全性、平稳性和良好的舒适性,并最大限度地降低了车辆运行时的噪声。

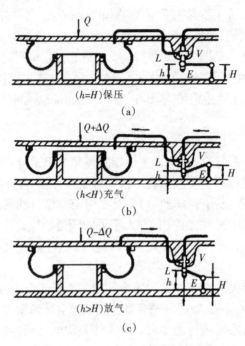

图 6-17 高度控制阀工作原理
(a)保压;(b)充气;(c)放气

6.3.4 转向架构架

如图 6-18 所示,构架由钢板压制而成,经焊接而成 H 形,其侧梁和横梁为全封闭箱形结构。构架的 2 根侧梁的两端设有轴箱导框(见图 6-18 件 4),用来安装人字形橡胶弹簧,侧梁的中部设有空气弹簧安装座(见图 6-18 件 8)。构架的 2 根横梁的中部设有中心安装座(见图 6-18 件 10)和牵引电机安装座(见图 6-18 件 9),在横梁的下部设有牵引拉杆安装座(见图 6-18 件 12),在构架上还设有用来连接抗侧滚扭杆、单元制动机、高度控制阀等部件的安装座。

构架的主要作用是将车体与走行部连成一体,把车体经空气弹簧传来的垂直荷载传递给轮对,通过所安装的中心座和中心销,使得车体与转向架彼此可以相对转动,便于车辆通过曲线路径。利用构架安装及支承轮对轴箱、弹簧、单元制动机、牵引电机、齿轮减速箱、中心座等部件。

6.3.5 中央牵引连接装置

中央牵引连接装置设置于转向架的中部,起着连接车体和转向架的作用,在通过曲线路径时彼此可作少许转动,并且通过牵引杆传递牵引力和制动力。其结构如图 6-19 所示,它由中心销(件 1)、中心销导架(件 2)、复合弹簧(件 3)、中心架(件 4)、牵引杆(件 6)等组成。

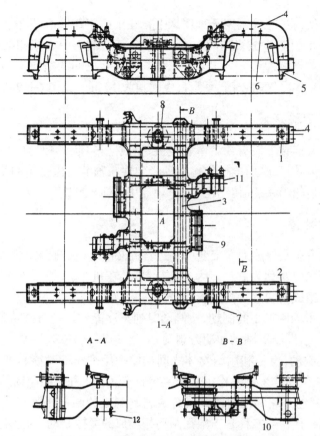

图 6-18 上海轨道交通 1 号线转向架构架
1—中心销；2—中心销导架；3—复合弹簧；4—轴箱导框；5—定位螺母；6—牵引杆；7—橡胶横向止挡；
8—空气弹簧安装座；9—牵引电机安装座；10—中心安装座；11—减速装置；12—牵引拉杆安装座

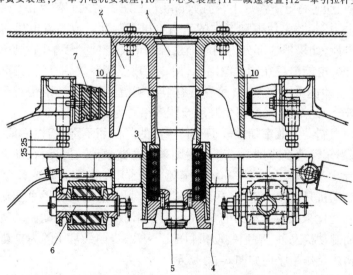

图 6-19 中央牵引连接装置
1—中心销；2—中心销导架；3—复合弹簧；4—中心架；5—定位螺母；6—牵引杆；7—橡胶横向止挡

中心销导架通过螺栓固定于车底架上，在中心销与中心架之间设有复合弹簧。相对于中心销呈斜对称配置的两个牵引拉杆，其一端与中心架构架相连，牵引杆的接头设有橡胶弹性缓冲垫。为了限制车体与转向架之间的横向位移，在中心销导架与构架之间装有橡胶横向止挡，每侧自由间隙为 10 mm（见图 6-19）。

6.3.6 牵引传动装置

每台动力转向架上装有两台牵引电机，呈横向吊挂于构架横梁上。每一轮对的轴上装有单级齿轮箱，牵引电机的输出轴经弹性联轴节与齿轮箱的小齿轮相连接，电机的转矩通过齿轮箱减速（传动比为 5.95∶1）后驱动轮对。

6.3.7 制动装置

车辆制动系统是保障列车安全可靠运行的必要手段。通过司机操纵使列车减速或在规定的距离停车称为制动。为了施行制动，在机车（多在头车）车辆上装设的由一整套零部件组成的装置，称为制动装置。

轨道交通车辆所采用的制动，按制动时列车动能的转换方式或制动力获得的方式可分为两大类，即摩擦制动和动力制动。

所谓摩擦制动，就是利用两物体之间的摩擦把列车的动能转变为热能，散逸到周围空气中去，从而产生制动作用。轨道交通车辆有三种摩擦制动，第一种是闸瓦制动（或称踏面制动），它利用由铸铁或合成材料制成的闸瓦压紧车轮的踏面，使两者摩擦产生制动作用。第二种是与闸瓦制动相类似的摩擦制动，为盘形制动，它利用合成材料制成的闸片紧固装于车轴上，或车轮辐板上的制动圆盘上，使闸片与制动圆盘间产生摩擦实现制动。第三种摩擦制动为磁轨制动，在车体或转向架的下部设有电磁铁，在制动时将电磁铁放下，与钢轨相吸，利用二者之间的摩擦产生制动作用。

所谓动力制动，是使电动车中的牵引电机在制动时成为发电机，把车辆运行的动能变为电能，如果把这部分因制动而发出的电能送回到接触网，则称为再生制动。如果把这部分电能消耗在制动电阻上，使之变成热能释放到空气，则称为电阻制动。显然，再生制动优于电阻制动，前者具有节约能源的作用，特别是对于地铁车辆，制动减速、停车十分频繁，采用再生制动节能效果更为显著。

由于动力制动的效率随着车辆运行速度的降低而下降，所以一般在高速时施行动力制动，当车辆速度降到一定程度后则采用摩擦制动。另外，在动力制动不足时，需同时施行摩擦制动。在地铁和轻轨车辆上最常用的摩擦制动装置为空气制动机。

空气制动机是以压力空气（压缩空气）作为制动的动力和操纵制动的介质，通过压力空气的变化来操纵制动力的大小。空气制动机可分为自动制动机、直通制动机和直通自动制动机三种。直通制动机目前已淘汰，当前最常用的为自动制动机。自动制动机的构成及作用原理如图 6-20 所示。

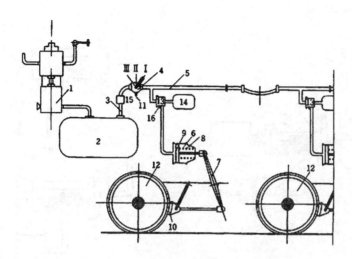

图 6-20　自动制动机的构成及作用原理

1—空气压缩机；2—总风缸；3—总风缸管；4—制动阀；5—列车管；6—制动缸；7—基础制动装置；8—制动缸缓解弹簧；9—制动缸活塞；10—闸瓦；11—排气口；12—车轮；13—三通阀；14—副风缸；15—给气阀；16—三通阀排气口；Ⅰ—充气缓解位；Ⅱ—保压位；Ⅲ—制动位

当制动阀(件4)的手柄放在充气缓解位Ⅰ时，总风缸(件2)中的压力空气经给气阀(件15)、制动阀(件4)送至列车管(件5)。压力空气再由列车管经过三通阀(件13)向副风缸(件14)充气。此时，如制动缸中有压力空气存在，可经三通阀排气口(件16)排入大气。所以充气缓解时，副风缸充气，制动缸排气，制动机缓解。给气阀(件15)是一个限压阀，列车管压力达到给气阀所调整的压力时，它会自动停止充气。而当列车管压力因漏泄等原因低于调整压力时，给气阀会向列车管自动充气。所以，列车运行时，制动阀手柄放在充气缓解位置Ⅰ，列车管、副风缸总是充满着定压空气，使各制动机处于制动的准备状态。

当行车中需施行制动时，司机操纵制动阀手柄至制动位置Ⅲ，使列车管与大气相通，列车管(件5)中的压力空气经制动阀(件4)的排气口(件11)排入大气，各三通阀相继发生动作。原储于副风缸(件14)的压力空气经三通阀(件13)向制动缸(件6)充气。制动缸压力上升，推动活塞通过基础制动装置(件7)，使闸瓦(件10)紧贴车轮，制动机产生制动作用。

综上所述，制动机通过司机操作列车管内空气压力变化(增压、减压)使三通阀动作，实现列车的制动、缓解或保压的作用；三通阀是制动缸制动或缓解的控制部件。三通阀的工作原理如下(见图6-21)。

三通阀由于与列车管、副风缸及制动缸相通而得名。根据列车管压力的变化，三通阀有三个基本位置。

1) 充气缓解位

列车管压力增加时，在三通阀鞲鞴两侧形成压差，三通阀鞲鞴及鞲鞴杆(件1)带动节制阀(件2)及滑阀(件3)一起移至右极端位，这时充气沟i露出。三通阀内形成以

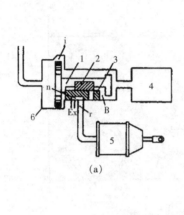
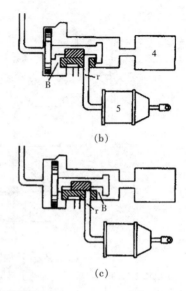

图 6-21 三通阀工作原理
(a)充气缓解位;(b)制动位;(c)保压位
1—三通阀鞲鞴及鞲鞴杆;2—节制阀;3—滑阀;4—副风缸;5—制动缸;6—三通阀;
n—滑阀底面槽;Ex—三通阀口;r—滑阀座孔;i—充气沟;B—间隙

下两条通路:

① 列车管→充气沟 i→滑阀室→副风缸;

② 制动缸→滑阀座孔 r→滑阀底面槽 n→三通阀口 Ex→大气。

第①条通路为充气通路,第②条通路为缓解通路。所谓充气是指向副风缸充气,缓解是指制动缸缓解。副风缸内压力可一直充至与列车管的压力相等,即达到列车管定压,制动缸缓解后的最终压力为零。

2)制动位

制动时,司机将制动阀手把放至制动位,列车管内压缩空气经制动阀排气减压。三通阀鞲鞴左侧压力下降,右侧副风缸压力大于左侧。当两侧压差较小时,不足以推动鞲鞴,副风缸的压缩空气有通过充气沟 i 逆流的现象。但由于列车管压力下降较快,鞲鞴两侧的压差仍继续增加,压差达到足以克服鞲鞴及节制阀的阻力时,鞲鞴及鞲鞴杆带动节制阀向左移一间隙距离,使鞲鞴杆与滑阀之间的间隙 B 置于前部,鞲鞴遮断充气沟,副气缸压缩空气停止逆流,滑阀上的通孔上端开放,与副风缸相通。随着列车管压力的继续下降,鞲鞴两侧压差加大到能够克服滑阀与滑阀座之间的摩擦力时,鞲鞴带动滑阀左移至极端位,滑阀切断制动缸通大气的通路,同时滑阀通孔下端与滑阀座制动缸孔 r 对准,形成副风缸向制动缸的充气通路。如果三通阀一直保持这一位置,最终将使副风缸压力与制动缸压力平衡。

3)保压位

在列车管减压到一定值后,司机将制动阀手把移至保压位,列车管停止减压。三通阀鞲鞴左侧压力不再下降,但三通阀鞲鞴仍处于左极端的制动位,因此副风缸压缩空气继续充向制动缸,鞲鞴右侧压力继续下降。当右侧副风缸压力稍低于左侧列车管的压力时,两侧压差达到能克服鞲鞴和节制阀的阻力,鞲鞴将带着节制阀向右移一间隙距离,使滑阀与鞲鞴杆之间的间隙位于后端,同时节制阀遮断副风缸向制动缸的充气通路,副风缸压力不再下降。由于此时鞲鞴两侧压差较小,不足以克服滑阀与滑阀座之间的摩擦力,所以鞲鞴位于此位不再移动,制动缸保压。

当司机将制动阀手把在制动位和保压位来回扳动时,列车管压力反复地减压—保压,三通阀则反复处于制动位—保压位,而制动缸压力则不断地升压—保压—升压—保压,直至制动缸与副风缸压力平衡为止。但由于自动制动机三通阀结构的限制,它无法实现阶段缓解,而只能一次缓解(又称轻易缓解)。

上海轨道交通1号线车辆的制动系统由电气制动和空气制动组成。在高速运行时采用电气制动,在速度降至一定范围或当电气制动不足时需采用空气制动。另外,还设有停车制动。

上海轨道交通1号线车辆的空气制动装置采用电子模拟控制制动系统,它是由气源、电子控制单元、制动控制单元、基础制动单元以及防止因制动力过大而导致车轮踏面在钢轨上滑行的防滑系统等组成。所谓电子模拟控制制动,简言之就是变量输入微机—微机控制电磁—电磁控制气路—直通空气制动。

电子控制单元为一电子装置,它输入制动指令、电制动施加与否信号、车体负载信号、空气制动实际值的反馈信号,然后输出电气模拟转换和防滑控制的电信号,由它控制各种电磁空气阀,根据制动的要求和空气制动施加的实际情况不断地调整制动缸的压力。

停车制动实际上是一个弹簧制动器。当停车制动缓解风缸排风后,风缸内的弹簧弹力将活塞杆推出,通过制动杠杆实现将闸瓦推向轮对踏面的动作,达到停车制动的目的。当向缓解风缸充气时,压缩空气推动活塞克服弹簧弹力,使活塞杆、制动杠杆复位,停车制动得以缓解。停车制动也可通过手动操纵电磁阀使停车制动缓解。

6.4 车钩牵引、缓冲联结装置

车钩牵引、缓冲联结装置是车辆最基本的也是最重要的部件之一,它用来连接列车中各车辆,使彼此保持一定的距离,并且传递和缓和列车运行中或在调车时所产生的纵向力或冲击力。城市轨道交通车辆一般采用密接式中央牵引、缓冲连挂装置,它集牵引、缓冲和连挂于一体,通过车辆彼此相向缓慢移动互相碰撞,使钩头的连接器动起来,实现两车辆的机械、电气和空气的自动连接。在两连挂车钩高度具有偏差,以及在有坡度线路和曲线上都能安全地实现自动连挂,并且能够通过气动和平动实现两钩的分解。

密接式中央牵引、缓冲连挂装置一般由机械连接、电气连接和气路连接三部分组成,按其钩头结构的不同具有多种形式。我国制造的地铁车辆上采用凸锥和凹锥结构,欧洲大都采用Schafenberg型密接式车钩和BSI-COMPACT型密接式车钩,上海轨道交通采用的也是近似于Schafenberg型结构的车钩。下面以上海轨道交通1号线为例,具体介绍轨道交通车辆车钩牵引、缓冲联结装置的结构和工作原理。

上海轨道交通车辆的车钩缓冲装置有三种不同的类型,即全自动车钩、半自动车钩和半永久车钩。全自动车钩可以实现机械、气路、电路的自动连接。半自动车钩的机械、气路连接结构与作用原理基本上与全自动车钩相同,但电路需要人工手动连接。半永久车钩的机械、气路、电路的连接都需要人工手动操作,一般只有在车间检修时才进行分解。

图 6-22 为自动车钩结构示意图,钩头由机械连接、电气连接和气路连接三部分组成。机械连接部分居中,电气连接箱分设在左右两侧,中心轴下方设气路连接。

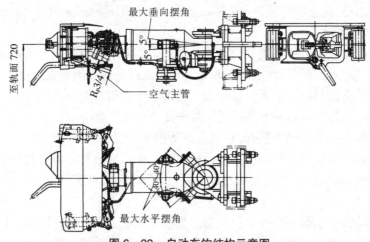

图 6-22 自动车钩结构示意图

钩头机械连接部分由壳体、中心轴、钩舌、钩锁连接杆、钩锁弹簧、钩舌定位杆及弹簧、定位杆顶块及弹簧和解钩风缸组成。壳体的前部一半为凸锥体,另一半为凹锥孔,在连挂时和相邻车钩的凸锥体和凹锥孔互相插入;中心轴上固定有钩舌,钩舌绕中心轴转动可带动钩锁连接杆动作;钩舌呈不规则几何形状,没有供连接时定位和供解钩风缸活塞杆作用的凸舌以及钩锁连接杆的定位槽、钩嘴等,它是车钩实现动作的关键零件;钩锁连接杆在钩锁弹簧拉力作用下使车钩连接可靠;钩舌定位杆上设有两个定位凸缘,使钩舌定位在待挂或解钩状态;定位杆顶块可以在连接时顶动钩舌定位杆实现两钩的连挂。

电气连接部分由左、右电气箱组成,分设于钩头的两侧,并可前后伸缩。电气箱外装有保护罩,当两钩连接时,电气箱可推出使其端面高于车钩端面,此时保护罩自动开启;当解钩后,电气箱退回至原来位置,保护罩自动关闭。左、右电气箱内的电气触点分别为固定触点和弹性触点,保证电气连接时密接可靠。

气路连接部分设有主风管接头和解钩风管接头。主风管配有风管自动阀,在解钩时可自动切断气路,在连接时可自动接通气路。解钩风管始终处于连通状态,由司机操纵电控阀控制管路的通、断,达到自动解钩或连挂的目的。

钩头的后面为环弹簧缓冲器,它由弹簧盒、弹簧前后座板、外环弹簧(共 7 片)、内环弹簧(由 5 片内环弹簧、1 片开口环弹簧和 2 片半环弹簧组成)、端盖、球形支座、牵引杆等组成,其结构如图 6–23 所示。

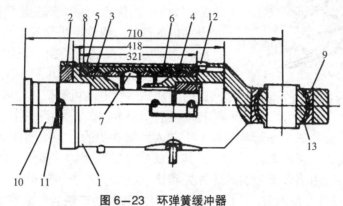

图 6—23　环弹簧缓冲器

1—弹簧盒;2—端盖;3—弹簧前座板;4—弹簧后座板;5,8—外环弹簧;6—内环弹簧;7—开口弹簧;9—球形支座;10—牵引杆;11—标记环;12—预紧螺母;13—橡胶风缸

当车钩受冲击时,牵引杆推动弹簧前座板向后挤压环弹簧;当车钩受牵拉时,拧紧在牵引杆后端的预紧螺母带动弹簧后座板向前挤压环弹簧。所以,无论车钩受冲击还是牵拉作用,环弹簧均受压缩作用。由于内、外环弹簧相互接触的接触面均做成 V 垫锥面,受压缩相互挤压时,外环扩胀、内环压缩,这样就产生轴向变形,起到缓冲作用。同时,内外环弹簧接触面的相对滑动摩擦力做功消耗了部分冲击能。

环弹簧缓冲器的前端通过一组对开连接套筒与钩头连接,后端的球形支座通过销轴与车钩支撑座连接。整个车钩缓冲装置在水平面内可绕销轴左右摆动 40°,在垂直面内借助于球形轴套嵌有的橡胶件可上下摆动 5°,以满足车辆运行于平面曲线和竖曲线的要求。

钩尾冲击座前端与车钩支撑座相连接,其后端与车体底架连接并装有过载保护鼓形套筒,当冲击力超过规定值时,保护套筒起到对车钩和车体的过载保护作用。

6.5　车辆的电力传动与控制

6.5.1　传动方式

电动车辆的动力来自牵引电动机,目前世界各国城市轨道交通车辆采用的牵引电动机有两大类,即旋转电动机和线性电动机。

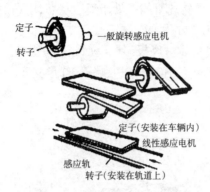

图 6-24 线性电机工作原理

旋转电动机又可分为直流电动机和交流电动机。长期以来，直流电动机在电动车辆上获得广泛应用，目前仍占有极大的比重。随着电气和电子技术的发展，体积小、容量大、可靠性高、维修量小的三相异步牵引电动机开始被采用，由于其优点明显，有逐渐替代直流牵引电动机的趋势。线性电机改变了传统电动机的旋转运动方式，突破了长期以来依靠轮轨传递牵引力的传统技术。线性电机的工作原理与一般的旋转式感应电动机类似。它可看成是将旋转电机沿半径方向剖开展平（见图 6-24），定子部分由硅钢片叠压成扁平形状的铁心上放入两层叠绕的三相线圈构成，沿纵向固定安装在转向架下部或车体下部。而转子部分也展平变为一条感应轨，铺设于走行轨之间，一般由铝合金板制成的外壳和铁心组成。定子和转子之间应保持 8～10 mm 间隙，通过交流电时，由于磁场的相互作用，驱动车辆运行或使车辆制动。

采用线性电机的车辆，取消了传统的旋转电机从旋转运动转换成直线运动所必不可少的一系列机械减速传动机构，车轮只起滚动与支撑的作用，直径大为减小，由此带来了隧道盾构断面要求的减小，大幅度降低了土建成本；线性电机车辆的驱动不是依靠传统的轮轨之间的摩擦力，为非黏着驱动系统，转向架结构简单轻便，可适应大坡度与小半径线路，便于城市轨道交通线路的选线与车站的设置；线性电机车辆的驱动系统简化后，大大减少了由于齿轮传动带来的噪声；采用径向转向架，结构简单，大幅度减少轮缘与轨侧磨耗，并使通过曲线时的尖啸声消失；车辆质量的减轻，减少了轮轨的磨耗与噪声。线性电机的最大缺点是效率低，约为旋转电机效率的 70%，这是由于线圈与感应轨之间的工作间隙较大，导致磁损耗大。另外，需铺设一条与线路等长的感应轨，工艺要求高，投资较大，控制技术也较复杂。目前线性电机车辆已在加拿大的温哥华、多伦多，美国的底特律以及日本的东京和大阪等城市获得应用，并已取得良好效果。

6.5.2　传动控制技术

目前电动车辆的传动控制方式有变阻控制、斩波调压控制和变压变频控制三种。

① 变阻控制是一种应用广泛的直流电机传动控制方式，控制简单方便。但由于城市电动车辆频繁启动和制动，采用这种控制方式使 20% 的电能消耗在电阻上，变为热量散逸到空气中，所以很不经济，特别是在地下线中将会导致隧道升温，易产生不良后果。目前，这种传动方式已趋于淘汰。

② 直流电机的斩波调压控制，使用先进的大功率门极可关断晶闸管（GTO），利

用晶闸管的导通和关断把直流电压转换成方波,用以调整直流电机的端电压。GTO 取消了换流装置,体积和质量均有减少,并可实现无级调整,使车辆平稳启动和制动,实现再生制动,达到节电的效果。目前,德国、加拿大、日本等生产的直流电机电动车辆均普遍采用这种传动控制方式。

③ 变压变频控制(VVVF)是近 20 年来最先进的交流电机传动控制方式。它使用逆变器将直流变为交流,以电压和频率的变化控制交流电机,在调速性能和节能方面均优于上述两种传动控制方式,已被公认为现代调速系统中性能最优越的一种。它与交流电机配合,无换向部分,运行可靠,过载能力强,结构简单,几乎无需保养和维修。

【思考题】

6.1 城市轨道交通列车与铁路动车组的主要异同点是什么?
6.2 城市轨道交通车辆主要由哪些部分组成?
6.3 何为转向架?其作用是什么?其类型有哪些?
6.4 城市轨道交通制动装置有哪些类型?何为电阻制动?何为再生制动?
6.5 城市轨道交通车辆的旅行速度与车辆的哪几个技术参数有关系?
6.6 城市轨道交通车辆的旅客舒适度与哪些设备有关系?

第7章 机电设备

7.1 供电系统

7.1.1 电力牵引的电流制

1. 电流制的类型

城市轨道交通线路一般运行电力牵引的列车。从列车运行的技术要求来看,牵引列车的电动车辆或电力机车应具有如下特性:

① 启动加速力(度)大而平稳;

② 列车轻载时速度高,重载时速度低,无论是轻载还是重载,都可以充分利用牵引电动机的功率;

③ 列车运行时容易调速,且由此引起的能耗较小。

电力牵引的技术质量和经济性,在很大程度上取决于电流制的选择。电流制的选择还影响到电气化轨道交通的应用范围和规模。

现有的电流制按接触网的电流性质可分为四种:直流制、低频(率)单相交流制、工业频率单相交流制、三相交流制。各种电流制的频率与电压如表 7-1 所示。

表 7-1 各种电流制的频率与电压

电气制		频率/Hz	电压/V
直流制		直流	600,750,1200,1500,3000
交流制	单相	16(2/3)	11000,15000
		25	66000,11000
		50	6600,16000,20000,25000
		60	20000,25000
	三相	16(2/3)	37000
		25	6000

2. 电流制的特点

1) 直流制

直流制式需在接触网中输送直流电,供给直流电动车辆。由于国家公共电力网提供的是频率为 50 Hz 的三相交流电,因此,必须利用牵引变电所将三相交流电转变为电动车辆所需的直流电。

直流制的主要优点在于:电动车辆可以采用直流牵引电动机。直流牵引电动机构造简单,且运行可靠;采用再生制动也简单易行,更重要的是其牵引性能良好。现在广泛使用的直流串激电动机,在低速时牵引力大,高速时牵引力小,启动和调速均易实现,非常符合运营的需要。因此,各国城市轨道交通绝大部分采用直流制。

直流制的缺点:首先是由于电压较低,在输送较大功率时,接触网需要输送很大电流,这就会造成导线截面增大,牵引变电所间距缩短,变电所数目增加;其次是供直流牵引变电所内机组设备复杂,单个变电所的造价较高,加上变电所数目增加、有色金属用量增加等因素,使得供电设施的工程造价显著增高。

2) 低频单相交流制

低频单相交流制式采用频率低于 50 Hz 的单相交流电,一般采用 $16\frac{2}{3}$ Hz 或 25 Hz 两种频率。这种电流制的主要优点在于可采用较高的输送电压,如 10000~15000 V,变电所间距可以增大,同时接触网导线截面也可变小。

该电流制的主要缺点是电流频率与公用电力系统的供电频率不同。如果电力源不是自备而取自公用电力网时,则变电所不仅要降压,而且要变频,这种变电所比直流制的变电所还要复杂和昂贵,因而大大降低了由于变电所数目减少和导线截面变小产生的经济效果。此外,低频电动车辆的构造也较直流制复杂。

轨道交通企业若有自备电厂,则采用低频单相交流制是经济的。这种情况下的变电所设备简单,仅需降压设备。电动车辆采用整流子式交流电动机,并附有减压设备,以便将电压降至 400~600 V,这种电压对于整流子电动机是最有利的。在没有自备电厂的情况下,采用这种电流制是不合理的。

3) 工(业)频(率)单相交流制

工(业)频(率)单相交流制式采用频率为 50 Hz 的单相交流电。

采用这种电流制的优点很多。首先是接触网电压可以增高,一般可达 20000~25000 V;其次是可大大减少变电所数目,减小接触网导线截面;利用公共电网不用变频变流,简化了变电所机组设备;此外,由于电压较高,供电系统能量损失减小,电能利用的效率提高;供电系统固定设备投资降低;对地下设备的腐蚀作用较直流制低,等等。

但是,这种电流制的一个严重缺点是:由于电压较高,对通信的干扰及周围结构物的安全影响较大,进而需要增大防护空间及列车限界要求,在城市地区尤其是地下隧道内使用会增加轨道交通总的工程造价。因此,这种电流制在城市轨道交通中很少使用。

4) 三相交流制

三相交流制式采用频率为 50 Hz 的三相交流电。

采用三相交流电时,电动车辆装有三相异步电动机,这种电动机能够进行再生制动,变电所设备也很简单,只需降低电压。

但是,在电流引入电力机车时,需要三条导线:一条连接钢轨,另两条与接触网导线连接,以便向三相电动机供电。这样不但大大增加了接触网的费用(须架设两条导线),而且由于接触网导线间空隙较小,实际上不允许电压高于 6000 V。此外,三相异步电动机的牵引性能特性与运营需要不相匹配,运用效率受到影响。因此,这种电流制在城市轨道交通中没有使用。

交流电气化系统与直流电气化系统的比较指标列示于表 7-2 中。

表 7-2 交流电气化系统与直流电气化系统的比较指标

类别	工频单相交流 20 kV 方式	直流 1500 V 方式
变电所	变电所建设费用低 ① 变电所间距按 BT 方式 30~50 km,AT 方式约 100 km,变电所数目少; ② 因只需要变压器,变电所设备简单	变电所建设费用高 ① 变电所间距 5~10 km 和小的变电所数量多; ② 要求交流-直流变压器,变电所设备复杂
供电电压	在电动车上使用变压器,故能利用高电压	主电动机上直流变压器的绝缘受到限制,不能采用高电压
接触导线	电流小,需要铜材少,结构轻	电流大,用铜量大,结构要求承受大的荷载
轨道电路	不能采用工频交流轨道电路	能采用工频交流轨道电路
绝缘间隔	由于电压高,所以绝缘间隔大,一般隧道等断面就要增大	由于电压低,所以绝缘间隔小,隧道等断面不需要因此增大
电压降	依靠串联电容电压调整装置能够简单地补偿	需要增设供电线或新设供电区分所或变电所
保护	运行电流小,由于容易判别事故电流,保护设备也就简单	运行电流大,由于事故电流的选择遮断困难,所以需要复杂的保护设备
通信感应干扰	通信感应干扰大,需要升压变压器和自耦变压器,通信线电缆化等	通信感应干扰小,在变电所设置滤波器等,接触导线不需要特别的设备
不平衡	需要解决由单相负荷造成的三相电源不平衡问题	不会发生三相电源不平衡问题

注:BT—Booster Transformer,升压变压器;AT—Auto Transformer,自耦变压器。

7.1.2 供电系统的构成与主要设备

1. 供电系统的构成

城市轨道交通的供电系统是列车运行的动力源,它是由电力源、供电线路、主(降压)变电站、牵引变电所、降压变电所、接触网、电力监控系统、车站及区间动力照明系统、杂散电流防护系统、防雷设施和接地系统等部分组成。

城市轨道交通供电系统如图 7-1 所示。直流制与交流制供电系统构成的比较如图 7-2 所示。

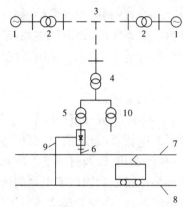

图 7-1 城市轨道交通供电系统

1—电力源;2—升压变压器;3—输电线;4—主(降压)变电站;5—牵引变电所;
6—馈电线;7—接触网;8—走行轨道;9—回流线;10—降压变电所

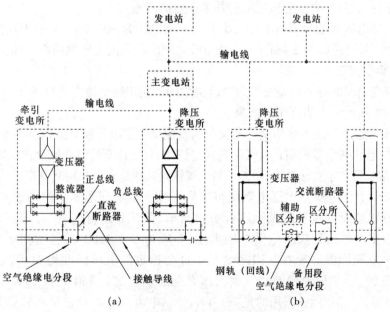

图 7-2 直流制与交流制供电系统构成的比较

(a) 直流制;(b) 交流制

2. 供电系统的主要设备

1）电力源及主变电站

城市轨道交通的电源可以来自国家电网或发电站（厂）。由于城市轨道交通系统位于城市区域内，这里有国家电力系统的区域变电站，因此，多数城市轨道交通系统可从区域变电站得电，其电压一般为10~35 kV。

如果区域变电站的负荷有限，则需为城市轨道交通系统专设主（降压）变电站，将国家电网的高压（110~220 kV）降为中压（10~35 kV），并通过牵引供电网络将电能分配到每一个牵引变电所和降压变电所。

从发电厂（站）经升压、高压输电线到区域变电站（如可供轨道交通使用）或主（降压）变电站的部分，通常被称为供电系统的"外部供电系统"，也称为"一次供电系统"；从主（降压）变电站及其以后的部分统称为"牵引供电系统"。

2）输电线

电流经输电线从电站传送到用电地区。

电流（I）传送过程中会因导线电阻（R）的存在而产生能量损失（I^2R）及电压损失（IR）。如果功率不变，电压增加，电流就减小，所以，高压传输能量损失小；但是，电压提高，也会提高电线绝缘和支柱的费用，以及升压变电所和降压变电所的费用。因此，传送电压需要进行综合技术经济比较。我国国家电网的传送电压为110~220 kV。

输电线分为地下线与架空线两种。在设置架空线有困难的城市里，一般采用地下电缆。架空线是把裸导线悬在瓷瓶上，架在混凝土、金属或木制的电杆上。

架空输电线的悬挂高度最低要在地面上5 m，以免造成危险。架空线跨越铁路和通信线路等时，悬挂高度应适当增加并采取防护措施。

两条输电线间的距离与电压大小有关：当电压为600~1000 V时距离为1 m；当电压为35 kV时距离为2.4 m。架空线电杆之间的距离随电压提高而增加。

3）牵引变电所

牵引变电所的任务就是将电力系统提供的三相工频交流电通过变压、变相或变流转变为本线电动车辆可用的电源。

根据电流制的不同，牵引变电所又分为直流牵引变电所和交流牵引变电所。城市内的地铁、轻轨网络多采用直流牵引制式，只有少数延伸至远郊的城市铁路（如中国香港九广铁路、日本东京常盘线等）为了与区域铁路共线运营会采用交流牵引制式。

直流牵引变电所将中压电降压整流后变成供轨道交通列车使用的直流电源，再通过沿线架设的接触网供给运行中的列车，保证其运行安全、可靠。直流牵引变电所输出的电压取决于电动车辆类型，一般为550~1500 V，各国在不同时期形成了许多电压标准。现在，国际电工委员会拟定的电压标准为600 V、750 V和1500 V三种，后两种为推荐值。我国国家标准也规定为750 V和1500 V，不推荐现有的600 V。北京地铁采用的是750 V直流供电电压，上海地铁采用的是1500 V直流供电电压。

4）降压变电所

在城市轨道交通系统中，除了电动列车需要用电外，还有其他动力照明设备（如通风、空调、排水、电灯等）需要用电，它们需要的是工频 220~380 V 的交流电。这些电通过降压变电所获得。每座降压变电所引入两路 10~35 kV 电路，经配电变压器降压成 0.4 kV 后，向车站的动力、照明负荷供电。

一般每个车站需设一座降压变电所，对于规模较大的车站和车辆段、停车场，可根据具体情况增设跟随式降压变电所。

在有牵引变电所的车站、车辆段、停车场，降压变电所与牵引变电所合建成牵引降压混合变电所。

每个降压变电所内设两台配电变压器，工作正常时轮换使用。当任何一台配电变压器发生故障时，另一台变压器能承担本所供电范围内的全部一、二类负荷。

在动力照明负荷中，按用途及重要性分为三类。

一类负荷：事故风机、消防泵、主排水泵、售检票机、防灾报警、通信信号、事故照明等。采用双电源、双电缆、供电末端自动切换、来电自动复位装置。

二类负荷：自动扶梯、局部通风机、普通风机、排污泵、工作照明、节电照明等。采用双电源、单电缆。

三类负荷：空调、冷冻机、热风幕、广告照明、维修电源。采用单电源、单电缆。

5）接触网

接触网是将牵引变电所的电源传送给电动车辆的导体。电动车辆通过受电弓（或受流器、集电靴）获得电能，驱动牵引电动机使列车运行。

为了保证列车可靠运行，接触网应满足以下要求：

① 在任何气象条件及最大行车速度时，能够正常取流；
② 接触网设备的构造要简单，损坏时能很快修复，并且损坏区域不致蔓延很长；
③ 接触网要有高度的抗磨性及抗蚀性，使用年限长，以减少运营维修费；
④ 能节省稀有金属，降低初期投资。

广义的接触网大体可分为接触导线（习惯称为接触网）及接触轨两大类。接触导线悬挂于轨道上方，接触轨位于轨道中部或侧面。

从安装形式上分，接触网可分为架空式和非架空式；从结构形式上分，接触网可分为刚性接触网和柔性接触网。刚性接触网又包括架空刚性悬挂、第三轨、第四轨等接触轨。

图 7-3 所示为架空式接触网示意图。上海地铁就是采用的这种接触网。

图 7-4 所示为接触轨的一种形式。北京地铁采用这种接触轨，接触轨安装于线路行车方向的左侧，集电靴采用上部接触方式受电。此外，接触轨还有别的安装形式，集电靴可以从钢轨下部或侧面受电。

6）电力监控系统

电力监控系统也称 SCADA（Supervisory Control and Data Acquisition），由设在控制

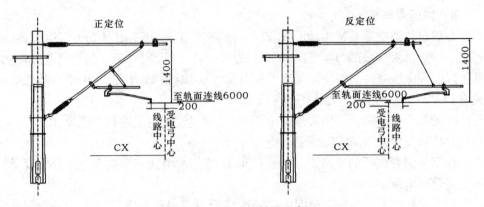

图 7-3 架空式接触网示意图

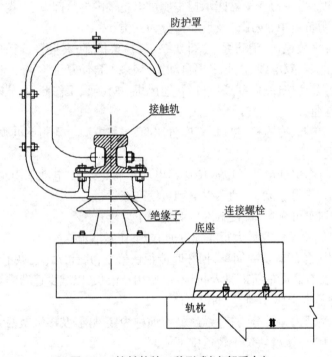

图 7-4 接触轨的一种形式(上部受电)

中心的电力调度系统、通信通道和设在牵引降压混合所及降压所的综合自动化系统三部分构成。该系统主要完成对供电系统及设备运行状况的实时监控,为电力调度提供自动化管理手段,保证供电系统安全可靠地运行。

电力监控系统由控制中心电力调度系统(主站)、通信通道、变电所综合自动化系统(被控站)三部分构成(见图7-5)。

电力调度包括模拟操作、遥控、遥信、遥测、调度事务管理、供电系统运行情况的数据归档和统计等,变电所综合自动化系统包括继电保护、自动装置和测量、控制、所内通信、远程通信、系统维护等。

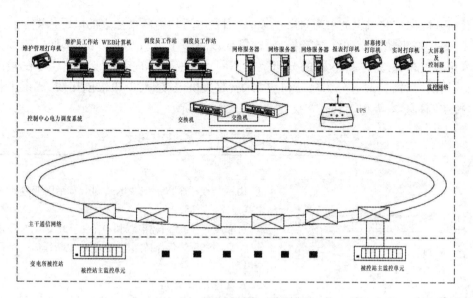

图 7-5 电力监控系统示意图

7.1.3 供电系统的方案设计

1)供电系统设计的基本原则

供电系统设计的主要内容包括:确定轨道交通供电与公共电网的关系、选择牵引变电所的位置和功率、选择牵引网供电方案和保护方案、决定接触网导线的截面积。

供电系统设计的基本要求:

① 满足客运需求,并为列车运转创造有利条件;

② 供电系统的各部分应具有足够容量,保证安全运转;

③ 以技术经济评价为依据选择最有利的供电方案;

④ 供电系统的设计应考虑与其他轨道交通建筑物及设备良好衔接,成为统一的整体。

这些基本要求取决于以下因素:

① 均方根电流,接触网、牵引变电所、输电线的温升由均方根电流决定;

② 最大尖峰电流,它决定了牵引变电所机组要具备的过载能力和保护装置的参数;

③ 电压最大损失及电压冲击;

④ 各区间电压的平均最大损失;

⑤ 牵引网中的功率损失。

2)向牵引变电所供电的接线方案

由于城市轨道交通是大容量客运系统,中断运行会产生严重的不良社会影响及巨大的经济损失,因此所有城市轨道交通的牵引供电都属于电力部门供电的一级负荷,必须确保向它供电的可靠性。所以,牵引变电所均由两个独立的电源供电。

由于城市轨道交通线路较长,通常需要设置多个牵引变电所供电,加上沿线电源(区域变电站或主变电站)的分布情况不同,因此,电源向牵引变电所供电的接线方式可有多种,一般可分为环行供电接线、双边供电接线、单边供电接线、辐射形供电接线四种基本类型。其基本接线图式如表7-3所示。

表7-3 向牵引变电所供电的基本接线图式

类型	基本接线图式	特 点
环行供电接线		① 由两个或两个以上主变电站和所有牵引变电所用输电线连成一个环; ② 可靠度高,当一路输电线和一个主变电站同时停止工作时,只要其母线仍保持通电,就不致中断任何一个牵引变电所的正常供电; ③ 投资较大
双边供电接线		① 由两个主变电站向沿线牵引变电所供电,通往牵引变电所的输电线都经过其母线连接; ② 用双路输电线供电,每路均要达到输送功率要求; ③ 可靠性稍低于环行供电; ④ 当引入线数目较多时,投资较大
单边供电接线		① 由一个主变电站向沿线牵引变电所供电; ② 为提高可靠性,一般采用双回路输电线供电; ③ 较环行供电和双边供电的可靠性差; ④ 设备较少,投资较小; ⑤ 适合于轨道交通线一端有电源的情况
辐射形供电接线		① 每个牵引变电所用两路独立输电线与主变电站连接; ② 接线简单; ③ 当主降压变电所停电时,将全线停电; ④ 适合于轨道交通线路成弧形的情况

注:图中符号 a—牵引变电所;b—主变电站;c—三相输电线;d—轨道交通线。

向牵引变电所供电的实际接线方案通常是表7-3中基本接线图式的组合。

图7-6是天津津滨轻轨交通线路的供电设施分布图。该线现已建成的区段为中山门站至东海路站,全长45.409 km,共设19座车站(含预留5座),其中高架站16座(含预留3座),地面站3座(含预留2座)。该线的供电系统采用110 kV/35 kV两级电压的集中供电方式,分别在小东庄站和胡家园站附近设2座主变电站,向全线的牵引供电系统和动力照明系统供电。主变电所电源进线电压为AC110 kV,中压牵

第7章 机电设备 249

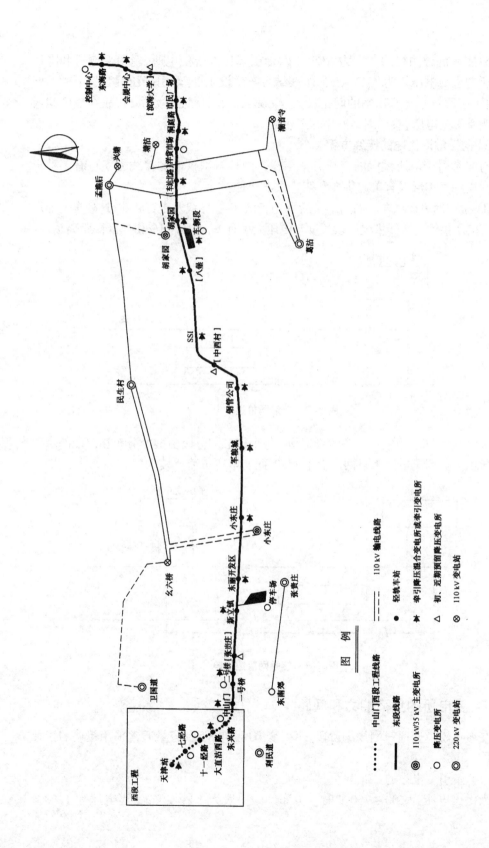

图 7-6 天津津滨轻轨交通线路的供电设施分布图

引动力照明混合网络的电压为 AC35 kV，牵引降压混合变电所、牵引变电所和降压变电所的进线电压均为 AC35 kV。全线结合车站设 15 座牵引降压混合变电所。此外，由于中西村站与八堡站的间距较大(4.663 km)，为保证电力供给，故在该区间增设 1 座牵引变电所，参见图 7-6 中 SSI 处。

3）向接触网供电的接线方案

与向牵引变电所供电的接线方案一样，向接触网供电的接线方案也有多种形式。常用的基本形式有单边供电和双边供电两种。

① 接触网单边供电。如图 7-7 所示，电流沿接触导线及走行轨流过，列车全部由一个变电所供给电流。供电区段长度与电压大小有关，电压越高，供电区段距离越长。

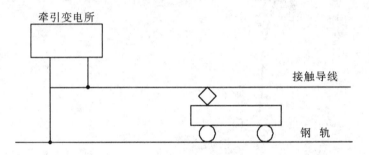

图 7-7 接触网单边供电

② 接触网双边供电。如图 7-8 所示，每个接触网分段由两个分布在两端的牵引变电所供电。列车电流来自两个变电所，因此变电所负荷比较均匀。

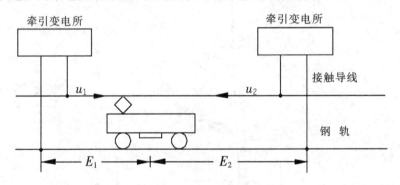

图 7-8 接触网双边供电

7.1.4 变电所的负荷能力和间距

在城市轨道交通线网规划阶段，牵引变电所的间距及容量通常采用粗略的指标加以估算。

（1）牵引变电站的分布间距

当供电电压为 600~750 V 时，分布间距一般为 1.5~2 km；当电压为 1200~

1500 V 时,分布间距一般为 3~4 km。

(2) 牵引变电所的容量

牵引变电所所必要的容量一般可按式(7.1.1)进行估算

$$N_c = \frac{m \times 60 \times n \times c \times L}{I} \tag{7.1.1}$$

式中 N_c——变电所的必要容量,kW·h;

m——正线数目,单线时为 1,双线时为 2;

c——每节车辆单位周转量的电能消耗,日本地铁取值为 3.3~3.6 kW·h/(车 km);

n——每列车的编组车辆数;

L——变电所分担区间距离,km;

I——列车运行时间间隔,min。

牵引变电所的设计容量 E_c 可以按式(7.1.2)估算

$$E_c = \frac{N_c}{r} \tag{7.1.2}$$

式中 E_c——设计容量,kW·h;

r——比率,一般取 0.70 左右。

在城市轨道交通线路设计阶段,牵引变电所的间距与容量需要考虑多种因素进行较精确的计算,下面简单介绍相关的概念及方法。

1. 变电所负荷的特征

变电所分担的电动车的负荷如图 7-9 所示,两端的 2 个变电所并联进行供电,在它们之间架设的线路参数是相同的,各变电所分担的电流根据电动车辆的位置决定,计算公式为

A 变电所 $\quad\quad\quad\quad i_1 = I\dfrac{D-x}{D} \tag{7.1.3}$

B 变电所 $\quad\quad\quad\quad i_2 = I\dfrac{x}{D} \tag{7.1.4}$

电动车由于施行启动、加速、牵引、惰行,其电流波形如图 7-10 所示。另外,电动车的电流大小根据线路状态和电动车的输出功率及其特性以及运行图、供电电路的构成等因素变化。

牵引变动所的负荷电流曲线示例,如图 7-11 所示。其特点是变动相当剧烈。变

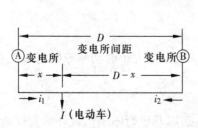

图 7-9 变电所分担的电动车的负荷

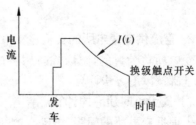

图 7-10 电动车的电流波形

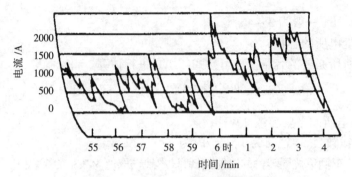

图 7-11 牵引变电所的负荷电流曲线示例

电所的日负荷系数，路面电车为 40%～70%，城市铁路为 25%～50%，干线铁路为 60%～80%。

$$日负荷系数 = \frac{每日平均每小时功率}{每日最大小时功率} \tag{7.1.5}$$

然而，如果某个区间运行条件已被设定，则负荷的大小可视为一定。在人工操作的情况下，尽管是相同的运行图，变电所每天的实际负荷也会有差异。由于负荷特性影响因素众多，通常采用概率统计方法来处理。

根据日本国铁的研究，在某段时间内牵引变电所负荷在某电流频带范围内的概率构成正态分布，如图 7-12 所示。

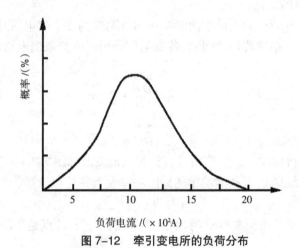

图 7-12 牵引变电所的负荷分布

2. 直流供电变电所的负荷量

变电所负荷量的计算，除备用负荷量以外，一般以最大小时功率或瞬时最大功率为基础按以下方法计算。

1）最大小时功率的计算

先根据变电所的间距、电动车的特性、线路状态以及运行图求出设计负荷曲线，然后利用其计算最大小时功率。

下面介绍功率小时曲线法和功率消耗率法两种计算方法。

（1）功率小时曲线法

根据运行图得出任意时段在变电所供电区域内的列车次数，从电动车的功率时间曲线得出该时段各电动车所需的功率，就可得出任意时段所需的功率。依此方法可求出 1 天中各时段的负荷曲线，然后再加上电动车辅助电器等所需的功率和供电电路的功率损失，即可得到如图 7-13 所示的负荷曲线，进而可知平均小时功率、最大小时功率及其发生的时段。

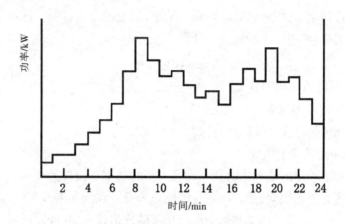

图 7-13　牵引变电所的负荷曲线示例

（2）功率消耗率法

每 t·km（吨公里）[或每车公里]的功率消耗量称为功率消耗率（比功率消耗量），其值可根据功率小时曲线计算，也可利用实际电能消耗统计数据推求。将功率消耗率（比功率消耗量）乘以特定时间内变电所供电区域内的列车质量（或车辆数），然后再乘以列车走行公里数，即可得到特定时间内的平均功率。

根据如图 7-14 所示的运行图求得供电区域内在某时段的每类列车的走行公里

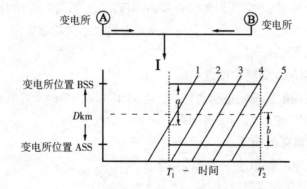

图 7-14　电动车运行图示例

数。设列车质量为 W_i，各类列车的走行公里数分别为 a、b、D，功率消耗率为 ω_i，变电所负荷按以下公式求出

$$P_s = w_1 \cdot W_1 \cdot a + (w_1 \cdot W_2 + w_2 \cdot W_2 + w_3 \cdot W_3 + w_4 \cdot W_4) \times D + w_5 \cdot W_5 \cdot b \tag{7.1.6}$$

依此法，可求出 1 天中各个时段如图 7-13 所示的负荷曲线，其中列车密度最大时段的负荷曲线即为最大负荷。

2）瞬时最大功率的计算

计算瞬时最大功率有两种方法。一种方法是根据运行图求出变电所供电区内瞬时最大的运行列车数，然后计算瞬时最大功率；另一种方法是调查统计各个线路区段的实际电能消耗，利用以下经验公式计算

$$z = y + C\sqrt{y} \tag{7.1.7}$$

式中　z——瞬时最大功率，kW；
　　　y——小时功率，kW；
　　　C——根据线路区段标定的常数。

3）变电所负荷量的决定

由上述方法求出的最大小时功率和最大瞬时功率与设备的规格进行比较，考虑哪个因素会成为限制因素，然后决定变电所负荷量。在列车密度高的通勤线路区段，负荷量较大，且最大瞬时功率和最大小时功率的比值较小，其变电所负荷量大多由最大小时功率来决定；在列车密度较小的区段，变电所负荷量则由瞬时最大功率决定。一般根据整流器的规格，最大瞬时功率超过最大小时功率 250% 的情况下，由最大瞬时功率决定，而在 250% 以下时则由最大小时功率决定。

在确定变电所的负荷量时，除了考虑计算所得的变电所负荷量外，还要考虑一定的储备系数，以适应未来可能的发展。

3. 交流供电变电所的负荷量

交流供电变电所的负荷量，也用与直流同样的方法求出，但在交流供电时需要考虑功率因素。此外，供电变压器的负荷量由温度决定，因为温升的时间常数较大，瞬时最大功率几乎不成问题，变电所负荷量通常由最大小时功率决定。在这种情况下，需要充分考虑电压降的问题。

4. 牵引变电所的间隔和位置

牵引变电所的配置随轨道交通种类、电动车功率、线路条件和运行状况等而不同，需要解决选址、间距、负荷量等问题。

1）牵引变电所的间距

决定牵引变电所间距的主要条件如下。

① 电压降要在容许范围以内。

② 由于接触导线和电动车造成的事故，在供电电路发生短路事故等情况下，要

迅速、正确地检测出来，并能够断路。

③ 根据全部的变电所数目和各个变电所选址条件等，对工程费、运营养护维修费和功率损失等进行综合经济比较。

缩小变电所间距有利有弊。缩小变电所间距的有利方面是：电压降、功率损失减少；如果在相同电压降的条件下，接触导线的电流负荷量小，因而可降低工程费；回流线的漏泄电流减少；供电电路的保护比较容易。

缩小变电所间距的不利方面是：因变电所数目增加而增大工程费；单台设备的负荷能力一般较小，从而导致设备效率损失增加、养护维修费用增加等问题。

因此，为获得经济有效的变电所间距和数量方案，应对变电所和接触导线的工程费、变电所的养护维护费、功率损失等因素进行综合比较。

目前我国城市轨道交通牵引变电所设置的间距一般为 1.5~2 km（750 V）、3~4 km（1500 V）。降压变电所在每个车站均需设置。

2) 牵引变电所的位置

牵引变电所的位置，在能够保证按计算所得出的标准变电所间距前提下，考虑以下主要条件选定。

① 靠近适用的电源，能保证所要求的变电所间距，且不会出现电压降故障。
② 尽量靠近供电区域内负荷的目的地。
③ 便于大型电器搬运。
④ 对附近区域产生的噪声影响较小。
⑤ 地基牢固，不会发生水害和流沙。
⑥ 优先选择废气和盐类等侵害小、地价便宜、优质冷却水供应充分的地点。

但是，在城市内要满足这些条件有时十分困难，可根据实际情况选择变电所的位置；特殊情况下也可以把变电所设在高架桥下或地面以下，近年来国外已有不少这样的案例。

7.2 列车运行控制系统

城市轨道交通的列车运行控制系统将通信、信号设备联成有机的整体，实现列车运行控制管理的目标。典型的城市轨道交通运行集中管理系统如图 7-15 所示，它应用先进的计算机及光通信技术，完成列车进路控制、运行图管理、列车追踪、运行表示、运行监视、列车数据传输、闭路电视监控、旅客导向信息控制及广播系统等。整个系统由中央处理装置、外部记忆装置、运行装置、列车数据的传送装置、网络控制装置及运行表示盘等构成。

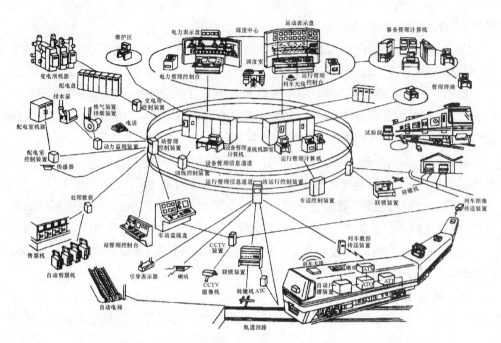

图 7-15 城市轨道交通运行集中管理系统示意图

7.2.1 通信系统

为确保城市轨道交通列车安全、高效地运营,并实时、有效地传递相关的语言、文字、数据、图像以及计算机网络等各种信息,必须建立一个高可靠性、易扩充、组网灵活的综合数字通信网(IDN)。城市轨道交通的通信系统就是一个为指挥列车运行、进行运营管理和公务联络、传递各种信息提供重要手段的专门系统。同时,在出现紧急情况时,通信系统能迅速、及时地为防灾救援和事故指挥提供有效的通信联络。

通信网包括光纤数字传输系统、数字电话交换系统、闭路电视监控系统、无线调度系统以及车站广播系统等部分。通信网可作不同的用途,如公务通信、专用通信等。

随着通信技术的不断发展变化以及轨道交通管理体制的不断改进,通信系统的组成也在随之发生变化,如目前逐步落实的公务电话公网化问题,就已考虑将公务电话分离出专用系统,从而有效减少了轨道交通部门一次性的建设投资和将来的维护维修费用;再如由以前各线单独设置的专网无线系统逐步纳入全市集群移动通信共网平台,对彻底解决无线资源具有特别重要的意义。另外,在不断完善的服务体系中,服务类别的增加也体现在通信系统的组成上,如目前建设的线路中已考虑增加了乘客导向系统,这对于乘客了解轨道交通运行状况以及方便出行均提供了条件。在通信系统及其他设备系统的维护方面,也在考虑建立统一的集中维护系统,这无疑将有效减少维护的人力和物力。随着城市轨道交通工程的扩展,通信系统还会不断地发展。

下面简要介绍通信系统的主要构成及其功能。

1）光纤数字传输系统

光纤数字传输系统主要由光纤线路、光传输终端设备（光端机）和 PCM(Pulse Code Modulation,脉码调制录音)复接设备三部分组成。PCM 复接设备将话音、数据、图像信号等汇集起来,通过光端机将电信号变换成光信号,经光纤将光信号传送到对方车站,该站通过光端机将收到的光信号变成电信号,再送到复接设备将各类信号进行分路,后送到本站的各类设备。光纤传输系统大量的信道用于传送数字电话交换网的话音信号,还为闭路电视监控系统、车站广播系统、无线通信系统提供信道,同时也应为其他部门的控制信号提供信道。

2）数字电话交换系统

数字电话交换系统是通信网的重要组成部分,一般用程控交换机来组网,其构网方式因交通系统大小而异,它根据各车站用户分布情况、用户的接口要求和功能要求、市话网的组成情况以及传输系统的配合等因素来决定。典型的轨道交通系统交换网有数字程控交换网和专用电话网这两个独立而又相互联系的交换网组成。

（1）数字式程控电话交换网

各车站设置的 OMNI 型交换机与配置在线路两端的 HICOM 型交换机通过 PCM 光纤传输系统相连,另外,在控制中心也设置 HICOM 型交换机,通过 PCM 信道联向控制中心的 OMNI-230 型交换机。各车站的 OMNI-210 交换机容量可达 200 门电话分机和 16 条中继线,230 型容量可达 2000 门电话分机和 120 条中继线,HICOM-370 型交换机容量可达 1000 门电话分机。各车站的程控交换机与线路两端的程控交换机通过 PCM 光纤传输系统相连,站间电话用户的通话可经二交换机转换。控制中心的程控交换机与两端的程控交换机也由 PCM 相连,由此组成一个完整的数字程控电话交换网,而且均有中继功能进入市话网,市话进入中继话务除可以通过控制中心话务台人工转换外,部分用户还可以直接被市话用户呼叫。

（2）专用电话系统

专用电话系统为控制中心的调度人员与车站工作人员之间提供直线电话服务功能和组呼功能,并为机房电话和一些内部电话提供自动交换功能。

站间直线电话:相邻两站值班员之间联系有关行车事务时,值班员只要拿起电话机而不必拨号就可相互通话,站间直线电话的话音信号由专用的电线传输。

调度电话:调度电话控制台设在控制中心的总调度所内,它与设在控制中心的程控交换机相连。调度控制台根据工作性质设有列车调度台、电力调度台、防灾报警调度台及总调度台等。总调度台只与其他三个调度台通话,而其他三个调度台都与分机相连,列车调度分机设在各车站及车辆段,电力调度分机设在各变电站的值班室,而报警调度分机应设于各车站及所属业务部门。各调度控制台对所属分机可进行全呼、组呼或单呼。各调度系统的分机只要摘机立即联向各自的调度控制台,各调度控制台按下呼叫键即可叫出或应答相应的调度分机,各调度系统的分机之间及与其他系统的分机之间不允许通话。

轨旁电话：为了方便司机及其他工作人员在需要的时候及时与有关部门联系，每隔450 m左右的间距设置轨旁电话，轨旁电话应有坚固的防护外罩和防潮的全密封设计。每2~3个轨旁电话并联在一起通过专用电线联向最近的程控交换机，程控交换网向轨旁电话提供与其他分机各调度控制台联系的功能。

集中电话机：为方便各职能部门与本站或本地区的有关单位进行联系，各车站均设有集中电话机，集中电话机的控制台及分机都可以自由地与其他分机联系，分机间可通过拨号建立联系，分机摘机后数秒内不拨号，则直接接入集中电话机，集中电话机的控制台和分机都联向车站的程控交换机。

3) 闭路电视监控系统

为了确保列车的运行安全，及时向有关人员提供各车站各部位的安全情况和客流、列车停站、启动、列车门开启、关闭等信息，特别设置了闭路电视监控系统。该系统由车站电视监控系统及控制中心集中监控系统两大部分组成，以实时监视列车的运行情况和旅客的安全。

① 车站电视监控系统

图7-16所示为车站电视监控系统示意图。车站配置有摄像机，一部分固定设于上、下行站台，摄像范围覆盖站台，还配有设于站厅的自动云台的摄像机，它可以自由偏转进行摄像。在车站控制室内备有显示器及图像选择设备，可以自由地选择所希望监视的车站各部位，同时可对摄像机的云台和焦距进行遥控。各站还配有四路图像复用调制设备和光发射设备，以将各站图像经光纤传送至控制中心。

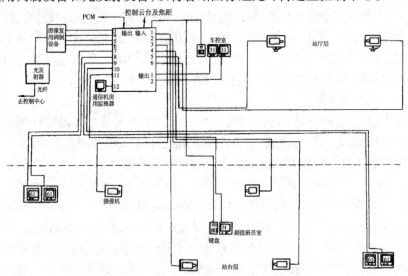

图7-16　车站电视监控系统示意图

② 控制中心集中监视系统

闭路电视监控系统既可以由各站的工作人员进行控制，也可以由控制中心的总调度、列车调度、防灾调度进行控制。为此,在控制中心的上述调度台上设有监视器和带有键盘的控制器。调度员通过键盘来选择所希望了解的车站及车站某个部位的客流情况和突发事件图像,相应的选择信号经 PCM 光纤传输系统发送到各个车站的控制单元,经比较若与本站编号相一致,再比较哪个摄像机被选中,然后控制图像切换开关将相应的图像选送出去。各站均可向控制中心送出四幅图像,但不是所有车站可在同一时刻同时发送四幅图像,只允许三个车站同时向控制中心送出四幅图像。各车站送来的四幅图像输入出到控制中心的图像切换开关的输入端,其输出连至监视器和录像机。为了便于识别,各车站备有图像字符发生器,以产生摄像机号码、日期和时间,并显示在送往控制中心的各图像上。

4) 无线通信系统

为了使移动状态下工作的乘务人员及时与有关指挥部门取得联系,不仅要设置有线通信系统,还必须设置无线通信系统。

无线通信系统由基地台、天线及射频电线、隧道内的漏泄同轴电线、列车无线电设备、控制台、电源及便携式无线电台等组成。典型的地铁无线通信系统为了实现双向无线通信,设置了四个频率对(每个频率间隔为 10 MHz)。

① 信道 1:用于列车调度,其覆盖范围是地铁全线及各车站,列车调度员通过控制台与正在运行的司机及车站上行车有关人员之间通话。

② 信道 9:用于公安治安,其覆盖范围是地铁全线及各车站,使公安中心的工作与沿线车站处于移动状态下的公安人员之间通话。

③ 信道 0:用于车辆段,其覆盖范围是整个车辆段(一般为地面),使车辆段运转值班员与车辆范围内处于移动状态下行车人员之间通话。

④ 信道 8:紧急用信道,其覆盖范围为信道 1 和信道 0 的覆盖范围的总和。当信道 1 或信道 0 发生故障,或发生其他紧急情况时,为有权使用上述两信道的人员提供通信手段。

5) 车站广播系统

车站广播系统是实现集中管理的重要组成部分。列车到站及离站的实时预告信息、非常情况下的疏导信息等通过该系统及时向旅客通报。同时,为组织好行车,应及时将运行信息告知行车有关人员。为了实现集中管理,车站广播系统除了车站广播外,还应由控制中心集中播音。

(1) 车站播音

车站播音台配有播音区域选择键盘和送话器,在通信室还设有前置放大器、功放及控制接口单元等设备。车站的控制键按下后,相应的选择信号经控制和接口单元,被选择区域的广播电路接通,并使来自控制中心的播音信号中断,也即车站播音台对本站的播音具有优先权,在固定区域可以根据列车运行实现自动广播。

为了提高播音的可靠性,每个播音区域内的扬声器分别由两个扩大器驱动,并以梳状方式排列,其中一个扩大器故障时,仍能不间断地播音及维持基本播音量。在站台的广播区域,还应配备自动音量控制装置,以保证播音音量始终保持在比该区域内噪声音量高 10 db 左右的水平上,以达到较好的播音效果。

（2）控制中心播音

在控制中心设有列车调度、电力调度和防灾调度三个播音台,三个播音台之间互锁,即只允许一个播音台播音。三个播音台分别配有广播区域选择键盘和送话器。选择控制信号经控制与接口单元,通过 PCM 信道将其送至车站的控制单元,当车站的控制单元收到控制中心发来的选择信号,而本站没有播音时,接通被选区域的广播电路,并将有关信息返送控制中心的广播控制单元,显示在相应的播音台上。播音信号经放大后通过专用的屏蔽广播线传送至所选车站。在控制中心可对所有车站的所有区域播音,也可对某一个车站的某个区域有选择性地播音。

7.2.2 信号系统

轨道是供列车行驶的专用通道。根据列车的速度和质量,在列车前后相当距离内,只允许该列车运行。早期以车站来分割轨道占用权,列车开车以前由车站人员向前方站办理手续(如通过电话),确认站间无其他列车后,取得车站给出的凭证(如路牌、路灯、路票),即可取得前一区间的占用权,再确认出站信号(色灯、臂板)开放才能开车。列车进入前方站前必须确认进站信号开放,进站停车后把已取得的凭证交付该站,表示交出已驶过区间的占用权。列车继续向前行驶时必须办理同样的手续。当然,每站办理手续需要一定的时间,这样效率很低,但是这种人工的控制方式在当时对于列车运行的安全是非常重要的。

随着技术的进步,轨道交通的信号技术在不断发展,车站电气集中、区间自动闭塞代表了机电时代的水平,微机连锁 ATC 系统则是信息时代的产物。铁路信号系统从传统的方式,即以地面信号显示传递行车命令,机车司机按行车规则操作列车运行的方式,发展到了根据地面发送的信息自动监控列车速度且自动调整列车运行和追踪间隔的方式,实现这一方式的关键设备是列车速度自动控制系统 ATC(Automatic Train Control)。

城市轨道交通系统具有行车密度大、站间距短、线路区间多位于地下或高架桥上等特点,要求信号系统要以机车信号为主,且反应速度快、信息量多,因此大部分城市轨道交通线路都采用 ATC 系统。

ATC 系统主要包括 ATS (Automatic Train Supervision,列车自动监控)、ATP(Automatic Train Protection,列车自动保护)、ATO (Automatic Train Operation,列车自动运行)三个子系统,是一套完整的控制、监督、管理系统。位于管理级的 ATS 模块较多地采用软件方法实施联网、通信及指挥列车安全运行;发送和接收各种行车命令的 ATP 系统确保列车的安全运行;车载 ATP 设备接收轨旁 ATP 设备传递的信号指令,经校验后送至 ATO 完成部分运行的操作功能。三个子系统既相对独立又相互联系,完整的 ATC 系统能确保列车安全、快速、短间隔地有序运行,ATC 系统设备分布于控制中心(Central Control)、车站、轨旁及车上,其系统框架如图 7-17 所示。

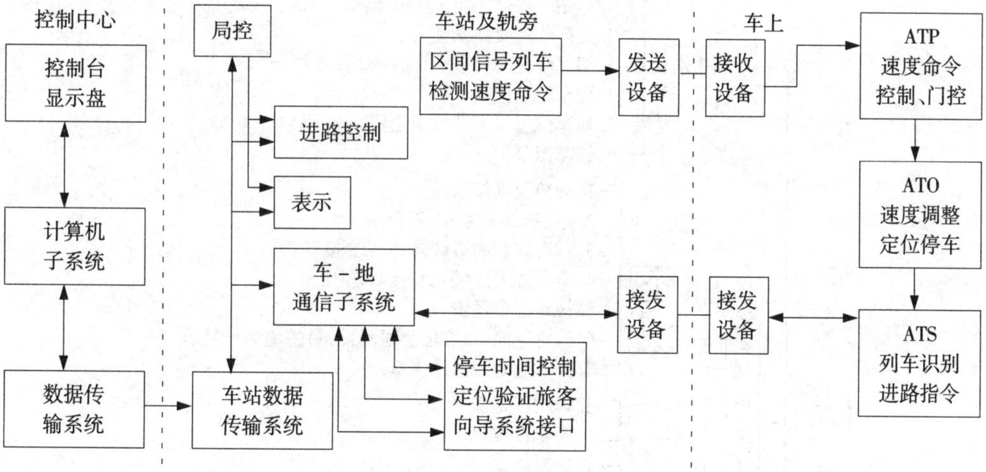

图 7-17 ATC 系统框架图

在控制中心内计算机系统、中心数据传输系统、控制台及 CRT 显示、信息管理系统及调度表示盘等,其控制及表示信息通过数据传输系统与车站及轨旁的信号设备相连接;轨旁设备通过车站数据传输系统与车站 ATC 系统相连,车站的 ATC 系统通过 ATP 子系统发出列车检测命令检查有无列车,并向车上送出 ATP 限速命令、门控指令及定位停车的位置指令;车上 ATC 系统通过 ATP 命令的数据和译码,控制列车的运行和制动,完成定位停车。ATC 系统的各个子系统的功能如图 7-18 所示。

1) ATS 子系统

ATS 子系统由控制中心设备、车站设备及车载设备三部分组成,图 7-19 所示为 ATS 系统功能示意图,图中 TWC 为双向通道(Two-Way Channel)。

(1) ATS 的重要设备

① 控制中心设备。

数据传输计算机系统:用于控制中心与车站列车控制设备室之间的双向数据交换,列车控制微机及通信组成一个局部网。

调度表示盘:用于显示被控制的所有线路状态和所排进路的状态,显示列车运行的实时状态等。

控制台设备:用来输入数据及命令,CRT 终端显示器详细显示车站动态线路图、车次跟踪及时刻表数据。

绘图仪及行式打印机:用来绘制列车运行图,包括计划运行图和实际运行图,并打印各种列车运行报告和数据。

② 车站设备。

车站人工控制盘:设于车站控制室内,通过控制盘对联锁、停站时间、临时限速命令及紧急停车命令等进行控制,盘面上附有显示装置。

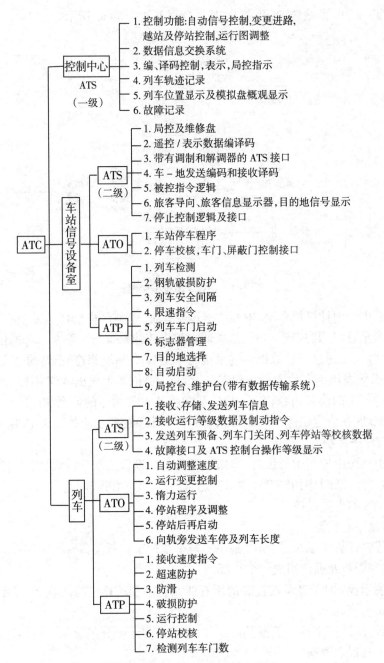

图 7-18 ATC 系统功能示意图

数据传输系统:用来接收和发送控制中心及列车之间的信息。

自动进路选择系统:当车-地信息交换系统(TWC)收到列车发来的列车目的地等信息时,通过该系统自动排列进路。

车-地信息交换系统:为实现控制中心与列车间的联系,在每个车站都设有车-

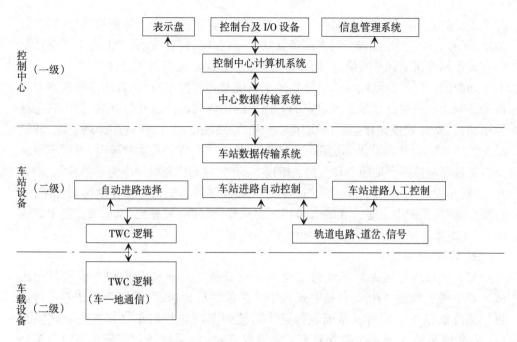

图 7-19 ATS 系统示意图

地双向信息交换系统(TWC)，地面 TWC 信息先通过 ATP 模块的功放，然后像传送速度命令及列车检测命令那样，通过站内阻抗连接变压器输入到钢轨中，并接收由列车向地面发来的信息，送至 TWC 接收器。

③ 车载设备。

TWC 发送天线：安装在头部车的前轮上的两中心线上，通过它发送 TWC 列车信息，列车目的地信息存储于车上存储器内，传至地面以自动排列进路；车号及目的地信息可以由司机手动输入到车载存储器。

（2）ATS 的基本功能

ATS 子系统的主要功能是控制和监督列车运行。该系统按列车计划运行图指挥列车运行，办理列车进路控制、发车时刻，及时收集和记录列车运行信息，列车位置、车次号等由控制中心计算机进行列车跟踪，绘制列车运行图，并将列车信息及线路情况等在控制中心的模拟盘上显示出来。同时适时显示整个 ATC 系统的状况，及时给出告警显示和记录，进行统计和汇编以及仿真和诊断。

控制中心和车站之间的联系由数据传输系统来完成，用它来收集与列车运行有关的数据及控制中心需要的系统状态数据，并由它从中心向现场发送指令。

车-地双向信息交换(TWC)系统用于实现控制中心与列车之间的联系。TWC 系统以主/从方式工作，即车载 TWC 发送器是主动的，它可以连续向地面发送短信息，地面设备仅在收到该短信息时才响应，从而驱动地面发送器发送地面信息。而当列车收到从地面发来的信息后，车载发送器向地面改发长信息，上述数据交换过程在每个车站的入口区域内持续进行。信息交换的内容包括列车至地面的信息(列车目的地、车号、车长、车停站台、列车准备就绪、车门关闭、列车移动检测、人工或自动驾驶方式等)、地面至列车的信息(列车目的地、车号、ATS 运行等级、跳停等)。

地面接收到的数据经确认后分别送至系统及列车控制设备,自动排列进路系统就是为响应收到目的地信息而设定的。当目的地译码器译出此信息后,输入到寄存器中储存,寄存器按储存进路的次序输出开始、终端电路,以便按序排列进路,即通过车站的 ATS 设备自动排列进路;当 TWC 或控制中心设备发生故障时,可由车站值班员通过车站控制台按钮办理进路。所以,控制方式的优先级顺序为车站控制、中心控制、列车控制。换言之,平时应根据收到列车发来的目的信息而自动排列进路;运行图打乱时,控制中心通过 ATS 设备也可自动排列进路;只有当 TWC 或控制中心故障时,才由车站控制。

2)ATP 子系统

ATP 子系统是确保列车运行安全的关键设备,由轨旁设备和车载设备所组成。列车通过地面 ATP 设备接收运行于该区段的目标速度,保证列车在不超过此目标速度的情况下运行,从而也保证了后续列车与先行列车之间的安全间隔距离。对联锁车站 ATP 系统确保只有一条进路有效。该系统还监督列车车门和车站站台(屏蔽门)的开启和关闭,保证操作安全。车载列车信息控制系统构成如图 7-20 所示。

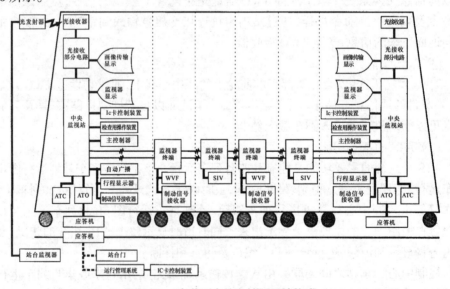

图 7-20 车载列车信息控制系统构成

(1)ATP 命令的产生和发送

ATP 命令由轨旁 ATP 设备发送,通过轨道电路检测列车的占用和空闲,当检出列车占用本区段时,ATP 地面设备通过轨道电路向列车发送速度命令信息。轨道电路如图 7-21 所示。

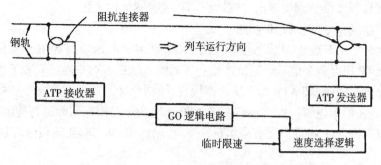

图 7-21 轨道电路示意图

在图 7-21 中,ATP 发送器发送列车检测信号和列车速度命令信号;ATP 接收器接收本轨道区段的列车检测信号,收到该信号则该区段的轨道继电器才开始动作;GO 逻辑电路用于检查列车前方的轨道区段空闲、进路位置是否正确,当列车占用本轨道区段时允许发送速度命令信息;列车控制盘设在车站控制室内,用以控制临时限速、停站时间及紧急关闭等;阻抗连接变压器是将电流耦合到轨道电路的重要设备,并以此来划分轨道电路区段。

每个轨道区段的发送器设于轨道电路列车离去一端,接收器设于入口端,列车的检知按传统的轮轴分路法,每条线路有四种频率顺序交替设置,上、下线路有八种不同频率交替配置。在每个阻抗连接变压器处均设一个接收器和一个发送器,接收器接收本轨道区段的列车检测信息,发送器发送检测列车用的检测信息和列车接收的速度命令信息。每个阻抗连接变压器要调谐在所通过位置的各个不同频率上,即分别调谐在本轨道区段列车检测发送频率、本轨道区段列车速度命令发送频率及前方轨道区段列车检测接收频率上;有的地点还要调谐在 TWC 传输频率上。对于允许通过的频率呈现高阻抗,而对于其他非调谐频率呈现低阻抗,以防无用频率通过。

ATP 发送器为了发送列车检测信号和各种速度命令信号,分别设置检测信号振荡器和速度命令振荡器,以及调制频率发生器,速度选择逻辑根据列车运行前方轨道电路占用情况来选择速度命令的调制频率,以对应不同的列车运行目标速度。另外,与速度选择逻辑、速度命令调制频率发生器相类似,设置门控逻辑和门控命令调制频率发生器,由它们来发送列车车门(左门还是右门)的开启。功放电路对上述 ATP 信号进行功率放大,使输出信号有足够的电平,通过轨道电路的传输保证 ATP 地面接收器和机车接收器的可靠工作。

ATP 地面接收器主要接收列车检测信号,当阻抗连接变压器收到由 ATP 发送器送来的检测信号后,先经过窄带滤波器,以保证只有本轨道区段的检测频率可以通过,即对检测信号进行校核;然后将该信号送至放大器,为了提高轨道电路的分路灵敏度,调整状态下轨道电路接收电平不宜太高,所以通过放大器对接收信号进行放大,以保证后续电路可靠工作;解调器及译码器解调出列车检测频率,通过低通滤波器,再通过驱动电路使本轨道区段的轨道继电器可靠工作,即只有在验证载频、低频频率及信号幅度都达到要求时,才能使 ATP 接收器正常工作。

(2) 速度命令的接收和鉴别

速度命令由车载 ATP 设备接收。图 7-22 为 ATP 发送器与 ATP 车载设备的联系示意图,ATP 速度命令信号经阻抗连接变压器输入轨道,列车通过安装于头部轮对前方的耦合感应线圈,即 ATP 命令接收器接收,经指令译码器把速度命令正确无误地译出并显示,在列车逻辑与控制环节中将 ATP 速度命令与列车实际运行速度进行比较,以保证列车按 ATP 速度命令安全运行,一旦检出超速,列车将实施相应的制动。

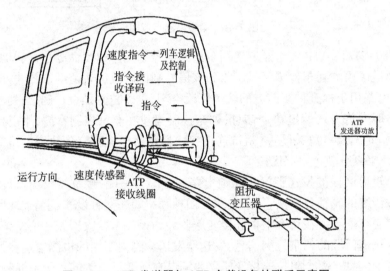

图 7-22 ATP 发送器与 ATP 车载设备的联系示意图

(3) 速度命令的控制

ATP 速度命令控制线路结构如图 7-23 所示。图中下部为正向运行,上部为反向运行。图底线为各闭塞区段的位置,图中虚线表示列车所占用的区段,以正向运行为例,先行列车占用 1T 区段时,后续列车根据前方区段空闲情况所接收到的速度命令各不相同。

当 2T 区段空闲时,3T 区段的列车收到的 ATP 速度为 20 km/h;

当 2T 和 3T 区段空闲时,4T 区段的列车收到的 ATP 速度命令为 30 km/h;

当 2T、3T、4T 区段空闲时,5T 区段的列车收到的 ATP 速度命令为 45 km/h;

当 2T～5T 区段空闲时,6T 区段的列车收到的速度命令为 55 km/h;

当 2T～8T 区段空闲时,9T 以外的区段的速度命令为 80 km/h。

控制线上所标明的速度是由安全制动距离所确定的,即应满足列车在最不利运行条件下的制动距离。从图 7-23 中可看出列车的间隔可根据速度命令来判断。线路也允许在特殊情况下的反向运行,其速度控制与正向运行有很大不同,至少要三个区段空闲才允许以 45 km/h 速度运行,而且不允许高于此速度运行。

当然,对不同的交通系统,其轨道区段长度也不同,列车性能不同,制动距离也

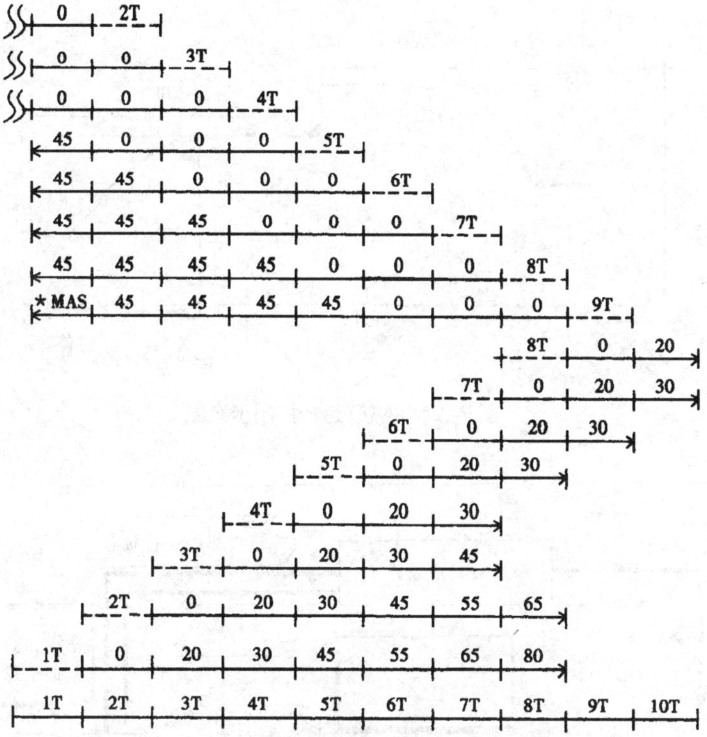

图 7-23　ATP 速度命令控制线结构图
*MAS—最大允许速度

不同，所以速度控制线也不尽相同。

ATP 速度命令通过列车感应线圈接收后，由车载接收单元将信号滤波、放大、译码后变换为限速信息，然后传送至调速控制 CPU，在此完成限速信息和实际速度信息的比较，比较的结果形成一个检测信号重新返回系统处理器 CPU 及控制器。当检测超速时，车载 ATC 设备将施加相应的制动。

3）ATO 子系统

ATO 作为列车自动运行系统应完成出站的出发控制，站间运行控制及车站定位停车控制的任务。它由地上设备和车上设备组成，地上设有给列车地点信息的 ATO 地上设备，车上有 ATO 接收器、ATO 逻辑装置及车上设备等。当列车经过设于轨道内的地面感应器(标志器)时，向列车传递地点信息，车上装置收到地点信息，分别检出后传送到逻辑装置，在逻辑装置内参照其他 ATC 信息，设定 ATO 目标速度模式，追踪输出及制动指令，以进行运行控制。所以，ATO 控制主要是站间的自动运行控制及定位停车控制。ATO 可以替代驾驶员实施无人驾驶。

（1）站间运行控制

站间运行控制进一步细分为出发控制、定速运行控制、力运行停止控制、减速控制与再出发控制。图 7-24 为 ATO 运行控制示意图，图 7-25 是车站之间 ATO 运行控制过程示意图。

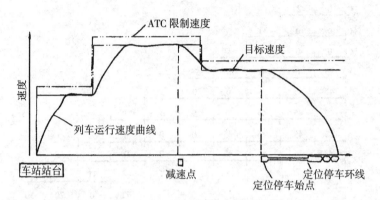

图 7-24 ATO 运行控制示意图

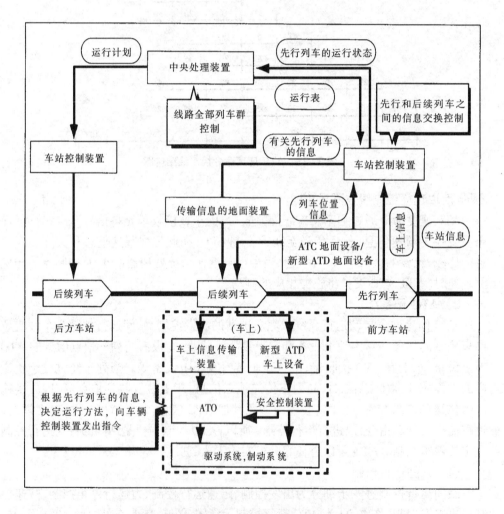

图 7-25 车站之间 ATO 运行控制过程示意图

出发控制：当发车条件满足，即停站结束、车门关闭，按压发车按钮，并收到 ATP 速度信号，指向 ATO 目标速度模式，进行起动力行。

定速运行控制：当接近 ATO 目标速度时，列车速度控制在目标速度中。

力行停止控制：在坡度转折处设置地面传感器，由牵引运行结束转为惰行控制。

减速控制：在固定的减速点，可设置减速传感器，车上收到此信息后，根据 ATO 指令惰行或逐级制动，使速度降下来。

再出发控制：列车在站停车的情况下，按压出发按钮，直至下一站的停车位置，进行自动运行。

（2）定位停车控制

为了保证列车定位停车，在车站设置定位停车传感器(标志器)，其设置的多少可视定位停车精度而异，一般为 3~4 个，地面标志器布设于车站站台范围的轨道结构上。当列车标志天线置于地面标志器作用范围内时，列车接收滤波放大电路开始振荡，振荡频率通过调谐标志线圈来确定，每个标志线圈根据距站台的距离调在不同的频率上。图 7-26 为定位停车标志器布置示意图。离定位停车点 350 m 处设外部标志器对，离 150 m 处设中间标志器对，离 25 m 处设内部标志器，离 8 m 处设站台标志器。当列车驶抵外部标志点时，列车接收停车标志频率信息，在车上产生第一制动模式曲线，按此制动曲线停车，列车离定位停车点较远；当列车驶抵中间标志器时，产生第二制动模式曲线，并对第一阶段制动进行缓解控制，以使列车离停车点更近；当列车收到内部标志器传来的停车信息时，产生第三制动模式曲线，列车再次进行缓解控制，使得列车离定位停车点的距离更近；列车收到站台标志器送来的校正信息后，产生第四制动模式曲线，列车再次缓解制动控制。经多次制动、缓解控制，确保列车定位停车的精度控制在规定的范围之内(±25 cm)，使列车定位天线正好处于站台定位环线之上。

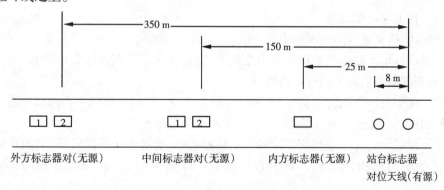

图 7-26　定位停车标志器布置示意图

（3）列车车门的控制及站台屏蔽门的开启

当列车驶抵定位停车点，列车的定位天线(它接至车辆定位发送器和接收器)置于站台定位环线上方，环线置于线路中央，它连向站台定位发送器和接收器；即只有当列车停于定位停车的允许精度范围内,车辆定位接收器收到站台定位发送器送来的列车停站信号,ATO 子系统确认列车已到达确定的定位区域,这时 ATO 子系统发出"列车停站"信号给 ATP 子系统,以保证列车制动;ATP 子系统检测到零速度,通过列车定位发送器发送 ATP 列车停车信号给地面站台定位接收器,站台接收器检测到此信号,将其译码,使地面"列车停站"继电器工作。此时,车站轨道电路 ATP 发送器发送允许打开左车门(或右车门)的调制频率信号;车辆收到允许打开车门信号,使相应的门控继电器工作,并提供相应的广播和允许开门的信号显示,这时,乘务人员按压与此信号显示相一致的门控按钮,才可以打开规定的车门。

有了车门打开信号以后,车辆定位发送器改发打开屏蔽门信号。当站台定位接收器收到此信号后,屏蔽门继电器吸起,以使与列车车门相对的屏蔽门打开(包括屏蔽门的数量及位置)。

列车停站时间结束(或人工终止),地面停站控制单元启动车站 ATP 模块,轨道电路停发开门信号,车辆收不到开门信号,门控继电器落下。车辆乘务员按压关门按钮,关闭车门;与此同时,车辆停发打开屏蔽门信号,车站打开屏蔽门继电器落下;车站在检查了屏蔽门已关闭及锁闭好以后,才允许 ATP 子系统向轨道电路发送运行速度命令信息;车辆收到速度命令的同时,检查车门是否关闭和锁闭、ATO 发车表示灯是否点亮后,列车可按车载 ATP 收到的速度命令进行出发控制。

7.2.3 控制中心

控制中心通常称为 OCC(Operation Control Center),是城市轨道交通线(网)所有信息的集散地和交换枢纽,是对全线列车运行、电力供应、车站设备、防灾报警和乘客票务等实行管理和调度指挥的中心。在非常情况下,控制中心还是处理突发事件的指挥中心。

1)控制中心的功能

城市轨道交通线路的控制中心一般应具有以下功能。

① 在行车调度员的监视和集中控制下,对轨道交通实现调度集中管理,或实现在行车调度员的监控下的行车指挥自动化。

② 在中央计算机的控制下,自动售检票系统(AFC)实现控制中心内车票统一的编码、制作、出售、进出站检验票、统计和财务核算等业务。

③ 通过设置在中心相应系统的中央控制主机,负责全线消防报警、消防控制的组织、协调、监控和管理等工作,并在应急中心的统一指挥下,实施组织抢险和救援等工作。

④ 实现在中心对全线环境状况及监控设备运行状态的监视(BAS);在紧急情况下,系统可根据应急中心的相应决策及系统预案的提示向车站发出控制指令。

⑤ 通过电力 SCADA 系统实现控制中心对电力系统的主变电所、牵引变电所及降压变电所的相应设备和接触网电动隔离开关的运行状态进行监视、控制及数据采

集等工作,并完成中心级统一的电力调度工作。

⑥ 在控制中心内通过通信系统实现轨道交通线的信息汇集、处理、交换和转发工作,直接支持各系统现场与中心的通信服务,并实现中心与外界系统的联系。

⑦ 利用客流量统计和调查资料对客流进行动态分析,为制定轨道交通合理运营方案提供依据。

⑧ 根据客流的特点,合理编制运输计划,合理调度指挥列车运行,实现计划运输,包括客流计划、全日行车计划、车辆配备计划、列车交路计划等。

⑨ 以方便乘客、经济合理地使用车辆为目的,合理编制列车运营图,并实时做好列车运行与车站客运作业过程的协调、列车运行与车辆段有关作业的协调工作等。

⑩ 协调各部门、各系统、相关线路的关系,运用科学的方法和手段,提高轨道交通线、网的运输能力和服务质量。

2) 控制中心类型

按控制模式分类,目前控制中心主要有分立式控制中心和综合控制中心两类。

(1) 分立式控制中心

这类控制中心基于集中控制的理念,采用分立式监控模式监控与运营管理有关的各系统与设备。该系统在控制中心建立了上层信息网络,包括服务器、通信机、人机界面和大型专业显示屏等。在主任调度的协调下,由专业操作调度员开展工作,实现在中心内的轨道交通综合业务的现代化管理。分立式业务主要由列车自动控制系统(ATC)、供电管理自动化系统(SCADA)、车站业务自动化系统、环境和机电设备监控(EMCS)和防灾报警(FAS)自动化系统、自动售检票系统(AFC)、信息管理自动化系统等组成。分立式控制中心是我国目前主要采用的控制中心模式。

(2) 综合控制中心

综合控制中心是基于集散监控基础之上的综合管理系统,目前在国外已有应用。其主要特点如下。

① 在形成三层网络结构基础上实现操作手段的集成、各分系统的集成以及中心综合信息的集成。

第一层网络:中心信息层,采用基于统一操作平台的局域网络结构,由服务器及各系统的主控工作站计算机等组成,可实现各分系统之间的通讯联系及数据共享。

第二层网络:基于线路通信网之上的控制层,以车站、车场、车辆段为基本单元,内部可设置区域控制单元(ACU)或远程站端单元(RTU)等,实现联网。

第三层网络:底层,除常规的分散数据采集外,还包括基于总线式的现场设备网等,实现数据式、图像式监测和控制。

与目前已建设好的控制中心比较,运行机制和管理模式均有较大变动和较高的要求。

② 基于城市轨道交通路网较易实现相关两条或几条线路的集中、综合管理,故

实现资源有效共享。我国目前新建轨道交通线多采用独立的控制中心,而每个控制中心的功能、配置、人员机构均存在重复出现的现象,采用综合控制中心可避免出现整个轨道交通行业机构臃肿的情况。

因此,发展综合控制中心是一种趋势。系统集成并不影响各专业系统的运行和工作,只为打破一种不合理的旧模式,实现显示综合、调度综合、人员综合、资源综合等目的,从而提高管理效率、操作员基本素质和工作效率,并依此建立灵活多样的管理机制,从而便于扩容和拓展。

7.3 环控系统

7.3.1 环控系统的主要功能

城市轨道交通的环控系统,也称通风空调系统,其采用人工的方法,创造和维持满足一定要求的空气环境,包括空气的温度、湿度、空气流动速度和空气质量。

位于地面及地上的轨道交通线路,其环控问题比较容易解决;而位于地下的轨道交通线路,除了其车站出入口等极少部位与外界相连通外,其他基本上与外界隔绝,只有用人工气候环境才能满足乘客的要求。这里主要讨论地下线(习惯上称地铁)的环控问题。

当轨道交通车站和线路位于地下时,因环境封闭、湿度大而具有如下的环境特点。

① 地下线运营中会释放许多热量,例如列车运行时的散热量,乘客人体的散热量和散湿量,以及照明散热量和建筑结构壁面散湿量,还有广告灯箱、自动扶梯等设备的散热量、散湿量等。若不及时排除这些余热、余湿,车站和区间温度将会持续上升,乘客的乘车环境将得不到保证。

② 地下车站及区间周围土壤的传热作用。

③ 活塞风的影响。在地下隧道中的列车运行就像一个活塞运动,列车作为"活塞"挤压前方隧道的空气,同时列车尾部引入大量新鲜空气,这种现象称为"活塞效应"。列车运行时会产生大量的活塞风,若不能对之合理应用,则会干扰车站的气流组织,使乘客感到不舒适,并影响车站的负荷。

④ 存在人员呼出的二氧化碳及新、回风中的粉尘和有害物质。

⑤ 车站、列车上客流密集,当发生事故尤其是火灾事故时,救援和安全疏散难度大,必须考虑有效的应对措施。

⑥ 风亭是地下车站和区间空调通风设备集中对外的通风口,风亭出口噪声不容忽视。

据此,为了给乘客和工作人员提供一个舒适的环境,保证各种设备能持续、正常地运行,在发生火灾等事故时能及时排除有害气体,必须在车站站厅、站台、隧道、设备及管理用房等四个要求不同的环境中,通过强制通风进行散热、除湿和空气调节。

因此,环控系统设计时要满足以下的基本功能。

① 列车正常运行时,调节车站站厅、站台、隧道设备及管理用房等空气环境,包括空气中的温度、湿度和空气质量,对新、回风中的粉尘和有害物质及人员呼出的二氧化碳进行过滤和处理。

② 列车阻塞在区间隧道内时,当列车采用空调时应向阻塞区间提供一定的送、排风量,借以保证列车空调的继续运作,从而维持列车内部乘客能接受的热环境条件。

③ 列车在区间隧道或车站内发生火灾时,应提供有效的排烟,并向乘客和消防人员提供必要的新风量,形成一定迎面风速,诱导乘客安全撤离。

④ 对车站内各种设备管理用房分别按工艺和功能要求提供空调或通风换气,公共区排风系统兼容排烟。

7.3.2 环控系统的组成

1) 风系统

风系统指空调、通风系统,包括空调机、风机、风阀与风管路(风道)设备,可分为隧道通风系统、空调大系统和空调小系统。

① 隧道通风系统分为区间隧道机械通风(兼排烟)和车站隧道通风两部分。隧道机械通风主要设备有隧道风机、推力风机、射流风机及相关的电动风阀;车站隧道通风主要设备为轨道排风机、电动风阀和防火阀。活塞风是列车在隧道内运行过程中强迫气流形成的阵风,通过隧道和隧道活塞风道进、出。

② 车站站厅、站台公共区的制冷空调及通风(兼排烟)系统,简称空调大系统。由组合空调机,回、排风机,新风机,排烟风机,各种风阀、防火阀等组成。

③ 车站管理及设备用房空调通风(兼排烟)系统,简称小系统。由小空调机、排风/排烟风机、风阀、防火阀等组成。

2) 车站空调水系统

车站空调水系统指各站为供给车站大、小系统空调用水所设置的制冷系统,由冷水机组、水泵、冷却塔、水阀与管路等设备组成。

3) 集中供冷系统

集中供冷是指将相邻三到五个车站的空调用冷冻水汇集到某一处集中处理。冷冻水再由二次冷冻水泵和管路长距离输送到各车站,以满足车站所需的冷量。集中供冷系统可分为以下三部分。

① 制冷系统环路:主要由冷水机组、冷冻水一次泵、冷却水系统及其附属设备组成,主要功能是根据运营要求所编制的时间表和各车站负荷的变化,启动或停止冷水机组的运行,为各车站提供满足空调用水要求的冷冻水。

正常运营时,根据二次环路的实际冷负荷值,同时分析二次环路上的温度测点值及末端比例积分二通阀的开度,确定一次环路中冷水机组的开启台数,并进行相应的连锁控制。冷水机组的主控制器实现冷水机组与一次冷冻水泵联动,一次冷冻水泵与冷水机组成唯一对应关系。

② 冷冻水二次环路：由二次冷冻泵、变频器、管网等组成，主要功能是实现冷冻水的远距离输送，并通过监视末端的阀门开度和压力差，计算出末端的冷负荷，进而改变二次泵的供电频率(变频)来满足车站实际冷负荷需求；二次泵的变频由末端差压控制。

由于管路长，水网稳定性差，各站的分流管上需要加装水力平衡阀进行水力平衡和减压。

③ 末端设备：主要由各车站的组合空调器、风机盘管及前后的控制阀门组成。组合空调器(或落地式风机盘管)过水量受出水管上的比例积分二通阀控制。而控制比例积分二通阀开度的信号是由设置在站台、站厅的温度探头，经车站 PLC 计算后发出的。车站 PLC 可将站台、站厅及进出水温度通过网络传给冷站控制室。

7.3.3 环控系统的制式

环控系统的制式一般分为开式系统、闭式系统和屏蔽门式系统。

1）开式系统

开式系统应用"活塞效应"或机械的方法使地铁内部与外界交换空气，利用外界空气冷却车站和隧道。站与站之间设置通风井，车站内有空气调节。正常运行时，所有通风井全部开启，让外界空气和隧道内空气互相交换。

开式系统多用于当地最热月的月平均温度低于 25℃ 且运量较少的地铁系统。

开式系统中地铁内部与外界交换空气的方式分为活塞通风与机械通风两种。

(1) 活塞通风

当列车的正面与隧道断面面积之比(称为阻塞比)大于 0.4 时，属活塞效应通风。

活塞风量的大小与列车在隧道内的阻塞比、列车行驶速度、列车行驶空气阻力系数、空气流经隧道的阻力等因素有关。利用活塞风来冷却隧道，需要与外界有效交换空气，因此，对于全部应用活塞风来冷却隧道的系统来说，应计算活塞风井的间距及风井断面的尺寸，使有效换气量达到设计要求。实验表明，当风井间距小于 300 m、风道的长度在 25 m 以内、风道面积大于 10 m² 时，有效换气量较大。在隧道顶上设风口效果更好。由于设置多活塞风井对大多数城市来说都是很难实现的，因此全"活塞通风系统"只用于早期地铁，现今建设的地铁多设置活塞通风与机械通风的联合系统。

(2) 机械通风

当活塞式通风不能满足地铁排除余热与余湿的要求时，应设置机械通风系统。

根据地铁系统的实际情况，可在车站与区间隧道分别设置独立的通风系统。车站通风一般为横向的送排风系统，区间隧道一般为纵向的送排风系统。这些系统应同时具备排烟功能。区间隧道较长时，宜在区间隧道中部设中间风井。对于当地气温不高、运量不大的地铁系统，可设置车站与区间连成一起的纵向通风系统，一般在区间隧道中部设中间风井，但应通过计算确定。

2）闭式系统

闭式系统能使地铁内部基本上与外界大气隔断，仅供给满足乘客所需的新鲜空气量。夏季需要空调时，整个地下区间及车站除两端隧道洞口、车站出入口和空调有新风外，车站及区间基本与外界相隔绝。车站一般采用空调系统，而区间隧道的冷却是借助于列车运行的"活塞效应"携带一部分空调冷风来实现的。该系统仅在车站两端设通风井，因车站内有空调，故正常运行时所有通风井都关闭，以防外界空气从风井流入隧道。

闭式系统的基本特点是车站空调制冷系统不仅承担车站乘客、机电设备热和新风负荷，还必须承担列车运行热（包括列车刹车制动和空调的产热）。因此，车站冷负荷、空调风量、环控设备容量大，从而带来土建规模、环控装机容量、耗电量大等一系列问题。此外，由于车站和区间完全沟通，车站受活塞风影响较大，乘客在出入口、扶梯、站台候车时可明显感觉到活塞风。

这种系统多用于当地最热月的月平均温度高于 25℃ 且运量较大，高峰时间内每小时运行的列车对数与列车编组数之乘积大于 180 的地铁系统。

实际工作中，往往采用开式和闭式相结合的环控系统。

(1) 区间隧道通风系统（见图 7-27、图 7-28）

活塞通风系统由设于车站两端活塞通风井以及设于站端的迂回通道组成。常用活塞通风井的净面积约为 16 m²，迂回风道的净面积约为 30 m²。

车站两端活塞风道（或中间风井）内通常设置隧道风机，以便区间通风、事故和火灾时运行。由于闭式系统车站和区间相连通，当区间发生事故时，较难在区间形成有效气流，需要较多的风机联合运作，必要时需设置辅助通风设备。此外，地下线路内

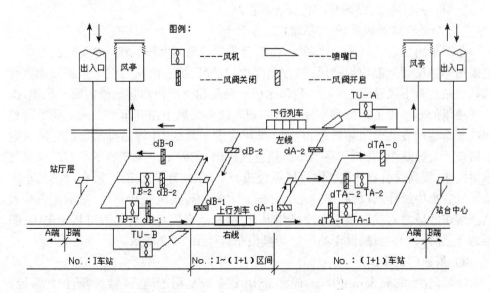

图 7-27　典型区间隧道通风系统图

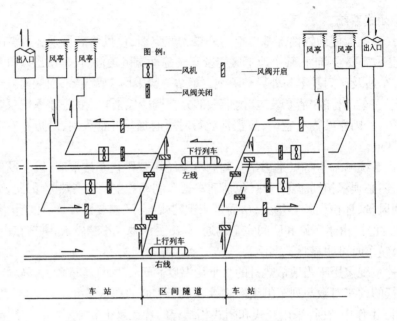

图 7-28 双风亭全活塞通风系统图

若设置渡线、存车线、联络线等配线,正线气流较难组织,通常需设置辅助通风设备,如射流风机、喷嘴等。

闭式系统夏季采用空调,依靠列车行驶活塞风将车站冷风带入区间,因而希望地铁系统同外界热空气的交换愈少愈好。区间洞口空气幕系统就是阻隔洞内外气流交换的设备,一般由风机、消声器和喷嘴共同组成。采用该系统之后,距洞口最近的车站空调负荷可降低,站内环境比较容易控制。

（2）车站空调通风系统(大系统)

车站采用全空气低速送风系统,由组合式空调箱和回排风机组成。气流组织一般采用车站站厅上部均匀送风;站台上部均匀送风,统一由站台设于轨道顶部风管和设于站台板下风管回/排风。列车牵引、制动和空调产热是地铁内第一热源,占总产热量的60%以上,而列车停站时的列车散热又集中在列车车顶的空调冷凝器和位于车底的发热电阻箱等处,将回/排风管设于此处,并将回排风口设计成一组组风口正对散热源,有利于将列车产热就近排出,使列车停站产热不参与或少参与车站换热,提高站台舒适度。回排风系统兼容站厅、站台排烟。此外,在站端列车进站侧设置集中送冷风口,列车进站时伴随着大量的高温区间活塞风,在活塞风冲入站台候车区域之前就和集中送冷风相混合,缓减活塞风对站台的瞬时热冲击(见图7-29至图7-31)。机房设于站厅层的典型布置如图7-32所示。

3）屏蔽门式系统

屏蔽门(Platform Screen Door,简称 PSD)式系统是用于地铁站台的防护性系统,在地铁站台边缘与站台顶部之间竖起一排屏蔽门,通过屏蔽门的控制系统和驱动机

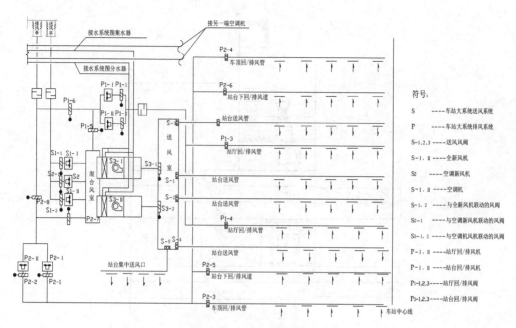

图 7-29 车站空调通风系统图

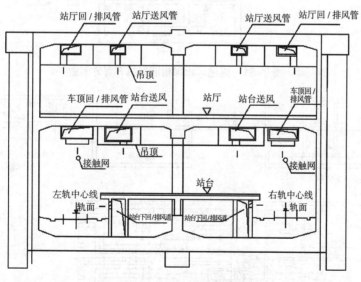

图 7-30 车站典型断面气流流程图

构,实现列车车门与该系统屏蔽门中的活动门的同步操作。列车到站后,乘客可通过与列车车门同步开关的活动门直接出入列车车厢,为候车乘客提供了绝对的安全保障。

在车站的站台与行车隧道间安装屏蔽门,将其分隔开,车站安装空调系统,隧道采用通风系统(机械通风或活塞通风,或两者兼用)。若通风系统不能将区间隧道的温度控制在允许值以内,应采用空调或其他有效的降温方法。

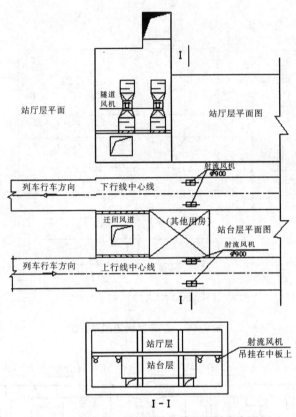

图 7-31 隧道风机加射流风机布置方案图

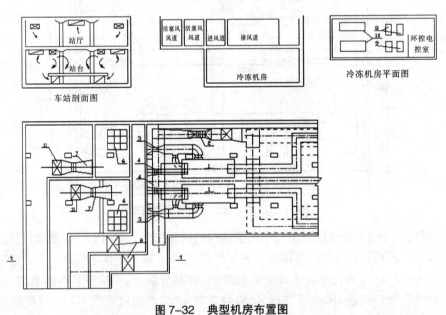

图 7-32 典型机房布置图
1—空调机组；2—车站回排风机；3—全新风风机；4—最小新风机

设置屏蔽门后,车站空调制冷系统仅需承担车站内部乘客散热、机电设备产热和新风冷负荷等,因而可以降低空调系统冷负荷。此外,可以改善站内候车环境,一般可降低站台噪声水平约 5 dB(A),同时还可减少事故隐患,防止拥挤时乘客跌入轨道。

7.3.4 环控系统工况

（1）车站环控系统

车站环控系统运行分空调运行、全新风运行和事故运行三种工况。

① 空调运行。在夏季,站台、站厅的温度和湿度大于设定值时,启动空调系统,向站台和站厅送冷风。通过送、回风的温度和湿度变化调节新风与回风的比例及进入空调器的冷水量,保证站台、站厅的温、湿度要求。

② 全新风运行。主要是在春、秋两季,当室外空气的焓低于站内空气的焓时,启动全新风风机将室外新风送至车站。

③ 事故运行。车站事故通风是当站厅层发生火灾时,关闭站台层送风系统及站厅层回、排风系统,启动全新风风机向站厅送风,由站台层回、排风系统将烟雾经风井直接排向地面。

（2）车站设备房及管理用房空调及通风系统

车站设备房及管理用房包括站长室、站务室、车站控制室、公安人员室、站台服务室等房间,管理人员较为集中。为提高各房间的空气调节效果,一般采用分体式空调机组,同时另外设置机械送排风系统,提供新风和其他季节的通风换气。除此之外,还要对车站降压变电所、环控机房、车站出入口等地方采用机械送排风的措施。

（3）区间隧道通风及机械通风系统

区间隧道的运行主要有正常运行、堵塞运行和事故通风运行等三种工况。

① 当列车正常运行时,利用列车在隧道内高速运动产生的活塞效应,从车站一端风井引入新风,经过区间隧道由下一站风井排风。列车停靠车站时列车下部的制动发热量和顶部的空调冷凝发热量由站台排热通风系统进行排放。

② 堵塞运行是当列车因故滞留在区间隧道时,为使列车空调器正常运转,关闭列车后方事故机房内的旁通风门,事故风机区间隧道送入新风,前方站事故风机将区间隧道内的空气排至地面。区间内的气流方向应与列车的行进方向保持一致。

③ 当列车在区间隧道内发生火灾时,区间隧道一端的事故风机向火灾区间送风,另一端事故风机将烟雾经风井排至地面。中央控制室确认火灾后,根据事故列车在区间隧道内的位置、列车内事故的位置和火灾源距安全通道的距离等决定通风方向,以利于乘客的安全疏散。乘客的疏散方向必须与气流的方向相反,使疏散区处于新风区。图 7-33 为区间隧道列车火灾通风排烟方式。

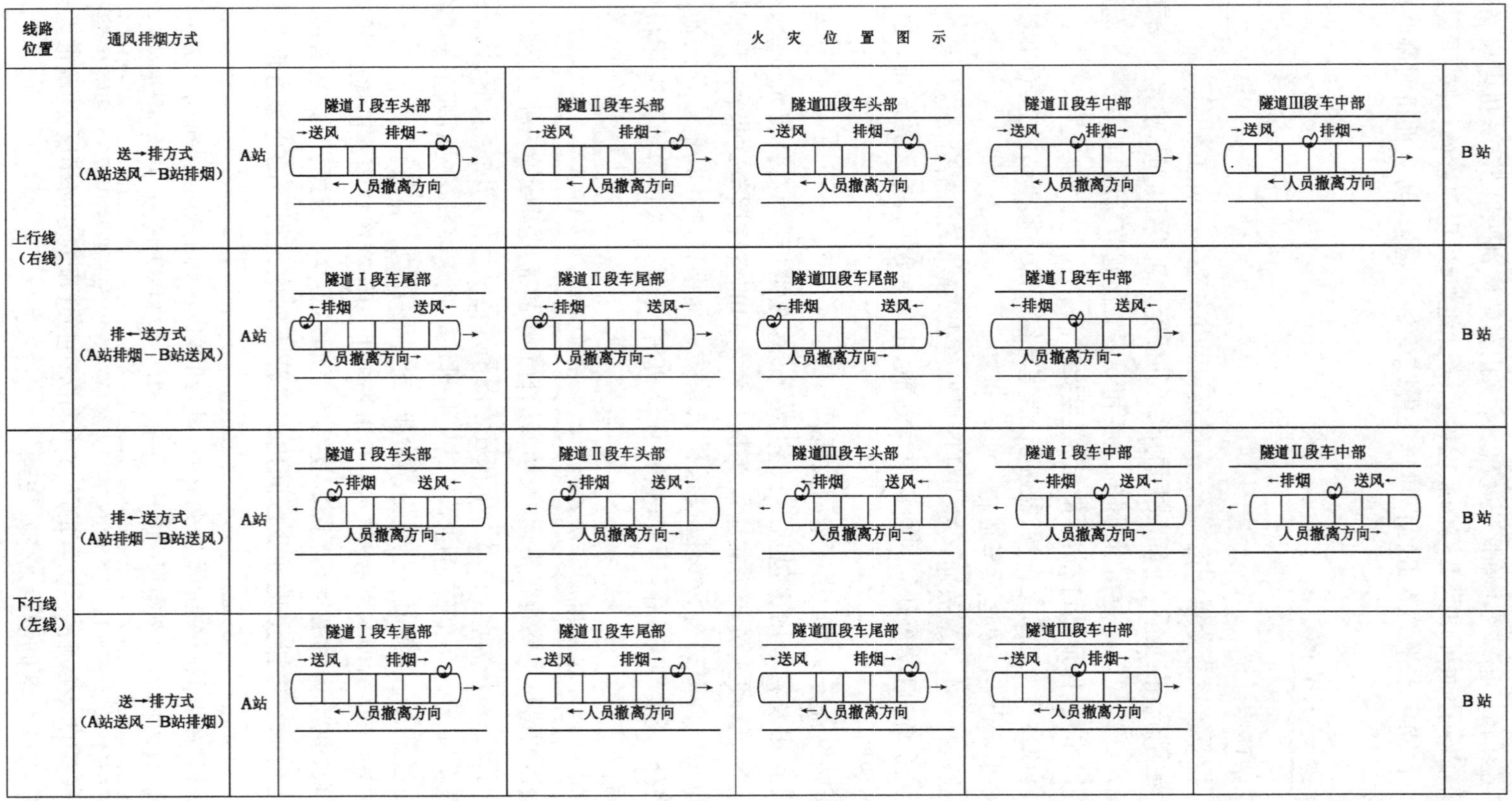

图 7-33 区间隧道列车火灾通风排烟方式

7.4 给排水系统

给排水系统是轨道交通安全运营的重要设施之一,主要由给水系统和排水系统组成。

给排水系统的功能,主要是满足轨道交通所属范围内的生产、生活和消防用水;及时排除生产、生活污废水,结构渗入水,事故消防水及敞开部分的雨水;另配置简便可靠的灭火器及地下重要设备用房的洁净气体全淹没灭火系统,以迅速、可靠地扑灭各类火灾,满足轨道交通安全运营的需要。

7.4.1 生产、生活给水系统

生产、生活给水系统主要有清扫用水、生活用水及冷却循环用水。

1) 给水用途

生产、生活给水系统主要是供给车站及附属建筑内工作人员的生活用水、盥洗室用水、空调冷冻机的循环补充水、冷却循环系统补充水及站台、站厅、泵房等处的清扫用水。

车辆基地另需考虑路面洒水,绿化、草地用水及车辆冲洗用水等。

2) 给水系统组成及设置

车站的生产、生活给水一般可直接利用市政给水管网压力供给;至于地面及高架车站,当市政给水管网压力不能满足生产、生活用水压力要求时,应设生产、生活泵房及储水池。并经综合技术经济比较,因地制宜地设置变频调速装置。

① 车站生产、生活给水系统的进水管宜从两根消防引入管中的任一根水表井前接出,并单独设置水表井。以地下车站为例,给水系统流程图见图7-34。如为金属管

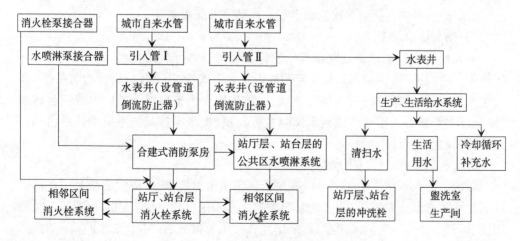

图7-34 给水系统流程图

时,在进入车站前应设一定长度的非金属管,防杂散电流腐蚀城市给水管道。地下车站的引入管宜通过新风井及出入口等处进入车站,寒冷地区的外露水管应采取防冻保温措施。

② 生产、生活为独立的给水系统时,管道采用枝状布置。给水干管宜敷设在站厅、站台层的吊顶内。

③ 车站及附属建筑用房内生活给水主要供给茶水室、盥洗、卫生间杂用水;生产给水主要为站厅、站台层公共区的清扫用水等,可在车站两端部设置清扫栓,并放置在侧墙的箱体内,箱内设有 DN 25 带水嘴的龙头,箱底距地坪高度视墙面要求而定。另有泵房内冲洗用水及环控机房内设备维修清洁用水等。

④ 车站生产用水主要是冷却水循环系统,该系统由冷却塔、冷冻机组、冷冻泵及冷却循环水泵、水质除垢装置、管道等组成。地下车站一般选用逆流开式集水型玻璃钢冷却塔,既可省去集水池,又充分地利用了冷却塔高位集水盘内的水位差,以节约费用。冷却塔应选择高效节能、噪声低、寿命长、安装维护简便的节水型装置。冷却塔数量与冷水机组对应,不考虑备用。但在工程中特殊地段受环境条件制约或受有关部门限制不允许设置高位冷却塔时,也可因地制宜地设置封闭式冷却塔或特殊形式的冷却塔,必要时应通过试验综合论证选定冷却塔的形式。冷却水循环泵一般选用离心式清水泵,水泵的数量与冷却塔一一对应配备。

车辆基地室外生产、生活给水系统,宜每隔约 60 m 间距设置洒水栓,每隔 120 m 设一只地上式消火栓。当管道穿越轨道时应按《铁路给水排水设计规范》(TB 10010—2008)加设防护套管或涵管。

轨道交通的地下区间、地面区间及高架区间,均不考虑生产、生活给水。

7.4.2 消防给水系统

消防给水系统包括消火栓给水系统及自动喷淋灭火系统。

1) 消火栓给水系统

消火栓给火系统主要设置在车站的管理用房、站厅层、站台层、出入口、车站和区间风道内。在区间隧道内每隔一定距离设一个消火栓,消火栓内设置消防按钮。当发生火灾时,用小锤打破消火栓的玻璃,消防按钮不再被玻璃面板压迫成闭合状态(即恢复常开状态),信号传送到车站综合控制室,由报警控制器主机确认后自动遥控消防泵启动灭火。

消防水源来自城市自来水系统。

当城市给水管网供水压力不能满足消防用水压力要求时,应设消防泵。在同时设有自动喷水灭火系统时,消火栓泵与喷淋泵宜采用合建泵房。地面和高架车站的消防泵房宜与生产、生活泵房合建,采用配有稳压装置的消防泵组;地下车站消火栓系统一般设两台泵,互为备用,不设稳压装置。

消防吸水管上应装闸阀,出水管上应装止回阀、闸阀(蝶阀)、压力表和直径为 65 mm 的试验放水管及闸阀。

消防进水管应分别从两根城市给水管网上各引出一根进水管在消防泵房内连成环网,确保供水的可靠性。一般不设水池,但当城市给水管网不能满足消防用水量的要求时,则应设消防水池。

地下车站消火栓泵供水范围为本车站及其两相邻区间,地面及高架车站供水范围一般仅为本车站。高架区间不设置消火栓。

消防泵房内应有排水措施。

消火栓系统布置如下。

地下车站及消火栓数量超过 10 个且室内消防用水量大于 15 L/s 的地面车站、高架车站及附属建筑等,室内消火栓给水系统必须布置成环网。消火栓干管宜敷设在站厅层、站台层的吊顶内,站台层的消火栓干管也可布置在站台板下面,但需充分考虑到检修的方便性。

地下车站的两端应分别引两根消火栓管到上、下行地下区间,将车站和区间的消火栓系统联网。当一车站消火栓系统发生故障时,相邻车站仍可满足区间消火栓用水量,以确保消防供水的可靠性。该干管应敷设在接触轨的对侧,并固定在隧道的主体结构上。在消火栓干管上每间隔五只消火栓设置检修蝶阀一只,并在区间隧道变坡的最低点设置泄水阀,最高点设置放气阀。

消火栓的布置应确保有两支水枪的充实水柱,同时到达室内任何部位。消火栓的间距、单口单阀消火栓不应超过 30 m;当箱内设置两个单口单阀时,消火栓间距不应超过 50 m,地下区间消火栓间距不应超过 50 m。

2) 自动喷淋灭火系统

自动喷淋灭火系统主要设置在车站的票务房、易燃库房、备品库及商业区。当喷淋灭火分区发生火灾时,由于现场温度升高而使闭式喷头上低熔点合金熔化,或玻璃球爆裂,喷头即可喷水灭火,压力开关把信号传送给综合控制室,经确认后自动或遥控喷淋泵启动(消防泵和喷淋泵合用)。

在轨道交通的地下变电所、通信机械室、信号机械室、计算机房及总机房等重要设备用房,不宜采用水和泡沫灭火的部位,需采用其他自动灭火系统。

7.4.3 排水系统

排水系统包括污水排水系统、结构渗漏水及废水系统和雨水排水系统。

1) 污水排水系统

主要是车站及折返线厕所的粪便及卫生器具的生活污水。污水通过下水管道集中到厕所附近污水泵房的污水池,利用排水泵提升排至地面的化粪池,然后再流到城市污水排水系统。

2) 结构渗漏水及废水系统

整个系统包括车站排水和区间排水,排水采用分流制。

(1) 车站排水

站厅废水一般包括结构渗漏水、冲洗废水、环控系统废水等。主要由地漏收集,排入站台线路侧沟,然后经一定的坡度排入车站废水池。站台废水一般包括消防废水、结构渗漏水、冲洗废水等,主要排入线路侧沟,然后经一定的坡度排入车站废水池。

废水经潜水排污泵扬升,排入地面排水压力井,经减压后直接排入市政排水管道。其扬水管道一般沿风道及风亭穿出车站,以免破坏车站装修及主体结构。

(2) 区间排水

区间废水主要为消防废水及结构渗漏水。废水沿线路侧沟排入区间废水池。废水经潜水排污泵扬升排入地面排水压力井,经减压后直接排入市政排水管道。

(3) 排水泵站

① 主排水泵站。主要排除结构渗漏水及消防冲洗废水。主排水泵站有的设在车站端部,有的设在区间隧道变坡点的凹处,有的和区间风道合建,有的和防灾联络通道合建。每个泵站担负的隧道长度单线不宜超过 3 km,双线不宜超过 1.5 km。泵站的集水池容积宜按 30 min 结构渗水量和消防废水量之和的水量确定,但不得小于 30 m³。泵站室内地坪宜高出轨面 0.25 ~ 0.30 m,太高将造成人员出入及设备安装不便。

② 辅助排水泵房。当主排水泵房所担负的区间长度超过规定,而排水量又较大时,或者车站结构需要设倒漏层排水时,宜设辅助排水泵房,泵站设置位置视具体情况而定。

3) 雨水排水系统

区间隧道洞口、露天出入口雨水设计重现期按当地 50 年一遇暴雨强度计。高架车站及区间、车辆基地的雨水设计重现期可结合当地市政设施的具体情况确定。集流时间一般以 5 ~ 10 min 计。

在距地下区间隧道洞口约 10 m 位置设雨水泵房一座,雨水通过横截沟截流汇集至集水池,集水池的有效容积不应小于 1 台泵 5 min 的出流量。雨水泵房内一般设置 3 台潜污泵,两用一备。

地下车站露天出入口及敞开风井底部设集水坑,内设小型潜污泵 2 台,互为备用,暴雨时两台可同时使用,集水池的有效容积应满足水泵的安装及维修要求。

雨水提升经地面压力井后接入市政雨水系统。区间废水泵房布置详见图 7-35。

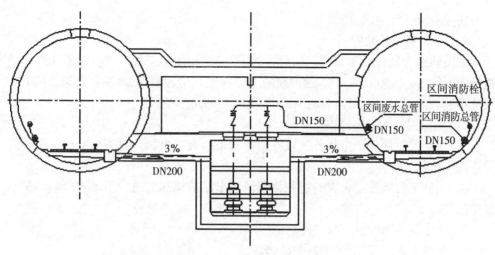

图 7-35 区间废水泵房布置

7.5 防灾报警系统

城市轨道交通中可能发生的灾害主要有火灾、水灾、风灾、雷击、地震、行车事故等。

雷击和行车事故很难事先报警,只能在设计时采取预防措施,以提高运行的可靠性和安全性。

水灾、风灾、地震一般可直接接收有关部门的预报信息,不另设轨道交通专用的报警系统。

火灾发生的几率高,危害严重,且损失大,为了尽早探测到火灾的发生并发出警报,启动有关防火、灭火装置,一般在防灾报警设计中都将其作为主要防范对象。城市轨道交通中通常都设有火灾自动报警系统(Fire Alarm System,简称 FAS),另外,配置灭火器以及地下重要设备用房的洁净气体全淹没灭火系统。FAS 可以在火灾发生的初期自动探测到火灾,并通过警报装置发生火灾警报,组织人员撤离,同时启动防烟-排烟及防火、灭火设施,以便人员撤离,防止火灾发展和蔓延,及时控制和扑灭火灾。

7.5.1 FAS 系统的组成及主要功能

FAS 系统的设计应贯彻"预防为主、防消结合"的方针,以达到报警早、损失少、保护人身和财产安全的目的。系统应具有可靠性、实用性、先进性、经济性,并应符合国家现行的有关强制性条文的规定。

1)系统的组成

火灾自动报警系统主要由探测器和控制器及信号线组成。气体自动灭火系统由储气钢瓶组、喷头、释放装置及气体输入管道等组成。

地铁火灾自动报警系统主要设置在各车站站厅、站台、区间隧道、车辆段、一般设备用房和管理用房等处所,由中央监控管理级、车站(车站与车辆段)监控管理级和现场控制级三级组成。

2）FAS 系统的功能

城市轨道交通线的车站和区间分为地下、地面和高架三种形式。对不同形式的轨道交通线，其功能也不一样。地下线的 FAS 系统功能较复杂，地面和高架线的 FAS 系统功能较简单。下面重点对地下线的 FAS 系统功能作介绍。

（1）控制中心防灾控制室

① 应能接收并显示全线各区域控制器送来的火灾报警、故障报警和重要防灾设备的工作状态信号。

② 当地下区间发生火灾时协调相邻两座车站的控制工况，手动或自动向车站发布控制指令。

③ 对全线消防设施进行监控。

④ 全线火灾事件、历史资料的存档管理。

⑤ 防灾控制室的防灾通信设备应能提供与各车站值班员、车辆段（停车场）值班员、列车司机、FAS 检修人员等通话的功能，还应具有直接向市消防部门报警的功能。

⑥ 对控制中心楼报警和消防设备的监视和控制功能。

（2）车站 FAS 控制室

① 接收车站及其所辖地下区间的火灾报警信号，显示火灾报警、故障报警部位，并即时打印记录。

② 除自动控制外，还应能手动控制消防水泵、防烟和排烟风机的启、停；应能自动控制防排烟阀的开或关。

③ 控制室在确认火灾后，应能自动启动消防广播，接通警报装置，接通应急照明和疏散指示灯，将电梯全部停于首层；应能手动切断有关部位的非消防电源，开启所有自动检票机闸门和疏散门，控制屏蔽门的开或关。

④ 显示被控设备的工作状态。

⑤ 显示保护对象的部位、疏散通道及消防设备所在位置的平面或模拟图。当被保护对象分散时，在主变电所等重点保护场所应设置区域显示器。

⑥ 控制室的防灾通信设备应能提供与列车司机、FAS 检修人员及控制中心、变配电值班室、消防泵房、防排烟风机房、设置气体自动灭火装置房门外、气体自动灭火钢瓶间等处工作人员通话的功能，还应具有直接向市消防部门报警的功能。

⑦ 必须具有显示气体自动灭火系统保护区的报警、放气、相关风阀状态、手动/自动开关位置，并在确认火灾的部位和信息后，能紧急遥控气体喷放和停止的功能。

⑧ 防灾控制室还应对消火栓系统、自动水喷淋系统、防火卷帘门等进行控制和显示。

⑨ 车站 FAS 接收控制中心命令，强制车站设备监控系统将事故风机按指定的火灾工况运行。

7.5.2 FAS 系统的配置

FAS 系统一般由网络及传输、报警、控制、防灾通信、时钟、消防电源、接地等子系统组成。

① FAS 报警系统在各车站、车辆段(停车场)和控制中心应分别设置一台火灾报警控制器和一台专用消防联动控制设备,全线组成局域网。

a.系统应采用独立的传输网络,网络宜采用环形网,网络传输宜采用光纤,网络节点间的光纤宜与通信系统统一敷设。

b.控制中心应设置模拟屏,模拟屏宜与其他系统综合设置。

c.车站宜设置 CRT 显示器,电源宜由 UPS 装置提供。

② 报警分为自动和手动两类,自动报警采用火灾探测器向控制室报警,手动报警采用手动报警按钮或电话向控制室报警。

a.控制中心楼的各种设备机房、配电室(间)、电缆通道、电缆竖井、电缆夹层、走廊、会议室、办公室、控制室及其他管理用房应设置火灾探测器。

b.地下车站的公共区、人行通道、各种设备机房、配电室(间)、电缆通道、电缆竖井、电缆夹层、走廊、办公室、控制室及其他管理用房应设置火灾探测器。

c.地面和高架车站的各种设备机房、配电室(间)、电缆通道、电缆竖井、电缆夹层、控制室及其他重要管理用房应设置火灾探测器。

d.车辆段(停车场)的停车库、检修库、变电所、存储可燃物品的库房、信号楼、重要文件档案室应设置火灾探测器。

e.在车站的走廊、站厅层公共区、站台层公共区;在控制中心的走廊等公共区;在地下区间隧道、超过 60 m 长的封闭行人通道;在车辆段(停车场)中设置火灾探测器的建筑物内均设置手动报警按钮。

③ 消火栓泵启动按钮的动作信号应接入 FAS 系统,而在车辆段(停车场)的有些建筑物内未设置火灾自动报警,这些建筑物内消火栓泵启动按钮的动作信号可不接入 FAS 系统。

④ 控制分自动和手动两类,自动控制通过模块实现,手动控制通过硬线、开关和继电器实现。

FAS 的控制电源采用直流 24 V,为避免在同一瞬间控制电流过大,一般采取以下措施。

a.软件编制时将控制命令按序分开,尽量不要有太多的控制点同时动作。

b.当采用一块模块控制几个被控对象时,不宜采用并联动作,应采用串联动作。即当第一个被控设备动作后,用第一动作完成后的反馈信号去启动下一个被控设备的动作,直至最后一个被控设备的动作完成并输出最终的反馈信号。采用串联动作的设备数量不要太多,最好控制在 2~5 个,且分布不宜太散、太远。

⑤ 防灾通信包括有线电话、无线电话、防灾应急广播、电视监控等。

a.有线电话应包括防灾调度电话、消防对讲电话和报警的外线电话。

全线防灾调度电话应在控制中心设调度电话总机,在各防灾控制室、防灾直线管理部门应设调度电话分机。

消防对讲电话在防灾控制室内应设对讲电话总机,变配电值班室、消防泵房、防烟及排烟风机房、设置气体自动灭火装置的房间门外、气体自动灭火钢瓶间等与防灾救灾直接相关的场所,应设置对讲电话挂机。手动报警按钮和消火栓按钮处宜设置对讲电话插孔。

控制中心、车站和车场的防灾控制室应设可直接向消防部门报警的外线电话。

b.无线电话包括控制中心和车站防灾控制室设置的可与列车司机对讲的无线电话分机。

地下车站及区间应设置公安、消防无线引入系统,将公安、消防无线调度专用信号引入地下车站和区间,且满足公安、消防统一调度的要求。

c.防灾应急广播的扬声器应与车站公共广播合用,广播功放机及控制器宜与车站公共广播合用,防灾控制室内应有强切的功能。

在设置了自动报警设施而未设置防灾应急广播的场所,如车辆段(停车场)的部分建筑物,应设置火灾警报装置(一般采用警铃)。

d.电视监控的要求是防灾系统与行车调度等可共用一套电视监控系统。

在车站防灾控制室内,应能监视站台层乘客上下车、楼梯口和疏散通道的情况。在控制中心的防灾控制室内,可人工选择车站的相关画面显示。

电视监控应与防灾报警系统联动,自动将灾害场面切换到车站和控制中心的防灾控制室的监视器上显示,并自动录像。

⑥ FAS 系统的时钟应与全线其他系统的时钟一致,一般采取控制中心的火灾报警控制器接收全线时钟系统校时信号,并对车站的火灾报警控制器提供时钟校时信号方式。

⑦ 系统应设有主电源和直流备用电源。系统的主电源应按一级负荷供电,由两个独立的电源在防灾控制室进行自切。直流备用电源宜采用火灾报警控制器内的专用蓄电池。

⑧ 系统接地宜采用共用接地方式,接地电阻值应不大于 1 Ω。

7.5.3 FAS 控制装置的要求

FAS 控制装置应结合其他控制系统综合设置。

① 车站 FAS 控制装置宜与机电设备监控(BAS)等系统同设于车站控制值班室内。FAS 系统的专用面积不应小于 8 m²,在该区域内严禁与其无关的电气线路及管线穿过。

② 车辆段(停车场)的 FAS 控制装置宜设于信号楼的调度值班室内,其他要求同车站的 FAS 控制室。

③ 控制中心的 FAS 控制装置应设在全线的中央控制室内。

7.6 机电设备监控系统

7.6.1 BAS 的组成

机电设备监控系统(Building Automatic System,简称 BAS)是对城市轨道交通沿线车站、区间和相关建筑物内的空调通风系统、给排水系统、照明、自动扶梯、电梯、屏蔽门、防淹门等设备进行集中监视、控制的管理系统。BAS 通常由中央、车站、就地三级实现对各种设备的监视和控制。BAS 系统组成如图 7-36 所示。

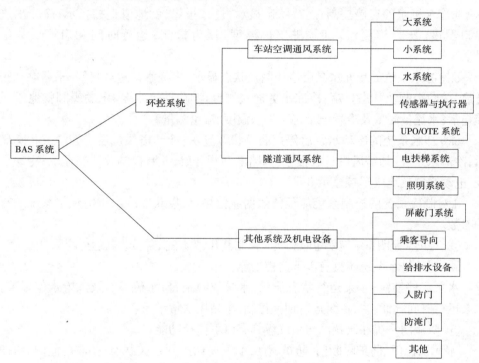

图 7-36 BAS 系统组成

设置 BAS 系统的目的:使设备运行安全、可靠,为乘客提供舒适的环境,节省能源和人力资源;实时提供设备运行状态、环境参数,并将有关资料、报表集中储存和分析,实现设备运行管理的自动化。

由于地下车站的设备系统复杂、耗能多,而地面和高架车站的设备系统简单、耗能少,所以地下车站应设置 BAS 系统,地面和高架车站一般不设 BAS 系统。

7.6.2 BAS 的主要功能

① 空调通风系统应具有以下监控功能。

a.空调机组的启停控制;风机状态显示;过载报警;过滤网状态显示及报警;就地

或遥控指示;新、送、混、回风温度检测;新、送、混、回风湿度检测;空调机冷冻水流量调节;对变速风机进行变风量控制;接收 FAS 系统的指令,对风机联动控制;风机、风阀、调节阀之间的连锁控制及风阀的状态显示。

b.隧道风机的启停控制;正反转控制;风机状态显示;过载报警;就地或遥控指示;接收 FAS 系统的指令,对隧道风机联动控制。

c.送排风机的启停控制;风机状态显示;过载报警;送风温度、湿度检测;排风温度、湿度检测;就地或遥控指示;接收 FAS 系统的指令,对送排风机联动控制。

② 空调制冷冷水系统应具有以下监控功能。

a.冷水机组的启停控制;运行状态显示;过载报警;就地或遥控指示;冷冻水进出口温度、压力检测;冷却水进出口温度、压力检测;运行时间和启停次数记录。

b.冷冻水系统的冷冻水泵启停控制及状态显示;冷冻水泵过载报警;水路电动阀开启、关断控制及状态显示;冷冻水旁通阀压差控制;冷冻水泵、电动蝶阀就地或遥控显示;水流量测量及冷量记录;分、集水温度、流量测量。

c.冷却水系统的冷却水泵启停控制及状态显示;冷却塔风机启停控制及状态显示;冷却水泵、冷却塔风机过载报警;水路电动阀开启、关断控制及状态显示;冷却水泵、电动蝶阀就地或遥控显示。

d.对制冷系统的控制系统应预留数据通信接口,以获取冷水机组和水系统的有关参数。

③ 对正常照明系统应能定时和实时控制其开、关状态,并接收其运行的反馈信号。

④ 对给排水系统应具有以下监控功能:

水泵启停控制;水泵运行状态显示;水泵故障报警;水位显示及危险水位报警;水泵运行时间统计,主、备泵运行切换控制;车站用水量记录。

⑤ 防淹门系统和兼顾民防系统应具有以下监控功能。

显示防淹门、防护隔断门、防护密闭门、密闭门的开或关状态;接收防淹门、防护隔断门、防护密闭门、密闭门的故障报警信号,并将报警信号送 FAS 系统。

⑥ 对自动扶梯,BAS 应对其进行控制,并具有运行状态显示和故障报警。

⑦ 对屏蔽门系统,BAS 应具有运行状态显示和故障报警,在火灾等紧急情况下,应手动进行控制。

7.6.3 FAS 与 BAS 监控对象及接口关系

正常运行工况需控制的设备由 BAS 直接监控,如空调通风系统、给排水系统、正常照明系统等设备。火灾工况需控制的设备,如消防泵、气体自动灭火设备等,由 FAS 直接监控。正常运行工况与火灾工况均需控制的设备,如隧道风机、排风兼排烟风机、兼作事故疏散用的自动扶梯等,平时由 BAS 直接监控,火灾时接收 FAS 指令,优先执行 FAS 制定的火灾工况。

FAS 与 BAS 宜在车站级建立数字通信。

7.7 自动售检票系统

自动售检票系统（AFC）是基于计算机技术、网络技术和自动控制等技术，能够实现购票、检票、计费、收费、统计等全过程自动化的票务管理系统。

AFC 系统不仅能为乘客提供方便、快捷的售票服务，同时也是实现轨道交通综合自动化，提高运营管理水平的必要手段。AFC 系统的设置，为今后城市公共交通"一卡通"和轨道交通网络单程票"一票换乘"创造了条件。

在工程初期，AFC 系统可缓上，采用人工售检票方式。

7.7.1 票制及票务管理

1）票制选择

采用单程票和储值票两种基本类型的票种，同时根据运营管理需求，也可设置计次票、优惠票、纪念票、出站票、员工票、测试票等其他票种。

单程票推荐采用薄卡型非接触式 IC 卡。单程票进站验票，出站检票并回收车票。单程票可反复编码，重复使用。

储值票推荐采用非接触式 IC 卡。储值票进站验票，出站扣除与乘距相对应的票款后返还给乘客。储值票可反复充值，重复使用。

2）票务管理模式

系统运行初期可采用控制中心和沿线各车站二级管理模式。控制中心负责全线的票务管理以及与城市公共交通"一卡通"之间的清算工作，车站级负责各车站的票务管理。

当轨道交通路网形成时，应采用轨道交通清分中心、线路控制中心和沿线各车站三级管理模式。轨道交通清分中心负责各轨道交通线之间以及与城市公共交通"一卡通"之间的清算工作，线路控制中心负责本线路的票务管理，车站级负责各车站的票务管理。

7.7.2 AFC 系统构架

整个城市轨道交通网络 AFC 系统根据功能可分为三个层面：第一层为由线路中央计算机系统构成的中央层，第二层为由车站计算机系统组成的车站层，第三层为由车站终端设备组成的终端层。城市轨道交通 AFC 系统网络构架如图 7-37 所示。AFC 系统采用中央计算机系统、车站计算机系统、车站终端设备及车票三层架构，中央计算机系统将预留与未来城市轨道交通清分系统的通讯接口。城市轨道交通 AFC 系统组成框图如图 7-38 所示。

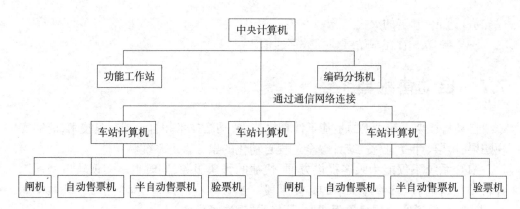

图 7-37 城市轨道交通 AFC 系统网络构架

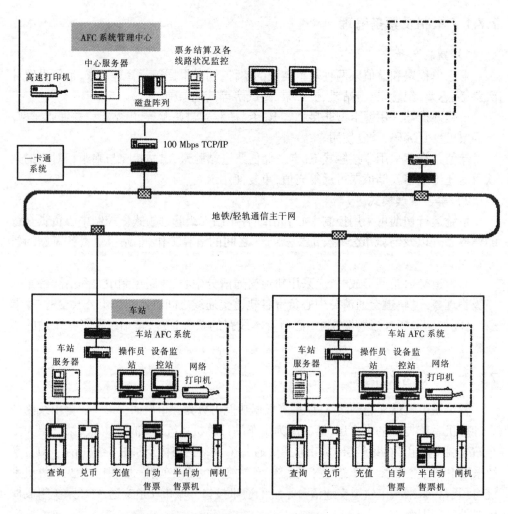

图 7-38 城市轨道交通 AFC 系统组成框图

1.中央计算机系统

1）系统组成

中央计算机系统由 2 台互为热备份的小型机、通信服务器、10/100 M 以太网交换机及系统管理、数据库管理、网络管理、系统监控、报表查询、IC 卡查询、制卡等各种功能工作站、编码或分拣机、打印机、UPS 等组成。中央计算机系统通过通信传输系统提供的 10 M 以太网通道与车站计算机系统进行通信。

2）功能要求

① 接收车站计算机系统上传的各类车票的原始交易数据、设备状态数据及设备维修数据等。

② 对采集到的数据进行分析处理、票务收入审计、客流量统计、数据文件存档及报表打印。

③ 负责系统参数的生成和管理,同时下传系统参数(包括时钟同步信号、车票费率表、黑名单等)至车站计算机系统。

④ 负责车票的发行、调配、查询及跟踪管理。

⑤ 对重要数据应具有自动备份和恢复功能。

⑥ 对系统进行密钥设置、权限管理及密钥下载。

⑦ 对车站计算机系统和车站终端设备进行实时监控,具有集中设备维护和网络管理功能。

⑧ 编码或分拣机负责对新发行的单程票进行编码、对回收的单程票进行分拣,供售票机重新发售。

⑨ 制卡中心负责对储值票和员工卡的编码和查询。

⑩ 中央计算机系统应预留与轨道交通清分中心和城市公共交通"一卡通"清算中心的联网接口,满足轨道交通单程票"一票换乘"和储值票公共交通"一卡通"相关数据的传输要求。

2.车站计算机系统

1）系统组成

车站计算机系统由服务器、操作工作站、10/100 M 以太网交换机、紧急报警按钮、UPS 等组成。车站计算机系统通过 10/100 M 工业级以太网与车站终端设备进行连接。

2）功能要求

① 接收中央计算机系统下发的系统运营参数、运营模式及黑名单等,并下传给车站终端设备。

② 采集车站终端设备的原始交易数据和设备状态数据,并上传给中央计算机系统。

③ 对车站终端设备进行实时监控,并能显示设备的通信、运营状态及故障等信息。

④ 完成车站各类票务管理工作,自动处理当天的所有数据和文件,并能生成定期的统计报表。

⑤ 在紧急运营模式下,车站值班员可按下紧急按钮,控制所有进、出站检票机呈自由通行状态,便于乘客快速疏散。

3. 车站终端设备

1) 设备组成

车站终端设备由自动售票机、人工售票(补票)机、进站或出站检票机、自动加值验票机、便携式验票机等组成。

(1) 自动售票机

① 设置在非付费区,接收硬币和纸币,发售单程票。

② 具有引导乘客购票的相关操作说明和提示。

③ 乘客选择票价或目的地车站、张数,投币后自动发售单程票,一次投币可发售同一目的站的多张票。

④ 能识别 5 角、1 元硬币,并能退出伪币。

⑤ 能识别第四版和第五版 10 元、20 元、50 元人民币(纸币),并能退出伪币。

⑥ 具有硬币和纸币找零功能,并显示找零信息。

⑦ 具有储值票购买单程票功能。

⑧ 具有票务和财务记录。

⑨ 具有钱箱、票箱管理功能,机内票盒无票或钱箱满时,显示报警。

⑩ 当自检失效或不正当手段开机时,将报警并记录。

⑪ 单张车票处理时间不超过 1.5 秒。

⑫ 硬币和纸币检测准确率不小于 99.9%。

⑬ 当停电时,能完成最后一次操作,完成系统退出。

(2) 人工售票机(人工补票机)

① 设置在非付费区内的人工售票机,负责向乘客发售各种类型的车票,并提供验票服务功能。

② 设置在付费区内的人工售票机,负责对乘客提供验票和补票服务功能。发售单程票和储值票以及优惠票、纪念票等各种车票。

③ 对储值票进行充值。

④ 对超时、超站单程票进行补票,发售出站票。

⑤ 对金额不足的储值票进行出站补票。

⑥ 具有票务记录和每班财务记录。

⑦ 检验、分析有疑问车票,解决票务纠纷。

⑧ 具有安全措施,防止非法进入。

⑨ 具有钱箱、票箱管理功能。

⑩ 具有车票收费单据打印功能。

⑪ 具有自检功能,故障报警。
⑫ 单张车票发售时间不超过 1.5 秒。
⑬ 当停电时,应能完成最后一次操作,完成系统退出。

(3) 进站或出站检票机

进站或出站检票机设置在付费区与非付费区的分界处,采用三杆式闸机或门扉式闸机。

① 进站检票机检验车票有效时,在车票上写入相关进站信息,然后释放闸锁,让乘客通行;当检验车票无效时,锁闭闸锁,禁止乘客通行,同时乘客显示器提醒乘客到人工售票亭进行车票查询。

② 出站检票机检验车票有效时,在车票上写入相关出站信息,对单程票进行回收,对储值票扣除相应的票款,让乘客通行;若出站检票机检验车票无效时,锁闭闸锁,禁止乘客通行,同时乘客显示器提醒乘客到人工补票亭进行车票查询。

③ 具有进站或出站客流记录、扣除车费记录、黑名单使用记录以及信息输出功能。

④ 应满足系统正常运营模式和降级运营模式下的不同控制要求。

⑤ 双向检票机应具有进站、出站及双向三种可设置的不同工作模式。

⑥ 出站检票机应可自动回收单程票,票盒渐满发出报警,票盒满时自动停机。

⑦ 具有自检功能,故障报警。

⑧ 出站检票机回收票箱总容量不少于 1500 张。

⑨ 对公务票、优惠票、黑名单等特殊票的使用应有声光指示功能,以便站务人员监督。

⑩ 具有紧急开启功能。

⑪ 当停电时,应能完成最后一次操作,完成系统退出。

(4) 自动加值验票机

自动加值验票机设在非付费区,接收纸币,负责对储值票的加值和验票工作,自动加值验票机不设找零功能。

① 具有引导乘客的操作说明和提示。

② 自动识别第四版和第五版 50 元、100 元人民币,并能退出伪币。

③ 具有分析储值票和自动显示余额功能。

④ 具有钱箱管理功能,钱箱渐满或已满时自动报警。

⑤ 纸币检测准确率不小于 99.9%。

⑥ 预留银行信用卡自动划账接口。

⑦ 当停电时,应能完成最后一次操作,完成系统退出。

(5) 便携式验票机

供车站工作人员对乘客所持车票进行核查。

对各种车票进行限时、限程信息的有效性核查,显示各种车票内信息,对越站、超时及无效票除有显示外,还具有声音提示。

2) 功能要求

① 接收车站计算机系统下发的系统运营参数、运营模式及黑名单等信息。

② 向车站计算机系统上传原始交易数据和设备状态信息。

③ 具有正常运行、故障停用、测试、检修、停止服务以及紧急等工作模式。

④ 当与车站计算机系统通信中断时,车站终端设备应具有单机工作和数据保存能力,应能至少保存 50000 条交易数据及 7 天的设备数据。

7.7.3 系统运行模式

AFC 系统应满足轨道交通人性化的运营管理需求,在正常运行模式和降级运行模式下,应分别采取不同的控制策略。

1) 正常情况下的运行模式

车站设备的运作是通过系统的运作参数进行控制的。AFC 系统可以针对每个车站的各类设备设置开启、关闭的时间。同时,根据车站运作的需要,通过计算机临时关闭某些设备。

当设备发生故障时,车站工作人员通过 AFC 值班员及时进行维修。

2) 特殊情况下的运行模式(降级运行模式)

当车站出现突发客流、火灾等情况,或出行列车晚点、列车运行中断等情况,AFC 系统可以采用降级运行模式中的一种或几种的组合来应对发生的特殊情况。

降级运行模式有列车故障模式、紧急模式、进出免检模式、时间免检模式、日期免检模式和车费免检模式等。

在紧急模式下,所有进出站检票机的闸锁全部解锁,乘客不需要使用车票就可以快速离开车站。

【思考题】

7.1 为什么城市轨道交通牵引供电大多数采用直流电?

7.2 城市轨道交通牵引供电系统由哪些主要设备构成?画出其供电流程示意图。

7.3 城市轨道交通牵引变电所与铁路牵引变电所相比有何主要差别?

7.4 城市轨道交通主要通过哪些措施提高供电的可靠性?

7.5 城市轨道交通牵引变电所间距的主要影响因素有哪些?间距的大致范围是多少?

7.6 城市轨道交通牵引变电所平面布置主要考虑哪些因素?

7.7 什么是轨道交通信号设备?其包括哪些内容?

7.8 什么是移动闭塞?说明移动闭塞是如何保障列车行车安全的。

7.9 什么是 ATC?它包括哪三个子系统?ATC 与传统的通信信号设备相比有何特点?

7.10 地铁地下空气环境有何特点?

7.11　环控系统的主要功能有哪些？其由哪几个主要部分构成？
7.12　环控系统的制式有哪几种？简述闭式系统与开式系统在设备及功能上的主要差异。
7.13　环控系统的风系统包括哪三个子系统？
7.14　消防水系统的主要功能有哪些？由哪些部分构成？
7.15　排水系统的主要功能有哪些？由哪些部分组成？
7.16　防灾报警系统由哪些部分组成？
7.17　什么是 AFC 系统？其主要功能有哪些？它有哪些运营模式？
7.18　什么是 BAS 系统？其主要功能有哪些？它主要涉及哪些管理对象？

第 8 章 资源共享

随着我国一些城市的轨道交通由"从无到有"发展到"从有到多",并逐步形成城市轨道交通网络构架或基本网络后,很多在初级阶段不太引人注意的技术问题已凸现出来。城市轨道交通的"资源共享、综合利用"就是其中最为突出的一个问题。

城市轨道交通资源共享是一种先进的理念,它有利于实现城市轨道交通资源利用及管理的集约化、规模化、社会化以及技术管理的规范化,有利于控制建设投资,对城市轨道交通网络建设具有十分重要的意义,现在已经日益受到城市轨道交通领域各方面的广泛关注和应用。

8.1 资源共享的原则和类别

城市轨道交通资源共享和综合利用的范围很广,主要涉及人力资源、土地资源(主要指车辆段、停车场等)、运营设备与设施(主要是车辆、供电系统等)、检修设施与设备(车辆段)、施工机具及设施等多个方面。

8.1.1 资源共享的原则

为了实现资源共享,充分利用城市的宝贵资源,在城市轨道交通建设中应遵循以下原则。

① 城市轨道交通资源共享必须以满足城市轨道交通本身的功能要求为前提,不能过分强调资源共享而忽视功能的本质要求。

② 城市轨道交通资源共享要充分考虑各城市轨道交通线实施的时间差异,资源共享设施的配置要考虑技术的发展和可持续性。

③ 城市轨道交通资源共享,应从全线网的配置,结合远期线网规划进行总体考虑,使其有利于降低运营成本,提高运营效率,以及减少用地和降低工程造价。

④ 城市轨道交通是城市交通的重要组成部分,除要考虑城市轨道交通线网之间的资源共享外,尤其要重视与城市其他各种交通方式的换乘接驳关系,做到统一规划,避免重复建设,从有利于城市经济发展角度实现城市轨道交通的资源共享。

⑤ 城市轨道交通资源共享措施实施前必须经过科学的论证,证明城市轨道交通资源共享措施确实有效且具有可实施性,不能因实现资源共享而使某一线路运能的充分发挥受到限制。

8.1.2 人力资源共享

1）运营管理人员

实行城市轨道交通运营管理人力资源共享，有利于精简运营管理机构和提高运营管理效率，并可节约人工成本。国内外大部分城市的轨道交通网络运营均采用集中化的综合管理模式或体制，这种管理模式或体制尽管与引进竞争机制（这种机制也许只适用于轨道交通建设发展初期）有一定矛盾，但非常有利于运营管理人力资源的综合利用。因此，从资源共享角度出发，运营管理机构不宜分散，而应相对集中，同时轨道交通规划建设和管理机构设置应尽可能方便运营管理人力资源的综合利用。

2）培训人员

一座城市在建设第一条（或第一期）城市轨道交通线路时，一般均要设立一个培训中心，用以对轨道交通管理及维修人员的技术培训，这个培训中心不应仅仅为第一条或第一期轨道交通线路运营服务，而应为城市整个轨道交通网络运营服务，即后续的轨道交通建设在一般情况下不必增设培训中心。这样，培训资源可以共享，而且培训设施（包括建筑、办公、后勤等）也可以得到综合利用。如果每条轨道交通线路的车辆及机电设备制式统一，这种人力资源共享和综合利用程度会更高。

3）维修人员

城市轨道交通维修（含工务）人员在运营主体中占有很大的比例，对于一个拥有大型轨道交通网络的城市来讲，如果每条线都分别设立运营公司，各自为政，那么维修人员将是一个庞大的队伍，不但会增加运营成本，而且会造成极大的人力资源浪费。因此，轨道交通规划和建设应尽可能地将两条或多条线路的车辆段（含综合维修基地、材料总库）集中设置，以实现维修人力资源的共享。

8.1.3 土地资源共享

城市的土地资源非常有限，而且地价越来越昂贵，土地资源应尽可能地共享和综合利用。城市轨道交通设施中的占地"大户"，如车辆段、控制中心、主变电站等，均应尽可能地考虑多线共建，这样不但可以实现土地资源共享，而且也有利于降低造价和运营成本。

8.1.4 运营设备与设施资源共享

1）车辆

车辆是城市轨道交通最为重要的运营设备，车辆购置费在项目建设投资中占有相当大的比例，车辆的运营管理维修费用也较大。若能实现车辆及其备品、备件的资源共享，不但可大大减少备用车数量，有利于车辆备品、备件的统一调配，而且有利于车辆检修设施资源的综合利用和管理，以及检修人力资源的共享。

2）主变电站

城市轨道交通供电方式有分散式和集中式两种。当采用分散式供电方式时，可直接享用城市电网设施资源，即与城市其他用户共享资源。但很多城市在进行轨道交通建设时，为了保证轨道交通运营的可靠性而选择了集中供电方式。

当城市轨道交通采用集中供电方式时，就必须设置主变电站。主变电站不仅设备投资大，电源引入费用高，而且用地和用房面积较大，如果每条线独立设置主变电站，显然既不经济也不合理。因此，应在满足各线功能要求的条件下，将主变电站设在与相关线路交叉处附近，力求两线或多线合用或全建，实现设施资源共享和综合利用。

3）控制中心

控制中心作为轨道交通运营的指挥中心，应该集中设置。国外很多城市整个轨道交通网只设一个控制中心，这不仅有利于轨道交通运营的调度指挥，而且有利于实现资源共享和综合利用，其内容包括土地、建筑设施、各系统设备和管理人员等。因此，城市轨道交通控制中心应尽可能多线全建，而且各条轨道交通线的机电设备制式应尽可能统一或兼容。

4）其他运营设备和设施

很多城市轨道交通 FAS、BAS 和 SCADA 系统都采用综合监控系统，这不仅便于提高运营管理的效率，而且可以实现计算机等设备资源的共享，有利于节省设备投资，降低工程造价。

线路设施中的车站配线（存车线和折返线），在运营时间之外，可以用作存放列车，也可实现设施综合利用，并可减少车辆基地用地面积、停车库规模和总体投资。

8.1.5 检修设施与设备资源共享及检修社会化

1）车辆段

车辆段既是城市轨道交通车辆的检修基地，也是城市轨道交通各类设施、设备和工务的综合维修中心。实现车辆段的资源共享具有十分重要的意义，车辆段资源共享包括以下几个方面。

①土地资源共享。

②车辆厂修、架修、试车线和运用整备等设施资源共享。

③机电设备维修设施资源和工务维修资源共享。

④辅助生产设施、办公及生活设施资源共享。

⑤管理人员及维修人员等人力资源共享等。

车辆段应尽可能多线合建，轨道交通网络的车辆及机电设备制式应尽可能地统一，以便最大限度地实现车辆段资源的共享。德国柏林、慕尼黑等城市的整个轨道交通网络只设 1~2 个车辆段，实现了车辆段资源的高度共享和综合利用。

车辆段是城市轨道交通线网资源共享的重点，根据各条线的车辆选型、车辆检修工作量和各车辆段的规划用地情况以及对各条线的建设年度的分析，统一协调各线车辆段的功能定位和分工原则。

① 车辆段资源共享是牵涉许多方面的复杂问题，受到运营管理体制、建设年代、车辆选型、检修工艺、联络线设置等因素的影响，而且这些因素还存在较大的不确定性。因此，关于车辆段资源共享问题，应根据实际情况认真分析，慎重决策。在车辆段设计中，既要避免未考虑其他线路共享检修资源、检修基地重复设置的问题，又要避免不切实际过多考虑其他线路将来的检修需要，而其他线路由于种种原因有可能无法共享其检修能力，从而造成车辆段设计规模和初期投资过大、能力浪费。

② 车辆段资源共享不仅是一个简单的物质资源共享的概念，还包括技术资源的共享、人力资源的共享、检修经验的共享等多方面的内涵，是灵活的和发展的。

③ 在车辆各类修程中，大修和架修修程大，检修时间长，需要的专用设备和专门技术复杂，因此是检修资源共享的研究重点。定修及定修以下修程由于修程较短，一般应在本线车辆段完成。另外，通过推广在线修等先进的检修理念，可缩短列车的停修时间，减少备用车数量。

④ 积极推广大部件检修资源共享的先进理念，对除车体以外的其他部件，集中设置大部件检修的综合性基地，车辆段大量采用换件修工艺，以缩短车辆停修时间和提高修车质量。大部件检修资源共享，在一定程度上可以避免由于车辆选型的不确定性所带来的整车大架修资源共享的风险，减少检修车的取送对线路运营和维护的干扰，缩短车辆的停修时间。而且检修资源的共享，还可以扩展到其他机电设备系统的部件检修，形成整个轨道交通系统的资源共享。其部件检修委托专门工厂承担。

按照上述思路，根据现代轨道交通车辆的维修理念，车辆的检修模式和车辆段的布局应遵循以下原则：一是较大修程应尽量集中，最大限度地实现资源共享，提高修车效率；二是较小的修程应逐步向状态修和在线修的方向发展，缩短列车的停休时间，提高车辆运用效率，减少备用车数量。

2）车辆厂和大型设备厂资源的利用

当城市拥有轨道交通车辆厂和与轨道交通相关的大型设备厂时，这些企业的设施和人力资源同样可以为轨道交通运营服务，达到更高层次的设施共享和综合利用。一方面对轨道交通来讲可以降低造价和运营成本，另一方面对这些企业来讲还可提高效益。因此，具备上述条件的城市，在轨道交通建设中应充分利用这些资源，车辆的组装、厂修、架修以及大型设备的维修应尽可能地向社会化方向发展。

8.1.6 施工机具的资源共享

施工机具及设施资源共享也是轨道交通资源共享的重要内容之一，对于一些价格昂贵的特殊施工机具或设备，如盾构机械、大型顶管、SMW（型钢水泥土搅拌墙）工法和连续墙等施工机具或设备，均应尽可能地考虑综合利用。只要轨道交通网络各线建设标准（限界）一致，或建设条件相似，或施工方法类同，应尽可能实现施工机具或设备资源共享和综合利用。同样,在轨道交通设计中,也应对这一因素给予适当的考虑。

8.1.7 换乘站机电设备的资源共享

换乘站机电设备的资源共享包括不同轨道交通线路之间在一个换乘站内通风空调设备、供电设备、售检票设备、通信设备等的共享以及消防报警系统、设备监控系统的联动。

综上所述,城市轨道交通资源共享和综合利用的范围是很广的,其中车辆、车辆段、供电系统是城市轨道交通系统中最关键、对运行效率和安全影响最大、投资最集中的资源。本章将主要就上述三个方面的资源共享问题进行探讨。此外,人力资源共享将始终贯穿于城市轨道交通各资源共享领域内。

8.2 车辆资源共享

车辆是城市轨道交通运营系统中最重要、最核心的设备,是实现旅客运输的最直接工具,也是城市轨道交通能否发挥运输能力的关键。城市轨道交通车辆资源共享是一个专业性很强的研究课题,涉及车辆制造、技术标准、线路运营、限界等多个专业领域。

8.2.1 基本形式

车辆资源共享的基本形式不仅应从车辆本身出发,还应从车辆运营维护管理层面上考虑。现依次分述如下。

1)技术共享

车辆作为机电一体化的产品,它涉及众多的技术领域,详见图8-1。要达到车辆共享的目的,首先,车辆与其他相关专业的机械接口标准需基本一致,即车体的限界需标准化,转向架中的轮轨匹配制式等需统一,转向架轴箱内有关信号的传感器需一致,空调的制冷量及排风口需统一;其次,通过电气自动化控制,达到统一的列车

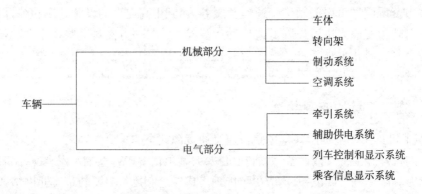

图 8-1 车辆的基本构成

运行技术性能指标,如列车平均起动加速度、最高运行速度、平均制动减速度,以便各线列车互相灵活调配,达到混合运行的目的。

车辆技术的共享与不断发展的车辆先进技术是不矛盾的,可以通过新材料、新工艺、新设备的使用来达到机械接口的一致,通过先进的整车设计理念和先进的列车控制技术来达到列车运行性能的一致。

根据客流预测和行车组织分析,目前我国各城市的轨道交通线网,有的需要采用A型车,有的宜用小型车;依据线路条件有的采用2:1的动拖比,有的要用1:1的动拖比才可满足要求。一般当平均站间距为1~2 km时,按运营要求最高运行速度一般采用80 km/h。因此,尽可能采用相同的车型、编组、动拖比和技术标准,甚至采用相同的技术参数,从而可以采用相同的标准文件和技术规格书,所使用的招标文件、技术规格书中的主要技术参数基本相同,实现部分技术共享。

尽管由于城市轨道交通项目实施的时间有差异,不同项目分别招标,导致生产厂家有可能不同,但由于车辆技术规格书相同,因此执行合同中,对于业主控制生产厂家的生产、工艺技术提供了有利条件,使车辆的最终性能、功能可符合设计的技术标准要求。

2）车辆运用共享

车辆运用共享是车辆资源共享的最直接表现形式。在车辆本身技术共享的前提下,当通信、信号、线路、供电等其他专业的制式具有相兼容的条件时,通过对满足上述条件的线路设置联络线,即可实现线路联通、联动、统一调配使用车辆,从而提高车辆的利用率,减少整个城市轨道交通网络中对单个车型的需求总量,降低总的车辆购置费。

车辆运用共享的主要形式包括跨线运行、借调运行、车列的重新分解与编组等。跨线运行是指同一型号或技术标准的车辆在不同的线路上运行,从而达到统一调配车辆的目的,同时也可减少车辆空驶距离。借调运行对于新建成城市轨道交通线路在初期车辆不足的情况下有重要的意义,可以借调其他线路同一型号或技术标准的车辆运行,保证新建线路能够较快地发挥作用,摆脱车辆供给不足的制约;同时还可应对突发客流对车辆的需求,如应对大型集会、F1赛车比赛、世博会、奥运会等突发客流的情况,将网络中具有同型号车辆资源共享条件的相关线路的配属列车,调度到突发客流的线路上,以解决突发客流的运输需要。列车的重新分解与编组可以灵活地适应客流的需求,对于客流有特殊要求的时间(如黄金周、平日的早晚高峰),可以通过列车重新分解与编组的方式,在不增加车辆的情况下,使得运能供给满足不同客流的需求。

3）备品备件共享

车辆维修时的备品备件数目相当大,如果每条线都有备品备件的仓储,将大大增加整个网络中车辆段规模和车辆维修成本;特别对有些零部件,如橡胶件,它的库存时间被作为使用寿命的一部分,即长时间的仓储将导致零部件技术性能及实际使用寿命的降低。故在保证车辆技术进步的前提下,尽可能多地采用相同或同一系列的备品备件,提高备品备件的通用性,以缩短仓储时间,降低库存量,互相调用备品备件,充分利用零部件的有效使用寿命。

目前,为提高整车的国产化率,备品备件的国产化正在逐步推广;在车辆共享的同时,也促进了国产化成果的共享,大大缩减了国产化的研制费用。

4) 国产化共享

为了通过车辆国产化降低建设投资,发展我国自己的产业,国家发改委先后制定了一系列政策,并颁发了一系列相关文件,提出了车辆国产化率不得低于70%的要求,对促进车辆国产化具有深远的意义。另外,全球化生产的浪潮也促使了国外车辆制造厂家及其零部件生产厂家纷纷进入中国市场,寻找合作伙伴,从而降低了车辆制造成本。近几年来,国家定点的几个车辆生产厂,先后成功地引进了国外的技术、设备及管理理念,并通过合作、合资的方式为国内多条轨道交通线路提供了成批具有先进技术水准的车辆,车辆价格也有较明显的下降,国产化取得了可喜的成果。

在整车国产化中,每一个零部件的国产化项目需要耗费大量的人力、财力和时间,从研制、生产、类型试验到装车试验(正线运行状态考核),至少需2~3年。为了确保列车运行的安全性,国产化车载设备或零部件的装车试验显得十分重要,在装车试验过程中需要技术人员与技术工人密切合作,对其进行跟踪,一旦装车试验失败,需分析原因,重新研制或生产,所以每个国产化项目的投入是相当大的。如果以车辆技术、备品备件的共享为指导,在车辆选型时应尽可能多地考虑国产化成果的共享,使产品系列化、通用化和标准化,可提高在修车的国产化率、降低备品备件的价格及不必要的库存量,从而降低车辆运营维修成本。

5) 人力资源共享

车辆技术作为专业性很强的技术,它的专业技术队伍的形成及维修工人的技术储备需要相当长的时间;而现代化的车辆及车辆控制技术,对专业技术人员以及维修技术工人的要求愈来愈高。为了更好地掌握车辆及其维修技术,确保列车安全可靠地运行,提高维修效率,降低运营维修成本,人力资源的共享是至关重要的。这就要求在车辆选型时,不仅应考虑到先进的技术,也应充分考虑人员的培训成本,尽可能达到路网中车辆专业人员及技术维修工人的资源共享,降低企业的人工成本。

6) 维修工艺共享

较低的维修成本取决于车辆维修基地固定资产的投资(维修设备、试验设备等)、人员培训的投资、劳动力成本等。如果不同线路的车辆,尤其是在网络中被安排在同一综合维修基地的不同线路的车辆,在选型时保证其具有相同或相似的维修工艺,实现维修工艺和设备的共享,就可大大降低人员培训成本,提高维修质量,降低固定资产的投资,同时也便于维修管理,在提高维修效率中提高车辆的利用率。

8.2.2 实施要求

要实现车辆资源共享,应从以下几个方面予以考虑,以创造一个车辆资源共享的基本平台。

1）车辆主要技术要求

(1) 车型

设计线路时,坡度、坡道长度、平面曲线、竖曲线选用的标准,受车型、列车编组和动力配置的限制。C 型车相对于 A 型车有较小的定距和轴距,能适应更小的平面曲线;站台边缘离轨道中心线的距离、站台的长度也因车型、编组的不同而异。原则上说,共享车辆资源的首要条件是选用同样的车型。

(2) 列车的编组

列车的动拖比及动力配置影响列车的爬坡能力和适应线路竖曲线的能力。动拖比愈高,爬坡能力愈强;动拖比较小的列车不适宜在纵向线路条件较差的线路上运行。列车的动力配置还受经济因素和黏着条件的限制,即使较小动拖比的列车勉强能满足线路条件较差的运行要求(牵引加速度、最高运行速度等),但由于列车长时间超负荷运行,性能得不到保障,使用寿命也会有所降低。当然,具有较高动拖比的列车能够适应各种条件的线路,但动力资源将存在浪费。另一方面,采用了较高的动拖比,在技术性能得到提高的同时,亦将导致车辆制造成本的提高。

(3) 列车基本性能参数

列车的基本性能参数,如最高运行速度、牵引加速度、制动减速度等,应基本一致。这样才能保证满足不同线路的正常运行要求,同时车辆性能也得到最佳利用,避免列车在不正常的负载下运行。

(4) 车辆空调

车辆空调的功率和制冷量的选择与线路敷设方式(如高架、地面或地下)、停站时间、站间距离等因素有关。当为地下车站或站距长的线路选择的车辆运行在地面或高架上时,降温效果受影响,乘客舒适性差,且空调系统及辅助供电系统因长时间超负荷运转,故障率提高,导致使用寿命降低,运营维修成本增加。为了达到网络车辆资源共享的目的,空调的功率和制冷量应标准化。

(5) 车钩

对于共线运行的列车,为了方便救援,缩短列车故障停运时间,列车两端的车钩在机械和电气方面的接口应通用,以便联挂。

2）车辆与其他专业的关系

除上述车辆主要技术要求外,车辆与其他专业的关系(见图 8-2)也是极其重要的,它是达到车辆网络资源共享的重要保证。

(1) 线路与轨道

如前所述,为了实现车辆资源共享,线路的条件不应超出列车车辆的结构和动力技术条件所要求的范围,尤其应尽可能加大平面曲线半径,以确保网络中最大轴距、定距和轮廓尺寸的车辆能顺利通过,并降低车轮与钢轨的磨耗。

线路的坡度、曲线与车辆选型具有直接关系。对于相同的车型,车辆的轴距、定距和长度可以通过的线路最小曲线半径是相同的;列车编组和列车的质量,一般也由线

图 8-2 车辆与其他专业的关系

路的最大坡度确定。坡度和曲线半径必须控制在一定的范围内。如对于 A 型车,6 节编组,正线的坡度一般不能超过 38‰,正线的曲线半径不能小于 300 m。

对站台的高度和站台边缘到轨道中心线的距离,会因为不同的列车门的形式(内藏门或塞拉门)不同而有所差别。

另外,轨道的磨耗、超高、公差等直接影响到车辆的动态包络线,所以需按统一标准实施。

(2) 车辆限界

即使车型、线路条件和轨道条件相同,由于不同车辆供货商所供车辆的性能(如车辆重心位置、悬挂系统性能等)不同,导致车辆运行时的最大动态包络线不尽相同。要达到车辆资源共享的目的,车辆必须适应同一限界标准。

(3) 车辆与信号

由于车辆和信号供货商不同,所以到目前为止,车辆与信号之间的接口不尽相同。必须指出,车辆与信号之间的接口是所有接口中最关键也是最复杂的,主要从机械和电气两部分考虑。

① 机械部分。ATC 系统中的车载设备是安装于列车上的,为此,车辆供货商与信号供货商需要通过协商、沟通,最终对信号车载设备的安装位置和安装环境达成一致。信号车载设备不仅仅对设备的机械安装位置大小、安装强度和安装的抗震性能有要求,而且不同的设备对安装环境的要求也各不相同。如对于车载 ATC 机柜,要求有适当的环境温度和电磁场干扰限度;对于信号的各种接收和发射线圈,除有电磁兼容性(EMC)要求外,附近还不能有金属屏蔽物体,以免影响它的接收和发射性能。

② 电气接口。信号和车辆电气功能方面的接口主要有自动驾驶(ATO)、自动保护(ATP)、车门控制和监控、报站信息、屏蔽门或车门之间的接口等。信号系统通过车载设备发给列车牵引、制动、紧急制动指令,同时通过比较列车实际速度和 ATO 目标速度给出适当的牵引、制动参考值,列车接收来自信号系统的信息并进行适当的转换和补偿(如负载补偿、空转和防滑控制等),使列车的牵引或制动力满足信号的加速和减

速要求,实现信号对列车的自动驾驶和精确停车控制。信号的 ATP 通过对信号车载速度传感器测得的列车实际速度进行监控,与 ATP 目标速度比较,如发现实际速度高于目标速度(超速),则根据超速的程度对列车进行制动或紧急制动控制,以实现对列车的超速保护。为安全考虑,信号系统对列车的门状态进行监控,同时对门的操作进行授权,如信号系统能通过监控列车的"门全关好并锁好"信息控制列车的发车权,在运行过程中如果列车门通过紧急拉手而打开,信号系统能发送紧急制动命令给列车,使列车施加紧急制动。列车到站后,信号系统能根据站台的实际位置决定列车的哪一侧门能被打开,从而保证了开门的安全,同时列车可借助开门授权信号实现列车的手控再开门功能。由于信号系统有实际线路和站台信息,同时对运营组织起管理作用,列车可以通过信号系统提供的站台信息、终点站信息和调线信息,为乘客提供实时的报站服务。车辆与屏蔽门之间的开或关信息和命令一般也通过信号系统传送,同时包括列车的编组信息(6/8 节编组)等,从而实现列车车门和屏蔽门之间的开或关控制和动作的同步。

EMC 电磁兼容是车辆与信号电气接口方面必须解决的问题,它包括传导和辐射干扰,与用户实际线路条件有关,两供货商必须协商、合作,并通过现场测试和试验,达到 EMC 方面的兼容。

(4) 车辆与通信

车辆与无线通信之间的接口,也存在机械和电气两方面的接口。车载无线通信设备包括车载控制电台、司机室操作面板、司机话筒、司机室扬声器、接收或发射天线等。车辆供货商必须在安装位置和设备工作环境上与无线供货商协商并最终达成一致。车辆与无线通信在电气方面的接口主要包括车辆为无线车载设备提供电源,OCC(运营控制中心)通过无线车载设备及列车广播设备为乘客提供紧急广播,列车故障信息通过无线发送到 OCC 或车辆段等。车辆与无线之间同样应达到 EMC 之间的兼容。

(5) 车辆与供电

车辆与供电方面的接口主要有电气和限界两方面。在电气方面,车辆与供电的保护门槛值需匹配,如车辆的高速开关的设定值必须与供电系统的保护值相匹配;供电电压性质将影响到列车牵引系统和辅助系统所产生的谐波分量。在限界方面,车辆受电弓不同工作高度的动态包络线必须考虑接触网的高度、接触网的"之"字形走向等,接触网的辅助设备均不能侵入车辆的动态包络线之内。

(6) 车辆与环控

列车上设备(如空调、牵引设备等)所散发的热量是车站环控系统必须考虑的因素。列车在车站的停车时间、列车各系统在车站产生的热量、列车的排气口位置等都应与车站环控系统相协调。

(7) 列车车门与屏蔽门

对于设有屏蔽门的线路,屏蔽门与车门存在电气控制和门位置控制两种接口关系。为了保持屏蔽门与车门开、关门一致,屏蔽门的开、关门由车辆通过信号系统控制。为了达到车辆共享的目的,这一接口功能必须协调一致;即使车型相同,不同的车辆供货商所供车辆的车门位置有可能不同,而车门位置不同的车辆无法在设屏蔽门的线路上实现共享运营。因此,统一车门位置是共享车辆的必要条件之一。

(8) 联络线

各条线路之间增设联络线是多条线路共享车辆资源的重要条件,也是必需的硬件条件。

8.2.3 车辆资源共享管理模式

城市轨道交通车辆主要包含运用车辆、检修车辆和备用车辆。其中,检修车辆和备用车辆应该成为共享车辆的主要组成部分。

① 运用车辆原则上由各运营管理主体单位自行负责管理。

② 可以新设"共享车辆管理部",主要负责关于检修车辆和备用车辆的运营管理。共享车辆由"共享车辆管理部"负责维修管理和车辆使用计划,相关线路需要使用共享车辆时,由其运营管理主体单位向"共享车辆管理部"提出申请,并由"共享车辆管理部"负责落实车辆使用计划。

③ 共享车辆的运营管理成本,可根据业主不同的运营委托管理方式,在相关主体之间进行核算。

8.2.4 上海轨道交通网络车辆资源共享的基本设想

根据网络共享的基本原则和基本形式,对上海轨道交通网络每条新建线路的车辆选型需统筹考虑,以免造成不必要的损失。具体设想如图 8-3 所示。

1) 全网络范围内共享

对于城市轨道交通网来说,理论上最合理的方案是整个网络达到车辆运营共享,在车辆选型时兼顾技术共享、检修设备共享、备品备件共享、国产化成果共享、维修工艺共享和人力资源共享。对于各条线路客流量的不同,可通过相同的车辆体系、不同的列车编组和发车间隔来满足各线的客流需求,但这对运营组织将提出更高的要求,实施时有较大难度。

2) 车辆体系范围内共享

根据上海轨道交通的现状,各条线路的车辆选型已分为两大类,即大型车(A型车)和小型车,这对于大都市来说是比较合理的,可以降低运营组织的成本。但应尽可能使这两种车型自成体系,实现各自网络意义上的运营。

A 型车:1 号线、2 号线、3 号线、4 号线、7 号线、9 号线、10 号线、11 号线、12 号线、13 号线、14 号线。

小型车:5 号线、6 号线、8 号线、15 号线、16 号线、17 号线、18 号线。

3) 车辆段范围内共享

如果受资金筹措、不同供货商和生产时间等各方面条件的限制,上述共享较难

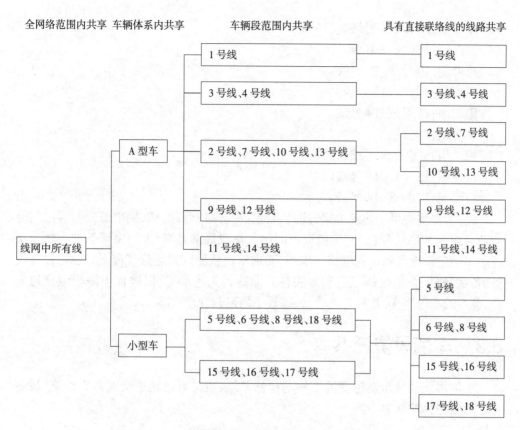

图 8-3 上海轨道交通网络车辆资源共享的设想

实现,可考虑从维修角度出发,采取车辆段业务的车辆资源共享,也就是说,使在同一车辆段内维修的不同线路的车辆资源共享,便于人、财、物的管理。这一方案较适合上海轨道交通的现状。具体安排如下。

第一组:1 号线。

第二组:3 号线、4 号线。

第三组:2 号线、7 号线、10 号线、13 号线。

第四组:9 号线、12 号线。

第五组:11 号线、14 号线。

第六组:5 号线、6 号线、8 号线、18 号线。

第七组:15 号线、16 号线、17 号线。

4)直接联络线之间共享

如果上述方案实施仍有困难,可将目光转向两条线路之间具有联络线的车辆选型的一致性,使两条线路的车辆可互相调配,并考虑尽可能实现车辆段范围内的车辆资源共享方案。

第一组:1 号线。

第二组:3号线、4号线。
第三组:2号线、7号线。
第四组:10号线、13号线。
第五组:9号线、12号线。
第六组:11号线、14号线。
第七组:5号线。
第八组:6号线、8号线。
第九组:15号线、16号线。
第十组:17号线、18号线。

当然,要实现以上建议方案,线路、轨道、限界、信号、通信、供电、环控、屏蔽门等专业必须互相协调配合,使车辆资源网络共享或局部共享,大幅度降低城市轨道交通的车辆建设投资和运营维修成本,并要求车辆从建设到运营管理,从人员、检修设备、备品备件、车辆维修工艺和方法各方面达到先进水平,以确保上海轨道交通安全、准点的平稳运作,并具有高质量、高效率的运营管理水准。

8.3 车辆段资源共享

车辆段既是城市轨道交通车辆的检修基地,也是城市轨道交通各类设施、设备和工务的综合维修中心。

8.3.1 基本内容

城市轨道交通网络车辆段资源共享包括车辆架、大修资源共享,车辆定修资源共享,专用设备资源共享,段、场合建资源共享,综合维修基地资源共享,培训中心资源共享等。

1) 车辆架、大修资源共享

城市轨道交通网络中每条线路按照车型进行分类,车辆段资源共享只承担同类车型的车辆架大修。例如,上海城市轨道交通网络18条线路按照车型进行分类,A型车11条线路规划在5个车辆段进行车辆架大修,小型车7条线路规划在2个车辆段进行车辆架大修。表8-1为上海城市轨道交通网络车辆架、大修资源共享一览。

2) 车辆定修资源共享

城市轨道交通建设初始阶段,有时由于受分期实施和分段建设的条件限制,往往出现设计一段线路,配备一个定修段的情况,这样就难免会影响从全线和整个网络角度统筹考虑定修段的设置问题。定修段的分散设置,造成城市轨道交通建设中的用地和投资的增加;而车辆段定修资源共享就是将每条线路的车辆定修设施集中设置在一个定修段。有条件时,也可考虑将两条线路的车辆定修设施集中设置在一个定修段的可能性;这时就有可能将原来需要设计的定修段降级为停车场,以减少

表8-1　上海城市轨道交通网络车辆架、大修资源共享一览

序号	名　称	车　型	服　务　线　路	备　注
1	新龙华车辆段	A型	1号线	已经运营
2	北翟路车辆段	A型	2号线、7号线、10号线、13号线	已经运营
3	宝钢车辆段	A型	3号线、4号线	已经运营
4	九亭车辆段	A型	9号线、14号线	9号线已经运营,14号线近期建设
5	赛车场车辆段	A型	11号线、12号线	已经运营
6	港城路车辆段	小型	5号线、6号线、8号线、18号线	5号线、6号线、8号线已经运营,18号线远期建设
7	陈太路车辆段	小型	15号线、16号线、17号线	远期建设

定修段的设置数量。这样,车辆定修需要配备的试车线、静调库、清扫库等设施将被取消,从而节省了用地和投资,进一步提高了集中设置定修段的相关设施利用率。表8-2为上海城市轨道交通网络车辆定修资源共享情况。

表8-2　上海城市轨道交通网络车辆定修资源共享情况

序号	名　称	承担配属列车定修的范围
1	富锦路定修段	既有新龙华车辆段外的1号线全部定修
2	北翟路车辆段	既有龙阳路定修段外的2号线全部定修及13号线全部定修
3	宝钢车辆段	3号线和4号线全部定修
4	江海定修段	既有剑川路定修段外的5号线全部定修
5	港城路车辆段	6号线全部定修
6	陈太路定修段	7号线全部定修
7	殷行定修段	8号线全部定修
8	九亭车辆段	9号线上海段全部定修
9	庙镇定修段	9号线崇明段全部定修
10	吴中路定修段	10号线全部定修
11	赛车场车辆段	11号线北段全部定修
12	三林定修段	11号线南段全部定修
13	金桥定修段	12号线全部定修
14	金桥定修段	14号线全部定修
15	真如定修段	15号线全部定修
16	陈太路车辆段	16号线全部定修
17	嫩江路定修段	17号线全部定修
18	川阳河定修段	18号线全部定修

注:段、场合建必须设计段、场之间的联络线或渡线。

3) 专用设备资源共享

专用设备资源共享是指价格比较昂贵、利用率比较低，又必须配备的轨道检测车、磨轨车、隧道清洗车等专用设备，在网络中统一配备、统筹安排使用。另外，整个网络各条线路配备的救援设施，在事故救援中也应统一调度使用。

4) 段、场合建资源共享

段、场合建资源共享是指网络中规划的不同线路的车辆段合建在一起时，通过修建一条廉价的地面联络线，使几条线路之间连通，以实现车辆段运用、检修设施的共用。例如：列车转向(三角线、灯泡线)、试车线、洗车线、镟轮线、临修线、救援、供电、信号楼、上下水等设施共用，以及食堂、浴室、办公楼等生活办公设施共用等。在城市轨道交通网络规划中，应尽量增加段、场合建的数量，以实现车辆段设施的资源共享，从而节省网络整体的用地和投资。图 8-4 所示为上海中心城区轨道交通远期车辆段、定修段、停车场规划位置示意图。

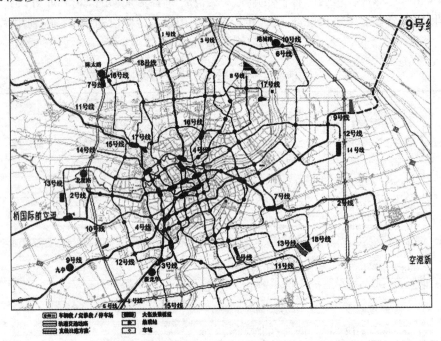

图 8-4 上海中心城区轨道交通远期车辆段、定修段、停车场位置示意图

5) 综合维修基地资源共享

综合维修基地通常由机电、通号、工务三个系统组成，各自承担系统的运行、检修任务。机电系统包括供电、接触网、SCADA、环控、给排水、电梯等。通号系统包括通信、信号、AFC、屏蔽门等。工务系统包括建筑、隧道、桥梁、线路、轨道等。

综合维修基地资源共享的原则是：一条线路设置一个综合维修中心(段级配置)，其余基地按照工区等级设置；在有条件时可以合并几条线路设置一个综合维修中心

(例如上海轨道交通 15 号线、16 号线、17 号线可三线合一）；综合维修中心的线路以外的其他线路，按照工区等级设置。综合维修的部分业务可以实行社会化，专业性强的业务由综合维修中心自行承担。

6）培训中心资源共享

城市轨道交通是现代化的企业，技术含量高，专业分工细，专业之间的配合协调严格。对首次上岗和在岗人员的技术培训是十分必要的，提高人员基本素质是现代化轨道交通管理的迫切任务。

例如，上海城市轨道交通网络设置了一个培训中心，承担整个网络的轨道交通人员的技术培训任务，进行网络人员培训的统一管理，重复设置多个培训中心应有充分依据。培训中心的专业设置应充分利用社会培训机构的技术力量和设施，培训中心仅设置与轨道交通相关的专业和配备必要的设施，应充分利用既有轨道交通网络中的不同类型设备，特别是先进的设备，进行现场教学和培训工作。

8.3.2 实施条件与要求

1）资源共享的基本条件

① 每一条单独的线路要与网络中的其他线路连通，才有可能共同使用各自的资源。

② 在充分满足本线能力需要的条件下，留有富余资源设备能力。

③ 按照大小不同类型车辆分类，同类车资源共享。

④ 由维修中心自行承担的专业性强的检修项目，资源不能共享。

⑤ 集中统一整个网络运营管理。

2）车辆基地满足最大车辆限界要求

由于各种不同车型、不同车辆供货商提供的车辆有可能进入同一车辆段进行作业，因此，车辆段的进出线路、停车线的车辆衔接应该满足最大包络线的车辆，使各种车辆都能够方便、安全地进出。

3）需合理设置联络线

联络线的设置是实现车辆段、停车场资源共享的必要手段，它使网络中的各条段路相互沟通，以实现检修车辆在线路间的往返取送。网络规划的联络线是车辆段系列资源共享的前提条件，应力求付诸实施，不宜轻易取消。如果遇到特殊情况某联络线需要取消时，应在满足该通道功能要求的前提下加以调整。在给近期建设线路的车站预留远期的联络线时，必须在车站结构、线路出岔等条件上予以保证，为远期联络线的实施提供建设条件。

联络线分为城市轨道交通与国家铁路间的联络线和城市之间轨道交通的联络线，联络线的设置原则上以后者为主，这是因为采用后者可使检修车辆走行距离短，调度方便。联络线的设置受地形条件、设备条件（信号制式、供电方式、建筑限界等）、设备能力（主要是车辆段大、架修能力）等因素制约，而且还应符合必要性、可行性、经济性的要求。特别是地下联络线,一般造价较高,有必要经过技术经济比较后才能确定。在轨道交通系统建设初期,由于网络尚未成形,城市轨道交通线路间的互相联络条件较差,可适当利用国铁相互沟通。随着城市轨道交通系统的发展,网络逐步成形,在城市轨道交通线路间的联络条件较好时,应多考虑城市轨道交通线路之间的联络线。图 8-5 所示为上海城市轨道交通远期网络联络线规划示意图。

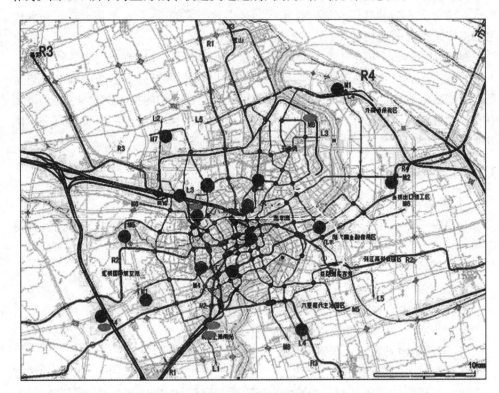

图 8-5 上海城市轨道交通远期网络联络线规划示意图

8.3.3 管理模式

1) 资源共享应力求合理

车辆段、停车场资源共享程度的加大,会带来大量检修车的取送工作。这不但会增加运营的成本,还会给线路的养护带来不便,因为检修车辆在城市轨道交通线路间的取送一般是利用运营的窗口时间(运营空隙),而运营窗口时间也是执行线路养护工作的时间,因此,大量的、长距离的检修车取送也会给线路养护工作带来不便。所以,资源共享必须经过充分的分析比较,即在考虑资源共享的同时,还需充分考虑今后运营的因素,包括运营成本、运营行车计划、检修车的空走距离是否过长、车辆检修工艺是否适合资源共享、是否会与线路养护冲突等,然后确定实现资源共享是否合理。

2) 车辆需模块化,检修需均衡化

为满足车辆集中架、大修,城市轨道交通网络中的车辆,宜有一个统一的技术标准,即需要使车辆的外形限界统一,各部件模块化、兼容化,这样既有利于检修车辆在各线路间的往返取送,也便于车辆段采用较高效率的互换修。例如,日本札幌的整个轨道交通网络都采用鱼鹰系列的车辆,对于车辆集中架、大修是十分有利的。另一方面,车辆段的检修也应朝着均衡修、状态修的方向发展,以提高车辆检修效率,使之与车辆集中架、大修相适应。

3) 注重专业间的接口

车辆段涉及的专业较多,各专业间的配合就显得很重要,也是在实际工作中最容易出现问题的地方。从一些项目的情况看,可能出现问题的地方主要有:建筑物(构筑物)的预留孔洞,由于专业间沟通协调不够,可能造成该预留的未能预留;区域功能的不明确或协调不够造成需要引入的管线未能引入;不同管线间的相互干扰或者由于规划不周造成施工中的重复开挖;设计过程中相互提交资料程序的不规范所造成的设计文件不统一;车辆段内与车辆段外在线路、排水等的衔接上未能及早与相关方面达成书面协议,等等。接口问题处理不好,会给施工带来很大的问题,甚至造成很大的损失。所以,应引起足够的重视,在总体设计时,建立专业间沟通协调程序,以保证接口问题能够得到及时、有效的解决。

4) 重视设备选用

从调查我国城市轨道交通现有车辆段的实际检修工作中发现,很多检修设备利用率不高,造成了人力、物力的很大浪费。因此,实际工作中应根据配属车辆的情况,合理选用设备;同时,加强测试设备、环保设备的投入,以满足运营安全和社会对环境保护的要求。

5) 合理设计步骤与周期

车辆段的设计周期往往受到各种条件的制约而不能完全按合理的周期进行,造成设计质量的下降,给后续工作带来很多问题,并最终影响到整个项目的建设。针对这种情况,应该明确设计工作在整个项目建设中的重要地位,做好前期准备工作和协调工作,尽可能保证设计工作计划有序地进行,确保设计质量。

8.4 供电系统资源共享

城市轨道交通供电系统的核心是主变电站,主变电站变压器容量的确定是按照远期运营模式考虑的。但是,一条城市轨道交通线路从开通运营到满负荷运营需要很长时间,其间主变压器长期轻载运行,造成大量的设备浪费和空载损耗。根据投入运营十多年的上海轨道交通 1 号线用电资料显示,其负荷率只有 16% 左右,其他线路的负荷率更低。因此,两条线路或者更多条线路共享主变电站,既可以提高单个主变电站的负荷效率,又可以减少总的主变电站数量,从而大大节省供电系统设施投资。

8.4.1 基本内容

1) 主变电站的选址

主变电站的选址主要涉及供电距离和征地问题两个方面。就供电设计的角度而言,其理想的主变电站位置应该是整个供电范围的负荷中心,这样既有利于保证供电质量,也有利于降低设备投资和运行损耗。但是,轨道交通线路的电力负荷中心往往处于城市繁华地段,征地十分困难,费用也异常昂贵。如何合理地选择站址、有效利用珍贵的土地资源,必须引起足够重视。如果能够根据城市轨道交通线路网络的布局规划和建设进程,结合城市电网的发展规划和建设周期,及早对轨道交通线路的供电系统制订规划,对交汇线路考虑主变电站共享,则可以缓解这一矛盾。以上海的轨道交通 1、2 号线为例,1 号线在人民广场的主变电站如果能够考虑 2 号线的供电容量,则可以省去 2 号线的静安寺主变电站。此方案如果考虑采用土建预留,更换主变压器的方法,那也是有利的。

2) 主变电站共享后对供电电源可靠性的要求

主变电站资源共享后,必须重新评估轨道交通供电系统运行模式与主电源可靠性之间的依赖关系。单条线路的主变电站电源解列,其影响范围仅限于一条或半条线路的运行;而共享主变电站的解列,其影响范围必将涉及多条线路。所以,共享主变电站的电源可靠性必须提高。除了采用双电源供电外,还可以考虑两路电源的高压电缆通道的独立架设,防止城建施工挖断电缆后造成全线停电。

3) 共享主变电站的建设与线路建设进度的配合

按照城市轨道交通网络规划,即使具备了实现多条线路主变电站共享的条件,由于轨道交通线路的建设周期一般都为 3~5 年,而且具备共享条件的多条线路,其建设的进度往往相差很大,在建设共享主变电站时必须考虑变电站的建设与线路建设的配合。考虑到主变电站容量的固定电费和空载损耗,必须进行技术经济比较,选择合理的建设模式。如果共享线路的建设进度比较接近,可以考虑采用先建线路一次建成、后续线路分摊费用的方式。如果建设进度相差比较大,一次建成的模式会因为设备轻载而造成大量的浪费,共享主变电站的容量可以按照先建线路的规模建设,按照多线共享的模式预留土建和扩容条件。

4) 主变电站共享后的电力调度

实现多线共享主变电站后,必然涉及电力调度的相互协调。应该根据轨道交通线路建设、主变电站建设时间和各线路当前对电力的要求合理调度。上海市轨道交通供电系统的电力调度是各线自成体系,主变电站多线共享后,主变电站的电力调度管理可以按照"先建为主"的基本原则进行,即先建线路的电力调度系统负责对其主变电站内的 110 kV 设备和 35 kV 系统进行监控管理。后建线路的电力调度系统对其 110 kV 系统仅进行监视,不做控制。其共享部分的电力调度通过先建线路的电力调度系统完成。

8.4.2 实施要求

1）总容量

主变电站共享应该满足各条线路车辆的用电总量要求。

2）电压

主变电站输出电压与线路车辆额定电压相匹配。

3）受电方式

主变电站电能输出方式与车辆受电方式相匹配。目前主要的受电方式有架空式接触网和接触轨式接触网。

8.4.3 管理模式

作为资源共享的主变电站,无论是一次供电系统还是二次供电系统(包括继电保护、电力监控系统),对各条轨道交通线而言都是无法拆分的,而主变电所的供电运营又是以整个供电系统的一次、二次系统为基础进行调度运营的。所以,作为资源共享主变电站的各条轨道交通线即使由不同的运营单位进行管理,但其主变电站必须统一由一家运营单位运行和管理。

共享主变电站的运营管理可以委托专业维护管理机构对主变电站内的所有电气开关、主变压器、继电保护等相关设备进行运营维护、管理;另外,也可以按照"先营为主"的原则实施,即由与共享主变电站同步投入运营的轨道交通线路,负责对主变电站内的所有电气开关、主变压器、继电保护等相关设备进行运营维护、管理。统一运行管理后,主变电站运营人员工资成本和设备维护成本由各条轨道交通线按其各自需要的主变压器设计容量进行分摊;而运营电费成本根据所确定的电费计量方案,分别按各自的用电量计入线路和变压器损耗后分摊,并缴纳电费。

以上海张杨路 110 kV 主变电站为例,统一运行管理后,主变电站的运营调度只能由一条线,即上海轨道交通 4 号线的控制中心集中控制调度,6 号线的控制中心只能对该主变电站进行监视,不能控制;而对到 6 号线的 35 kV 馈电开关必须由 6 号线控制中心通过 4 号线控制中心方可进行调度操作。当然,如 4 号线、6 号线运营单位是分属不同系统或不同的上级单位,两条轨道交通线由于各自线路运行情况和需要的不同,对张杨路 110 kV 主变电站的调度和操作管理难免会产生矛盾。在这种情况下,可考虑采取以下三种措施之一进行解决。

① 两条轨道交通线运营单位对主变电站的运营管理、调度操作签订书面协议,对各种运行情况、界限划分、运行责任进行详细明确的规定。

② 改革运营管理模式,由同一家运营单位进行两条轨道交通线的运营管理。

③ 参考电力系统的分级调度组织结构,建立轨道交通网络的统一电力调度中心,作为各条轨道交通线路控制中心的上级电力调度,克服不同线路对资源共享主变电站的调度矛盾。通过张杨路 110 kV 主变电站(4 号线、6 号线共用)工程的成功实

践,说明了对两条甚至多条轨道交通线实现主变电站资源共享时可能出现的运行模式、电费计量、运营管理等一系列新问题,是能够找到合适、妥善的解决方案的。城市轨道交通主变电站采用资源共享模式,将大大节约用地、节省投资,同时降低运营成本,值得在城市轨道交通网络化建设过程中大力推广和实施。

参 考 文 献

[1] 叶霞飞,顾保南.城市轨道交通规划与设计[M].北京:中国铁道出版社,1999.

[2] 孙章,蒲琪.城市轨道交通概论[M].北京:人民交通出版社,2010.

[3] 张志荣.都市捷运发展与应用[J].台湾建筑情报杂志社,1994.

[4] 施仲衡,张弥,王新杰,等. 地下铁道设计与施工[M].2版. 西安:陕西科学技术出版社,2006.

[5] 王午生.铁道线路工程[M].上海:上海科学技术出版社,1999.

[6] 张庆贺,朱合华,庄荣,等. 地铁与轻轨[M].2 版. 北京:人民交通出版社,2006.

[7] 魏晓东.城市轨道交通自动化系统与技术[M]. 北京:电子工业出版社,2004.

[8] 何宗华,汪松滋,何其光.城市轨道交通车站机电设备运行与维修[M].北京:中国建筑工业出版社,2005.

[9] 叶霞飞,顾保南.轨道交通线路设计[M].上海:同济大学出版社,2010.

[10] 刘钊,佘才高,周振强.地铁工程设计与施工[M].北京:人民交通出版社,2004.

[11] Jackie Clarke. Jane's Urban Transport Systems(2005—2006)[M]. UK: Marry Webb Contributing, 2006.

[12] Boris S. Pushkarev, Jeffrey M. Zupan & Robert S. Cumella. Urban Rail in America[M]. Bloomington:Indiana University Press,1982.

[13] Peter White. Public Transport[M]. London:UCL Press, 1995.

[14] 松本雅行.电气铁道(日文)[M]. 东京:森北出版株式会社,1999.

[15] 渡边健.地下铁道の设计(日文)[M].东京:山海堂,1963.

[16] 新谷洋二. 都市交通计划(日文)[M].2 版. 东京:技报堂出版,2003.

[17] 中国城市轨道交通年度报告课题组.中国城市轨道交通年度报告[M].北京:北京交通大学出版社,2012.

[18] 天野光三,等.铁道工学(日文)[M].东京:丸善株式会社,1984.

[19] 沼田政矩,等.铁道工学(日文)[M].东京:オーム社,1977.

[20] CH 纳乌莫夫.地下铁道[M].唐山:铁道学院出版社,1958.

[21] 蔡君时.世界公共交通[M].上海:同济大学出版社,2001.

[22] 郑瞳炽,张明锐.城市轨道交通牵引供电系统[M]. 北京:中国铁道出版社,2000.

[23] 唐山铁道学院.铁路设计(下册)[M].北京:中国铁道出版社, 1955.

[24] MC 费舍里松.城市交通[M].任福田,等译.北京:中国建筑工业出版社,1984.

[25] 松下胜二,等.城市道路交通规划与设计[M].万国朝,杨付成译.北京:中国建筑出版社,1990.

[26] 马德芹,蔺安林.地下铁道与轻轨交通[M].成都:西南交通大学出版社,2003.

[27] 毛保华,姜帆,刘迁.城市轨道交通[M].北京:科学出版社,2001.

[28] 陆化普,朱军,王建伟.城市轨道交通规划的研究和实践[M].北京:中国水利水电出版社,2001.

[29] 练松良.轨道工程[M].上海:同济大学出版社,2006.

[30] 赵惠祥,谭复兴,叶霞飞.城市轨道交通土建工程[M].北京:中国铁道出版社,2000.

[31] 张文尝.城市铁路规划[M].北京:中国建筑工业出版社,1982.

[32] 北京城建设计研究总院.地铁设计规范(GB 50157—2003)[S].北京:中国计划出版社,2003.

[33] 北京城建设计研究院.城市快速轨道交通工程项目建设标准(试行本)[S].北京:[出版者不详],1999.

[34] 周翊民.城市轨道交通的发展趋势及其动因分析[J].城市轨道交通研究,2001(2):1.

[35] M. Gendreau, G. Laport & J.A.Mesa: Locating Rapid Transit Lines[J]. Journal of Advanced Transportation,1995(2):145.

[36] 交通工学研究会.やさしい非集计分析(日文)[M]. 东京:交通工学研究会,1993.

[37] 土木学会.非集计行动モデルの理论と实际(日文)[J]. 东京:丸善株式会社,1995.

[38] 王兆祥等.铁路工程测量[M]. 北京:测绘出版社,1986.

[39] 叶霞飞,蔡蔚.城市轨道交通开发利益还原方法的基础研究[J].铁道学报,2002(1):97.

[40] 李君,叶霞飞.城市轨道交通车站分布方法的研究[J].同济大学学报,2004(8):1009.

[41] 张小松,叶霞飞,高亮全.上海市 R3 线桃浦段的轨道交通建设与沿线土地开发联动[J].城市轨道交通研究,2005(3):47.

[42] 叶霞飞,李君,霍建平.国内外城市轨道交通车辆段对比研究[J].城市轨道交通研究,2003(1):72.

[43] 顾保南,姜晓明.论城市轨道交通最小曲线半径标准的选择[J].同济大学学报,2003(4):428.

[44] 顾保南,方青青.城市轨道交通路网规划的评价指标体系研究[J].城市轨道交通研究,2000(1):24.

[45] 顾保南.上海市城市轨道交通路网规划方案评价[J].城市轨道交通研究,2000(3):38.

[46] 顾保南,曹仲明.城市轨道交通路网结构研究[J].铁道学报,2000 年 5 月增刊:25.

[47] 蔡美德.管理决策分析[M].广州:华南工业学院出版社,1986.

[48] 仇立新.城市轨道交通系统车辆段设计有关问题探讨[J].中国铁路,2001(12):39.

[49] 肖瑞金.国外地铁车辆段的设计和车辆维修设施[J].都市快轨交通,2005(1):75.

[50] 札幌市交通局.札幌地下铁建设物语[J].札幌:札幌市交通局,1985.

[51] 渡边晴朗.名古屋市营地下铁の概况[J].铁道土木,1983(2):17.

[52] 马安泉.车辆段线路设计初探[J].地铁与轻轨,1997(3):43.

[53] 顾伟华.上海城市轨道交通网络建设与资源共享[J].城市轨道交通研究,2005(6):15.
[54] 朱军,宋键.城市轨道交通资源共享探讨[J].城市轨道交通研究,2003(2):5.
[55] 丁建隆.城市轨道交通线网资源共享规划[J].都市快轨交通,2004(5):13.
[56] 马凌晨,薛辉,张明锐.轨道交通供电系统主变电站的资源共享[J].城市轨道交通研究,2005(2):6.
[57] 袁青山,于国栋,杨正燕.上海城市轨道交通110kV主变电所资源共享探讨[J].城市轨道交通研究,2006(2):5.
[58] 姜汉生,朱捷.浅谈城市轨道交通车辆段、停车场资源共享[J].铁道标准设计,2003(9):64.
[59] 周安荔.城市轨道交通轨道结构类型选择的研究[J].铁道工程学报,2002(1):11.
[60] 孙晓静,刘维宁,张宝才.浮置板轨道结构在城市轨道交通减振降噪上的应用[J].中国安全科学学报,2005(8):65.
[61] 刘枫,高日.城市高架轨道交通体系振动与噪声控制[J].噪声与振动控制,2000(4):32.
[62] 焦金红,张苏,耿传智,等.轨道结构的减振降噪措施[J].城市轨道交通研究,2002(1):61.
[63] 卢耀荣,车红坤.从环保角度看城市轨道交通的轨道结构[J].中国铁路,2000(6):39.
[64] 刘加华,练松良.城市轨道交通振动与噪声[J].交通运输工程学报,2002(1):29.
[65] 肖俊恒,赵汝康,杜功立.高架桥无碴轨道用小阻力弹性扣件的研究设计[J].铁道建筑,2002(9):18.
[66] 张金立.精心创造精品——津滨快速轨道交通工程[M].北京:中国铁道出版社,2005.
[67] 金锋,黎翔,李广元.广州市地铁2号线预可行性研究报告[R].广州:广州市地下铁道设计研究院,1997.